Walter Jens Reden

Gustav Kiepenheuer
Bücherei 89

Walter Jens
Reden

1989
Gustav Kiepenheuer Verlag
Leipzig und Weimar

ISSN 0433-0153
ISBN 3-378-00318-9

Von deutscher Rede

1965

›Deutschland kann, nach seiner Verfassung, keine Meisterstücke in der politischen Beredsamkeit haben‹: Diese ebenso provozierende wie epigrammatische Aussage, die sich unter dem zweihundertsiebenundachtzigsten Paragraphen von Christian Daniel Schubarts ›Kurzgefaßtem Lehrbuch der schönen Wissenschaften‹ findet, hat ein Jahrhundert lang, von 1730 bis 1820, von Friedrich Andreas Hallbauers wegweisenden Schriften zur deutschen Oratorie bis zu Adam Müllers berühmten ›Zwölf Reden über die Beredsamkeit und deren Verfall in Deutschland‹ die Gedanken all jener Männer bestimmt, denen die Frage am Herzen lag, warum es in unserem Lande, im Gegensatz zu Athen und Rom, Paris und London, keine florierende Redekunst gäbe. ›Rara in populo Germaniae declamandi consuetudo‹ hieß es schon in mittelalterlicher Zeit: Der rückwärts gewandte, auf die antiken Blüte-Epochen der Rhetorik gerichtete Blick ließ die eigene Ohnmacht erkennen; ein sorgsamer, den unterschiedlichen Staatsverfassungen geltender Vergleich schärfte im achtzehnten Jahrhundert das Verständnis für die gegenwärtige, der freien Rede feindliche Gesellschaftssituation, und man erkannte, daß das Schicksal der Rhetorik, als einer Tochter der Republik, die sich allein in Freiheit entfalten könne, untrennbar mit dem Schicksal der Demokratie verbunden sei. Herrscht das Volk, regiert die Rede; herrscht Despotismus, dann regiert der Trommelwirbel: Dieses uns selbstverständliche, in römischer Zeit zum erstenmal von Tacitus im ›Dialogus de oratoribus‹ mit kunstreicher Dialektik erörterte Axiom begann zur Zeit der deutschen Klassik, als die Diskrepanz zwischen dem gesellschaftlich-politischen und dem geistigen Leben sich mit aller Deutlichkeit zeigte, ein zentraler Topos in den Schönen Wissenschaften zu werden. Die Erwägung, ob der Verfall der Beredsamkeit den Untergang der Freiheit oder das Ende der Republik den Tod der Rede nach sich ziehe: diese von Hallbauer aufgeworfene Frage nach der Priorität stellt eindringlich klar, daß an der Identität von Republik und großer Rhetorik kein Zweifel bestand. Eine Fülle von Traktaten – im Stil den Wettkampfschriften des ausgehenden dixseptième, den Auseinandersetzungen mit der antiken Eloquenz folgend, die von Perrault, de Boissimon und Fénelon vorgetragen wurden – eine Fülle von Traktaten verglich die Zeiten der alten Republik, in denen die Redner Einfluß auf die Staatsaffairen hatten, mit der vom Geist des Despotismus und der Monarchie bestimmten Gegenwart: ›Wo ist in unseren Zeiten der Staat, das Reich, da die Beredsamkeit ähnliche Wirkungen (wie in der Antike) hervorbringen könnte? Bürger in Republiken werden durch ganz andere Mittel regiert, und Königen Glück zu wünschen, ihm, dem Souverän, dazu gehört oft Beredsamkeit einer ganz anderen Art‹ … in der Tat, das ist der bittere, der deutschen Tragödie geltende Ton, der in diesem Jahrhundert wieder und wieder erklingt und eine Epoche kennzeichnet, in der allein das Drechseln von Komplimenten und die zierlich-kurzgefaßte Huldigung dem Redner bei Hofe *estime* verschafften … eine fragwürdige *estime*, am Rande vermerkt, da gerade die größten Herren, deren Proklamationen man damals *in usum pauperum* veröffentlichte, nach Gottscheds sarkastischem Wort unter den Rednern die allerbescheidensten waren.

Untertanenstaat und freies Wort verhalten sich zueinander wie Feuer und Wasser, denn wo Gewalt herrscht, braucht der Rhetor sich keine Mühe zu machen, die Hörer mit kunstreicher Suade auf seine Seite zu bringen; er kann es einfacher haben; der Säbel ersetzt das Argument und den Beweis – Gottsched und seine in der Deutschen Gesellschaft zu Leipzig versammelten Schüler sind nicht müde geworden, diesen Tatbestand zu erläutern und die Konsequenzen der gesellschaftlichen Misere zu analysieren: Kehrten Demosthenes und Cicero zurück ... im Zeitalter der Komplimentierrede wären all ihre Künste vergeblich. Kein Wunder also, daß die Klagen Gottscheds, Herders oder Thomas Abbts sich zu einem Unisono vereinten: die Klagen darüber, daß es keine Materie gebe, die den Redner zwinge, sein Genie zu beweisen. Es war ja nicht allein die Unfreiheit, die den rhetorischen *effort* verhinderte: Auch der bescheidene Kreis wirklicher Kenner – doppelt kärglich und doppelt bescheiden im Verhältnis zur französischen Metropole oder gar jener athenischen Polis, in der, nach Sulzers *dictum*, die Gesamtheit der Bürger soviel Kunstverstand hatte wie in Deutschland die Gemeinde einiger weniger über das Land verstreuter *gourmets* –, auch geographische und kulturpolitische Momente, dazu Fragen des Geschmacks und der Bildung taten das Ihre, die Wirkungsmöglichkeit des freien Wortes zu begrenzen: ›Noch verträgt das deutsche Ohr alles, so wie das deutsche Aug, wenn es nur nicht gegen eine Nationalmode verstößt. In schönen Künsten aber‹ – schrieb Johann Georg Sulzer, der große Lexikograph und Literaturpapst der späten Aufklärung – ›ist noch nichts Nationalmode geworden. In Athen war eine ungewöhnliche Gebärde des Redners, eine nicht ganz attische Redensart ebenso anstößig, als dem deutschen Volk eine ungewöhnliche Form des Hutes wäre.‹ In der Tat, hier klingen Motive an: kein Nationalgespräch, keine Übereinkunft der Gebildeten, keine Teilhabe der Intelligenz an der Repräsentanz der Nation, die im folgenden Jahrhundert von Adam Müller ausgeführt wurden ... um dann, 1929, in Hofmannsthals Rede über das ›Schrifttum als den geistigen Raum der Nation‹, ins Zentrum einer Betrachtung zu rücken, die deutsche Eigenart in gleicher Weise vor der Folie des Französischen erhellte, wie Sulzer die Nationalmode seines Volkes durch eine Gegenüberstellung mit der athenischen Polis verdeutlichte, einen Vergleich, der so sehr zuungunsten der Deutschen ausfiel, daß Sulzer am Ende nur die Hoffnung auf eine Änderung der gesellschaftlichen Umstände blieb: Allein unter gewandelten politischen Aspekten konnte sich die Beredsamkeit auch unter deutschen Himmeln in ihrer Stärke erweisen. Verfiel in Athen und Rom die Rhetorik im Augenblick der zerbrechenden republikanischen Ordnung, so war für Deutschland – unter dem Aspekt einer neuen Blüte der Beredsamkeit – Rettung nur vom Zerfall des Despotismus zu erwarten; anderenfalls hatten sich die Rhetoren auch weiterhin mit bürgerlich-bescheidener Eloquenz ›auf Kanzeln oder in Audienzsälen, in Hochzeits- und in Trauerstuben‹ zu begnügen und es bei ›wohl meynender Verwarnung‹ und ›treuer Zurede‹ bewenden zu lassen.

Nun, die Zeiten änderten sich einstweilen nicht; das Pathos der Befreiungskriege, von dem sich zumal die protestantische Predigt beflügelt sah, wich vormärzlicher Ernüchterung, und der düstere, von Fichte 1787 in der Schweiz niedergeschriebene Eröffnungssatz des ›Plans anzustellender Redeübungen‹ behielt seine Gültigkeit: ›Schon die Staatsverfassung der Zürcher macht es nötig, öffentlich zu reden.‹ Der Zürcher, nicht der Deutschen wohlgemerkt. Fichte, einer der großen Verteidiger der Eloquenz in unserem Land, ein Mann, der schon in seiner Valediktionsrede, Schulpforta 1780, über die Regeln der Beredsamkeit und der Poesie gesprochen hatte (ein Thema der Zeit, man denke an Gellerts Rede!) – Fichte wollte mit seinen Redeübungen den ›vaterländischen und republikanischen Geist nähren‹; aber die Staatsverfassung der Deutschen war eben nicht die Staatsverfassung der Zürcher oder der Alten: ›Uns ist kein Griechenland, kein Rom‹, heißt es in Herders zweiundvierzigstem, das Studium der Theologie betreffenden Brief, ›wir reden weder vor dem Senat noch auf dem Markte.‹ Kurzum, die deutsche Rede hatte sich zu bescheiden, ihre Grenzen anzuerkennen und nicht, dies war der von Herder bestimmte Tenor der Zeit, durch eine Imitation antiker Muster die ganz anders geartete gesellschaftliche – und religiöse! – Situation der Gegenwart zu mißachten. So und nicht anders will die damals mit Leidenschaft geführte Debatte verstanden sein, ob man der

Demosthenen oder Ciceronen – und zumal, da ja die Rhetorik vom Gerichtsplatz in die Tempel geflüchtet war, der Ciceronen auf der Kanzel – bedürfe.

Andere Zeiten, andere Reden: Es waren die ersten Geister der Nation, die, auf die Prävalenz des Politisch-Sozialen pochend, im achtzehnten und neunzehnten Jahrhundert vor einer blinden Rekapitulation jener antiken Redemuster warnten, von denen sich noch Gottsched, das Ideal des gelehrten Rhetors vor Augen, eine allgemeine Verbesserung der *humaniora* versprach – und dies, obwohl doch gerade er, in einer Anmerkung zu Fontenelles Gesprächen, betont hatte, es sei unmöglich, daß die Beredsamkeit ›in despotischen und monarchischen Staaten zu derjenigen Vollkommenheit gelange, als sie in den freien Republiken zu Athen und Rom gelangt ist‹.

Andere sahen hier schärfer: Nietzsche zum Beispiel – Nietzsche, in dem wir den größten Kenner deutscher Rede verehren, den einzigen Schriftsteller, der, sieht man von Hofmannsthal und Thomas Mann ab, einen untrüglichen Sinn für die rhetorischen Momente der Prosa, ihre musikalischen Nuancen, Rhythmen und Gebärden, Akzente und Töne, für ihr Klima und ihre reich gegliederte Landschaft besaß und den Ton der hohen Konvention in gleicher Weise wie die einsiedlerische Rede, den dramatischen Barock-Stil nicht anders als den Lyrismus beherrschte. Der Basler Kolleg vom Wintersemester 1872/73, eine Vorlesung über die Geschichte der griechischen Beredsamkeit, variierte das Axiom des klassischen Jahrhunderts – Republik = Redeflor – aus der Perspektive der klassischen Philologie: ›Erst mit der politischen Form der Demokratie beginnt die ganz exzessive Schätzung der Rede, sie ist das größte Machtmittel *inter pares* geworden.‹

Einst, in der Antike, ein Instrument *inter pares*, war die politische Rede in Deutschland zum Werkzeug der *impares* geworden; kein Zufall wahrlich, daß Rhetorik von Bedeutung hierzulande meist Rhetorik von Rebellen war; die berühmtesten Muster bewiesen es deutlich:

Thomas Münzers ›Fürstenrede‹, Georg Forsters Ansprache im Mainzer Konvent, der ›Hessische Landbote‹, ein Musterbeispiel großer schriftlicher Beredsamkeit, die sozialistische Rhetorik, Lassalle und Bebel, Rosa Luxemburg, die wie keine zweite das Geheimnis jener Mischung von Einfachheit und Majestät kannte, in der ein Lawrence Sterne die Eigenart der höchsten Beredsamkeit sah. Die Liste ist nicht eben lang, und sie kann es nicht sein, da das Oratorische sich, wie die Erfahrung lehrt, nur dort zu voller Blüte entfaltet, wo Kraft und Gegenkraft einander ebenbürtig sind und sich ein Spiel der Dialektik entfaltet: Jakobiner und Girondisten, Vergniaud und Robespierre, Burke und Fox – ich bitte Sie, die Betrachtung nachzulesen, die Adam Müller der Nacht vom 11. zum 12. Februar 1791 gewidmet hat ... jener Nacht, in der die Freundschaft der beiden großen, das Parlament ihrer Zeit beherrschenden Redner wegen der unterschiedlichen Bewertung der französischen Revolution für immer zerbrach.

Überblickt man die Blütezeiten der abendländischen Beredsamkeit, dann erweist es sich schnell, daß die Rhetorik immer dort das Gesicht einer Epoche bestimmt hat, wo vorhandene Antagonismen in öffentlichem Streit Profil und Konturen gewannen: persönliche Antagonismen, politische Antagonismen, Antagonismen der Stile: hier die Rebellen-Suade, dort die Wohlredenheit, hier das Agitatorische, dort das hohe Zeremoniell der Konvention, hier die exzessive Redegewalt, dort römischer Stil, gefeilte Proklamation und akkurat gegliederter Erlaß. Hugo von Hofmannsthal, mit dem Nietzscheschen Sinn für die geheimsten Valeurs und Contrevaleurs der Prosa begabt, hat in seinem ›Versuch über Victor Hugo‹ am Beispiel Lamartines und Chateaubriands – ›die Grundform dieser beiden bedeutenden Talente ist das Rhetorische‹ –, am Beispiel de Maistres, Bonalds und Paul-Louis Couriers die ›schwirrende befiederte Beredsamkeit‹ der Kaiserzeit von der Revolutionsdiktion abgehoben und damit als erster nach Nietzsche das Geheimnis jener Rhetorik der Reaktion, die Arkanen des

Metternich-Stils, der Diktion Gentzens, des Tenors von Gneisenau- und Scharnhorst-Erlassen enthüllt und den Glanz einer politischen, auf erlauchte Traditionen pochenden Sprache aufleuchten lassen, deren Verfall er in seiner Rezension über die Schrift Adam Müllers, das ›phrasenhaft Weichliche‹ und ›forciert schneidige Wesen‹ deutscher Kriegserlasse anprangernd, so schmerzlich bedauerte. Nun, die Gründe für die Dürftigkeit der deutschen Zeremonialrhetorik liegen auf der Hand; Hofmannsthal selbst hat den einen genannt: Dort, wo die Sphäre des Politisch-Zweckhaften dem Bereich des Literarischen entfremdet ist und das Ästhetische sich nicht konkret, in öffentlicher Manifestation, zu erklären vermag, müssen die Beispiele für eine in Gentzens oder Thomas Manns Sinn repräsentative Prosa notwendig bescheiden sein.

Der zweite Grund wurde von Nietzsche zitiert: ›Überall, wo es einen Hof gab, hat es das Gesetz des Gut-Sprechens und damit auch das Gesetz des Stils für alle Schreibenden gegeben.‹ Wir sehen also, daß das feudalistische Regime unzähliger kleiner Territorialherren Deutschland nicht nur um seine republikanische Rede, sondern auch um seine affirmative Rhetorik gebracht hat. Nicht Metropole und nicht *libera res publica*: unter solchen Aspekten konnten weder das freie Wort noch die Formelsprache, weder eine satirische Invektive noch ein großer Stil in Nietzsches Sinn gedeihen ... von wechselseitiger Ergänzung ganz zu schweigen. Nimmt es da wunder, daß unter den Tugenden, die man vom Bürger und mehr noch vom Staatsmann erwartet, die Redekunst in unserem Land so selten genannt worden ist? Wo ist das Zeugnis, das sich mit Carlyles Satz vergleichen läßt: ›No British man can attain to be a statesman or chief of workers till he has first proved himself a chief of talkers?‹ Wo ist das Anstandsbuch, dem, wie Peachams ›Complete Gentleman‹, auch das Rhetorische als unerläßlich für die Ausbildung des wahren Menschen erschiene?

Bismarck war, und das ist typisch, stolz darauf, *kein*

Rhetor zu sein – er verachtete die Redner geradezu, hielt sie für schlechte Whist- und Schachspieler (in seinem Mund ein Vernichtungsurteil) und traute ihnen zuallerletzt zu, daß sie die Kunst des Staatsmanns beherrschten. Das hinderte ihn freilich nicht, selber glanzvolle Reden, wie das große Geschichtskolleg im Reichstag vom 6. Februar 1888, zu halten und, wenngleich bisweilen mit stockender Zunge, Sentenzen, Zitate und Bilder zu finden, deren Anschauungskraft von der Kunstprosa seiner Zeit nur selten erreicht worden ist. Belesenheit und Witz, Sarkasmus und narrative Begabung bildeten die Fundamente einer Redekunst, an der gemessen zeitgenössische Erklärungen doppelt leer, doppelt phrasenhaft und doppelt beschämend erscheinen. Wieviel Grazie hat demgegenüber bei Bismarck selbst die Polemik, welche Eleganz akzentuiert die Sätze noch in bitterbösen Auseinandersetzungen, im Streit mit Windthorst oder Eugen Richter! ›Es wird mir ja recht oft das Vergnügen zuteil, eine Probe seiner (der Richterschen) Eloquenz mit anzuhören, und da habe ich nachgerade dasselbe Gefühl wie bei einer Vorstellung der Jungfrau von Orleans, wo einen der endlose Triumphzug im Anfang überrascht, bis man beim dritten Vorbeimarsch bemerkt: Mein Gott, das sind ja immer dieselben Leute, die nochmals über die Bühne ziehen, in demselben Kostüm.‹ So sprach einmal der Chef einer deutschen Regierung – ein Kanzler freilich auch, der ein besonderer Kenner des Französischen war ... und doch die Kunst des Redens nur wider Willen beherrschte. ›Government is government by talking‹: Bismarck wäre der letzte gewesen, der dem englischen, in mannigfachen Nuancen abgewandelten Satz aus vollem Herzen zugestimmt hätte ... er sowenig wie manche seiner Nachfahren von heute, die ihren Gegnern vorwerfen, sie ›redeten nur‹: so als sei es unehrenwert, sich redend und argumentierend Gehör zu verschaffen.

In dieser Mißachtung des Wortes, einer Unterschätzung der sozial sittigenden Wirkung der Rede und einer Überbewertung der Aktion (Aktion ›von oben‹!), die ihren Wert in sich selbst hat, zeigen sich, wie mir scheint, Reste jener historisch erklärbaren Untertanengesinnung, die nur Befehlen und Gehorchen kennt, das Wort verachtet und die suasorischen Elemente der Rhetorik mit tiefem Mißtrauen betrachtet. Während jedes Kind hierzulande Fritzische Kernsätze kennt, ist Robert Blums Polenrede selbst den Gebildeten nur von fernher bekannt. Anders als in den angelsächsischen Ländern hat die Parlamentsrhetorik in Deutschland der Prosa kaum Impulse gegeben, Sternstunden fehlen ... denn was bedeutet selbst die Polenrede im Vergleich zu Burkes Erklärung über die Unabhängigkeit Amerikas oder den Revolutions-Manifesten eines Danton, was Heinrich von Gagerns Rhetorik, gemessen an Sheridans Sechs-Stunden-Plädoyer im Prozeß gegen den räuberischen Gouverneur Hastings?

Mag Herders These ›Wir haben keine politische Beredsamkeit, nicht einen Schatten davon, und können sie auch nicht haben, weil unsere Staatsverfassungen gar nicht dazu eingerichtet sind‹ sich heute, in einer radikal veränderten Gesellschaft, nur noch historisch lesen lassen; mag ein Betrachter der politischen Beredsamkeit in unseren Tagen nicht mehr in der mißlichen Lage des Jungdeutschen Theodor Mundt sein, der in einem vierhundertseitigen Buch über die ›Staatsberedsamkeit der neueren Völker‹ für Deutschland mit Mühe und Not ganze neunzehn *paginae* zu Papier bringen konnte; eine Tradition der politischen Rede mit Vorbildern, Beispielen und Mustern hat sich, von wenigen Ausnahmen abgesehen, zwischen Konstanz und Kiel nie gebildet. Man betrachte die Literatur: Gibt es im deutschen Drama so etwas wie die Rhetorik-Exerzitien Richards III., die Mark-Anton-Rede im ›Julius Caesar‹ und die an Thomas Wylsons Vorschriften meßbaren Fabeln von Menenius Agrippa und Coriolan? Gibt es Stellen, die weder Zitatnestern gleichen noch die Maximen des Autors auf die *dramatis personae* verteilen, sondern Passagen sind, an denen das Rhetorische seine funktionale Dramatik erweist? Wo fände sich in früher deutscher Poesie ein Demagoge vom Schlage jenes ›Kommunisten‹ Jack Cade, der im vierten Akt des Shakespeare-Dramas ›Heinrich VI.‹ (Teil 2) als Protagonist figuriert; wo gäbe es hierzulande, ich zitiere das berühmteste Beispiel für die Beeinflussung der Literatur durch die politische Beredsamkeit, wo gäbe es eine Kumpanei von diabolischen Agitatoren, wie sie Satan, Beelzebub, Moloch und Belial bilden, das Viergespann aus dem zweiten Buch von Miltons ›Paradise Lost‹, das alle Spielarten der Demagogie durchexerziert und dabei die Register der *persuasive rhetoric* in einer Weise zieht, daß man die Begeisterung und das Entzükken eines Mannes versteht, der, wie der ältere Pitt, sehr wohl beurteilen konnte, worin der Zauber dieser Parlamentsdebatte unter bösen Geistern lag. (Eine genaue Analyse der Rhetorik Miltons findet sich in Hildegard Gaugers Buch über die englische Parlamentsrede, einem Standardwerk, dem ich viele Hinweise verdanke.)

Was am Demagogen Satan fasziniert, ist die Berechnung des Effekts, die Einstellung aufs Publikum, die Wahl der Mittel, die sich je nach der gegebenen Lage verändern: Im Hauptquartier der Teufel spricht man anders als vor Evas Angesicht. Milton, dessen *eines* Pamphlet für die Pressefreiheit, die ›Areopagitica‹, hinreichen würde, um ihm für alle Zeiten einen Ehrenplatz unter den großen Rhetoren zu sichern, kannte nicht nur das Pathos der tödlich treffenden Rede, er wußte, wie Shakespeare, auch um die Situationsabhängigkeit zweckgerichteter Rhetorik; darum das Augenmerk, das er im Gegensatz zu den meisten Rede-Traktaten, denen es nur auf Sammlung von Figuren und Topen ankam, auf die *actio*, die rechte Haltung beim Vortrag, richtete: Gesammelt, wie ein Tänzer, steht der Teufel da, eloquent noch im Schweigen. Wie wirkungslos sind demgegenüber die deutschen Rede-Lehrstücke geblieben – und das selbst dann, wenn sie so präzis und witzig wie Thomas Abbts Essay über die körperliche Beredsamkeit abgefaßt waren: ›Die Arme und Hände sind für den Prediger sehr geschickte Werkzeuge, um seinen Gedanken nachzuhelfen. Zu ihrem rechten Gebrauch dient ..., daß man nicht mit den Bewegungen der Arme und Hände bildliche Dinge zu malen suche. Die Fehler des Mißbrauches sind also: das Schwimmen mit den Händen, die geballte Faust, das Hammern, das Einhändige usw. Was das Hutaufsetzen, Schnauben, Tobacknehmen, Schnupftuchlegen, Ermelziehen usw. betrifft, so muß man dabei auch das relativ affectirte vermeiden.‹ Nun, das Verbot, mit den Händen zu rudern, ist uns aus Hamlets Schauspieleranweisung bekannt (›do not saw the air too much with your hand, thus‹) – was aber die übrigen Abbtschen Präzepte angeht, so hätte der Teufel mit ihrer exakten Befolgung wohl kaum das Ziel seiner Wünsche erreicht, und Eva lebte weiterhin im Paradies.

Die deutsche Redelehre wußte nichts vom Publikum; die Dimension der *Angemessenheit* war ihr nur stilistisch vertraut. Das Prinzip des *apte dicere*, das, wie Walter F. Schirmer gezeigt hat, ein Mark-Anton und Menenius Agrippa trefflich, ein Brutus und Coriolan hingegen nicht beherrschen, wurde hierzulande nur selten unter sozialen und psychologischen Aspekten erläutert. Sucht man in deutscher Literatur nach entschiedenen Warnungen vor den Gefahren der rednerischen Demagogie, so sucht man vergebens. Die Rhetorik galt als pomphaft, eitel, trickreich, nichtig, liederlich; Kant, in der ›Kritik der Urteilskraft‹, sprach ihr jeglichen Wert ab, andere nannten sie in einem Atem mit Seiltanz, Posse und Windmacherei; aber gefährlich, als Agitation und Magie, der gut bewaffnet zu begegnen sei, erschien sie nur selten. Die Mahnung Friedrichs des Großen, sein Neffe – später Friedrich Wilhelm III. – möge gegen die Künste und Schliche der Rhetorik behutsam gemacht werden, indem man an Cicero und Demosthenes das Bestechende und Gefährliche der Eloquenz demonstriere; diese Instruktion für den Unterricht des vierzehnjährigen Knaben bildet, wie mir scheint, nur die Ausnahme, die die Regel bestätigt. Ansonsten gewinnt der demagogische Aspekt weder in den hundert von Meyfarts bis zu Theremins Zeiten erschienenen Rede-Lehrbüchern noch in der Belletristik Profil: Im Untertanenstaat hatte der Agitator einfach keine Funktion, man kannte ihn nicht, man fürchtete ihn nicht, die aufgestellten Regeln galten dem Prediger und dem Gelehrten.

So betrachtet, ist Hitler in der Tat der erste gewesen, der die politische Valenz des gesprochenen Worts nicht nur durchschaute (das hatten die deutschen Sozialdemokraten schon lange vor ihm getan, und Hitler hatte keine Bedenken, sich auf sie zu berufen), sondern, unter dem Aspekt der Massenagitation, der Rede in seinem Buch ›Mein Kampf‹ eine Bedeutung zuerkannte, die ihr seit den Tagen der Volkspredigt niemand mehr eingeräumt hatte. Die deutschen Lehrer der Beredsamkeit waren Priester und Gelehrte gewesen; ihre Gemeinde blieb klein; Einfluß auf die Politik besaßen sie nicht ... das unterschied sie von den angelsächsischen Rhetoren, Männern wie Bacon und Hobbes, Adam Smith und John Quincy Adams, die zugleich Fachleute (Smith und Adams haben Kollegs über Rhetorik gelesen) und Praktiker *in politicis* waren. Kein Wunder also, daß ein Volk, dessen Literatur weder einen Rhetoren namens Belial noch einen Agitator namens Cade kannte, ein Volk, dem kein Hamilton die Tricks und Kniffe der Parlamentsrhetorik beigebracht hatte, jener rednerischen, unter massenpsychologischen Aspekten vorgetragenen Rattenfänger-Propaganda so geschwind erlag, deren Prinzipien Hitler in einem ›Die Bedeutung der Rede‹ überschriebenen Absatz mit schöner Offenheit erläuterte: Brechung des Willens als oberstes Ziel, Verzicht auf rationale Mittel, Operieren mit den Methoden des Bayreuther Passionsspiels und des katholischen Rituals, Appell ans Volk, Verstärkung der emotionalen Momente (Reden sind grundsätzlich abends zu halten, weil da die Menschen der beherrschenden Kraft eines stärkeren Wollens leichter erliegen), Schaffung eines Redestils, der, primitiv, verständlich, beispielhaft gehalten, sich möglichst weit vom Schreibstil der Gebildeten entfernt. Nun, eine Analyse der Hitlerschen Reden wird zeigen, inwieweit die rhetorische Praxis den Programmprinzipien folgte, ob es tatsächlich so etwas wie eine nationalsozialistische, mit den Mitteln der Volkssprache und einem ideologisch fixierten Vokabular operierende Beredsamkeit gab oder ob nicht im Gegenteil gerade der gespreizte Schriftstil, ein noch näher zu untersuchendes Bürokraten-Deutsch in Verbindung mit Kolportage-Elementen, die braune Rhetorik geprägt hat. Spuren jedenfalls hat sie kaum hinterlassen, diese Rhetorik, bestimmend ist sie – gelegentlich christlich-abendländisch durchsetzt – nur für überschaubare Nachfolger-Gruppen geworden. Stilbildend wirkte sie allenfalls als Partikelchen des nationalen Boulevard-Journalismus – wie denn überhaupt gesagt werden muß, daß (wiederum im Gegensatz zu England und Frankreich) die deutsche Rede nicht nur literarisch wirkungslos geblieben ist (mit einer Ausnahme, von der noch zu sprechen sein wird) und kein Dokument vom Rang der Junius- und Tuchhändlerbriefe geprägt hat, sondern daß sie eigentlich niemals ›Rede‹ war, sondern immer ›Schrift‹, gelehrte Verlautbarung, Feiertagssermon, und gebildete, mit der Umgangssprache nicht kommunizierende Kathederdiktion im Stil des *recte et ornate dicere* blieb ... so wie auch die Unterhaltung immer nur, monologisch akzentuiert, Gespräch und nicht, dialogisch bestimmt, Konversation war. Nimmt es also wunder, daß die deutsche Literatur so wenige große Causeurs von Fontanes oder Thomas Manns Rang besitzt? Die diktatorische Verlautbarung dominiert, das Verbindlich-Soziale fehlt; das Imperativische der Schrift scheint gewichtiger als jener mündliche Austausch, der sich auf andere Meinungen einläßt.

Diese Übergewalt des Schreibstils über die Rede aber, die Nietzsche in der ›Fröhlichen Wissenschaft‹ notierte, das Absehen von dialektischer Färbung und der Verzicht auf die Übernahme soziologisch bedingter Abschattierungen der Alltagsdiktion machten mit der Rede auch große Teile unserer Literatur stumm und steril ... und das in doppeltem Sinn, da das beredte Wort weder die breiten Schichten erreichte, noch im Sinne wechselseitiger Übereinkunft, fruchtbaren Austauschs und lebendiger Teilhabe Einfluß auf die öffentliche Meinung gewann. Gesellschaftlich betrachtet, blieb die deutsche Rede immer Monolog: deshalb auch das Entsetzen, das Goethe bei Dr. Galls Eröffnung befiel, er sei eigentlich zum Volksredner geboren: ›Über diese Eröffnung erschrak ich nicht wenig: denn hätte sie wirklich Grund, so wäre, da sich bei meiner Nation nichts zu reden fand, alles übrige, was ich vornehmen wollte, leider ein verfehlter Beruf gewesen.‹

Unter solchen Zeichen scheint mir Adam Müllers These überzeugend zu sein, daß der größte deutsche Redner, der Meister der philosophischen und sentimentalen Rede, wie Hofmannsthal ihn apostrophierte, Friedrich Schiller, die dichterische Form nur wählte, um überhaupt verstanden zu werden und Kanzel und *rostra* allein deshalb mit dem Schreibpult vertauschte, weil die Poesie zu seiner Zeit sich jedenfalls ein bescheidenes Echo erhoffen konnte, während die politische Beredsamkeit, der gesellschaftlichen Lage entsprechend, überhaupt kein Publikum hatte. Sehr zu Recht hat der Amsterdamer Germanist Herman Meyer, in einem Aufsatz über Schillers philosophische Rhetorik, auf die Dominanz der Schillerschen Redetermini (›Volksredner‹, ›beredter Schriftsteller‹ etc.) verwiesen, und ich meine, es wäre der Anstrengung wert, auch im Fall Nietzsches und Hofmannsthals – um nur diese beiden zu nennen – den Prosastil einmal unter dem Aspekt der schriftlichen Beredsamkeit zu analysieren, rhetorische Elemente herauszukristallisieren und gerade bei Hofmannsthal auch das Konversationselement, den Duktus der Mündlichkeit aufzuzeigen, der sich sonst, wie gesagt, in hoher deutscher Prosa kaum nachweisen läßt, aber sich in der österreichischen Literatur, die den Konnex mit der Umgangssprache nie ganz preisgegeben hat, freimütiger anbietet. Hofmannsthal selbst hat in seinen Briefen an die amerikanische Zeitschrift ›The Dial‹, auf Schnitzler verweisend, Fingerzeige gegeben; sein Aufsatz ›Unsere Fremdwörter‹ macht hinter den Abstufungen und Schattierungen einer ständisch und geographisch gegliederten, die Kunstprosa affizierenden Sprache historische

Formationen sichtbar, die sich, in solcher Schärfe, nur dort abzeichnen, wo der Austausch zwischen stilisierter Prosa und Volkssprache eine Literaturtradition schafft.

Vergessen wir nie, daß die Prosa bis zum Beginn des 19. Jahrhunderts zur Disziplin der Rhetorik gehörte – ›indirekt hängt die Entwicklung des ganzen modernen Prosastils von den griechischen Rednern ab‹, schrieb Nietzsche im zitierten Kolleg –, daß man den Trennungsstrich zwischen Poesie und Beredsamkeit zog und dabei unter der Beredsamkeit Historiographie, Epistolographie und Rhetorik in der eigentlichen Bedeutung des Wortes verstand. Das hatte seinen guten Sinn, denn Prosa umfaßte nicht nur die Belletristik, sondern alle durch äußere Zwecke fixierten Ausdrucksformen: die Predigt so gut wie die Fachprosa, die Rede nicht anders als den Traktat ... Gervinus, Forster, Ranke und Savigny als Meister der Prosa! ›Der Unterschied (zwischen Poesie und Prosa)‹, heißt es in Johann Joachim Eschenburgs ›Entwurf einer Theorie der Litteratur und schönen Redekünste‹, ›liegt ... wesentlich darin, daß die Prosa stets einem äußeren Zweck dient, zunächst Belehrung, Aufklärung und Überzeugung des Verstandes beabsichtigt, dahingegen die Poesie ihren Zweck in sich trägt, um ihrer selbst willen.‹ Diese Stelle, die sich mit Hilfe anderer Lehrbücher beliebig variieren ließe, zeigt mit aller Deutlichkeit das Nachwirken der klassischen aristotelischen Formel von der Rhetorik als einer Disziplin, deren erstes und letztes Ziel die Überredung ist – und diese Definition ist von Harsdörffer und Meyfart über Gottsched bis hin zu Schopenhauer von keinem Deutschen angetastet worden, der das Rhetorische zu terminieren unternahm. Die Eschenburgsche Erläuterung macht aber auch klar, warum in unserem Land die Prosa, Beredsamkeit im weitesten Sinn, sich lange Zeit nicht der gleichen Schätzung wie die Poesie und besonders die Lyrik erfreute. Die Bindung an äußere Zwecke, das Zielgerichtet-Rhetorische, ein Sich-Einlassen auf Realitäten und ein psychagogisches Wirken-Wollen im *hic et nunc* galt als suspekt; die Poesie, absichtsloses Gefallen und reines Spiel der Phantasie, stand in höherem Kurs; Kant, Goethe und Hegel beschrieben den Täuschungs-Effekt der Rhetorik als ein der Kunst nicht angemessenes Element (erst Nietzsche wertete die Schein- und Trug-Beförderung der Beredsamkeit auf). ›Es ist‹, schreibt Eschenburg, ›durchaus eine niedrige Betrachtungsweise, wenn man nach einem Zweck der Poesie fragt.‹ Dieser eine Satz genügt, um die von Adam Müller erläuterte Misere: das Monologische und Adressatenlose, den Verzicht auf Wirkung und gesellschaftliche Repräsentanz zu erhellen, und er reicht hin, die Klage Sulzers als wahr zu erweisen, unsere Kunstrichter nähmen sich der Dichtkunst mit so warmem Interesse, hingegen der der Beredsamkeit so kaltsinnig an, als wenn sie keine eheliche Schwester jener Kunst wäre ... und so ist es, wie Schulliteratur-Geschichten und Politiker-Verlautbarungen zeigen, bis heute geblieben; wehe dem Schriftsteller, der hierzulande das Wolkenkuckucksheim des zeitfernen Sehers verläßt und, mit dem Mittel poetischer Beredsamkeit, konkret und zweckgerichtet Einfluß im Politischen zu gewinnen sucht, soziale Mißstände anprangert und, als überredender Stückeschreiber, Lyriker oder Romancier, nach gesellschaftlicher Veränderung strebt!

Freilich ist es nicht nur das Zweckhaft-Soziale gewesen, das mit der Rhetorik auch die deutsche Prosa im weiteren Sinn bis in unser Jahrhundert hinein diskreditierte: Es war vielmehr die Dominanz des Konventionellen, die Herrschaft von Regeln und Präzepten, die Macht der Vorschriften, es waren die Ketten und Fesseln, war der Aspekt der Tradition, der deutscher Vorstellung von wahrer Dichtung so herzlich wenig entsprach: ›Es trägt Verstand und rechter Sinn mit wenig Kunst sich selber vor‹ – sich selber, das heißt: ohne Regeln! ›Was Vortrag! Der ist gut im Puppenspiel‹ – das heißt: Beredsamkeit ist farcenhaft! ›Sei er kein schellenlauter Tor‹ – das heißt: Genie tut not, Genie und Kraft und nichts Rhetorisch-Närrisches!

Nun, Goethe hat auch anders gesprochen; ein Mann,

der das Rhetorik-Lehrbuch von Ernesti zu Rate zog, um festzustellen, was er richtig und was er falsch gemacht hatte, konnte es sich immerhin leisten, auch einmal auf Regeln zu pfeifen; aber das schließt nicht aus, daß eben jene Verachtung des Rhetorischen und jener leichtfertige Verzicht, eine Tradition des Stils zu entwickeln, die Entfaltung der deutschen Prosa gehemmt hat. Wiederum ist es Nietzsche gewesen – der Rhetor Friedrich Nietzsche, dessen Verhältnis zur Beredsamkeit nach Ernst Robert Curtius' Vorschlag endlich einmal grundsätzlich analysiert werden sollte –, der die Problematik der Schul- und Traditionslosigkeit, das Debakel der Form- und Konventionsverachtung, die Gefahr, die in der Unterschätzung des Rhetorischen liegt, mit Schärfe angeprangert hat: ›Die Form gilt uns Deutschen gemeinhin als eine Konvention, als Verkleidung und Verstellung und wird deshalb, wenn nicht gehaßt, so doch jedenfalls nicht geliebt; noch richtiger würde es sein, zu sagen, daß wir eine außerordentliche Angst vor dem Worte Konvention und auch wohl vor der Sache Konvention haben.‹ Und an anderer Stelle: ›Wer unter den Deutschen sich ernstlich zum Redner ausbilden wollte, oder wer in eine Schule des Schriftstellers zu gehen beabsichtigt, er fände nirgends Meister und Schule; man scheint hier noch nicht daran gedacht zu haben, daß Reden und Schreiben Künste sind, die nicht ohne sorgsame Anleitung und die mühevollsten Lehrjahre erworben werden könnten.‹

Unter dem Aspekt des Rhetorischen erscheinen Nietzsche und Herder, Lessing und Lichtenberg wie Rufer in einer Wüste ... in *welch* einer Wüste, das zeigt der Abschnitt über die deutsche Prosa in Thomas de Quinceys Rhetorik-Essay, einer der bösesten, schärfsten und treffendsten Analysen jenes Stils, der sich nicht zuletzt deshalb so wenig zu entfalten vermochte, weil ihm die Grundlage, eine florierende Redekunst, fehlte. Ein Kapitel über die deutsche Rhetorik zu schreiben, heißt es etwa in de Quinceys Essay, bedeutet, sich auf den Boden eines Gelehrten zu begeben, der, eine Studie über isländische Schlangen verfassend, dieses Unternehmen in einem einzigen summarisch formulierten Satz münden läßt, in dem er mitteilt, daß Schlangen in Island – nicht vorhanden seien.

Nun, bei einem Schriftsteller, der sich über Miltons Gladiatorenrhetorik in gleicher Weise wie über den älteren Pitt oder den ›Charlatan‹ Sheridan, über den paketartig verschnürten Satzbau ›Mr. Kants‹ nicht anders als über die französische Beredsamkeit amüsierte, die angeblich nur aus Exklamationen, aus einer Anhäufung von lauter Ohs und Ahs bestehe ... bei einem solchen Schriftsteller wird man zwar Überspitzungen einkalkulieren, aber dennoch keine Veranlassung sehen, sein Grundaxiom zu bezweifeln, das heißt: ›Da ihnen (den Deutschen) jegliche forensische und senatorische Beredsamkeit fehlt, so hat es auch niemals irgendwelche Richtlinien eines guten Prosastils gegeben – nein, schlimmer noch und wichtiger: es hat niemals ein Beispiel der Ambition in dieser Richtung gegeben, das ins allgemeine Bewußtsein der Deutschen gedrungen wäre; und selbst ihr Kanzelstil war stets entweder bäuerlich ungeschlacht oder stachelig vor Pedanterie.‹ Streicht man den letzten, der geistlichen Beredsamkeit geltenden Satz, dann könnte man die de-Quincey-Passage ohne Schwierigkeiten in Nietzsches erste ›Unzeitgemäße Betrachtung‹ verpflanzen: im 11. Paragraphen, dort, wo sich der Philologe und Rhetor über David Friedrich Straußens mangelnde Beherrschung der Muttersprache belustigt und auf die Gründe verweist, die es so schwer sein lassen, in Deutschland ein guter Schriftsteller zu werden, wäre sie vorzüglich am Platz. ›Es fehlt hier an einem natürlichen Boden, an der künstlerischen Wertschätzung, Behandlung und Ausbildung der mündlichen Rede. Da diese es in allen öffentlichen Äußerungen, wie schon die Worte Salon-Unterhaltung, Predigt, Parlaments-Rede ausdrükken, noch nicht einmal zu einem nationalen Stile, ja noch nicht einmal zum Bedürfnis eines Stils überhaupt gebracht hat, und alles, was spricht, in Deutschland aus dem naivsten Experimentieren mit der Sprache nicht herausgekommen, so hat der Schriftsteller keine einheitliche Norm ...‹ In der Tat, die Übereinstimmungen, verblüffende Übereinstimmungen zum Teil, bieten sich an (es wäre auch, hier wie dort, auf die Hochschätzung Lessings zu verweisen, in dem de Quincey, nicht anders übrigens als Adam Müller, den ersten deutschen Meister der beredten Prosa sieht), aber auch die Unterschiede sind nicht zu übersehen. Mag Nietzsche, mit gleicher Schärfe wie de Quincey, das Gravitätische, Feierlich-Plumpe, das Undeutlich-Ahnungsvolle, Hölzern-Unbeholfene der deutschen Prosa bespötteln, schlecht zu schreiben als nationales Vorrecht bezeichnen und, wie Herder, die Sprache der Grobiane und schleichenden Hofierer verachten ... die negative Einschätzung der Kanzelrede hätte er, der das Meisterwerk unserer Prosa, die Luther-Bibel, als Meisterwerk eines Predigers pries, sich energisch verbeten. Niemand hat mit solcher Akribie wie der Pastorensohn Friedrich Nietzsche den Tonfall der Predigt, das Echo der Kanzelrhetorik, ihren Duktus, ihre Perioden und Rhythmen aus der weltlichen Prosa herausgehört, niemand das Silbengewicht, den Tempowechsel und den Atem eines Kolons genauer berechnet ... und in der Tat, *wenn* in Deutschland die Rede jemals einen Einfluß auf den Stil der Nation gewann, so ist es die geistliche Sprache gewesen, und Prediger und Predigerzöglinge waren es auch, Herder und Fichte, Schleiermacher und Nietzsche, die sich – nicht zufällig immer wieder das laute Lesen, das antikische Lesen verlangend – einen Sinn für die rhetorische Gliederung der Prosa, den Predigerton und die Nuancen der Ohrenprosa bewahrten. ›Eloquence ... leads mankind by the ears‹ lautet Lord Bolingbrokes berühmte Definition, der gegenüber Nietzsches Sentenz ›Der Deutsche hat seine Ohren ins Schubfach gelegt‹ sich besonders bitter ausnimmt.

Man sieht, die Wissenschaft von der Beredsamkeit hat hierzulande noch manches zu tun. Die Bedeutung der Predigt für die deutsche Sprache und Literatur ist überhaupt noch nicht untersucht worden – die Bedeutung der Postillen, die, wie Gottfried Merkel gezeigt hat, den Büchermarkt des siebzehnten, die Bedeutung der Predigtsammlungen, die den Markt im achtzehnten Jahrhundert beherrschten. Auch der Einfluß Luthers, des ›rechten Meisters teutscher Wolredenheit‹, wie Schottel ihn nannte, der Einfluß des großen Johann Lorenz von Mosheim, der die Geburtsstunde deutscher Prosa einleitete, der Einfluß Schleiermachers und Claus Harms' auf den Sprachstil ihrer Zeit sind noch nicht analysiert, obwohl zumindest im Fall Lorenz von Mosheims die Zeugnisse der größten Weggefährten – Herder, Lessing und Gottsched allen voran – die Spuren aufweisen könnten, die dieser Kanzelprediger, der im Jahre 1732 die Präsidentschaft der ›Deutschen Gesellschaft‹ zu Leipzig annahm, im Schrifttum seiner Zeit hinterließ.

Gewiß, es gab hierzulande keinen Bossuet, keinen Bourdaloue und keinen Massillon; es gab keinen Tillotson und, um auch der juristischen Beredsamkeit zu gedenken, keine Zola (allenfalls einen Dr. Breslauer, doch da ist eine Figur aus einem Roman Thomas Manns); gewiß, die protestantische Predigt hat, Augustinischer und Lutherischer Tradition entsprechend, immer dem *docere* den Vorzug vor dem *delectare* oder gar dem *flectere* und *movere*, dem Ethos den Vorzug vor dem Pathos, dem Inhalt den Vorzug vor der Form gegeben; sie wollte belehren und, so Luther, dem Schwarmgeister-Unwesen durch einen Verzicht auf agitatorische und emotionsanstachelnde Predigten beikommen; sie wollte schlicht, dem gemeinen Mann verständlich, nicht seiltänzerisch: eher dialektisch als rhetorisch sein. Gewiß, die protestantische Predigt kennt nicht den Tonfall eines Geiler von Kaisersberg (übrigens auch ein Beispiel für die wechselseitige Befruchtung von Predigt und Literatur: Geiler sprach ein Jahr lang über das ›Narrenschiff‹ von Sebastian Brant), sie verfügt nicht über den barocken Witz eines Abraham a Santa Clara: ein Mann wie Dräseke, der Jean Paul auf der Kanzel, steht recht vereinsamt da … gewiß, die Diskussion über die Frage, ob ein Prediger überhaupt ein Redner sein dürfe, zeugt nicht gerade von moralischer Hochschätzung der Wohlredenheit, des ›geschnitzten und gemaleten Götzen‹, wie Luther es ausgedrückt hat ... gewiß, das Idealbild des Predigers, als eines Mannes, der sich eher durch praktische Kenntnisse als durch Redegewalt auszuzeichnen hat, ein Idealbild, das Herder im ›Redner Gottes‹ beschrieben hat, nimmt sich, gemessen an Adam Müllers Version von jenem großen Kanzelrhetor, der selbst Gedanken des Teufels errät, bescheiden und bürgerlich aus, als Bildnis eines Anti-Rhetors geradezu: ›groß im Stillen, ohne Ciceronische Perioden beredt, mächtig ohne dramatische Zauberkünste ... kein Anstand des Redners, kein Brüsten, kein rhetorischer Donner und Blitz, kein rednerischer Schwung ... und keine Schraubengänge und überraschenden Einfälle‹ ... gewiß, gewiß, und alles nicht falsch – aber nicht hinreichend, um die These zu widerlegen, daß, trotz dieser Einschränkungen, trotz der nüchternen Grundhaltung und des Primats der Lehre allein die protestantische Predigt – und nicht die politische Rede, und nicht der Kathedervortrag – den Stil deutscher Prosa, zumindest zeitweilig, zumindest in bescheidenem Maße, bestimmt hat.

Es war meine Aufgabe, von deutscher Rede zu sprechen; ich habe ein düsteres Bild entwickelt, und der Glanz der Rhetorik, der *regina artium* und Königin der Wissenschaften, hat vielleicht ein wenig von seiner Leuchtkraft verloren; doch sei nicht vergessen, daß der Verfall der Rede nicht nur in Deutschland, von Gottsched über Adam Müller bis hin zu Nietzsche, beklagt worden ist; David Hume, Thomas de Quincey und Hugh Blair, die drei Klassiker der angelsächsischen Beredsamkeit, gehen auch mit der englischen Rhetorik hart ins Gericht: Besser, heißt es, müsse sie bei einem Volk sein, dessen Verfassung der Beredsamkeit einen Raum gibt, wie keine andere Nation ... und was Frankreich betrifft, so hat es auch im Land Fénelons und Voltaires, im Land, da ein Pascal, demonstrativ, die *Kunst der Überredung* anwandte, die Männer von 1789 den Stil der Agitationsrede prägten und Clemenceau ein Buch über Demosthenes schrieb: so hat es auch im Lande Bossuets und Jaurès' nicht an kritischen Stimmen der Rhetorik gegenüber gefehlt, einer Disziplin, deren Weg ein Leidensweg geworden ist ... und dies bereits seit sehr langer Zeit. Schon 1828 zögerte Bischof Whately, der Verfasser des berühmten englischen Lehrbuchs ›Elements of Rhetoric‹, einen so verachteten Namen auf den Umschlag seines Werkes zu setzen. Dennoch meine ich, daß das Mißtrauen, das man der Beredsamkeit entgegenbringt, nirgendwo stärker als in Deutschland ist – es gilt der Konvention, gilt der Künstlichkeit, gilt der *ratio*, der Logik und Intellektualität, gilt der Form und jenem Glauben der Rhetorik, daß das Gedachte artikuliert und nach erlernbaren Gesetzen gebannt werden könne, gegen den man bis hin zu Thomas Manns ›Betrachtungen eines Unpolitischen‹ immer wieder im Namen Deutschlands, im Namen der Tiefe, des Gemüts und der Wortlosigkeit polemisiert hat. (›*Spricht* die Seele‹, heißt es bei Schiller, ›so spricht, ach, schon die *Seele* nicht mehr.‹)

Rhetorik ist nun einmal ›Abweichung von der Natur‹; es fragt sich nur, ob diese Abweichung, von der Nietzsche in der ›Fröhlichen Wissenschaft‹ spricht, nicht gerade ihre Größe bezeichnet und sie zu einer ebenso schwierigen wie wahrhaft menschlichen Kunst macht, einer Kunst, deren Überflüssigkeit man jahrhundertelang mit viel Scharfsinn und Verachtung nachgewiesen hat ... um dann plötzlich, zuerst in den Vereinigten Staaten, zu erkennen, daß diese Kunst im Zeitalter der Massenkommunikation, im Zeitalter der Propaganda schriftlicher und mündlicher Art, im Zeitalter der Fernsehrede, deren Gesetze erkannt werden wollen, im Zeitalter von Madison Avenue, die Asche phönixgleich verlassen hat: mehr als 8000 Titel, alle dem Phänomen ›Rhetoric and Public Adress‹ geltend, zählt eine amerikanische Bibliographie allein für den Zeitraum von 1947 bis 1961 auf, und das Department of Speech an der Cornell University hat längst die Bedeutung gewonnen, die einst dem berühmten Boylston Chair of Rhetoric and Oratory zukam, deren erster Inhaber der amerikanische Staatsmann John Quincy Adams gewesen ist ... auch er übrigens ein Mann, der in seinen Vorlesungen immer wieder betont hat, daß die Freiheit die Mutter der Beredsamkeit und die Beredsamkeit die letzte Stütze und der letzte Halt der Freiheit sei.

Bedenkt man am Ende die Fülle der Aufgaben; bedenkt man, daß es keine gewichtigen Sammlungen deutscher Reden gibt; daß die Tendenzliteratur, und zumal die Sklavensprache, die poetische Geheimschrift in Diktaturen, noch nicht unter rhetorischem Aspekt untersucht worden ist, obwohl doch Friedrich Schlegels Wort ›Alle Poesie, die auf einen Effekt ausgeht, ist rhetorisch‹ schon längst den einzuschlagenden Weg gewiesen hat; bedenkt man, daß die Geschichten der deutschen Predigt vor 100 Jahren geschrieben wurden, daß Monographien fehlen, die die großen Prediger als Redner charakterisieren und den Einfluß der Kanzelrhetorik auf das säkulare Schrifttum verfolgen ... bedenkt man, daß die nationalsozialistische Rhetorik, der *stilus demagogicus tertii imperii*, noch immer auf einen Bearbeiter wartet (was weiß man vom Demagogen Hitler mehr, als daß er seine Reden vor dem Spiegel einstudierte und den Agitator im Kellermann-Film ›Der Tunnel‹ bewunderte? Und das sagt schließlich nicht viel; denn von einem Schauspieler hat auch ein englischer Redner gelernt, der freilich hieß Pitt, und der Schauspieler war Garrick) ... bedenkt man die Probleme der sozialistischen Topologie und ihre Veränderungen von Lassalle über Bebel bis hin zu Rosa Luxemburg und bedenkt nicht zuletzt die Aspekte der *rhetorica nova*, der von Ernst Robert Curtius begründeten, auf Literaturkonstanten und Formeltraditionen achtenden Topenforschung – bedenkt man vor allem das Problem der Propaganda pragmatischer und ideologischer Natur und die Aspekte jener zweckbestimmten Information, die den Seher, Leser und Hörer zwingen soll, sich mit den vorgetragenen Thesen zu indentifizieren, und bedenkt endlich die Geheimnisse der visuellen Rhetorik, einer plakativen Beredsamkeit, deren Regeln durchschaut werden wollen (Leo Spitzer hat erste Hinweise gegeben), dann wird man sagen müssen: es wird Zeit, es wird hohe Zeit, daß die *regina artium*, die Rhetorik als alte und neue Königin der Wissenschaften, endlich auch in unserem Lande aus ihrem Dornröschenschlaf erwacht und ihr Geschäft betreibt: aufzuklären und mit Hilfe der situationsbezogenen Agitation die Humanität zu befördern.

Geist und Macht
Literatur und Politik in Deutschland

1983

›Solange die Sonne am Firmamente steht und die Planeten um sie herumkreisen, war das nicht gesehen worden, daß der Mensch sich auf den Kopf, d.i. auf den Gedanken stellt und die Wirklichkeit nach diesem erbaut ... Jetzt endlich ist der Mensch dazu gekommen zu erkennen, daß der Gedanke die geistige Wirklichkeit regieren solle. Es war dies somit ein herrlicher Sonnenaufgang. Alle denkenden Wesen haben diese Epoche (der Französischen Revolution) mitgefeiert. Eine erhabene Rührung hat in jener Zeit geherrscht, ein Enthusiasmus des Geistes ... die Welt durchschauert, als sei es zur wirklichen Versöhnung des Göttlichen mit der Welt nun erst gekommen‹: Mit diesen Sätzen beschwor, aus jener Perspektive von Abstand und Am-andern-Ufer-Sein, die gleichwohl der entzückten Begeisterung des Redenden nicht abträglich ist: denn gestern war er dabei, an der Tête! ... mit diesen Worten beschwor ein Berliner Professor, Georg Friedrich Wilhelm Hegel, zwischen 1822 und 1831 in einem fünfmal gelesenen Kolleg über Philosophie der Weltgeschichte den Geist jener großen bürgerlichen Revolution, die ihre erste – und entscheidende! – Anregung durch die ›Weltweisheit‹ gewonnen habe.

Gedanke und Realität, Kultur und Politik miteinander verschwistert; die Philosophie der Aufklärung als Prämisse einer Radikal-Veränderung von Politik: Jawohl, das war noch einmal der Geist Robespierres, den Hegel ein Menschenalter nach dem neunten Thermidor, Juli 1794, beschwor (›Das Einleitungskapitel der Revolution‹ hatte Robespierre die Enzyklopädie, das Werk d'Alemberts, genannt); das war der Glaube, daß die Politiker, nach 1789, ausgeführt hätten, was ihnen von Poeten, Pädagogen und Philosophen vorausgeträumt worden sei: die Literaten-Geburtshelfer der Anwälte politischer Praxis! (›Maximilian Robespierre‹, rief Heine in seinem Traktat über Religion und Philosophie den ›stolzen Gedankenmännern‹ zu, ›war nichts als die Hand von Jean Jacques Rousseau, die blutige Hand, die aus dem Schoße der Zeit den Leib hervorzog, dessen Seele Rousseau geschaffen hat.‹)

Ein halbes Jahrhundert lang, bis hin zur Revolution von 1848, klingt nach, wird verklärt, sieht sich in feierlicher Rede evoziert und als ›vergangen‹, aber ›wiederholbar‹, ›verloren‹ und zugleich ›unverlierbar‹ beschworen, was einmal leuchtende Gegenwart war. Kein Zufall, daß selbst in den Versen des entschiedensten Gegners, den die Französische Revolution (sieht man von Justus Möser ab) unter Deutschlands Schriftstellern hatte: in Goethes Hexametern die Begeisterung nachklingt, der Enthusiasmus und die verwegene Hoffnung, von der die europäische Intelligenz, und die deutsche voran, im Zeichen einer der Aufklärung verpflichteten Politik ergriffen wurde: ›Denn wer leugnet es wohl‹, heißt es im 6. Gesang von ›Hermann und Dorothea‹: mitten in der Beschreibung des Emigranten-Elends – also auch hier aus der Position des Anders- und Besser-Wissens, einer Kenntnis der Folgen, heraus! –, ›denn wer leugnet es wohl, daß hoch sich das Herz ihm erhoben, ihm die freiere Brust mit reineren Pulsen geschlagen, als sich der erste Glanz der neuen Sonne heranhob (‚Sonne': bei Hegel wie bei Goethe!), als man hörte vom Rechte der Menschen, das allen gemein sei, von der begeisternden Freiheit und von der löblichen Gleichheit … Schauten nicht alle Völker in jenen drängenden Tagen nach der Hauptstadt der Welt, die es schon lange gewesen und jetzt mehr als je den herrlichen Namen verdiente? … Wuchs nicht jeglichem Menschen der Mut und der Geist und die Sprache?‹

Geschrieben 1797 – zu einer Zeit also, da die *wundersamen großen und schrecklichen* Begebenheiten – so ein Topos der Literatur – längst verblaßt waren: Vorbei die

Zeit zwischen Bastille-Sturm und Hinrichtung der königlichen Familie, da deutsche Paris-Reisende die Revolution wie ein erhabenes Theaterstück analysierten, ein auf den Straßen gespieltes Shakespeare-Drama, dessen Held das Volk war. Vergangen, vorbei: der Aufstand der Massen – in Paris gescheitert und in Deutschland – nie mehr als ein Traum!

Je elementarer sich die Revolution, von Mirabeau bis Robespierre, radikalisierte, je stärker Deutschland durch den Koalitionskrieg betroffen wurde – Goethes ›Campagne in Frankreich‹, ›Die Belagerung von Mainz‹! –, je unmittelbarer die Intellektuellen diesseits des Rheins, in unmittelbarer Auseinandersetzung mit der Revolutionsmacht, ›Jakobinismus‹ und ›Sansculottentum‹ in concreto erlebten, desto stärker sahen sie sich genötigt, den Unterschied zwischen deutschen und französischen Verhältnissen zu akzentuieren und, mit einem am Pariser Gegen-Bild geschulten Blick, die Misere des eigenen Landes mit seinen – so Marx – ›gewesenen Ständen und ungeborenen Klassen‹ ins Blickfeld zu rükken: das Elend einer zerstückelten Nation, in der das Bürgertum ohnmächtig, die Bauernschaft isoliert und die Intelligenz gedemütigt waren: Deutschland – ein territorialstaatlicher Club, in dem, wie es das Testament eines württembergischen Regenten belegt, Untertanen neben Pferden, Schafen und Gehölzen als ›Zubehör‹ von Burgen, Schlössern, Festungen aufgeführt wurden; Deutschland – ein adeliger Herrschaftsbereich, in dem ein Hochwohlmögender von Stand und Geblüt es sich leisten konnte, einen Schornsteinfeger vom Dach herunterzuschießen, um seiner Maîtresse, die ›so einen Kerl‹ gern mal herabpurzeln sehen wollte, eine bescheidene Freude zu machen. (Die Witwe des Ermordeten wurde dafür mit fünf Gulden ›entschädigt‹.)

Deutschland im Zeitalter der Französischen Revolution: Das war ein zersplittertes, aus Duodezfürstentümern bestehendes Reich, dessen Schriftsteller, anders als ihre französischen Kollegen mit ihrer mächtigen Presse in der Metropole, allenfalls in praxisfernen Provinzzirkeln bescheidenen Einfluß gewannen, in literarischen Salons, Logen, Clubs und, mit Einschränkungen, auf dem Theater: Kein Wunder, daß die politischen Programme der vielfach Disziplinierten – Schubart: eingekerkert; Fichte: entlassen wegen ›Propaganda für Demokratie und Revolution‹ –, kein Wunder, daß die Programme der Schriftsteller eher auf eine Reform von oben als eine Revolution von unten abzielten. Nicht durch die Gewalt der Straße, sondern durch Erziehung und Bildung lautete nach 1792 die Generalthese der ›Mehrheitsfraktion‹ in den Kreisen der deutschen Intelligenz, nicht durch ökonomisch-soziale Umwälzung, sondern durch Erziehung und Bildung der Allgemeinheit, der Fürsten voran, werde sich, befördert von Angehörigen der deutschen Gelehrtenrepublik, die den Postulaten der Aufklärung treu zu bleiben gedächten, jene Reform des öffentlichen Lebens ermöglichen lassen, die, wie das Terreur-Regiment der Jakobiner beweise, die Revolution verhindere. Kein Zweifel: Wenn es – nehmen wir die Mainzer Jakobiner aus – am Ende des 18. Jahrhunderts in Deutschland ein von der literarischen Intelligenz geprägtes Gesellschaftsmodell gab, dann war es die Vorstellung der durch ein aufgeklärtes Regiment gewährleisteten *concordia omnium* in einem Land, dem – gottlob, hieß es – Klassengegensätze wie in Frankreich fehlten. Einerlei, ob so unterschiedliche politische Temperamente wie Jean Paul oder Humboldt, Hardenberg oder Kant die *Reform von oben* als einzige Möglichkeit beschworen, die Revolution zu verhindern – einerlei, ob selbst ein dezidierter Republikaner wie Georg Friedrich Rebmann (mitsamt seinem Blick aufs Mainzerische: das jakobinische Deutschland) die These vertrat, daß bei garantierter Gedanken- und Pressefreiheit ›die Demokratie um den Thron blühe‹ –, in jedem Fall ging es, in Übereinstimmung mit reformabsolutistischen Zielen, darum, den – zur Humanität erzogenen – aufgeklärten Monarchen (der halb idealisierter pater familias, halb Gottvater im Duodezformat war) als Bewahrer und Erneuerer einer auf Versöhnung widerstreitender Interessen abzielenden Gemeinschaft zu apostrophieren.

Und trotzdem, über Jahrzehnte hinweg, der Traum vom August 1789! Trotzdem das nie endende Vivat auf den Bastille-Sturm! Trotzdem der Glaube, die Revolution könne nachgeholt werden – und zwar in Deutschland: im Bereich der Literatur und Philosophie.

Französische Praxis: aufgehoben und in ihrer Intention, eine *absolute* Umwälzung im Sozialen so gut wie im Geistigen zu bewirken, überboten durch die deutsche Theorie! ›Kantische, Fichtesche und Schellingsche Philosophie‹ – noch einmal ein Blick in Hegels Berliner Hörsaal! –, ›in diesen Philosophien ist die Revolution in der höchsten Form des Gedankens niedergelegt und ausgesprochen, zu welcher der Geist in der letzten Zeit in Deutschland fortgeschritten ist. An dieser Epoche haben nur zwei Völker teilgenommen, das deutsche und das französische.‹

Revolution in der philosophisch-literarischen Welt als eine auf höherer Stufe durchgeführte – gut Musilsche – Parallel-Aktion zur gesellschaftsverändernden Revolte in Frankreich, dienlich, das Praktischwerden der Vernunft in einem aufgeklärten Gemeinwesen, halb preußisch-fritzisch, halb nach Weimarer Maß, zu befördern: Diese *geistige Revolution* war das große Gesprächsthema der deutschen Literatur in der Epoche zwischen Goethe und Heine.

Säßen sie, zurückverwandelt in Figuren aus Fleisch und Blut, hier vor uns auf dem Podium, Hegel und Kant, Goethe und Schiller, Heine und Hölderlin, Humboldt, Börne e tutti quanti: wir dürfen gewiß sein, daß zwischen denen aus Mainz und Königsberg, Weimar und Altona binnen kurzem eine erbitterte Debatte über das Thema Nummer eins begänne – eine Debatte, die von einem sehr weit rechts postierten Mann eröffnet würde, der unverzüglich daranginge, sein Literatur-Programm zu interpretieren – das folgenreichste Kunst-Papier, das es in Deutschland je gegeben hat.

Literatur, ließe der rechte Flügelmann, Johann Wolfgang von Goethe, erklären – Literatur als die große Sitten- und Humanitätsförderin habe die Aufgabe, das Politische zu transzendieren und, jenseits des tristen Hic et Nunc, das Menschliche in seine Rechte zu setzen. (›Dass alles aufhört politisch zu seyn und bloß menschlich wird‹: Goethes Diktum, das ›Wallenstein‹-Finale betreffend, war ihm das höchste Lob, das einem Kunstwerk zuteil werden konnte.)

Politisch: ein Negativ-Wort. *Politik:* ein gefährliches Feld, bedrohlich für den einzelnen durch Außen-Anforderungen und darum von jenem Bezirk des Geistigen abzusondern, in dem allein Kultur, als ›Reich der Freiheit‹, realisiert werden könne: Das Enthobensein von Zwängen und Zwecken – so das Kunstprogramm der Weimaraner Klassik –, die nachdrücklich erklärte Neutralität des Poeten in Fragen des politischen Alltags, Abstinenz in praxi und – ein Wort von Herder – ›aesthetische Selbstgenügsamkeit‹ seien Voraussetzungen, daß Humanität sich gegen Politik durchsetzen könne: ›Je mehr das beschränkte Interesse der Gegenwart die Gemüther in Spannung setzt‹, schrieb Schiller – immerhin Ehrenbürger der Französischen Revolution – in der Einleitung zu der von ihm edierten Zeitschrift ›Die Horen‹ … ›je mehr das beschränkte Interesse der Gegenwart die Gemüther in Spannung setzt, einengt und unterjocht, desto dringender wird das Bedürfnis, durch ein allgemeines und höheres Interesse an dem, was *rein menschlich und über allen Einfluß der Zeit erhaben* ist, die politisch geteilte Welt unter der Fahne der Wahrheit und Schönheit wieder zu vereinigen.‹

Roma locuta – causa finita? Die Debatte um die deutsche, der révolution française Widerpart bietende Parallel-Aktion: durch einen Richtspruch aus Weimar entschieden? Keineswegs. ›Liebe Kinder! Still! Nur nichts Politisches! Das mag er nicht!‹: Die Bitte des Reichsfreiherrn vom und zum Stein, geäußert während einer Rheinfahrt, 1815, gegenüber Goethes Begleitung, trifft, allzu salopp, nicht den Kern des Problems. Wäre sie nämlich gelungen, die Französische Revolution: gelungen im Sinne der Übereinstimmung von aufklärerischer Theorie und Politik, dann, dies hat Schiller nachdrücklich in einem Brief vom Juli 1793 an den Herzog von Augustenburg statuiert: dann Valet, ihr Künste! Valet, da durch die Revolution im Hier und Jetzt Verstand, Herz, Phantasie und Gesittung der Menschen umgedreht worden wären – umgedreht in jenem republikanischen Freiheitsstaat, der den Notstaat des entarteten Feudalismus zum Gespött gemacht hatte!

›Wäre das Faktum wahr‹, schreibt Schiller, ›wäre der außerordentliche Fall wirklich eingetreten, daß die politische Gesetzgebung der Vernunft übertragen, der Mensch als Selbstzweck respektiert und behandelt, das Gesetz auf den Thron gehoben und wahre Freiheit zur Grundlage des Staatsgebäudes gemacht worden, so wollte ich auf ewig von den Musen Abschied nehmen und dem herrlichsten aller Kunstwerke, der Monarchie der Vernunft, alle meine Thätigkeit widmen. Aber dieses Faktum ist es eben, was ich zu bezweifeln wage. Ja, ich bin so weit entfernt, an den Anfang einer Regeneration im Politischen zu glauben, daß mir die Ereignisse der Zeit vielmehr alle Hoffnungen dazu auf Jahrhunderte benehmen.‹ Kunst als Stellvertreterin der Politik, deren Schwester und nicht deren Fremde: auch dieser Aspekt – Literatur als die getreue Magd, die nach dem Scheitern aufklärerischer Praxis in die Bresche springt! – will nachdrücklich artikuliert sein, wenn man den Beitrag der Weimaraner ›Rechten‹ – zumindest Schiller war es nicht! – zur Generaldebatte über ›Literatur, Politik und Revolution‹ gerecht beurteilen will: Aufgabe der Kunst sei, so Schiller, nicht vorschnelle Negierung, sondern Vollendung der Französischen Revolution im Sinne einer Erfüllung ihrer geheimsten, auf die Überwindung menschlicher Entfremdung zielenden Intentionen – die Überwindung des ›gesellschaftslosen‹, auf sich selbst und die Verfolgung seiner Privatzwecke zurückgeworfenen Menschen.

Kunst als Meta-Politik: War's wirklich nur ein Luftgespinst, nur Kompensation politischer Ohnmacht, dieses

Theorem von der Literatur als der humanen Lückenbüßerin? Für Schiller gewiß nicht! Die ›Briefe über Aesthetik‹ zeigen mit gebotener Klarheit, daß hier einer sehr genau wußte, wie wenig es eine Befreiung im Geiste ohne materielle Befriedigung gebe: ›Erst muß der Geist vom Joch der Nothwendigkeit losgespannt werden, ehe man ihn zur Vernunftherrschaft führen kann‹ – Brief an den Herzog von Augustenburg, 11. November 1793 –, gewiß, ›der Mensch ist noch sehr wenig, wenn er warm wohnt und sich satt gegessen hat, aber er muß warm wohnen und satt zu essen haben, wenn sich die bessere Natur in ihm regen soll.‹

Nicht um Humanität im Wolkenkuckucksheim, sondern um Verbesserung der theoretischen und praktischen Kultur war es ›Weimar‹ zu tun, sofern es der Revolution eingedenk blieb – um die Vision einer Sozietät, in der die Fron der nur für sich schaffenden Individuen ins gesellige Spiel der frei assoziierten Gattungswesen umschlüge.

Eine *Vision*, wohlgemerkt: die Vision einer durch die Kunst befreiten Menschheit – aber nicht *nur*: Vision! Indem Schiller zeigte, daß die – sich autonom setzende – Kunst, vorscheinartig, zu versöhnen habe, was in der Realität widerspruchsvoll bliebe, denunzierte er, indirekt, die Inhumanität der politischen Wirklichkeit und machte ihre Heilsbedürftigkeit offenkundig: Das ästhetische ›Ja‹ verweist auf ein politisches ›Noch nicht‹, aber erkauft sich dieses ›Ja‹, erkauft sich die Unbedingtheit eines utopischen Erziehungsauftrags – Kunst als Weg zur Freiheit – mit konsequenter und rigider Mißachtung des politischen Alltags.

Absehen von der Wirklichkeit um der Poesie und der Erfüllung ihrer Sinn stiftenden Aufgabe willen lautete die Devise der Klassik: Darum das Sich-Verschließen gegenüber sozialer Not (›Hier will das Drama gar nicht fort‹, schreibt Goethe, die ›Iphigenie‹ betreffend, an Frau von Stein, ›es ist verflucht, der König von Tauris soll reden, als ob kein Strumpfwürker in Apolda hungerte‹); darum, im Vertrauen auf Erziehung von oben und Klassenversöhnung durch eine besonnene Politik der altregierenden Schichten, der Verzicht auf jede Form politischer Agitation zugunsten der eines Kunstgenusses unfähigen Schichten; darum die Entschlossenheit, Literatur vor einer Okkupation durch das auf Unterhaltung und Belehrung erpichte Volk zu bewahren – Schillers Verhöhnung des um Popularität der Poesie bekümmerten Bürgers! –; darum am Ende sogar die elitäre Wiederbelebung jener höfisch-aristokratischen Stilmuster, die schon Lessing und die Stürmer und Dränger, unter Berufung auf Shakespeare, als obsolet erwiesen hatten: ›Es droht die Kunst vom Schauplatz zu verschwinden‹ – Schiller über Goethes ›Mahomet‹-Inszenierung: Voltaire in Weimar! –, ›Ihr wildes Reich behauptet Phantasie. Die Bühne will sie wie die Welt entzünden, das Niedrigste und Höchste menget sie. Nur bei den Franken war noch Kunst zu finden, erschwang er gleich ihr Urbild nie, gebannt in unveränderlichen Schranken hält er sie fest und nimmer darf sie wanken.‹

Da redet Fritz Schiller aus Marbach wie Friedrich II. von Preußen – Shakespeares Stücke, heißt es in ›De la littérature allemande‹, seien, in ihrem ›wunderlichen Gemisch aus Tragischem und Harlekinpossen‹, allenfalls würdig, ›vor den Wilden von Canada‹ gespielt zu werden; da tritt die utopisch-aufklärerische Rolle der Poesie hinter der Funktion zurück, überalterte Herrschaftsformen, in strikter Abweisung revolutionärer Form-Experimente, zu verteidigen; da wird Literatur – entgegen der Geheim-Vision von der zweiten, nunmehr totalen Revolution – zum Vehikel der Weltflucht und des politischen Quietismus – ›Freiheit ist nur in dem Reich der Träume, und das Schöne blüht nur im Gesang‹ ... und eben das war es, was die Demokraten unter den deutschen Schriftstellern, diese durch Europa ziehenden, bis nach Rußland, ja in die Südsee verschlagenen Literaten, die Forster und Seume und Weerth, den Weimaranern vorwarfen: daß sie ihre progressiven, auf mittelbare Veränderung der Wirklichkeit abzielenden Kunst-Intentionen immer leiser formulierten und immer lauter die literarische Apotheose des in neuer Gewandung wiedererstandenen ancien régime.

Literatur und Politik in Deutschland: Es wird Zeit, den ›Neutralisten‹ von Weimar endlich ihren großen Widersacher, den letzten Jakobiner der Nation, gegenüberzustellen: jenen Einen, der, nach Goethes Tod, mit der Kraft seines Witzes Literatur wieder in ihre politischen Rechte einsetzte: Heinrich Heine – auf unserem imaginären Podium, Goethe gegenüber, auf der Linken angesiedelt … Heine, der nur jene Poesie anzuerkennen bereit war, die es wage, ›den Schritt ins öffentliche Leben zu tun‹ und dem Versuch Paroli zu bieten, Literatur in ein wirklichkeitsfernes Reservat zu verweisen – einen Raum, in dem sich allenfalls ästhetische Kartoffelkriege, aber keine Literatur-Kämpfe austragen ließen, in denen die ›große Suppenfrage‹, die Frage nach Armut und Reichtum, Hütte und Palast obenan stand: ›Heut helfen euch nicht die Wortgespinste der abgelebten Redekünste. Man fängt nicht Ratten mit Syllogismen. Sie springen über die feinsten Sophismen. Im hungrigen Magen Eingang finden nur Suppenlogik mit Knödelgründen. Nur Argumente mit Rinderbraten, begleitet mit Göttinger Wurstzitaten. Ein schweigender Stockfisch, in Butter gesotten, behaget den radikalen Rotten viel besser als ein Mirabeau und alle Redner seit Cicero.‹

Hüben Heine und drüben die Weimarer, hier der republikanische Reveille-Trommler und drüben der Herr von Goethe, der bis zum Tod nicht davon lassen mochte, Napoleon ›seinen‹ Kaiser zu nennen; auf der einen Seite, Sprecher der Sozialisten und Demokraten, der ›Tribun und Apostel‹, Jude und Emigrant, Harry Heine aus Düsseldorf, und auf der anderen die nobilitierten Höflinge von Weimar: so plausibel die Fraktionierung des literarischen Parlaments der Deutschen zwischen 1789 und 1848 auf den ersten Blick erscheint, mit Heine und Goethe als Flügelmännern, so problematisch wird die Gliederung in rechts und links, wenn man bedenkt, daß keiner die Revolution im Hier und Jetzt derart gefürchtet hat wie Heinrich Heine – Demokratisierung bedeute das Ende der Kunst, den Triumph der Kartoffel über den Vers – und keiner, auf der anderen Seite, die befreiende, Fesseln lösende Funktion der Poesie inständiger beschworen hat als Friedrich Schiller.

Rechts oder links: Das Problem erweist sich als zweitrangig, sobald sichtbar wird, daß es den einen wie den anderen, den Republikanern so gut wie den Vertrauten der herrschenden Klasse, um Wahrung von Distanz zu tun war: Distanz der Literatur gegenüber rascher Indienstnahme – durch welche Fraktion auch immer! –, Distanz zu Parteiparolen, Distanz zur Macht, die auf ein klares ›Ja‹ oder ›Nein‹ erpicht war, Distanz vor allem – dies ist entscheidend – gegenüber dem imperativischen Anspruch des Faktischen, dem rüden Sosein des politisch Gegebenen.

Wie immer sie sich unterschieden, die Literaten, die, halb Unterhaus, halb Oberhaus, irgendwo zwischen der Exzellenz vom Frauenplan und dem Juden in der Matratzengruft beheimatet waren, in Residenzen oder Emigranten-Zirkeln: wie gering, dank disparater Lebensschicksale, die Verständigungsmöglichkeiten untereinander auch waren – *eins* zumindest hatten alle gemeinsam, Linke und Rechte: den Glauben, daß es die Grundaufgabe der Literatur sei, Faktizität, durch das Austräumen von Gegenwelten, zu transzendieren und Wirklichkeit, mitsamt ihren sozialen Antagonismen, durch den poetischen Entwurf eines Möglichkeitsreichs in Frage zu stellen: durch die Erinnerung an jenes Beinahe-Paradies zum Beispiel, das für die Dauer weniger Jahre Realität geworden zu sein schien – in den Tagen, da Immanuel Kant in Königsberg der Post entgegenging, weil er es nicht abwarten konnte, neue Zeitungen aus Paris zu erhalten.

Und dagegen nun das große Debakel nach 1848; dagegen jene allgemeine Tristesse im Zeichen einer totalen, die Erinnerung an den Menschheitsfrühling von 1789 auslöschenden Reaktion, die einer der letzten Aufrechten, der Reiseschriftsteller, Romancier und Pamphletist Georg Weerth, mit den Worten beschrieb: ›Die – verlorene – Revolution hat schauderhaft unter den Menschen gewirtschaftet. Außer den Tausenden von Existenzen, die dabei verloren gingen, ist eine solche Mutlosigkeit und Leere in die Gemüther gefahren, daß man selbst seine Freunde kaum wiedererkennt.‹

Eine solche Mutlosigkeit und Leere: Vom beginnenden Bismarckreich aus gesehen gab es keinerlei Verbindungen literarischer Art mehr zum Vormärz – und auch zum *andern*, vom Willen zur konkreten Utopie in litteris erfüllten Weimar nicht. (Dafür eine Fülle von Bekenntnissen zu einem deutschen Olymp, von dem aus sich der Wilhelminismus absegnen ließ.)

Und damit begann dann, nach der gescheiterten Revolution und dem Sieg der preußischen Waffen anno 1866, jene Borussierung der deutschen Literatur, deren Ausmaß eine der wenigen Gegenschriften, die in Deutschland-Preußen noch publiziert werden konnten, Gervinus' Ermahnung an das Königshaus, demonstriert, in der verlangt wird, die Tätigkeit eines Kulturvolks nicht für die eines Machtvolks dahinzugeben und, derart, von Krieg zu Krieg verwickelt zu werden.

Der Triumph Preußens, das war der Triumph Potsdams über Weimar, des monarchistischen Machtstaats über ein Stück Klein-Europa, ein Triumph, der bildungsbürgerliche Gesinnung süddeutsch-liberaler Provenienz durch den Ungeist jenes durch und durch ›verassessorten‹ und ›verreserveoffizierten‹ Bourgeois ersetzte, dem – neben Raabe einer der letzten Altliberalen – Theodor Fontane den Spiegel vorgehalten hat.

Vorbei die Zeit, da Literatur den Charakter einer wirklichkeitstranszendierenden Gegenkraft hatte: Affirmation oder Flucht ins Traumreich des höheren Menschen, wo die Klassiker in Goldschnitt regierten – ein Drittes gab es, zumindest idealtypisch, nicht im borussischen Deutschland der zweiten Jahrhunderthälfte – und das schon deshalb nicht, weil die Literaten, die lebenden jedenfalls, gesellschaftlich kaum mehr als Parias waren: ›Catilinarische Existenzen‹, pflegte Bismarck zu sagen,

›Menschen: unfähig zum Elementarschullehrer und zu arbeitsscheu zum Postsekretär.‹

Während die Dahns und die Heyses und die Scharen borussischer Barden in Dichterhallen einhergingen – und in der Deutschen Bank natürlich –, hatten Fontane und Raabe bürgerliche Periodica zu bedienen: darauf verwiesen, literarischen Ruhm- und den Adlerorden vierter Klasse, wenn's hoch kam – mit Hilfe von Leihbüchereien und deren Kundschaft aus Adel und Bourgeoisie zu gewinnen.

Das hieße also: Es herrschte Friedhofsruhe im Land? Literarische Opposition – Erinnerung an den August 1789, die Befreiung des Bürgertums aus selbstverschuldeter Unmündigkeit, sei zwischen Heines Tod und Hauptmanns Anfängen im von Preußen bestimmten Deutschland unmöglich gewesen?

Nein, das am Ende denn doch nicht. Schließlich ging es an der Isar immer noch liberaler zu als an der Spree – es gab den Simplizissimus, gab freisinnige Gazetten; doch selbst in Berlin, dies zeigt das Beispiel Fontanes – Pastor Lorenzens großes Geschichtskolleg im ›Stechlin‹! –, war es immerhin möglich, nicht nur der herrschenden Klasse die Kultur abzusprechen, sondern gelegentlich sogar ein Wörtchen für die verhaßten Sozialdemokraten fallenzulassen, in der Möglichkeitsform jedenfalls – so wie der Oberlehrer Willibald Schmidt in ›Frau Jenny Treibel‹: ›Wenn ich nicht Professor wäre, würde ich am Ende noch Sozialdemokrat.‹

Freilich, was er ganz insgeheim dachte, Theodor Fontane, das konnte er nicht einer Gesellschaft zumuten, deren obere Kreise selbst den Roman ›Irrungen Wirrungen‹ für eine Hurengeschichte erklärten, das mußte vertraulich bleiben zwischen Mann und Frau, dem Freund und den Freunden: ›Die neue bessere Welt fängt erst beim Arbeiter an; das, was die Arbeiter denken, sprechen, schreiben, hat das Denken, Sprechen, Schreiben der altregierenden Klassen tatsächlich überholt‹; aber der gleiche Fontane, der sich im Brief so revolutionär gab, war als Romancier nicht in der Lage, einen Arbeiter zu beschreiben; bis weit ins zwanzigste Jahrhundert hinein blieb – Ausdruck politischer und kultureller Rückständigkeit der Nation – die Arbeiterschaft mitsamt ihrer Millionenpartei, der Sozialdemokratie, ›illiterat‹, tauchte allenfalls als malerische Gruppe auf … oder als Demonstrationsmaterial, in der Pathologie eines Professors, der unter Deutschlands Literaten wahrscheinlich der fortschrittlichste war: Rudolf Virchow, der mit dem Blick auf seine von Elend und Ausbeutung zeugenden Opfer auf dem Sektionstisch für eine Assoziation der Besitzlosen plädierte, damit die Ausgebeuteten endlich aufhörten, Maschinen der Reichen zu sein: ›Capital und Arbeit‹, so Virchow, ›müssen mindestens gleichberechtigt sein und es darf nicht mehr die lebendige Arbeit dem todten Kapital unterwürfig sein.‹

Jawohl: Es gab Ausnahmen, die die Regel bestätigen – einen Literaten, Fontane im Kaiserreich, der die Arbeiter für intelligenter als Adel und Bürgerstand hielt, es gab einen Virchow, gab den Historiker Mommsen, der anno 1902 für das historische Bündnis zwischen den Liberalen und den ›durch die Habsucht der Interessencliquen gedrückten und zum Teil erdrückten‹ Arbeitermassen plädierte. Aber die Wirkung dieser drei – und eines Gervinus', zu dessen obersten Zielen die Entschädigung des von Preußen gedemütigten Österreich gehörte –, die Wirkung dieser drei war null und nichtig: Das Testament Theodor Mommsens, der von Bismarck sagte, er habe der Nation das Rückgrat gebrochen, spricht für sich selbst: ›Ich wünschte ein Bürger zu sein. Aber das ist nicht möglich in unserer Nation, bei der auch der Beste über den Dienst im Gliede und den politischen Fetischismus nicht hinauskommt. Diese innere Entzweiung mit dem Volke, dem ich angehöre, hat mich durchaus bestimmt, mit meiner Persönlichkeit nicht mehr vor das deutsche Publikum zu treten, vor dem mir die Achtung fehlt.‹

Triumph Potsdams über Weimar: Triumph der durch die Waffen geschaffenen Fakten über die humanen Vorträume der Neutralisten von der Ilm und der auf Distanz zur Parteiherrschaft jeglicher Art bedachten Jakobiner à la Heine: Mommsens Testament macht deutlich, was er bedeutete, für die Gesittung und Kultur der Nation, dieser Sieg, zeigt an, wer das Sagen hatte, in Preußen, und wem die Referenz zu gelten hatte, nach 1866: dem Ungeist einer Nation, die keine Geschichte hatte, sondern im gleichen Maße ›Kunstprodukt‹ war wie die Ideologie, die sie trug – schwarz-weiß-rote Gesinnung, die Konturen nur ex negativo gewann: in entschiedener Absetzung von der republikanisch-demokratischen Erbschaft von 1789 und 1848 und in rigoroser Kampfansage an den Internationalismus der sozialdemokratischen Arbeiterschaft. *Wie* künstlich sie war, die deutsche Ideologie à la Heinrich von Treitschke, die einen Nationalstaat zu adeln hatte, der auf den preußischen Bajonetten ruhte, beweist das Faktum, daß es zu ihrer Verlebendigung eines Krieges bedurfte – einer gleichsam ›nachgereichten‹ nationalen Revolution, in der, was ›von oben‹ oktroyierte und mit militärischem Drill eingebläute Ideologie war, den Charakter einer mit Blut besiegelten Gemeinschaftsvision gewann: ›Deutschland, Deutschland über alles‹ – das Symbol jener Volk-Werdung eines Verbands von Bayern, Preußen, Mecklenburgern, Schwaben, die zuallererst die Schriftsteller begeisterte: ›Krieg‹, heißt es in Thomas Manns ›Gedanken im Kriege‹ (Gedanken, die am Ende des *Zweiten* Weltkriegs Serenus Zeitblom, der Erzähler des ›Doktor Faustus‹, noch einmal in entzückter Rede evoziert), ›Krieg‹, das war ›der nie erhörte, der gewaltige und schwärmerische Zusammenschluß der Nation in der Bereitschaft zu tiefster Prüfung – einer Bereitschaft, einem Radikalismus der Entschlossenheit, wie die Geschichte der Völker sie bisher nicht kannte.‹

Das sind Worte, denen Stellvertretungscharakter zukommt: Nach 1789 redet, anno 1914, zum ersten Mal wieder nahezu die gesamte Intelligenz des Landes mit *einer* Stimme – jetzt freilich nicht dem bürgerlichen, die Emanzipation der Unterdrückten befördernden Internationalismus, sondern einem bornierten Chauvinismus das

Wort leihend –, reden die Dichter nicht anders als die Professoren oder – rabiateste Gruppe der Kriegsapologeten! – die Pastoren: Kein Ereignis – mit Ausnahme der Französischen Revolution, wie gesagt – ist von Deutschlands Poeten so einhellig und emphatisch begrüßt worden wie der ›Aufbruch‹ vom August 1914.

Krieg – das bedeutete damals für den Großteil der Literaten: die nationale Randexistenz zu überwinden und, eingemeindet im Volk, als dessen Sprecher eine neue soziale Funktion zu gewinnen: Der outcast unter den Bourgeois als geistiger Führer eines im Krieg geläuterten Volks! Der Poet als Anwalt einer nationalen Revolution, deren Los zu artikulieren für den Schriftsteller Wiedergewinnung der ihm zustehenden gesellschaftlichen Privilegien bedeute: *August 1914*, das hieß für die Poeten, mit Robert Musil zu sprechen, das Gefühl einer ›betäubenden Zugehörigkeit‹ zu empfinden: Von einem Tag zum andern – dies bezeugt das Unisono der Verlautbarungen – schien die Trennung zwischen Macht und Geist ›überwunden‹ zu sein – und sie *war* überwunden: überwunden durch die uneingeschränkte, die große Debatte um die Französische Revolution negierende Bereitschaft des ›Geistes‹, sich der Macht bei der Durchsetzung der von ihr vertretenen Ziele zur Verfügung zu stellen: Da wird, anno 1914, antizipiert, was ein Vierteljahrhundert später, zu plumper Parole entstellt, schauerlich nachklingt; da wird der Vernunft von seiten einer sich im Dienst der Macht prostituierenden Kunst der Pakt aufgekündigt; da werden – Literatur von 1914 contra Literatur von 1789 – von Schriftstellern Ideologeme geprägt, die fünfzehn Jahre darauf ins Topenarsenal nationalsozialistischer Kulturpolitik eingehen werden; da sehen sich Wotan und Gneisenau, Nietzsche und der Grabenkämpfer von Verdun in einem Atemzug genannt: Kein Wunder, bei so viel Absage an Aufklärung und Rationalismus, daß den Autoren darüber die wirkliche, von sozialen Antagonismen und ökonomischen Interessengegensätzen bestimmte Geschichte aus den Augen geriet – eine Geschichte, in der ein Staat Krieg führte, dessen regierende Schicht, im Bund mit Ludendorff, sich erfolgreich gegen jeden Versuch wandte, die Kriegsgewinne zu beschneiden – eine Schicht, deren Anwalt, ein Ostelbier namens Oldenburg-Januschau, erklärte: ›Wenn das allgemeine Wahlrecht in Preußen eingeführt wird, dann haben wir den Krieg verloren.‹

Ein makabres – und signifikantes Schauspiel: Während die Poeten den ›Aufbruch des Volkes‹ besangen, wurden mit dem gleichen Volk Geschäfte gemacht, die dazu beitragen sollten, den August 1914 zum großen Widerruf des August 1789 mit der Erklärung der Menschenrechte zu machen; während die überwältigende Majorität der literarischen Intelligenz mit der Aufklärung jede Form von allgemeiner und individueller Emanzipation im Sinne der großen Revolutionsdebatte aufgab, fiel als erster Abgeordneter ein Mann, der eben für dieses Erbe eingetreten war, der jüdische Sozialist Ludwig Frank, an der Front ... und so blieb es denn am Ende, sieht man von einigen Unbotmäßigen ab: revolutionären Sozialdemokraten zumeist – so blieb es einem einzigen, Heinrich Mann, vorbehalten, mitten im nationalen Kollektivrausch des Jahres 1914 die Ideen des anderen – und besseren: weil menschlicheren! – August von 1789 zu verteidigen und, in unmittelbarer Anknüpfung an die Vorträume zu Zeiten der Revolution, die ›Poesie der Demokratie‹ – im doppelten Wortsinn – wieder zur Geltung zu bringen: rückwärts den Blick zu jener Trinität, Gleichheit, Freiheit, Brüderlichkeit, die für Heinrich Mann – damals und später – die erste und wichtigste Aufgabe der Schriftsteller blieb: sofern sie darauf abzielten, ihrem Auftrag treu zu bleiben, als ›Gedankenmänner‹ das Humanitätspotential in der Welt zu vergrößern – eine Aufgabe, deren Erfüllung jedem von ihnen den moralischen Rang zuwiese, der untrennbar vom geistigen sei: ›Der Intellektuelle‹ – Heinrich Mann im ›Zola‹-Essay – ›erkennt Vergeistigung nur an, wo Versittlichung erreicht wird.‹

Heinrich Mann: die Ausnahme – das gilt für den August 1914, und das gilt auch für jene Republik von Weimar, in der er und seinesgleichen kaum minder isoliert als im Kaiserreich waren: Die Ideen von 1914 blieben – an den Hochschulen vor allem – in Geltung; Demokratie erschien als ›Erblast‹ und nicht, wie's Heinrich Mann formulierte, als ›Geschenk‹ der Niederlage – und damit eben waren zumal jene linksbürgerlichen Kräfte in ihrer Wirkung beschränkt, deren erstes Ziel es war: mitzuhelfen, daß die Republik Republikaner erhielt und daß dem Gemeinwesen als verpflichtendes Ideal jener libertäre Sozialismus vorgestellt wurde, der sich, während der großen Debatte um das Erbe der Französischen Revolution in der deutschen Literatur, zum ersten Mal von Belletristen, Jakobinern diesseits des Rheins, inthronisiert sah.

Inthronisiert in Gedicht und Parabel, Pamphlet und Drama: um 1800 in Mainz, preisgegeben nach 1848 im preußischen Deutschland, zum Gespött gemacht im chauvinistischen Taumel des teutonischen August und zaghaft neubelebt in der ersten deutschen Demokratie, als linke Bürger, das Erbe der Achtundvierziger einklagend, auf einer Versöhnung zwischen dem fortschrittlichen – nicht verjunkerten – Bürgertum und der Arbeiterschaft insistierten und – unser Kreis schließt sich: wir kehren nach Frankreich zurück – für eine ›Verwestlichung‹: sprich Liberalisierung der Gesellschaft unter maßgebender Bestimmung durch eine europäisch gesinnte Intelligenz plädierten – für die Demokratisierung eines Gemeinwesens, das sich dem Westen nur ökonomisch, im Sturmlauf kapitalistischen Nachholbemühens, aber nicht politisch, nicht als Republik der Freien und Gleichen angepaßt hatte.

Vergeblich, der Versuch; vergeblich jene Geschichtslektion von seiten republikanischer Autoren, die in Thomas Manns Bekenntnis zu einem Sozialismus kulminierte, der allein in der Lage sei, die von der Bourgeoisie verramschte bürgerliche Kultur zu bewahren. Vergeblich, vergeblich. Je demokratischer – hier plebejisch, dort bürgerlich-liberal – die Konzeption, desto gewisser, anno 33, der Weg ins Abseits, desto unausweichlicher die Alternative: Tod oder Emigration.

Und heute? Heute, ein halbes Jahrhundert danach: nach der Bücherverbrennung und dem Beginn einer Ära, in der – einzigartig in der deutschen Geschichte – nicht Literaten, sondern eine ganze Literatur emigrierte: hat sich da endlich die große Debatte nach 1789 erledigt, weil ihre Postulate in den beiden deutschen Gemeinwesen Realität geworden sind? Das Erbe der Achtundvierziger: angetreten von Republikanern aller Couleur? Die Versöhnung von Kultur und Sozialismus, Heines verwegener Wunsch – anno 1983 eine Selbstverständlichkeit? Die Teilhabe aller Menschen an den utopischen, aber auf Einlösung im Hier und Heute abzielenden Entwürfen der Literatur: ein Problem, das passé ist – abgetan, da verwirklicht?

Die Fragen zu stellen heißt: sie zu beantworten. ›Solange die Sonne am Firmamente steht, war das nicht gesehen worden, daß der Mensch die Wirklichkeit nach dem Gedanken erbaut.‹ Hegels Diktum bleibt 1983 so gut Utopie wie vor einhundertsechzig Jahren. Eine Utopie, die, höchst konkret, ihre appellative Kraft – ihre imperativische Verpflichtung! – nicht zuletzt für jene Literatur zweier deutscher Staaten behält, die – mag sie auch unterschiedliche Themen behandeln, mit unterschiedlicher Terminologie operieren, unterschiedlichen Produktionsbedingungen und Diktaten ausgesetzt sein, unterschiedliche Rezeptionsweisen, unterschiedliche politische Valenzen, Chancen, Bedrohungen haben, unterschiedliche Organisationsformen und Erwartungshorizonte – dennoch *eine* Literatur ist: mit gemeinsamer Geschichte, gemeinsamer Aufgabenstellung, gemeinsamen Vorträumen und – das Entscheidende – gemeinsamer Schuld. Wie viel wurde versprochen, als humane Alternative zur Debatte gestellt und in Gedanken antizipiert – wie wenig wurde in concreto eingelöst! Welche Fülle aufklärerischer Gesellschaftsentwürfe seit dem 18. Jahrhundert: und kaum einer realisiert! (Lessing, scheint es, ist uns noch immer voraus – von Kant ganz zu schweigen: In Königsberg war man, in der Friedensfrage, anno 1795, weiter als heute in Genf.)

In dieser Situation, denke ich, ist es die Aufgabe der Literatur, als des großen Gedächtnisses der Menschheit, daran zu erinnern, daß die Kluft zwischen erträumter Möglichkeit eines humanen, von Selbstbestimmung und sozialer Sinnhaftigkeit erfüllten Lebens und deren politischer Realisierung sich nicht verringert, sondern, im Gegenteil, vergrößert hat – in welchem Ausmaß, das würde deutlich, wenn die *andere*, die bürgerlich-republikanische Literatur Deutschlands mit ihren Rebmanns und Forsters und Virchows und Weerths, mit ihrem Versöhnung zwischen Individuen und Allgemeinheit präskribierenden Schiller und einem Lichtenberg, ins Kulturbewußtsein der Nation eingegangen wäre, der den Regenten ins Stammbuch schrieb: ›Es kommt nicht darauf an, ob die Sonne in eines Monarchen Staat nicht untergeht, wie sich Spanien ehedem rühmte, sondern was sie während ihres Laufes in diesen Staaten zu sehen bekommt.‹

So gewiß es ist, daß Literatur zu allen Zeiten der Wirklichkeit vorausgewesen ist – ihr, im Sinne Kants, die Fackel vorantragend und nicht die Schleppe aufhebend –, so sicher ist auf der anderen Seite, dies mag unser knapper Überblick lehren, daß die Skepsis, es könne möglich sein, die konkreten Utopien der Poesie auf die Füße zu stellen, niemals seit den Tagen der Aufklärung so groß wie heute war – aber das ist kein Vorwurf an die Adresse der Literatur: Es ist nicht ihre Schuld, so weit voraus, es ist die Schuld der Wirklichkeit – und bezeichnet exemplarisch die deutsche Misere! – so weit zurück zu sein: Wo's Schiller gab, Heine und Marx, Posa und Nathan und die große Debatte über die ›Versöhnung des Göttlichen mit der Welt‹ – wie konnte da Auschwitz sein und Buchenwald, nahe bei Weimar?

Wie ist es einer Nation möglich geworden, die Träume ihrer Dichter nicht nur zu vergessen, sondern sie ins Gegenteil zu verkehren?

Das ist die Frage, die, im Akt eingedenkender Trauerarbeit, immer neu zu artikulieren Kardinalspflicht der Schriftsteller bleibt – und, im Zeichen des als Möglichkeit drohenden weltweiten Holocaust, nicht nur der deutschen.

Vergessen wir, eine Zeitlang zumindest, die Utopien: Dies ist die Stunde Mnemosynes. Die Stunde der Erinnerung an Entwürfe der Literatur, von deren Bewahrung unser Menschsein abhängt. Wie viel ist schon verloren – manches unwiederbringlich dahin; wie viel gilt's neu zu gewinnen – nicht zuletzt zwei Staaten zunutze, die belehrt worden sind, wozu es führt, wenn eine Nation über dem einen, dem deutschen, den anderen, den europäischen August, vergißt!

Geschichtsbücher sind umzuschreiben, zerrissene Fäden wieder zu knüpfen, Gegen-Linien nachdrücklicher als bisher zu unterstreichen, der Sache der Besiegten ist zu ihrem Recht zu verhelfen: Anders nähme sich unser Kulturbewußtsein aus, wenn ›Die sieben Gesinnungen der großen Friedensfrau‹, aus Herders Briefen über die Humanität, im Zentrum unseres Schulunterrichts stünden, wenn es, beginnend mit Erasmus von Rotterdam, des ersten europäischen Pazifisten, Traktat ›Die Klage des Friedens, der von allen Völkern verstoßen und vernichtet wurde‹, eine deutsche Friedens-Bibliothek gäbe – kurzum, wenn, Dokument für Dokument, die *andere* Geschichte der Deutschen anschaulich würde, mitsamt ihren – ausgeschlagenen – Handreichungen von seiten der Dichter, mitsamt ihrem – unausgeschöpften – Humanitätspotential und der Fülle ihrer – vergessenen – Programme, verfaßt zugunsten der Deklassierten im Land, von Fichtes Traktat ›Zur Zurückforderung der Denkfreiheit von den Fürsten Europas, die sie bisher unterdrückten‹ und den republikanischen Pamphleten des Freiherrn von Knigge, der von einer ignoranten Bourgeoisie zur lächerlichen Figur gemacht worden ist, bis zu Schillers Marx antizipierender Beschreibung von Verfremdung in einer Gesellschaft, die das Haben über das Sein stellt: ›Ewig nur an ein einzelnes kleines Bruchstück des Ganzen gefesselt, bildet sich der Mensch selbst nur als Bruchstück aus, ewig nur das eintönige Geräusch des Rades, das er umtreibt, im Ohre‹, wird er, ›anstatt die Menschheit in seiner Natur auszuprägen, bloß zu einem Abdruck seines Geschäfts.‹

Nein, an Nothelfern fehlt es uns nicht – nicht an Vorausdenkern, deren Vermächtnis eingelöst werden will, nicht an Analytikern, deren Thesen, von heute aus gesehen, den Charakter ›rückwärts gewendeter Prophetien‹ haben, in denen sich die bessere Möglichkeit mit der schlechteren Wirklichkeit konfrontiert sieht. Deutschland 1871 – so Gervinus' Vision –: ein mit Österreich versöhnter Bundesstaat, dessen Hauptstadt das auf London verweisende, weltbürgerlich liberale Hamburg und dessen Hauptaufgabe die Einleitung eines Zeitalters der Entwaffnung, einer Friedensära sein müsse. Wer weiß davon noch in zwei Gemeinwesen, deren politische Fibeln endlich neu formuliert werden müßten: geprägt von Figuren wie den Göttinger Sieben, dem Virchow, dem Heinrich Mann, dem Ossietzky, dem Einstein und – Hand aufs Herz: wer kennt ihn? – dem Friedrich Nicolai, dazu Rahel Levin und Rosa Luxemburg ... geprägt von Figuren, mit denen sich gewiß kein nationales Pantheon errichten ließe, wohl aber eine Erinnerungsstätte: *Auch dies, Land, ist deine Geschichte. Es könnte wichtig für dich sein, gerade heute, da sichtbar geworden ist, wohin die von den Siegern geschriebene Historie geführt hat, sich – spät, aber nicht zu spät – an sie zu erinnern.* Zu erinnern an die poetische, aber möglichkeitsträchtige, alternative und höchst reale Geschichte, von der einer, der Leitbild sein sollte in unserem Land und ein nobody ist inmitten der fritzischen und wilhelminischen und hitlerschen Generäle, Gottfried Gervinus, gesagt hat, ›ihr Inhalt diene dazu, das erschütterte Vertrauen auf unsere Zukunft wieder zu befestigen, den gesunkenen Glauben an die Gegenwart wieder aufzurichten und den Gescheiterten im Steinbruch dieser Jahre eine Rettungsstätte zu bereiten‹.

Formuliert 1852, und noch heute gültig. Ja, heute erst recht.

Nathan der Weise aus der Sicht von Auschwitz
Juden und Christen in Deutschland

1982

›Inmitten deutschen Lebens ein abgesondert fremdartiger Menschenstamm … Auf märkischem Sand eine asiatische Horde … so leben sie (die Juden) in einem halb freiwilligen unsichtbaren Ghetto, kein lebendiges Glied des Volkes, sondern ein fremdartiger Organismus in seinem Leibe‹: Mit diesen Worten hat, anno 1897 in Maximilian Hardens Zeitschrift ›Die Zukunft‹, kein rabiater Antisemit, kein Schüler Treitschkes und Stoeckers, kein Ideologe in der Nachfolge Richard Wagners gesprochen – nein, ein Berliner Jude ist es gewesen, der seine Stimme gegen das *schwärzliche Volk der Krämer und Makler* erhob, gegen die von Jahwe, dem auf dem Horeb thronenden Gott, verlassenen Händler aus der Rosenthaler Straße, gegen die *Häßlichen* mit ihren *ungelenken Füßen und der weichen Rundlichkeit ihrer Formen*, gegen die bald *tolpatschig-dreist*, bald *devot* auftretenden Parvenus, die sich nicht wundern dürften, daß die Autochthonen aus der Mark Brandenburg ihre Namen mit ironisierender Betonung aussprächen: ›Im Erdgeschoß wohnt Herr Wilhelm Schulze und im ersten Stock ‚ein' Herr Simon.‹

Nein, ein Antisemit war er gewiß nicht, der ›Zukunft‹-Beiträger, der sich, ein Vierteljahrhundert vor Tucholsky, über das ›Wendriner‹-Deutsch seiner – getauften und ungetauften – Mitjuden belustigte und, angeekelt von der *Ghetto-Schwüle* im Kreis der scheinbar Assimilierten, die ›bewußte Selbsterziehung einer Rasse zur Anpassung an fremde Anforderungen‹ proklamierte.

Eine deutsch erzogene Judenheit, geprägt von Patriziern der Kultur, die mosaische Glaubensliberalität mit der Bildung jener Nation verbänden, der allein sie sich verpflichtet fühlten, der deutschen: eine israelitische Gemeinschaft, die sich aus assimilierten Lessingschen

Nathans rekrutierte – das war die Idealgemeinde jenes W. Hartenau mit seinem Kaufmannstraum von der verbesserten Bilanz der moralischen Werte durch rigorose Anpassung des jüdischen Volkes an das deutsche ... der Traum eines Mannes, der wenige Jahre darauf sein Pseudonym lüftete.

Walther Rathenau hieß der Verfasser des ›Zukunft‹-Pamphlets: ein Jude, der in keinem Augenblick, 1897 so wenig wie zu Beginn der Weimarer Republik, von der These abwich, daß es für einen Mann seines Schlages nur *ein* Land geben könne – Deutschland und nicht Israel: das Land des Hier und Jetzt und nicht das Reich der Väter. (›Die Juden‹, so Rathenau während des Ersten Weltkriegs an einen Freund, ›sind für mich ein deutscher Stamm wie Sachsen oder Bayern. Für mich entscheidet über die Zugehörigkeit zu Volk und Nation nichts anderes als Herz, Geist, Gesinnung, Seele. In diesem Empfinden stelle ich die Juden etwa zwischen die Sachsen und die Schwaben.‹)

Worte eines Israeliten aus Berlin und deutschen Patrioten, von dem es, einhundertvierzig Jahre nach Lessings Nathan, heißen wird: ›Knallt ab den Walther Rathenau, die gottverdammte Judensau.‹

Was für ein Schicksal, dieses Leben und Sterben eines Berliner Industriellen jüdischer Herkunft – und ein typisches dazu! Von den Anfängen der Emanzipation, die durch die drei Namen Gotthold Ephraim Lessing, Moses Mendelssohn und Kriegsrat Christian Wilhelm von Dohm, den Verfasser der Schrift ›Über die bürgerliche Verbesserung der Juden‹, geprägt ist ... vom Ende des 18. Jahrhunderts bis zum Beginn der nationalsozialistischen Herrschaft hat die deutsche Judenheit mit einer durch keine Demütigung und Provokation zu beirrenden Entschlossenheit, inständig und konsequent, um ihr Bürgerrecht in Deutschland gerungen, um Eingemeindung in die Nation Schillers und Lessings, und dafür, in einer oft bis zur Selbstaufgabe gehenden Demut, sich selbst – und gerade! – zu jenen Deutschen bekannt, die sich als rabiate Antisemiten ausgaben: Der gleiche Richard Wagner, der im Pamphlet ›Das Judentum in der Musik‹ den Israeliten jegliches Schöpfertum absprach – Kopisten seien sie, Aneigner, äffische Imitatoren von Beckmessers oder des Bach-Imitators Mendelssohns Rang ... der gleiche Wagner, der den Juden nur eine einzige Möglichkeit der Erlösung zubilligte: ihren Untergang, der gleiche Wagner, dessen ureigenes Ziel es war, den ›Nathan‹ zu widerrufen (Notiz Cosimas, im Tagebuch: ›Richard erzählt von einer neulichen Aufführung des Nathan, wo bei der Stelle ‚Christus war auch ein Jude' ein Israelit im Parterre bravo gerufen habe. Er wirft Lessing diese Fadheit sehr vor, und wie ich ihm erwidere, daß mir schiene, ein eigener deutscher Zug der Humanität in dem Stücke zu liegen, sagt er: ‚Aber gar keine Tiefe', und dann im heftigsten Scherze, ‚es sollten alle Juden bei einer Aufführung des Nathan verbrennen'‹) ... dieser gleiche Wagner, der sich mit dem Gedanken trug, Bismarck zu bitten, Paris, dieses Zentrum der Geld- und Wucherwelt, niederzuschießen: dieser Richard Wagner hatte, Abgott der Judenheit, der er war, die Ehre, ausgerechnet den Palästinaträumen der auf die heilige deutsche Kunst eingeschworenen Israeliten die höheren Weihen zu geben: Der zweite Weltkongreß des Zionismus, am Ende des letzten Jahrhunderts, wurde eingeleitet mit der Tannhäuser-Ouvertüre des Meisters.

Ein Schauspiel, paradox und erbarmungswürdig zugleich: Da kämpft, seit dem letzten Drittel des 18. Jahrhunderts, eine verschwindende Minorität darum, die Ghettomauern zu sprengen, das jüdische Mittelalter zu beenden und Partizipant der Aufklärung zu werden: da will man eine Welt verlassen, den Kerker, in den das *gepriesene Licht* der Neuzeit nur mühsam eindringt ... eine Welt, von der es bei Börne heißt: ›Scheu und behutsam wird hier der Fuß aufgesetzt, damit er keine Kinder zertrete. Sie schwimmen in der Gosse herum, sie kreuzen im Kote umher, unzählig wie ein Gewürm von der Sonne Kraft dem Mist ausgebrütet ... Fürchtet ihr, die turmhohen Mauern möchten einstürzen über uns? O fürchtet nichts. Sie sind wohl befestigt, die Käfige der beschnittenen Vögel, gestützt auf den Grund der ewigen Bosheit, gut gemauert von den emsigen Händen der Habsucht, geleimt mit dem Schweiß der gefolterten Sklaven.‹

Hinaus aus dem Ghetto hieß die Devise: aus dem Elend, aber auch aus der Geborgenheit des Für-sich-Seins, aus dem Bannkreis der Rabbinatsherrschaft, mitsamt den Kommentierungen der Talmudtraktate, die ihrerseits die Tora auslegen – einem Bannkreis, den zu verlassen ebenso unabdingbar wie risikoreich war: *unabdingbar* wegen des Gebots der Zeit, das keine Absonderungen: kein partielles Mittelalter mehr zuließ, *risikoreich* im Hinblick auf die Aufgabe jüdischer Totalität, die, als erster Aufklärer und letzter Ganz-und-gar-Jude Moses Mendelssohn noch einmal zu praktizieren verstand, indem er auf die Identität von natürlicher und jener jüdischen Religion verwies, die nicht auf Glaubenswahrheiten, sondern auf vernunftbestimmten Gesetzesvorschriften beruhe.

Jüdische Totalität: Das hat es, das konnte es, wie die Dinge standen, *nach* Mendelssohn in Deutschland nicht mehr geben. Die Enkel des Mannes, der mit seiner Bibelübersetzung den Juden ihre heilige Schrift, verfremdet und zu neuer Eingemeindung fähig, zurückgeben wollte, konvertierten zum Christentum; vierzehn Jahre nach Mendelssohns Tod fragte sein Freund und Schüler, David Friedländer, namens einer Gruppe einflußreicher Berliner Juden an, unter welchen Bedingungen ein allgemeiner Übertritt zum Protestantismus, in Würde und ohne Schielen nach bürgerlicher Reputation, zu erreichen sei und welches Taufbekenntnis denjenigen abverlangt werde, die Vernunftwahrheiten für das gemeinsame Zentrum aller Religion hielten, das Zeremonialgesetz und den Messiasglauben folglich für obsolet erachteten, ohne sich deshalb positiv zu christlichen Dogmen, vor allem der Gottesherrschaft Christi, stellen zu können: ›Wir sind von jüdischen Eltern geboren und in der jüdischen Religion erzogen worden … Die Ceremonialgesetze wurden in dem väterlichen Hause mit der ängstlichsten Pünktlichkeit beobachtet. Diese verfremdeten uns (das heißt: machten uns zu Fremden) in dem Zirkel des gewöhnlichen Lebens; sie brachten, als leere Gebräuche, keine andere Wirkung hervor, als daß deren Beobachtung in Gegenwart fremder Religionsverwandtschaften, selbst der Dienstboten, uns scheu, verlegen und oft unruhig machten.‹ So beginnt eine Schrift (sie ist heute nahezu verschollen), in der deutsche Juden zum ersten Mal öffentlich eingestehen, daß die Mendelssohnsche These, Gesetzesgehorsam und Vernunftverpflichtungen wären identisch, nicht zu verwirklichen sei – und damit beginnt jene ›Euthanasie des Judentums‹ in Deutschland (ein Ausdruck von Kant), an der sich in gleicher Weise, auf christlicher Seite, Liberale, die einem Reformjudentum, geprägt von Bildungsbürgern jüdischen Glaubens, das Wort redeten, *und* die aufgeklärten Juden beteiligten, die an die Vereinbarkeit von israelitischem Glauben und deutscher Vollbürgerschaft glaubten und diese Vereinbarkeit als neues, eine sinnerfüllte Existenz verbürgendes Prinzip in emphatischer Rede beschworen.

›Einen Vater in den Höhen, eine Mutter haben wir. Gott, ihn, aller Wesen Vater. Deutschland unsere Mutter hier‹: Dieser Satz des Sprechers der deutschen Judenheit, des Vizepräsidenten des Frankfurter Paulskirchen-Parlaments und ersten Richters mosaischen Glaubens in unserem Land, Gabriel Riesser, hat exemplarischen Charakter.

Nahezu eineinhalb Jahrhunderte lang, zwischen *Nathan* und *Auschwitz*, war es das oberste Ziel der deutschen Judenheit, sich dem Wirtsvolk in politicis bis hin zur Aufgabe der Identität: will heißen, des Vergessens eigener Geschichte, zu assimilieren, wobei es, zumal nach 1848, der Mehrheit um die Gewinnung eines *National*deutschtums konservativer Prägung, der Minderheit um ein *Kultur*deutschtum ging, das die Juden getreuer hüteten als die von Bismarckschem Borussentum, Wirtschaftsglanz und militärischer Macht geblendeten Deutschen christlicher Herkunft. Das Erbe der Aufklärung, verramscht von der Bourgeoisie, zu bewahren und durch solch erinnerndes Aufheben Dankbarkeit gegenüber der Nation zu zeigen, die längst dabei war, Weimar über Potsdam zu vergessen: dies war die Intention jener gebildeten Judenheit, die, als einzige Gruppe (im Sinne einer Formulierung Franz Rosenzweigs) das ›und‹ in der Wortfügung ›Deutscher und Jude‹ mit vollem Ernst und ›nicht lasch‹ nahm und sich damit zu jenem in der Mitte des 19. Jahrhunderts von Gabriel Riesser gesetzten Ziel bekannte: mitzuhelfen, dem Begriff ›Deutscher Jude‹ den Charakter eines Ehrentitels zu geben.

Ein vergebliches Unterfangen: vergeblich, da – nehmen wir den einen Humboldt und den anderen Mommsen und den dritten Virchow aus – nach dem Ende der Aufklärung kein Dohm und schon gar kein Lessing bereitstand, um, in vermeintlich liberaleren Zeitläufen, Mendelssohns Nachfahren Mut zur Verteidigung unverzichtbarer Traditionen zu geben. Kein Zufall, daß Riessers Rede über das Lessing-Denkmal, 1838 an die Israeliten in Deutschland gerichtet, wie ein Hilferuf klingt – Hilferuf an die Adresse eines Toten, der den Juden ihre historische Aufgabe zugeteilt hätte: auszuharren im Interesse der Humanität, zu deren Verteidigung der Dichter des ›Nathan‹ die Juden, ›in einem Akt weltgeschichtlicher Vergeltung‹, bestellt habe – die unterdrückte Minderheit und nicht die regierende christliche Macht.

Da werden, in einem ergreifenden Totengespräch, noch einmal die Manen jener großen Nothelfer beschworen, die ein verläßliches, von wechselseitigem Vertrauen geprägtes Gespräch zwischen Christen und Juden in Deutschland zu gewährleisten schienen: Nothelfer wie der Kriegsrat Dohm, der, in enger Kooperation mit Moses Mendelssohn, vermeintliche jüdische Sonderheit, vor allem den (angeblichen) Hang zu Schacher und Wucher, als Folge drückender Verhältnisse interpretierte, unter denen zu leben die Israeliten, ausgeschlossen von höherer Bildung, seit Jahrhunderten gezwungen seien. Nothelfer wie Wilhelm von Humboldt, der Verfasser der liberalen preußischen Judengesetzgebung, der sich gegen den Vorwurf zur Wehr setzen mußte, er verwandle mit seiner Verfassung von einem Tag zum anderen die Knechte in Herren: ›Wer vom Knecht zum Herrn wird, der macht einen Sprung; denn Herren und Knechte sind ungewöhnliche Erscheinungen. Aber wem man bloß die Hände losbindet, der kommt nur dahin, wo alle Menschen von selbst sind.‹

Nothelfer Lessing. Nothelfer Dohm. Nothelfer Humboldt: Humboldt, der übrigens keineswegs Philosemit war (en masse waren ihm die Juden lieber als en detail, wo er ihnen am liebsten aus dem Weg ging) und der sich dennoch, nach Lessing, größere Verdienste als irgendein anderer um die Emanzipation der Israeliten erwarb: er, der stolz darauf war, zusammen mit seinem Bruder Alexander seit Jugendzeit eine Schutzwehr des Judentums gewesen zu sein: er, Humboldt, der, Juni 1815, seine Frau – Caroline, die rabiate Antisemitin – wissen ließ, daß er auf dem Wiener Kongreß ein großes Geschenk nicht habe annehmen können, die Gabe eines alten – offenbar orthodoxen – Israeliten aus Prag, der bereits mehrfach bei ihm vorgesprochen habe: ›Gestern kam nun der Alte wieder, dankte mir unendlich und bot mir zum Ersatz drei Ringe, Smaragde mit Brillanten besetzt, mit dem Zusatz, daß, wenn ich sie nicht wollte, ich über viertausend Dukaten auf seine Kassa disponieren solle. Ich schlug sie natürlich ebenso wie das Geld aus, und Du kannst die Verwunderung gar nicht denken, wie ich ihm ohne alle Affectation und Ziererei sagte, daß ich, was ich getan, bloß den Juden zuliebe getan hätte, daß ich nichts dafür nehmen würde, daß aber, wenn ich je in einen Fall kommen sollte, wo er mir einen Gefallen erzeigen könnte, ich ihn gern annehmen würde.‹

Nothelfer Wilhelm von Humboldt, dem ein alter Jude, wahrscheinlich Simon von Lämel, der zum weiteren Freundeskreis Goethes gehörte, jene drei Ringe schenken möchte, an deren Beispiel Nathan der Weise die Gleichberechtigung der drei großen Glaubensgemeinschaften erweist, die im Zeichen der einen, von Lessing und Mendelssohn akzentuierten Vernunftreligion zusammengehörten: Da wird in einem ebenso bewegenden wie gleichnishaften Vorgang Literatur zum Politikum. Macht der Christ Lessing den Juden Nathan auf der Bühne zum Anwalt der Humanität, so möchte der Jude Lämel dieses Ehrenprädikat im politischen Alltag an den Christen Humboldt wiedererstatten – und hätte derart einen Mann geehrt, dessen Intentionen (wie die Lessingschen!) ungeachtet der zwischen 1812 und 1870 langsam Gesetzeskraft gewinnenden These, daß den Juden Rechtsgleichheit mit den Christen zustünde (formaliter, wohlgemerkt!), in der Alltagswirklichkeit nicht allein unbefolgt blieben, sondern sich ins pure Gegenteil verkehrt sahen.

Ins Gegenteil verkehrt – jawohl! Man stelle sich vor, Lessing, Dohm, Mendelssohn und Wilhelm von Humboldt seien, ein Jahrhundert nach ihrem pro-israelitischen Engagement, Zeuge jener Reichstagsdebatte vom Jahre 1880 geworden, in der, nach einer großen antijüdischen Kampagne im Land, die es binnen kurzem auf über 200 000 Unterschriften brachte, der Abgeordnete Hänel, ein Liberaler, der deutschen Fortschrittspartei zugehörig, folgende Interpellation vortrug:

›Seit geraumer Zeit macht sich gegen die jüdischen Bürger Preußens eine Agitation geltend, in deren Folge gefordert wird, 1. dass die Einwanderung ausländischer Juden, wenn nicht gänzlich verhindert, so doch eingeschränkt wird, 2. dass die Juden von allen obrigkeitlichen Stellungen ausgeschlossen werden und dass ihre Verwendung im Justizdienst – namentlich als Einzelrichter – eine angemessene Beschränkung finde, 3. dass der christliche Charakter der Volksschule, auch wenn dieselbe von jüdischen Schülern besucht wird, streng gewahrt bleibe und dass in derselben nur christliche Lehrer zugelassen werden, 4. dass die Wiederaufnahme der amtlichen Statistik über die jüdische Bevölkerung angeordnet werde. In Veranlassung dessen wird an die Königliche Staatsregierung die Anfrage gerichtet, welche Stellung sie einer Massen-Agitation gegenüber einnehme, die auf die Beseitigung der vollen verfassungsgemäßen Gleichberechtigung der jüdischen Staatsbürger ziele.‹

Die Debatte wurde eröffnet, die Staatsregierung erklärte sich bereit, Antwort zu geben, der Abgeordnete Hänel begründete die Interpellation mit den Worten: ›Im Jahre 1878 – es waren gerade einhundert Jahre, nachdem Lessing den Nathan geschrieben‹ ... daraufhin *Lachen von rechts*: und eben dies war symptomatisch. Sobald Lessings Nathan, in der zweiten Jahrhunderthälfte, in einem deutschen Parlament zitiert wurde, stellte sich entweder Verlegenheit ein (der Mann, hieß es, habe Gott sei Dank auch bessere Stücke geschrieben), oder es wurde, zum Zeichen von Hohn und Verachtung *gelacht* und über Lessing mit jener Richard Wagnerschen Borniertheit geurteilt, die man sich fünfunddreißig Jahre vorher, als in beiden Häusern des Vereinigten Preußischen Landtags über die Bürgerrechte der Juden debattiert wurde, denn doch nicht erlaubt hätte.

So verwegen 1847 die konservative Fraktion gegen die Einstellung jüdischer Geschichtslehrer an christlichen Gymnasien votierte – undenkbar sei es, daß ein Jude die Kreuzzüge objektiv darstellen könne – und so emphatisch selbst die Gefahr einer jüdischen Interpretation von Linguistik und Mathematik an die Wand gemalt wurde, es blieb, ungeachtet aller Vorurteile, zu denen sich der Abgeordnete Bismarck in unbekümmerter Rede bekannte, doch ein Rest von Respekt gegenüber den Juden und, angesichts der Überlegenheit einer glänzend argumentierenden laizistischen Fronde – der Liberale Georg von Vincke voran! –, zumindest eine Spur Bedenklichkeit, die Postulate der Aufklärung *in toto* zu widerrufen: Wer's dennoch tat, hatte eh nichts mehr zu verlieren an kultureller Reputation.

Zwar gab es einen dezidierten Antijudaismus, 1847, gewiß; es gab den Fremdenhaß protestantischer Art, der sein gutes Gewissen aus jenem Pamphlet des alten Luther, ›Von den Juden und ihren Lügen‹, bezog, dessen Postulate (Verbrennung der Synagogen, Zerstörung der jüdischen Häuser, Aufhebung des Geleits für Israeliten,

Einweisung der jungen Mannschaft in Arbeitslager) sich noch im Nationalsozialismus nachgebetet sahen: Martin Luther – zitiert in Veit Harlans ›Jud Süß‹!

Gut, den Antijudaismus hat es gegeben in der ersten Hälfte des 19. Jahrhunderts, in Lutherscher so gut wie in Fichtescher Interpretation. (Nur unter einer Bedingung, erklärte der Verfasser der ›Reden an die deutsche Nation‹, sei er mit der Verleihung des Bürgerrechts an die Juden einverstanden: daß man den Israeliten in einer Nacht alle Köpfe abschlüge und ihnen andere aufsetzte, ›in denen auch nicht eine jüdische Idee sei‹.) Es gab, vor 1880, die Abqualifizierung des Juden als des Geschäftemachers, Spekulanten, Irreligiösen und Amoralischen, der, wie's in den beiden großen Hausbüchern des deutschen Bürgertums, Freytags ›Soll und Haben‹ und Raabes ›Hungerpastor‹, vorgeführt wurde, seine humane Gegenfigur im tiefsinnig-tumben, redlich-biederen, wakker-schlichten Deutschen erhielt: Hans Unwirsch gegen Moses Freudenstein, Anton Wohlfahrt contra Veitel Itzig; hier das Sündenbabel Paris und dort die Hungerpfarre an der Ostsee; hüben das Comptoir des deutschen Kaufmanns, geprägt von bürgerlicher Bonität, und drüben die Flitterbude des jüdischen Spekulanten. (›Der Bedienstete öffnete und führte Anton durch eine Reihe von Gemächern in das Empfangszimmer. Er sah auf seinem Weg mit Erstaunen den ruhigen und soliden Glanz der Einrichtung, die großen Wandspiegel, schwere Stoffe, Gemälde, Blumentische, zahlreiche Vasen und Fruchtschalen von Stein und gemaltem Porzellan‹: Ja, so sah eine deutsche Firma aus.) Und dagegen nun, in einer unter dem Aspekt ›Schein gegen Sein‹ durchgeführten Punkt-für-Punkt-Konfrontation, das *Palais* (in Anführungszeichen!) derer von Ehrenthal: ›Der Freiherr wurde in das distinguierte Putzzimmer des Hauses geführt und sah mit innerer Heiterkeit die auffallenden Farben der bunten Vorhänge, den unsauberen Fußboden und die zahlreichen schlechten Ölbilder an den Wänden, dicke Farbmasse, welche wahrscheinlich auf dem Trödel gekauft waren‹: So präsentierte sich ein Judenhaus von Neureichs, das im Erdgeschoß vergittert ist, in der Beletage mit Spiegelscheiben prunkt und unter dem Dach seine blinden, oft eingeschlagenen Fenster verbirgt. (›Es war kein guter Charakter in dem Hause, wie eine alte Zigeunerin sah es aus, die über ihr bettelhaftes Kostüm ein neues Tuch geworfen hat.‹)

Saxa loquuntur. Die Steine sprechen und zeigen an: Hier wohnt ein Jude, dort ein Christ – und wie die Steine, so sprechen Habitus und Redeweise, gesellschaftliches Gehabe, Lebensentwurf, Weltsicht und Geschäftsgebaren, Visionen und Träume den einen, den Christen, los und den anderen, den Juden, schuldig.

Und trotzdem: Trotz Luther und Fichte, Freytag und Wagner, trotz der Hepp-hepp-Apologeten und, auch das sei nicht vergessen, trotz der schneidendsten Bezichtigungen, der aus Selbsthaß geborenen Anklage gegen jüdisches Spekulantentum à la Rothschild, wie es in den eigenen Reihen erhoben wurde (›Welches ist der weltliche Kultus der Juden? Der Schacher. Welches ist sein weltlicher Gott? Das Geld‹, heißt es in Marxens Schrift ›Zur Judenfrage‹) – trotz allem, dies will mit Nachdruck betont sein, kann kein Zweifel bestehen, daß die primitive und prinzipielle Widerrufung der Aufklärung und ihres Grund-Axioms von der Gleichheit aller Menschen, die zu realisieren höchste, ja, einzige Aufgabe eines Staates sei, der sich als menschlich verstehe ... trotz allem kann kein Zweifel sein, daß die Negation des Nathan erst in einem Augenblick zum *politischen Programm* wurde, als an die Stelle des *religiös* begründeten Antijudaismus jener, um 1880 zumal von der sogenannten Berliner Bewegung des Hofpredigers Stoecker beförderte, auf dem *Rasse*-Gedanken basierende Antisemitismus trat, mit dem verglichen sich selbst Treitschkes berüchtigte Antisemiten-Kampagne eher akademisch-besonnen ausnahm. (Und das will, wie die Dokumente zeigen, viel heißen.)

›Die Religion‹, rief im Verlauf der Reichstagsdebatte von 1880 über die Judenfrage der Abgeordnete Hänel aus, ›ist eine Angelegenheit, über die sich diskutieren läßt ... aber bei dieser nach meiner Meinung leichteren Färbung hat die (antisemitische) Bewegung nicht innegehalten, sie ist rund und voll übergeleitet in die Frage der Rasse ... und das ist die aufregendste, die tiefgreifendste, ich scheue mich keinen Augenblick zu sagen, die perfideste Wendung, die die Sache nehmen konnte; ja, die *perfideste* ..., denn die Nation, der ich angehöre, die Rasse, zu der ich geboren bin, das ist ein Fatum, welches über mich verhängt ist; das kann ich nicht abschütteln, da kann ich mich nicht korrigieren, da bin ich nicht verantwortlich. Meine Herren, die Feindschaft, der Haß, welcher gegen die Rasse erregt wird, richtet sich nicht gegen einzelne Untugenden, sondern er richtet sich gegen den ganzen Menschen. Meine Herren, diese Erregung von Haß und Feindschaft gegen die Rasse ist die Leugnung, sie ist die praktische Untergrabung der Fähigkeit, sich zum allgemeinen Menschentum auszubilden.‹

Rassenhaß anstelle von religiösem Antijudaismus: Das ist der *eine* Akzent des neuen und eigentlichen Antisemitismus in Deutschland – der präfaschistische; der andere – nicht minder bedeutsam, zudem mit längeren bis in die Zeit des Hoffaktoren-Merkantilismus reichenden Wurzeln versehen: der sozial-politische, der den Juden zum Nutznießer einer gestern feudalistischen, heute liberal-kapitalistischen, gestern von Wucher, heute von Spekulation und Börsenjobbern bestimmten Wirtschaftsordnung macht – zum Nutznießer, der, in Finanzoperationen seit Jahrhunderten geschult, sein Erstgeborenenrecht in einer Weise ausspiele, daß er, der Jude, zum Herrn und der Deutsche darüber zum Knecht werde. Unzumutbar, rief in der Debatte vom Jahre 1880 der Abgeordnete und Hofprediger Stoecker aus (einer Debatte, als deren stumme und betroffene Zuhörer Lessing, Dohm und Humboldt nie aus den Augen zu verlieren sind), unzumutbar sei es, daß eine halbe Million jüdischer Mitbürger, einem anderen Stamm angehörig, im deutschen Volk eine Stellung einnehme, die ihrem Zahlenverhältnis durchaus nicht entspräche.

Widerruf der Ring-Parabel im Zeichen von Rassenhaß und Neid auf jene ökonomisch scheinbar Bevorzugten, in denen man nicht die *Exponenten*, sondern die *Wegbereiter* und *Protagonisten* der modernen, dem Ständestaat und der altväterlichen Werteordnung den Garaus machenden Organisation des kapitalistischen Wirtschaftssystems erblickte.

Kampf gegen das Judentum: das bedeutet auch 1880 noch – Gelächter hin, Gelächter her – Kampf mit Lessings Schatten, und der Herr Hofprediger, der seinen ›Nathan‹ kannte, zumal den Patriarchenpart (›Tut nichts, der Jude wird verbrannt‹), suchte, um einerseits seinen Lessing und andererseits seinen Antisemitismus zu retten, einen Ausweg aus dem Dilemma mit Hilfe eines Täuschungsmanövers, das den Fanatiker verrät, der gleichwohl seine klassische Bildung nicht preisgeben möchte: ›Man beruft sich auf das Vermächtnis Lessings. Meine Herren! Führen Sie doch nicht immer ein literarisches Ereignis, welches mehr als hundert Jahre alt ist, für politische Fragen der Gegenwart an. Und außerdem, der Nathan der Weise Lessings war gar kein Jude, sondern, meine Herren, der Jude im Nathan ist ein Christ.‹ (*Widerspruch links.* Darauf Stoecker, nunmehr endgültig in die Ecke getrieben: ›Ja gewiß, meine Herren, innerlich.‹)

Da wird aus Schwarz Weiß, aus Weiß wird Schwarz gemacht, der Jude zum Christ erklärt und die Minorität kurzweg in den Rang einer mächtigen Gruppe erhoben, die sich, arrogant und selbstgerecht, als Majorität aufzuspielen beliebe und – so hatte schon Luther gesprochen – im deutschen Volk lebe wie die Made im Speck: ›Meine Herren! Neulich ist hier in einem benachbarten Kreise die Leiche eines Gestorbenen gefunden worden. Sie wurde untersucht, und dabei war ein jüdischer Kreisphysikus, ein jüdischer Wundarzt und ein jüdischer Referendar. Nur die Leiche war deutsch.‹ (Große Heiterkeit) ›Meine Herren, wir wünschen nicht, daß dieses das Schicksal von Berlin, das Schicksal der großen deutschen Städte werde; wir wollen unser Volk erhalten durch die wirklichen Lebenskräfte; und seien Sie überzeugt, bei diesem Versuch wird unser Volk hinter uns stehen.‹

Gesprochen, am 20. November 1880 zu Berlin, vom Hofprediger Seiner Majestät: genau hundert Jahre nach dem Beginn jenes christlich-jüdischen Gesprächs in Deutschland, dessen Einsatz furios, dessen Fortgang kläglich, weil einseitig war: eher jüdische Selbstrede als Wechselgespräch von gleich zu gleich – man stelle sich vor: Heine hätte einen Partner vom Schlage Lessings gehabt! – und dessen Ende elend wirkt: Während die einen – man erinnere sich an Rathenaus Sätze! – ungeachtet aller Demütigungen immer noch in totaler Assimilation ihre einzige Chance erblickten und nicht aufhörten, Geistergespräche zu führen: so, als sei die Zeit nicht endgültig dahin, da der Höhepunkt deutscher Kultur mit dem Beginn – und schon Finale! – des christlich-jüdischen Gesprächs zusammenfiel: eins das andere bedingend ... während die einen, die Juden, bei ihrem Riesserschen Bekenntnis blieben: der Mutter Deutschland freilich mehr und mehr Reverenz als dem jüdischen Vatergott zollend, hielten die anderen, die Christen, auf Distanz und kühle Reserve. Einverleiben lassen sie sich, aber einvergeistigen nicht, schrieb selbst Theodor Fontane, der alles andere als ein Antisemit war – und sei's auch nur deshalb, weil er wußte, daß, wie er schrieb, die x-beinigen Cohns immerhin den Lauf der Zeiten begriffen, während Itzenplitz ›an seiner Lokomotive zoppt und ‚brr' sagt und sich einbildet, sie werde stillestehn wie ein Ackergaul‹. (Und dann, auf der anderen Seite, selbst bei einem Fontane, doch wieder das große Lamento über die ›Unzureichendheit von Taufwasser‹, die diesem *schrecklichen Judenvolk* nun einmal nicht jene Urbanität könne zukommen lassen, derer es bedürfe, um für die arische Welt erträglich zu werden.)

Wen immer, nehmt Mommsen aus und den anderen großen 48er, Rudolf Virchow natürlich ... wen immer man auch zitiert unter den Großen der Nation, Fontane oder, auf dem Berliner Katheder, Harnack in seinem unermüdlichen Kampf gegen das Alte Testament und dessen kanonische Geltung: Ein *Gespräch*, geschweige denn eine *Symbiose* im Sinne einer Kulturgemeinschaft, wo Geben und Nehmen einander die Waage halten, hat es nicht einmal ansatzweise gegeben. Wenn hier einer schenkte, dann sind es die Juden gewesen; und wenn einer Geschenke nahm, dann waren es diejenigen, deren Kultur ein Discontinuum ohne Wegemarken-Setzung wäre, hätte es Freud und Marx, Heine und Kafka, Einstein und Schönberg nicht gegeben.

Deutsch-jüdische Symbiose: Das ist ein Trugtraum; denn Symbiose setzt Koexistenz zweier Gruppen auf der Basis von Gleichberechtigung, setzt ständigen Austausch, gegenseitigen Nutzen und fruchtbares Wechselspiel bei Erhaltung der Identität beider Partner voraus; doch diese Identität eben hatten die Juden zum Opfer zu bringen: in welchem Ausmaß, das beweist exemplarisch bereits Moses Mendelssohns Übersetzung des Pentateuch, diese – an der Lutherschen Version, aber auch an der Fassung von Buber-Rosenzweig gemessen – *artig-behutsame* Eindeutschung der mosaischen Schrift, die alles, was fremd, rudimentär, archaisch und verwegen rascher Eingemeindung im Wege steht, nivelliert, indem sie lapidaren Bericht und mythische Rede in die Koine der Gebildeten überträgt, ins Teestuben-Deutsch jener jüdischen Bourgeoisie, die sich bald darauf in der humanen Vorbildlichkeit Nathans des Weisen wiedererkannte und nicht in den Märtyrern ihrer Nation, nicht in den geschundenen, auf die Prophetie vom Sinai eingeschworenen Vätern und schon gar nicht im Wucherer Shylock, der in seiner Entsetzlichkeit, dem Ineins von Komik und tragischer Größe, im Zeitalter der Toleranz ins Gesittet-Humane, so glaubte man, umfunktioniert worden sei – eben in Nathan, den Weisen, der mit dem *wirklichen*, gerade erst aus dem Ghettoelend entlassenen Juden so wenig zu tun zu haben schien wie die Bilderrede des Pentateuch mit Mendelssohns deutscher Bibel.

Nathan, ein Jude ohne Volk im Traumreich der Humanität – stimmt das wirklich? Nathan – ein edler Hoffaktor? Eine Art Jud Süß, der seine Sexualität über der

Lessing-Lektüre vergißt? Nathan – ein emanzipierter Bürger jüdischer Religiosität, mit dem, als einem kultivierten einzelnen, sich – bei Verachtung des jüdischen Volks – so ungeniert Umgang pflegen läßt wie mit einem Wagnerschen Hermann Levi oder einem Fontaneschen Amtsrichter Friedlaender? Nathan: das gute Gewissen der offenen und versteckten Antisemiten und zugleich, für die Juden, das ebenso verführerische wie gefährliche Bild eines Assimilierten?

›Wir sollten verzichten‹ – hat ein bedeutender Jude unserer Tage, der verehrungswürdige Ernst Simon in Israel unter dem Eindruck des Holocaust geschrieben – ›wir sollten verzichten auf Nathans blasse Judenschemen, die es im 18. Jahrhundert noch nicht gegeben hat, wohl aber im 19., als seine Maxime ‚So ganz Stockjude sein zu wollen, geht schon nicht, und ganz und gar nicht Jude geht noch weniger' besonders in ihrem ersten Teil zu einem Leitsatz der jüdischen Geschichte Europas wurde. Denn dies ist der Schlüssel zu Nathans historischer Stellung: er hat keine adäquate Zukunft und Gegenwart gestaltet, aber eine ihn nachahmende Zukunft mitbewirkt. Kein lebendiger Jude hat den Nathan, und sei es auch nur als Modell, mitgezeugt: aber Nathan hat in Verbindung mit der sozialen, politischen und geistigen Entwicklung Hunderttausende von Scheinjuden nach seinem Ebenbilde gemacht. Wir aber, die wir Lessings tapfere Humanität gerade in unserer jungen Nationalbewegung brauchen können, wir wenden uns dennoch von seinem blassen und blutlosen Judenbild ab und hören lieber mit Heinrich Heine in der Nacht des Jom Kippur Shylocks Stöhnen und Rufen: ‚Jessica, mein Kind'.‹

Nathan-Utopie eines Weltbürgers jüdischen Glaubens und kein im Hier und Heute, der Soziallandschaft des 18. Jahrhunderts, angesiedelter Israelit? Nein, Ernst Simon irrt: In Wahrheit ist der Lessingsche Nathan keineswegs ein Schattenbild aus dem Lehrbuch der Philanthropie, keine erklügelte Märchenfigur und kein gesellschaftsferner homo humanus, sondern Jud aus Fleisch und Blut: ein Kaufmann (wie Mendelssohn), der Zinsen eintreibt und nüchterne Handlung höher als die hehre Schwärmerei einschätzt – nicht zu seinem Nachteil übrigens: Ganz so weit entfernt von Shylock sind wir denn doch nicht bei diesem Reichen, dem seine Säckel schließlich nicht nur die Barmherzigkeit gefüllt haben dürfte, wohl aber jene *handfeste Rechtschaffenheit*, die er mit seinem alter ego Moses Mendelssohn teilt – er, dessen sehr konkretes Judesein in keinem Augenblick vergessen wird: aus christlicher Sicht (›der reiche Jude war mir nie der bessere Jude‹) so wenig wie aus der Perspektive des Muselmanen: ›Er bleibt ein Jude, der so ganz und gar nur Jude scheinen will.‹

›Ausbund von Jude‹, ›jüdischer Wolf‹, ›doch zeichnet er im Schlechten sich nicht minder als im Guten vor allen andern Juden aus‹: Nein, ein blutleeres Schemen ist er gewiß nicht, dieser Israelit, der gezwungen ist, sich zu tarnen, weil, den Zeitläuften entsprechend, Wahrheit nur in der Rätselsprache des Märchens erzählt werden kann: erzählt von einem Mann, dem das Stockjudesein immer noch besser als das Leugnen allen Judentums erscheint.

In der Tat, Lessing hat kein Stück geschrieben, das von der sozialen Wirklichkeit der deutschen Judenheit abstrahiert: Wäre Nathan tatsächlich eine Schattenfigur – es hätte gewiß nicht so viele Kritiker gegeben, die sich über diesen Kaufmannsjuden so sehr empörten, Immanuel Kant allen voran. (›Kant‹, schrieb Hamann 1779 an Herder, ›... kann [nun einmal] keinen Helden aus diesem Volk leiden. So streng ist unsere Philosophie in ihren Vorurteilen.‹)

Nathan der Weise: Das ist ein Mensch, der als die große erkennbare Ausnahme – reich, klug, demütig, witzig: eine Mischung aus Hofjude und Baruch Spinoza – das Außenseiterdasein seines Volkes um so sichtbarer macht – das Elend einer Minorität, die stellvertretend für die Unterdrückung *aller* Minderheiten steht: ›Ein Glück für uns (Juden)‹, so Moses Mendelssohn, ›wenn man auf die Rechte der Menschheit nicht dringen kann, ohne zugleich die unsrigen zu reklamieren.‹

Hier Mendelssohn, mit der Identifikation von Emanzipation der Judenheit und Emanzipation der Vernunft, und dort Lessing mit seiner vom frühen Lustspiel ›Die Juden‹ bis zum ›Nathan‹ unablässig wiederholten These, daß es die am Beispiel der diskriminierten Israeliten widerlegten *Vorurteile* seien, die die Vernunft hinderten, in ihre angestammten Rechte zu treten: Kein Zweifel, da wurde vor zweihundert Jahren, in Berlin und Wolfenbüttel, ein deutsch-deutsches Gespräch – und nicht etwa ein deutsch-jüdisches! – eingeleitet, das, wäre es fortgesetzt worden, gewiß nie zu einer *Symbiose*, wohl aber – zumindest in der Literatur – zu einer *Partnerschaft* geführt hätte, wie sie im Dialog zwischen Mendelssohn und Lessing Wirklichkeit wurde von einer Überzeugungskraft, die die Juden glauben ließ, das einmal Begonnene werde, wo es schon keine Fortsetzung fand, sich eines Tages doch wiederholen.

Nun, die Juden in Deutschland täuschten sich – und hatten doch keine andere Wahl: Nicht im Kaftan, sondern nur auf dem Weg einer Annäherung an die fortschrittliche Intelligenz aus dem Kreis des liberalen deutschen Bürgertums war Emanzipation zu gewinnen – nur durch Assimilation, will heißen: durch Übereinkunft auf der Basis der Vernunft mit jenen Christen, die, wie es 1775 in Wielands ›Teutschem Merkur‹ hieß, einsahen, daß es die *Christen* waren, die die Unglücklichen gedrückt und sich von ihrem Fett genährt hatten: ›Seid Menschen! Laßt sie uns aufnehmen als Brüder. Tut an ihnen, was ihr wollet, daß man euch täte.‹

Nein, es gab für sie keinen anderen Weg als den von ihnen eingeschlagenen: Es war nicht ihre, sondern der Dialogverweigerer auf der anderen Seite Schuld, daß der Assimilationsprozeß zunächst zur Aufgabe jüdischer Identität und, kaum war diese vollzogen, zur Aufgabe der Existenz führte; es war nicht Konsequenz, sondern Paradoxie – und zwar eine geschichtlich begründbare und zu verantwortende, und nicht irgendein ›tragisches‹ Fatum –, daß der im Nathan beschriebene Holocaust (›alle Juden … insgesamt verbrennen müssen‹) Wirklichkeit wurde und die von Mendelssohn – 28. Juli 1780 – auf den Begriff gebrachte Situation eines deutschen Juden zwiefach, im Kaiserreich und im Nationalsozialismus, potenziert werden sollte: ›Ich ergehe mich des Abends zuweilen mit meiner Frau und den Kindern. ‚Papa', fragt eins, ‚was ruft uns jener Bursche dort nach? Warum werfen sie mit Steinen hinter uns her? Was haben wir ihnen getan?' – ‚Ja, liebster Papa', spricht ein anderes, ‚sie verfolgen uns immer in den Straßen und schimpfen Juden! Juden! Ist denn dieses so ein Schimpf bei den Leuten, ein Jude zu sein?' Ach, ich schlage die Augen nieder und seufze mit mir selbst: Menschen! Menschen, wohin habt ihr es kommen lassen.‹

Worte eines deutschen Juden, formuliert in der Form einer Klage, die den Charakter einer Bitte hatte, aus der sich später, mit fortschreitender Assimilation, ein Angebot ergab. Aber beides, Bitte und Angebot, wurden nicht akzeptiert; Lessings Traum sah sich ins Gegenteil verkehrt: der Traum von einem Land Utopia, dessen Konturen er in seinem letzten Brief beschrieb – einem jener beiläufig gehaltenen Manifeste, wie er sie zu formulieren liebte und worin er Mendelssohn seinen jüdischen Hausfreund – Daveson hieß er –, dem die Zeitläufe übel mitgespielt hatten, herzlich anempfahl: ›Er will von ihnen nichts, lieber Moses, als daß sie ihm den kürzesten und sichersten Weg nach dem europäischen Land vorschlagen, wo es weder Christen noch Juden gibt. Ich verliere ihn ungern, aber sobald er glücklich da angelangt ist, bin ich der erste, der ihm folgt.‹

Geschrieben am 18. Oktober 1780 – genau hundert Jahre, bevor Adolf Stoecker im deutschen Reichstag Nathan zum Christen erklärte: zu einer Zeit, als sich unter gebildeten deutschen Juden der Brauch eingebürgert hatte, ihren Söhnen, zum Zeichen der Erinnerung, Verpflichtung und Hoffnung, einen ungewöhnlichen Zusatzvornamen zu geben: Lessing.

Den Namen eines Mannes, dessen Lebenswerk, wie Auschwitz zeigt, von seiner Nation so wenig angenommen worden ist wie die Bitte der Judenheit, der Aufklärung in Deutschland eine Heimstatt zu geben.

Die christliche Predigt
Manipulation oder Verkündigung?

1976

›Darum wem das Predigtamt aufgelegt wird, dem wird das höchste Amt aufgelegt in der Christenheit. Derselb mag hernach auch taufen, Meß halten und alle Seelsorge tragen; oder so er nicht will, mag er an dem Predigen allein bleiben, und Taufen und andere Unteramt anderen lassen. Wie Christus tat und Paulus und alle Apostel.‹

Geschrieben im Jahr 1523. Gültig bis heute. Die Luthersche These, daß ›Pfarramt‹ so viel wie ›Predigtamt‹ heiße und daß Seelsorge, Sakramenten-Austeilung und Liebesdienst nichtig seien ohne die Verkündigung des Gottesworts von der Kanzel – ›wo Predigtamt nicht ist, der andern keines folget‹ ... diese im Traktat über Macht und Recht einer christlichen Gemeinde formulierte These ist, allen Akzentverschiebungen zum Trotz, vierhundertfünfzig Jahre lang unangetastet geblieben – und nicht nur unangetastet: sie hat sogar, im Bannkreis der dialektischen Theologie, eine Renaissance ohne Beispiel erlebt.

Die evangelische Dogmatik, daran gibt's nichts zu deuteln, wurde von Predigern entworfen – und nicht von Vertretern der Systematik: von Kanzelrednern, nicht von Kult-Verwaltern. Erst auf der Kanzel, heißt die Devise, wird die Schrift, in inspirierter Rede, zu Gottes Wort; erst auf der Kanzel, im Verkündigungs-Akt, gewinnt Geschichte die Qualität von Geschehen, verwandelt sich das Reden über Gott in göttliche Rede. Kein Wunder, demnach, daß Luther die apostolischen Briefe über die Evangelien stellte – die Deutung über den Bericht, die Predigt über die historiographische Fakten-Aufzählung; kein Wunder auch, daß Karl Barth das Verhältnis von Dogmatik und Predigt als ein Verhältnis von Etappe und Front etikettierte: Nicht in der Schrift, sondern im Wort spräche Gott unmittelbar, nicht in der Etappe, sondern an der Front werde der Krieg gewonnen oder verloren.

In der Tat, man kann es nicht pointiert genug sagen. Der Mann auf der Kanzel (und nicht der sogenannte ›Theologe‹, aber auch nicht der Seelenhirt oder der franziskanische Anwalt der Armen) – der Mann auf der Kanzel ist, nach reformatorischem Verständnis, der Stellvertreter Christi in der Epoche zwischen Himmelfahrt und Jüngstem Gericht. *Er* kämpft, in der Phase, die mit der Auferstehung beginnt und mit der Wiederkehr endet, Jesu Kampf mit dem Teufel. *Er* sorgt dafür, daß Gottes Wort im Schwange bleibt. (*ym schwang*, hat Luther gesagt.) *Er* macht aus der *scriptura mortua*, dem Verlesenen, Respondierten, Gesungenen, eine lebendige Rede. *Er* weiß, daß das Evangelium – im Gegensatz zum kodifizierten Gesetz – Botschaft ist und nicht Schrift (*Neues* und nicht *Altes* Testament): eine Botschaft, die, in Lehre und Vermahnung, zur *viva vox* wird – Nachricht, Kunde, Hörensagen, das von den ›Mundboten‹ weitererzählt werden will, von den Aposteln zunächst, dann von den Vätern und dann, nach einer langen Zeit des Interregnums, von den Kanzeln herab: in Räumen verkündet, die für Luther die Bedeutung von ›Mundhäusern‹ hatten.

Mundhaus und nicht Federhaus: Die Kanzel war Rostra, die Kirche war Marktplatz, die Predigt war Rede in der Öffentlichkeit – ein Geschäft, das – in übertragenem und wörtlichem Sinn – ›katholisch‹ genannt werden kann. ›Katholisch‹, weil der Pfarrer, sofern er ordentlich berufen war, dem Satz vom Allgemeinen Priestertum entsprechend ein Jedermann sein durfte, der zu Jedermann sprach. ›Katholisch‹, weil die Reformation den tausend Pfarrern gab, was sie dem einen Priester nahm: Vollmacht und Autorität. ›Katholisch‹ aber auch – und vor allem! –, weil an die Stelle des Opfernden vor dem Altar nunmehr der Kanzelredner trat, der das Wort unter der Gemeinde austeilte: das Wort der Schrift so gut wie das Wort, das – im Sinne des johanneischen Prologs – identisch mit jenem Gottessohn sei, dessen Werke und Taten die Predigt repräsentiere. Repräsentiere, jawohl! Wie der Priester, im Vollzug der Eucharistie, Jesus im Geist gegenwärtig sein läßt, so realisiert der Prediger, im Akt der Kanzelrede, das jesuanische Wirken und ›braucht‹ es, wie Luther sagt, indem er den Christus der Überlieferung in den ›Christus pro nobis‹ verwandelt.

Verwandlung drüben, Verwandlung hüben! Anamnesis in zwiefacher Weise: Gedächtnisakt der Eucharistie. Gedächtnisakt auf der Kanzel. (Wie bezeichnend, daß Luther, der evangelischen Verkündigung schenkend, was er dem katholischen Opfer entriß, die Worte ›Das tut zu meinem Gedächtnis‹ als *Predigt*-Auftrag verstand! Wie charakteristisch, daß er den an Petrus gerichteten Satz ›Ich will dir die Schlüssel des Himmelreichs geben‹ als eine Sentenz interpretierte, die dem *Predigt*-Amt der Kirche galt!)

Dem Sakrament drüben entspricht das Kerygma hüben – jene reformatorische Predigt, die, als Verkündigung von Christus eingesetzt und begründet, unabhängig von der Persönlichkeit des Redenden wirkt – ex opere operato und nicht nur ex opere operanti! Luther ist nicht müde geworden, die Diskrepanz zwischen der Größe des Auftrags und dem Versagen des Beauftragten als einen Schein-Widerspruch zu entlarven: Und wenn der Prediger wie Bileams Esel wiehert, ja, wenn Beelzebub selber die Kanzel besteigt – Gott spricht, sofern er will, auch durch Esel und Teufel hindurch. Persönlichkeit und Subjektivität des Redners – Rang und Bildung – sind für Luther ohne Belang: Nur auf die Mitgift kommt es an, auf den Schatten jenes ersten Predigers, dessen Existenz identisch mit seiner Verkündigung sei, auf die Kontinuität des gepredigten Worts und auf die Erinnerung, der selbst die verkommenste Gedächtnis-Rede auf der Kanzel noch dient.

Praedicatio verbi dei est verbum dei, durch den Prediger spricht Gott, diese Devise – formuliert von Bullinger – hat für die reformatorische Homiletik die Bedeutung eines Axioms ... mit welcher Konsequenz, das zeigt Luthers Traktat ›Wider Hans Worst‹: ›Herr, Du weißt, was aus meinem Mund gegangen ist, das ist recht und Dir gefällig ... Haec dixit Dominus, das hat Gott gesagt. Et iterum: Ich bin ein Apostel und Prophet Jesu Christi gewesen in dieser Predigt. Hier ist nicht not, ja nicht gut Vergebung der Sünden, als wäre es unrecht gelehret; denn es ist Gottes und nicht mein Wort, das mir Gott nicht vergeben soll noch kann, sondern bestätigen, loben, krönen und sagen: Du hast recht gelehret, denn ich habe durch dich geredet und das Wort ist mein. Wer solches nicht rühmen kann von seiner Predigt, der lasse das Predigen anstehen, denn er leugnet gewißlich und lästert Gott.‹ Wenn irgendwo, dann wird in diesen Sätzen deutlich, was es heißt (und zu welchen Konsequenzen es führt!), die Transsubstantiation vom Altar aufs Rednerpult zu verlegen, die unio mystica sich, in einem Akt der Inverbation, auf der Kanzel vollziehen zu lassen und das päpstliche Lehramt gegen das pastorale Predigtamt einzutauschen – die *ecclesia docens* gegen den *pastor, per quem deus loquitur*.

›Das geht zu weit!‹ rief, konfrontiert mit den Lutherschen Thesen, selbst Karl Barth aus, als er die *Hans-Worst*-Sätze interpretierte: ›Da kann man bei allem Respekt nur mit einem glatten Nein antworten.‹ Und dann bricht es heraus: Zeugnis geben, ankündigen, das Woher und Wohin sichtbar machen, Erinnerung wachhalten, Erwartung aussprechen – was immer der Prediger täte, sein Wort bliebe menschliches Wort, Wort in Knechtsgestalt, er selber habe keine Verfügung über den heiligen Geist, wenn seine Predigt gelinge, dann sei dies Gottes Verdienst – Gottes, der sich des Redners Mißlingen bediene: nur indirekt, nur im Glauben, sei die Kanzelrede mit der Rede Gottes identisch.

Ein seltsames Schauspiel, fürwahr! Mit welcher Emphase wird hier betont, daß Predigt eins und Offenbarung ein anderes sei, daß unsere Rede von Gott *unsere* Rede bliebe, wie immer wir sprächen, daß ein gewaltiger Abstand bestünde zwischen Wort-Dienst und Wort, zwischen dem Wort und den Wörtern, daß es keine unio mystica gebe, daß Menschenwort nur ein Mittel sei, ein Behelfs-Instrument, um Gottes eigenes Wort zu verkünden, daß das verbum dei Inhalt der Predigt sei, aber nicht deren Subjekt. Doch dann auf einmal kommt der große Sprung, die kopernikanische Wendung, deren der Redner bedarf, um den Satz: ›Die Predigt *zeugt* von Gottes Wort‹ in das Axiom verwandeln zu können: ›Die Predigt *ist* Gottes Wort.‹ *Deus loquitur.* Da wird plötzlich von oben nach unten gedacht, da ist nicht mehr von ›Korrelat‹ und ›Spiegel‹ die Rede, da beginnt das Echo selber zu sprechen, ›Identität‹ heißt das rettende Wort – eine indirekte gewiß, aber Identität bleibt Identität, gegen ein Substantiv wie dieses kommt kein absicherndes Adjektiv auf –, da bekennt sich Gott zu unserem Wort, redet selbst und gewinnt den Charakter eines Subjekts, das, in einem kühnen voluntaristischen Akt, von sich selbst sprechen möchte.

Und so geschieht's nicht nur bei Barth – wohin man schaut, welche Homiletik evangelischer oder katholischer Provenienz man studiert: Der Punkt, wo mystische Entzückung an die Stelle nüchterner Beschreibung tritt, die Transsubstantiation beschrieben wird: das Mysterium der realen Präsenz, die ›Heil spendende Gegenwart Gottes unter der Hülle des menschlichen Wortes‹ ... dieser Punkt, an dem der Verkündigte zum Verkünder wird, fungiert in der Theologie unserer Zeit als eine Art von ökumenischem Topos. (›Auch die kritischsten Kritiker‹, heißt es in Bastians Traktat ›Verfremdung und Verkündigung‹, ›pflegen unerbittlich orthodox zu werden, wenn sie von der Verkündigung sprechen und die Selbstbehauptung des Wortes Gottes würdigen.‹)

Fast scheint es, als wetteiferten heute die Konfessionen miteinander in dem Bestreben, das *sacramentum verbi* mit einer Inständigkeit zu beschwören – wobei man sich nicht genug tun kann an Spitzfindigkeiten: Sakrament oder Sakramentale? opus operatum oder opus operantis? –, daß es einem eingefleischten Supranaturalisten das Herz wärmen müßte. Als ob Luthers Schrift ›Wider

Hans Worst‹ – und keineswegs nur sie: *deus per me operatur* ist ein reformatorischer Kernsatz – nicht mit aller gebotenen Deutlichkeit zeigte, wie schnell aus einer *indirekten* Identifikation von Herren- und Knechts-Wort eine *totale* Gleichsetzung wird: Da hilft auch die nachdrücklichste Etikettierung der menschlichen Rede als eines Werkzeugs nicht weiter. Auf das Resultat kommt es an, auf die Gleichsetzung im Sinne der Bullinger-Formel. Auf die Inverbation, die sich angeblich im Verlauf jenes kerygmatischen Aktes vollzieht, der – als eine Verlautbarung besonderer Art, unverwechselbar sei: mit keiner anderen Form verbaler Artikulation – mit dem Ratschlag sowenig wie mit der Rede oder dem Vortrag vergleichbar ist.

Will man den Dialektikern und ihren Gefolgsleuten glauben, dann ist der Pfarrer eine Art von Türhüter (ein Türhüter, wie ihn Kafka beschrieb): In seinem Rücken thront Gott, vor ihm, auf Einlaß ins Gesetz wartend, sitzt die Gemeinde. Ein Bild, wie es Luther in der Torgauer Predigt beschwor. Durch die Kanzelrede spricht Gott zu den Menschen, die Versammlung antwortet ihm in Gebet und Gesang. Das Gesicht zur Gemeinde gekehrt, verkündete der Prediger, was in seinem Rücken, im Innern des ›Gesetzes‹ geschieht. Der Welt zugewandt, weist er sie ab, beleuchtet das Leben von Gott her, höhlt die Wirklichkeit aus, das Humane und die Sozietät, da sie keine Wirklichkeit sei, gibt Zeugnis von der ganz anderen Welt, leugnet Vermittlungen zwischen Himmel und Erde, zeigt die Distanz, trennt, statt zu verbinden, verweigert die erwartete Hilfe – nur wo Gräber sind, sagt er, ist Auferstehung –, verzichtet auf Mission und Pädagogik, auf Erbauung und irdischen Trost: Lebenshilfe mögen andere geben, die sich auf Ratschläge besser verstehen – er sei kein Dorfweiser, sondern ein Prediger, der, christozentrisch und nicht anthropozentrisch sprechend, nur eine einzige Aufgabe habe: Den zu verkünden, der durch ihn spricht. Das allein sei seines Amtes.

Ist das wirklich nur ein Phantom: solch ein Pfarrer?

Eine Kunstfigur, aus Lutherschen, Barthschen, Thurneysenschen Versatzstücken zusammengeklaubt? Gesalbt mit dem Öl der dialektischen Theologie und mit der obligaten Prise eines entschiedenen Anti-Liberalismus versehen: Schleiermacher als Beelzebub? Ich fürchte nicht: Das Idealbild des evangelischen Kanzelredners, daran gibt's nichts zu deuteln, ist realistisch. Das Idealbild, wohlgemerkt, der reformatorische Archetypus. Nicht das Bild des Pfarrers hier und jetzt. *Das* sieht anders aus – *wesentlich* anders. In Wahrheit hat die ›Fundamental-Homiletik‹ eines Karl Barth, in deren Folge die Kanzelpredigt zum *ens realissimum* wurde: zur Christenprobe auf das Exempel, mit der Praxis vor Ort so wenig zu tun, wie jene Form der Kerygmatik, die aus einem hermeneutischen Prinzip einen theologischen Generalschlüssel machte, etwas mit der konkreten Predigt am Sonntag zu tun hat. (Nachzulesen in Dietrich Rösslers Schrift ›Zur Theorie und Praxis der Predigtarbeit‹.) Während man hier Meditationen über Art und Weise verbaler Transsubstantiation vorexerziert und, in einer Art von nimmermüdem Glasperlenspiel, den Spannungsbogen zwischen Menschenwort und Gotteswort zu analysieren versucht, wird dort, in der Nacht zum Sonntag, eine Rede geschrieben. Eine Rede, nichts weiter. Ein Manuskript, formuliert von einem Pfarrer, für den das Predigen eine Tätigkeit unter anderen ist – und kein Hauptamt, dem die Unterämter zugeordnet sind: Ein Gemeindepfarrer, der sich an jene Pflichten-Hierarchie hielte, die aus der Über-Akzentuierung des evangelischen ›Worts‹, vor allem des Kanzel-Worts, resultiert, hörte auf, ein *Gemeinde*-Pfarrer zu sein.

Unter diesen Aspekten – im Zeichen einer usurpatorisch wirkenden Verkündungs-Theologie, die in ihrem Absolutheits-Anspruch, ihrer Majestät und ihrer Praxis-Ferne mit der kirchlichen Rede vor Ort heute nichts mehr verbindet – ist der Entwurf einer evangelischen *rhetorica nova* das Gebot der Stunde: die Konzeption einer Homiletik, die – dies wäre das erste Gesetz – die reformatorische Sentenz ›Die Verkündigung des Gottesworts ist das Gotteswort selbst‹ als christlicher Rede unangemessen, als hybrid und aller Erfahrung hohnsprechend zurückweisen müßte: Ein kurzes Durchmustern der Predigtsammlungen aus wilhelminischer oder faschistischer Zeit sollte genügen, um die Irrelevanz dieses befremdlichen Axioms zu erweisen und, mit dem Blick auf die Texte, deutlich zu machen, daß die These *deus loquitur* nicht nur angesichts der Lobgesänge auf den Führer als den von Gott gesandten zweiten Messias wie der pure Hohn: wie Gotteslästerung wirkt. Aber selbst wenn man, auf gar zu sinnfällige Häresien verzichtend, von Stoeckerschen oder, im katholischen Raum, von Spellmanschen Kreuzzugs-Predigten absieht und sich mit der Lektüre von höchst alltäglichen orthodoxen, liberalen oder pietistischen Kanzelreden begnügt – ist es nicht Hybris, diese Verlautbarungen unter dem Aspekt der christlichen Verkündigung: als der vermeintlichen Idee kirchlicher Rede und dem Inbegriff verantwortlichen Sprechens von Gott jenen Akten voranstellen zu wollen, dem Wort am Sterbebett, der Liebestätigkeit oder – ich denke an Pater Kolbe – der Stellvertretung im Zeichen des Kreuzes, in denen sich ›Verkündigung‹ weit unmittelbarer realisiert: in actu und nicht in verbo?

Warum, in Gottes Namen, soll ausgerechnet, als sei sie ein archimedischer Punkt, die Kanzelrede als ›Zweck und Ziel der Dogmatik‹ fungieren? Warum nicht genausogut, von Christus zeugend, die Nächstenliebe oder die Zeichen setzende Mildtätigkeit? ›Wo Predigtamt nicht ist, der andern (Ämter) keines folget‹: Es ist an der Zeit, denke ich, diesen Lutherschen, in unserem Jahrhundert von der Dialektischen Theologie zum Axiom erhobenen Satz in Frage zu stellen. Wenn etwas not tut, hier und heute, dann ist es die Zurücknahme des Predigt-Primats. Dann ist es die Leugnung der These ›Die Tat ist – das Wort‹. Dann ist es die Revokation jener in der Vorstellung vom *sacramentum verbi* gipfelnden Tendenzen, in deren Folge sich ein wahrhaft gespenstischer Wort-Kult durchgesetzt hat: Bibelwort und Predigtwort, das Wort der Schrift und das fleischgewordene Wort, das innertrinitarische und das geschaffene, das geoffenbarte und das verkündete Wort: Wie viel geht da wirr durcheinander, sobald die Theologen jenes von Polyvalenz strotzende ›Wort‹ beschwören, das weit mehr noch als der Ausdruck ›Gott‹ den Charakter einer Leerformel hat – eines Zauberspruchs, der alles und nichts sagt ... aber auf jeden Fall ausreicht, um den Zweifler zum Schweigen zu bringen: *verbum locutum. bellum finitum.*

Das Gebot der Stunde heißt: Bescheidung. Absage an die *unio mystica* auf der Kanzel. Es heißt: Demokratisierung im Bereich der Pfarr-Tätigkeiten. Predigt und Taufe, Rede und Seelsorge, Liebesdienst in Wort und Tat: Da ist jedes Amt wichtig, da gilt die Verkündigung ex cathedra nicht mehr als die Belehrung der Kinder, da tritt die Predigt nicht mehr mit dem Anspruch auf – dem *unerfüllbaren* Anspruch –, am Sonntagmorgen werde Gott, der Sechstageschweiger, durch den Mund des Herrn Pfarrers das Seinige sagen. Erst wenn die Hierarchie beseitigt ist, kann die Predigt wieder den Charakter einer Rede gewinnen – einer Rede, die zu kritisieren, zu bezweifeln, zu bejubeln (in der ältesten Kirche wurde bekanntlich am Ende der Kanzelrede geklatscht) oder zu beklagen ist. Dann hört der Aberwitz auf, daß jede Predigt mit dem Allerhöchsten, der apostolischen Verkündigung, identifiziert wird: bewertet im Blick auf die Luthersche These, daß der Mund jedes rechtschaffenen Pfarrherrn wesensgleich sei mit dem Mund Jesu Christi.

Dann gewinnt die Kanzelrede wieder menschliches Maß, ist nicht mehr, wie es so gern heißt, ›weltschöpfendes Wort‹, das ergeht, sobald der Kanzelredner zu sprechen beginnt, sondern das Zeugnis eines Menschen, der, statt priesterlich zu *verkünden*, sich auf die *Ankündigung* von Gottes Rede beschränkt: *So sage ich und dies hat ER gesagt. Das ist der Text, und dies ist meine Deutung.*

Ein Pfarrer ist weder inspiriertes Medium noch eine Art Wunderwesen von der Art, wie es sich offenbar jener zeitgenössische Praktologe vorstellt, der die paulinische Predigt als einen ›zeugenden oder (!) gebärenden

Akt‹ etikettiert: Ein Pfarrer ist ein sehr konkretes Individuum, das einer sehr konkreten Gemeinde in einer sehr konkreten Situation mit Hilfe einer sehr konkreten Sprache einen Text zu veranschaulichen sucht – ein Schriftwort, von dem er weiß, daß es, um inmitten von so viel Konkretheit seinerseits zum Konkretum zu werden, nicht nur ausgelegt, sondern ausgeführt werden muß: übersetzt und erweitert, bis zur Gegenwart hin verlängert und appliziert an die gegebene Situation. Statt darauf zu vertrauen, das das *verbum dei*, das da ›senkrecht von oben‹ kommt, aus sich selbst wirken werde: keiner Propaganda und Agitations-Kunst bedürftig – ›Erste Regel: Keine Beredsamkeit! ... Wo Gott verkündigt wird, da steht das Wort nicht zu Gebote‹: Eduard Thurneysens These ist immer noch mächtig; statt es zum hundertsten Mal – und immer vergeblich – mit der Sprache Kanaans zu versuchen, weil man das Eingehen auf das ›sogenannte Bedürfnis der Hörer‹ für einen Verrat an der eigentlichen Aufgabe des Predigers hält: Gott zu dienen und nicht dem Menschen; statt sich durch den Satz irre machen zu lassen: ›Die größten Prediger Gottes sind *gegen* ihren eigenen Antrieb redende Prediger gewesen‹, darf der ›Pfarrer vor Ort‹ sich nicht scheuen, zunächst einmal von sich selber zu sprechen, wenn er seinen Text ausführt. Wie sollte er sich auch scheuen? Wo er doch sehr genau weiß – ich folge hier Überlegungen des Schriftstellers und Pfarrers Kurt Marti –, daß die subjektive Brechung des Schriftworts Vorbedingung seiner Ein-Gemeindung ist: daß nur dort, wo persönlich und nicht offiziös gesprochen wird, Offenheit herrscht, nur dort die Möglichkeit zum Dialog besteht, zum Widerspruch und Konsens, nur dort aber auch, durch keinen dreisten Bezug zwischen göttlicher und menschlicher Rede relativiert, das prophetische Zeugnis der Schrift jene Würde und Objektivität wiedererhält, die im Zeichen eines scheinbar überpersönlichen, in Wahrheit plump-familiären Kanzel-Geredes: *Gott will, Gott plant, Gott hat etwas vor*, aus dem Blick gerückt worden ist. Nicht die Einheitssprache der Kanzel, dieses befremdliche homiletische Esperanto, das heute die Vertreter aller Schulen vereinigt und, ungeachtet der Kontroversen in exegetischen Fragen, Barthianer wie Orthodoxe und Liberale wie Marburger predigen läßt – das gleiche Pathos und die gleiche Bildlichkeit! –; nicht die sogenannte ›zeitlose‹ Rede (sie ist in Wirklichkeit austauschbar und beliebig), sondern nur die persönliche, zeit- und subjekt-bezogene Predigt: formuliert in der Diktion unserer Zeit und nicht in jener unsäglichen Pontifex-Minimus-Sprache, die evangelische Verkündigung so monoton sein läßt – nur die Betonung der ersten Person: *›Hier! Ich! In diesem Augenblick!*, gibt der Rede in der dritten Person, dem *autos epha*, ihre Glaubwürdigkeit.

In einem Augenblick, da – mit Ernst Käsemann zu reden – die Repräsentanten der Christenheit, die Kanzelredner voran, in ihrer Mehrzahl wie ›Bleichsüchtige‹ wirken, die, allem Enthusiasmus abhold, Farblosigkeit für ehrenwert halten, während sie geistige Selbständigkeit, Vitalität und Humor – das Unverwechselbare der Persönlichkeit also – für unangemessen erachten – ›selbst die Laien tragen einen unsichtbaren Talar‹ –: in einem solchen Augenblick ist es nützlich, die verwegene Keckheit und parteiische Verve ins Gedächtnis zu rufen, mit der Luther nicht nur die papistische Sprache, sondern auch den Tenor der biblischen Texte zensierte – ›stroherne Epistel‹, ›kann ich nicht unter die Hauptbücher setzen‹. Und dann erst Spener! Mosheim! Herder: vielleicht der größte – und unbekannteste Homiletiker Deutschlands! Herder: in seinem Kampf gegen die Predigten mit ihren rhetorischen Donnerschlägen und Blitzen, ihrem Pathos und ihren wilden Gebärden. Herder: die ›geistlichen Discourse mit ihren Schraubengängen und überraschenden Einfällen‹ nicht minder präzis attackierend wie die Kanzelhomilien mit ›ihrem steifen Anstand‹ und ›ihrer weitschweifigen hermeneutischen Gelehrsamkeit‹. Herder, dem die theologischen Abhandlungen ›mit ihrem Gerippe einer gründlichen Disposition, ihren Lehr- und Lehnsätzen und Citationen‹ so verachtenswert waren wie die Kanzel-›Expectorationen‹

mit ihren Ausrufungen und Beteuerungen an Gott, angefüllt mit O! und Ach!: Das klänge, heißt es in der Programmschrift ›Der Redner Gottes‹, ›als wenn der Mann eben aus dem Himmel käme und denselben wieder stürmen wolle‹.

Geschrieben 1765: zu einer Zeit, als Probleme der *rhetorica ecclesiastica* – weit davon entfernt, nur den eigentlich Betroffenen, den Prediger also, zu provozieren – die Bedeutung einer Affäre hatten, an der sich, in öffentlichem Gespräch, die ersten Geister der Nation beteiligten. Es war kein Anonymus, es war ein Wieland, der im achtzehnten Jahrhundert die Deutschen aufforderte, sich – was die Beredsamkeit der Kanzel angehe, nicht länger von den Franzosen, den Bossuets und Massillons, beschämen zu lassen. Es war ein Lessing, der in einer Replik auf die Wielandsche These den Unterschied zwischen der Virtuosität des Deklamators und dem Lehramt der Predigt akzentuierte: ›Der wahre Gottesgelehrte weiß‹, heißt es im dreizehnten Literaturbrief, ›daß er auf der Kanzel den Redner mit dem Lehrer zu verbinden habe, und daß die Kunst des erstern ein Hülfsmittel für den letztern, nie aber das Hauptwerk sein müsse.‹ Und eben dieser Lessing war es auch, der im Disput mit seinem Widersacher, dem Hamburger Hauptpastor Goeze, den Vorwurf des Gottesmanns, er, Lessing, sei ein Artist und ein Theatraliker, aber kein Anwalt der Wahrheit, mit dem Satz konterkarierte: ›Wer zweifelt wohl, daß Molière und Shakespeare eine vortreffliche Predigt gemacht und gehalten hätten, wenn sie, anstatt des Theaters, die Kanzel hätten besteigen wollen.‹

Auf welchem Niveau, mit wieviel Scharfsinn, Emphase und Witz wurde in unserem Land – nahezu vierhundert Jahre lang! – zwischen Luther und Schleiermacher, zwischen Melanchthon und Nietzsche die *eine* große Frage erörtert: Wie muß der Prediger sprechen, welchen Stil soll er wählen, den lehrhaft-schlichten oder den pathetischen der begeisterten Rede, wie kann er die Unterweisung mit Ermahnung, das Erbauliche mit dem Bewegenden, den Appell an die Vernunft mit dem Appell an die Affekte vereinen, wie soll er auf der Kanzel agieren – zeremoniös? populär? – und was, vor allem, muß er tun, damit die Erschütterung, die seine Worte erregen, sich, durch kirchliche Zucht unterstützt, in stetiger Bewegung fortsetze: ein Problem, das im Zentrum der Lessingschen ›Betrachtung über die geistliche Beredsamkeit‹ steht. Und nicht allein dort: Auch der Pietismus hat – oft verkannt! – eine ihm gemäße Eloquenz, auch die ›Sprache des Herzens‹ weiß sich der Homiletik verpflichtet: Kein Wunder also, daß gerade Spener über die Sentenz meditierte, nur der Ergriffene sei in der Lage, den Sinn der Hörergemeinde in mildem oder dramatischem Appell zu erregen: nur wenn es dem Redner ›vom Herzen‹ gehe, lautet das Zentral-Gebot der pietistischen Beredsamkeit, werde das Weltkind gerührt: in der Erbauungs-Stunde vor allem, da der predigende Handwerker zeige, was Schwärmerei und entzückte Rede vermöchten.

Kurzum, ob man sich nun auf Luther beruft, jenen Feind der Rhetorik, der ein Schüler Quintilians war – Luther, den ›beredtesten Bauern‹ (so Nietzsche), den Deutschland jemals gehabt hat, ob man der Widerlegung des Kantschen Verdikts ›Der Appell an die Affekte ist eine Trugkunst‹ durch die protestantische Homiletik des neunzehnten Jahrhunderts gedenkt oder die – meist übersehene – Renaissance des aristotelischen Schemas in der Predigtlehre Schleiermachers betont – hier: Rhetor, Rede, Publikum; dort: Pastor, Text und Gemeinde ... was immer man aufführt: An Kronzeugen, die Brisanz und Aktualität der jahrhundertelang geführten Debatte um die rechte Predigt dokumentieren, mangelt es nicht. Wenn heute Bekenner, Dialektiker und Existenzialisten ihre Attacken gegen jene christliche Beredsamkeit führen, die sie gern als ›sogenannte‹ etikettieren und dabei die ›Verkündigung Gottes‹ gegen die ›Ansprache an den Menschen‹ ausspielen, dann machen sie nicht nur der liberalen Theologie und jener in der Tat suspekten These den Garaus: der Prediger sei gehalten, sich selbst zuzuhören, um auf diese Weise ein

›schönes und tiefes Gefühl‹ zu empfinden, dann haben sie nicht nur *ein Saeculum*, das neunzehnte, sondern *zwei Jahrtausende* in die Schranken zu fordern. Dann müssen sie gegen Augustin antreten und gegen Luther: denn so sehr sie sich im einzelnen auch unterscheiden, die Mystiker, Bußprediger, Lehrer und eifernden Agitatoren von der Spätantike bis in unser Jahrhundert ... eins ist allen gemeinsam: Die Absicht, zu ›manipulieren‹, das heißt: auf Menschen zu wirken. Der petrinische Grundzug. Der Glaube, daß die Predigt ein Fischernetz sei – ausgeworfen, die Bedrohten zu retten. Die erste Frage hieß nicht: ›Was ist eine Predigt?‹, sondern: ›Wie predigen wir: wir, mit unserem Anspruch, die Menschen belehren und ermahnen zu können – unsere Gemeinde, die uns braucht?‹ Da sprachen Pfarrer von sich selbst. Da wurde, auf der einen Seite, im *Redner Gottes* zum Beispiel, das Idealbild eines humanistischen Rhetors beschworen, der, ›beredt ohne Pracht‹ und ›weise ohne Gelehrsamkeit‹, wie ein protestantischer Sokrates wirkt – ein Christ: wie von Platon entworfen, und da gewann, auf der anderen Seite, jener Verzweifelte Anschaulichkeit, der nicht mehr reden mag, weil er ja doch nichts erreiche ... einer, der, wie Luther in Wittenberg, aufgeben und seiner Gemeinde den Dienst kündigen möchte, da er sieht, daß die Menschen, aller Predigt zum Hohn, immer ›spitzer und giftiger‹ werden.

Mit aller Schärfe gesagt: Wenn in den zwanziger Jahren – und auch in der Gegenwart noch! – die Parole umging, in der Predigt werde – bitte sehr! – nicht um das Verständnis des Menschen geworben, keine Psychologie des Predigthörers getrieben und keine Lebenserfahrung vermittelt – keine fremde und schon gar nicht die eigene –, dann wird hier in der Tat, mit einem Federstrich, die Homiletik von Jahrhunderten auf den Index gesetzt.

Oder war Luther, dieser Menschenkenner kat'exochen, etwa kein Psycholog? Die Rücksicht auf die Mutter im Haus, das Kind auf der Gasse, den Mann auf dem Markt; die Reverenz gegenüber den Toren und Unmündigen; der Respekt vor ›Hänslein und Gretlein‹: vor den ›nicht ernsten Christen‹, die am Sonntag der Predigt zuhörten; aber auch die jähe Verzweiflung: ›Ich kann nicht weiter kommen denn zu den Ohren‹. Das waren Wesenszüge eines Predigers, der, die Gemeinde kennend und auf ihre Bedürfnisse achtend, sich bei jedem Wort fragte, ob es verstehbar, nützlich und zuträglich sei: Man soll auf der Kanzel ›die Zitzen herausziehen‹, hat er gesagt, das Volk brauche Milch! Darum – um der Menschen willen – die kühnen Akkomodationen der Lutherschen Predigt, die Übertragungen biblischer Szenen in kursächsische Realität; darum der Bezug zur Gegenwart: die politische Rede – ›Den Sachsenspiegel muß ich Euch predigen!‹; darum die Zubereitung des Textes unter sozialen Aspekten – ›Gottes Wort an sich‹: so etwas kannte der Praktiker nicht: auf das *hic et nunc* kam es an –, darum die verwegene Applikation in der Polemik: die Papisten wollen der Hölle entlaufen und bleiben in Ewigkeit drinnen; darum die These, daß einer, dem die Unterweisung von Kindern und Bauern obliege, nicht nur der Dialektik, sondern, in Lob und Tadel, auch der Rhetorik bedürfe: Während jene nur lehre, rühre diese das Herz.

Wer predigt, zeigt Luther, muß die Menschen kennen, ihre Gedanken und ihre Sprache, und ihnen auf eine Weise begegnen, die sie begreifen; er muß sich auf die Kunst der Seelenlenkung verstehen: christliche Rhetorik und Psychagogie, das hat Pascal bewiesen, sind ein und dasselbe; er muß aber auch wissen – so schon die Doktrin der mittelalterlichen Ständepredigt –, daß man einen Bischof anders, in höherem Stil, als eine Hure anspricht: den Gelehrten anders als den Einfältigen; er muß also die Schwierigkeit realisieren, die in der Tatsache liegt, daß ihn am Sonntag keine konforme Gruppe wie die Arbeiterschaft oder die gebildete Bourgeoisie, sondern eine gemischte Gemeinde erwartet – ›Keine Versammlung‹, so der Superintendent Johann Gottfried Herder, ›ist verschiedener an Geschmack und Kultur als die Gemeinde unter der Kanzel.‹ In der Tat, die Beispiele zeigen, daß das scheinbar Moderne – Predigtlehre im Zeichen der Kommunikationswissenschaft – in Wirklichkeit bewährtes Traditionsgut ist: daß man über das Verhältnis von Sender, Empfänger und Nachricht – wenngleich mit Hilfe anderer, dem Arsenal der Rhetorik entnommener Topen – nachgedacht hat (der Aspekt der Angemessenheit!), solange es eine *rhetorica ecclesiastica* gibt. Mancher Neuerer würde erstaunt sein, wenn ihm, der vom ›Vorverständnis der Gemeinde‹ spricht, vom ›homiletischen Klima‹, von ›Geschichte und Sozialstruktur der Adressaten‹, von ›Tabus‹, ›Beziehungsfeldern‹ und ›gesellschaftlichen Prädispositionen‹, die der Prediger berücksichtigen müsse, sofern er, ›Tradition und Situation‹ miteinander verknüpfend, den alten Text im Hier und Heute ansiedeln wolle ... manch einer würde erstaunt sein, wenn ihm ein Luther oder, was das Zwiegespräch zwischen Prediger und Gemeinde angeht, ein Berthold von Regensburg, sein ›Ick bün all dor‹ zurufen würde.

Die Homiletik, so scheint es, ist in Gefahr, eine Disziplin ohne Geschichte zu werden: eine Wissenschaft, die, da sie keinen Schatten mehr *hat*, auch keinen Schatten mehr *wirft*. Hier vegetiert, den Ansätzen der Otto und Rössler, Bastian und Josuttis zum Trotz, ein Fach dahin, dem die Verkündigungs-Theologie die Existenz-Berechtigung bestritten hat: Wenn Historie, im Zeichen des je neuen Mysteriums am Sonntag bedeutungslos wird; wenn nur das ›Was‹ zählt und nicht das ›Wie‹; wenn die ›Inhaltisten‹ Sprachprobleme für Fragen ansehen, die nicht den Kernbereich von Dogmatik und Exegese berührten, sondern bestenfalls in die Verwaltung des clerus minor (will heißen: der sogenannten ›Praktologen‹) gehörten; wenn kein Vikar mehr weiß – wie sollte er auch: es gibt ja kein Handbuch, das, Textwort für Textwort, die Predigten der Meister zitiert –, mit welchem Aufwand an Handwerk und Technik, an Dispositionskunst und verbalem Raffinement jene ›alterfahrenen und geschulten Prediger‹, wie Luther sie nannte, ihre Reden entwarfen: Dann ist die Homiletik in der Tat ohne Amt. Dann mag sie sich, eingeschüchtert durch die Hohepriester der Verkündigungs-Theologie, auch in Zukunft damit begnügen, über das Wesen des Kanzel-Kerygmas zu meditieren und dabei nicht nur den Prediger und die Gemeinde, sondern am Ende auch die Predigt aus dem Blick zu verlieren.

›Denn er redet gewaltig und nicht wie die Theologen‹: Die Gefahr ist groß, daß die jesuanische Rede in unseren Kirchen verstummt. Das Verlangen der Kerygma-Apologeten, die Kanzel zum Grab der menschlichen Rede zu machen, wird, sofern man es befolgt, sehr bald zu einem ganz anderen Requiem führen: zur Totenmesse für das Wort Gottes ... und um das zu verhindern, gibt es nur eins: Den Aufstand der Praxis. Die Revolte von Pfarrern, die – mit Nachdruck darauf verweisend, daß gerade ›Verkündiger‹ vom Schlage Luthers und Barths als Praktiker ganz anders: ›realistisch‹ und ›rhetorisch‹ predigten – die Tatsache verdeutlichen, daß die Verachtung der ›armseligen Versuche menschlicher Redekunst‹ identisch ist mit der Musealisierung jenes *verbum divinum*, das – unfähig, sich gleichsam ›von selbst‹ zu bewegen – nur dann überdauert, wenn das *verbum humanum* es über-setzt, weiterträgt, umdeutet, von Situation zu Situation verlebendigt und neu spricht.

Aufstand der Praxis, das heißt: Es wird gezeigt, daß die Theologie der Verkündigung, wiewohl von Predigern für Prediger entworfen, auf der Kanzel unfruchtbar und folgenlos geblieben ist – und das aus gutem Grund: Über den ganz Anderen läßt sich nun einmal nicht reden ... es sei denn mit Hilfe von Tautologien, *Gott ist der Andere, weil er der Andere ist*, oder in einer Manier, die, wie die Erfahrung lehrt, schon deshalb ihr Ziel verfehlt, weil sie, höchst direkt vorgehend, den *deus absconditus* durch Kaskaden von Negativ-Attributen unversehens in ein *alter ego* des liberalen Gott-Vaters verwandelt. Da steht das ›Wie‹ auf gegen das ›Was‹, die ›Sprache‹ gegen das ›Dogma‹; da werden die Kerygmatiker, den ganz Anderen in pathetischer Rede beschwörend, zum Opfer ihrer eigenen Ideologie, und es wird sichtbar, daß man dem Verborgenen zuallerletzt mit Ausrufungszeichen beikommen kann. Ferne und Familiarität, hier die Unsichtbarkeit, dort die Genre-Beschreibung, die paradoxe Idyllik des Schreckens: Da löscht eins das andere aus. (Der späte Barth hat dies erkannt und, von ›Gottes Menschlichkeit‹ redend, als Prediger die Konsequenzen daraus gezogen.)

Aufstand der Praxis, das heißt: Es wird gezeigt, daß ein Pfarrer, der von Gott sprechen will, nur eine einzige Artikulationsmöglichkeit hat: jene vermittelte Diktion, die – man mag sie als ›Echo-Sprache‹ bezeichnen oder als ›verweisende Rede‹ – Gott *indirekt* benennt. Wie die moderne Literatur, den Handlungs-Höhepunkt aussparend, sich auf die Schilderung des ›Davor‹ und des ›Danach‹ beschränkt und das Eigentliche mit Hilfe von objektiven Korrelaten umschreibt, so spricht verantwortliche christliche Rede in der Form der Andeutung und nicht in der Weise des Zugriffs von Gott, gibt, die Welt beschreibend, dem Satz ›Das Jenseits ist die Kraft des Diesseits‹ Evidenz, ignoriert die Kluft zwischen dem sicheren Oben und dem verwirrenden Unten, spürt Gott in der Alltäglichkeit auf, zeigt die Wirklichkeit in einer Manier, daß erkennbar wird, wie sehr sie der Barmherzigkeit Christi bedarf, verfremdet die Realität aus der Perspektive der Schrift – plötzlich wird deutlich: es gibt keinen Bereich, der nicht von Grund auf revolutionär werden müßte – und rückt so, sehr behutsam, den Bezugsrahmen ins Blickfeld, in dem Mensch und Gott, Mensch und Mensch einander begegnen ... macht ihn sichtbar durch den Hinweis auf die *Niedrigkeitsgestalt* dessen, der, *vere deus vere homo*, in seiner Mittler-Rolle Kommunikation verbürgt: Interhumanität und Transzendenz. (Ein Doppel-Aspekt, den die vorschnelle Vergöttlichung Jesu freilich nur allzu häufig verbirgt.)

Aufstand der Praxis, das heißt: Es wird gezeigt, daß ein Prediger, der von Gott sprechen will, von der Welt reden muß, von der Lebenswirklichkeit und dem Hier und Heute des Menschen: Hat Jesus von Nazareth anders geredet? (Die Schriftausleger fragten nach dem

Ewigen Leben; er sprach von Räubern und Wirten. Die Pharisäer stürmten den Himmel, und er hielt sich an – Jericho.)

Aufstand der Praxis, das heißt: Es wird erwiesen, daß die Sprache von der Welt als die Sprache von Gott nur eine weltliche Sprache sein kann – eine Sprache, deren Form weder eine quantité négligeable noch ein Zufalls-Plus ist, das genausogut wegfallen könnte, sondern die Prämisse, die über das Verständnis des Inhalts befindet: der Mythos, der des Logos bedarf, wenn er geschichtliche Verbindlichkeit gewinnen will. Ohne die ›soziable‹ Rede mit ihrem sinngebenden: also zeitspezifischen Instrumentarium, ohne Rhetorik und adressatenbezogene ›Manipulation‹ läßt sich weder, im Allgemeinen, ein Bezug zwischen ›Kultur‹ und ›Gesellschaft‹ noch, im Besonderen, ein Verhältnis zwischen ›Gebot‹ und ›Gemeinschaft‹, dem ›Wort‹ und der ›Wirklichkeit‹ realisieren.

Aufstand der Praxis, das heißt: zu zeigen, daß die Predigt, die einmal, als die Kirche der Markt der Nation war, das Niveau der deutschen Sprache bestimmte, heute den Versuch wagen muß, in Konkurrenz mit anderen ›Mundhäusern‹, dem Parlament, dem Fernsehen oder dem Rundfunk, jenen für eine überzeugende: also wirkungsintentionale Rede unabdingbaren Rang zurückzugewinnen, den Nietzsche meinte, als er schrieb: ›In Deutschland gab es eigentlich nur eine Gattung kunstmäßiger Rede … die von den Kanzeln herab. Der Prediger allein wußte, was eine Silbe, ein Wort wiegt, inwiefern ein Satz schlägt, springt, stürzt, läuft, ausläuft; er allein hatte Gewissen in seinen Ohren.‹

Aufstand der Praxis, das heißt: Eine Tradition christlicher Kanzelrede neu zu inaugurieren, die – dem Archaisieren so feindlich wie der Anbiederei (›Schaut her, Leute, wie bildzeitungsnah die Bibel doch ist!‹) – die Botschaft von Jesus in einer Weise verdeutlicht, daß das Evangelium weder als ›gestrig‹ (und nichts als gestrig) noch als ›heutig‹ (und nichts als heutig), sondern – Nähe und Ferne zugleich! – als Vergangenheit erscheint, der die Kraft innewohnt, die Gegenwart mitzudeuten. Aufstand der Praxis heißt mithin: Eine vom *Pathos der Präzision* bestimmte Predigtform durchzusetzen, die, gleich weit entfernt von Prophetie und Referat, die Erzählweise Jesu – diesen ebenso realistischen wie verweisenden: an die Phantasie der Zuhörer appellierenden Berichtstil – in unsere Zeit überträgt. Brecht auf der Kanzel – ein Mann, der Geschichten erzählt, deren Schluß die Gemeinde in kontroversem Nachgespräch dazuerfinden mag: So sähe in meinen Augen der ideale, zum Dialog auffordernde Prediger aus. Er allein ist in der Lage, jenen Predigtstil (à la Bobrowski! Nicht à la Hausmann!) zu entwickeln, der weder die ernsten Christen in der Kirche brüskiert noch vergessen läßt, daß den dreißig Frommen, die unter der Kanzel das Ihrige wollen, dreißigtausend gegenüberstehen, die schon längst keine Predigt mehr hören, als *potentiell* Beteiligte jedoch ebenso mitbedacht werden müssen wie die präsente Gemeinde: Nur so wird es – in einem Augenblick, wo das ›Mundhaus‹ vom Zentrum an die Peripherie gerückt ist – dem Kanzelredner möglich sein, auch im geschlossenen Kreis so etwas wie Öffentlichkeit herzustellen und im Verschwiegenen zur Welt hin zu reden.

Aufstand der Praxis, das heißt mit Paul Tillich zu sagen: ›Es gibt kein Wort von Gott, außer dem Wort, das jetzt gesprochen wird.‹ Aber eben dies heißt nicht, wie oft behauptet worden ist, eine Ware namens Gott zu verkaufen. Der Prediger ist weder ein Krämer noch ein Reklameagent. Er spricht nicht, mit Worten disziplinierend, als Agitator, sondern bezieht, in einem Akt des Lautdenkens, die Gemeinde in seinen Denkvorgang ein. Er ist also das Gegenteil eines Propagandisten: Wenn er von Gott spricht, dann in der Frageform. Wenn er Ihn nennt, dann setzt er Seinen Namen in Anführungszeichen. Wenn er die Wirklichkeit beschwört: dann als eine Realität, die Gott, der Herr, fragwürdig macht.

Unterschieden von allen anderen Formen der Eloquenz ist die Beredsamkeit des Glaubens, an der Grenze von Gewißheit und Zweifel, eine Rhetorik der Frage.

Rede, gehalten auf dem deutschen Pfarrertag, München 1976. Die in dieser Ansprache vorgetragenen Überlegungen sind in erster Linie folgenden Arbeiten verpflichtet:

1. *Zum Problem der Homiletik Martin Luthers.* Paul *Schempp*: Luthers Stellung zur Heiligen Schrift, München 1929; Vilmos *Vajta*: Die Theologie des Gottesdienstes bei Luther, Göttingen 1952; Ulrich *Nembach*: Predigt des Evangeliums. Luther als Prediger, Pädagoge und Rhetor, Neukirchen 1972.
2. *Zur zeitgenössischen protestantischen Homiletik.* Quellenwerke (mit einem Neudruck der ›klassischen‹ Studien von Barth, Thurneysen etc.): Gert *Hummel*: Aufgabe der Predigt, Darmstadt 1971 und, Beispiele von Predigten vorführend, Joachim *Konrad*: Die evangelische Predigt, Bremen 1963. Außerdem: Heinrich *Ott*: Verkündigung und Existenz, Zürich 1959; *ders.*: Dogmatik und Verkündigung, Zürich 1961; Manfred *Mezger*: ›Die Sprache der Predigt‹, in: Schweizerische Theologische Umschau 29, 1959, S. 106 ff.; *ders.*: ›Redliche Predigt‹, in: Zeit und Geschichte, Dankesgabe an Rudolf Bultmann zum 80. Geburtstag, 1964, S. 423 ff.; Gustav *Wingren*: Die Predigt, 2. Aufl., Göttingen 1959; Wolfgang *Trillhaas*: ›Die wirkliche Predigt‹, in: Wahrheit und Glaube, Festschrift für Emanuel Hirsch zu seinem 75. Geburtstag, Itzehoe 1963; *ders.*: Evangelische Predigtlehre, 5. Aufl., München 1964; Jürgen *Moltmann*: ›Wort Gottes und Sprache‹, in: Monatsschrift für Pastoraltheologie 54, 1965, S. 388 ff.; Werner *Jetter*: ›Die Predigt und ihr Text‹, in: Monatsschrift für Pastoraltheologie 54, 1965, S. 406 ff.; Hans-Rudolf *Müller-Schwefe*: Homiletik, Bd. 2: Die Lehre von der Verkündigung, Hamburg 1965; Dietrich *Rössler*: ›Das Problem der Homiletik‹, in: Theologia Practica 1, 1966, S. 14 ff.; Eberhard *Jüngel*: ›Jesu Wort und Jesu als Wort Gottes‹, in: Parrhesia, Karl Barth zum 80. Geburtstag, Zürich 1966; Hans Dieter *Bastian*: Verfremdung und Verkündigung, München 1967; Ernst *Lange* in Verbindung mit Peter *Krusche* und Dietrich *Rössler*: ›Zur Theorie und Praxis der Predigt-Ar-

beit‹, in: Predigtstudien, Beiheft 1, Stuttgart–Berlin 1968; Friedrich *Wintzer*: Die Homiletik seit Schleiermacher bis in die Anfänge der dialektischen Theologie in Grundzügen, Göttingen 1969; Christian *Möller*: Von der Predigt zum Text, München 1971. (Im Literaturverzeichnis die homiletischen ›Grund-Texte‹ von Barth und Bultmann, die, als ›Primärliteratur‹, hier ebensowenig aufgeführt werden wie jene Studien auf dem Gebiet der systematischen Theologie, die, wie z. B. Gerhard Ebelings Arbeiten über ›Wort und Glaube‹, ›Gott und Wort‹, das Feld der Homiletik nur angrenzungsweise berühren. Wieviel ich hier und anderswo gelernt habe, bei Herbert Braun und Helmut Gollwitzer allen voran, wird dem Fachmann leicht ersichtlich sein.) Rudolf *Bohren*: Predigtlehre, München 1971; *ders.*: Predigt und Gemeinde, Zürich–Stuttgart 1963; *ders.*: ›Zur Definition der Predigt‹, in: Theologie zwischen Gestern und Morgen, Interpretationen und Anfragen zum Werk Karl Barths.

3. *Zur zeitgenössischen katholischen Homiletik.* Otto *Semmelroth S. J.*: Wirkendes Wort, Zur Theologie der Verkündigung, Frankfurt/Main 1961; Franz *Sobotta*: Die Heilswirksamkeit der Predigt in der theologischen Diskussion der Gegenwart, Trier 1968; Heinrich *Jacob*: Theologie der Predigt. Zur Deutung der Wortverkündigung durch die neuere katholische Theologie, Essen 1968; Günter *Biemer*: Die Fremdsprache der Predigt, Kommunikationsbarrieren der religiösen Mitteilung, Düsseldorf 1971; Karl Hermann *Schelkle*: ›Von der Predigt zur Predigt‹, in: Theologie im Wandel, München–Freiburg/Br. 1967.

4. *Zum Problem Rhetorik und Homiletik.* Pie *Duploye*: Rhetorik und Gotteswort, Düsseldorf 1957; Manfred *Josuttis* (Hrsg.): Beiträge zu einer Rundfunkhomiletik, München 1967; *ders.*: ›Homiletik und Rhetorik‹, in: Monatsschrift für Pastoraltheologie 57, 1968, S. 511 ff.; *ders.*: ›Verkündigung als kommunikatives und kreatorisches Geschehen‹, in: Evangelische Theologie 1, 1972, S. 3 ff.; Götz *Harbsmeier*: ›Von Barth zu Bastian‹, in: Schule

und Kirche vor den Aufgaben der Erziehung, Hamburg 1968; Hans-Eckehard *Bahr*: Verkündigung als Information, Hamburg 1968; Gert *Otto*: ›Thesen zur Problematik der Predigt in der Gegenwart‹, in: P. Cornehl und H.-E. Bahr: Gottesdienst und Öffentlichkeit, Hamburg 1970, S. 34ff.; *ders.*: ›Zum Thema: Predigt, Kommunikation und Rhetorik‹, in: Neues Testament und christliche Existenz, Festschrift für Herbert Braun, Tübingen, S. 323ff.; *ders.*: ›Predigt als Rede. Auf dem Weg zu einer neuen Homiletik‹, in: Theologia Practica, 11. Jg., 1976, S. 82ff.; Hans-Georg *Wiedemann*: ›Zur rhetorischen Gestaltung der Predigt‹, in: Evangelische Theologie 1, 1972, S. 38ff.; Wolfgang *Grünberg*: Homiletik und Rhetorik, Gütersloh 1973.

(Mit ausführlichem Literaturverzeichnis: ältere Arbeiten zum Thema – Theremin! – und Spezialstudien, wie W. Fürsts Untersuchungen der Barthschen Homiletik berücksichtigend, die bei der Vorbereitung der vorliegenden Rede eingesehen worden sind. Ebenfalls konnte das mir im Umbruch vorliegende Buch von Gert *Otto*: Predigt als Rede, Stuttgart 1977, noch benutzt werden.)

Hippokrates und Holocaust
Von der Verantwortung des Wissenschaftlers in finsterer Zeit

1984

Ein Frühlingstag um das Jahr 442 vor Christi Geburt; es ist Morgen; die Zuschauer sind, von kleinen Laternen geleitet, bei Nacht ins Theater gekommen. Ein Chor alter Männer versammelt sich in der Orchestra und beschwört in einem Meditationslied, dem ersten Stasimon der sophokleischen *Antigone*, jenes Doppelwesen *Mensch*, das sich durch die Ambivalenz von Macht und Elend, von meisterlicher Beherrschung der Technik und bescheidener Moral, von der Fähigkeit, die Natur zu unterjochen, und der Unfähigkeit, sich selbst zu beherrschen und der gesetzten Grenzen innezuwerden, charakterisiert sieht.

Ungeheuer: viel.
Aber ungeheurer als der Mensch: nichts.
Über das graue Meer
zieht er
im heftigen Südsturm geraden Wegs
durch die ringsum tosenden Wogen.
Der Güter höchstes, die Erde,
die unzerstörbare, niemals ermattende
müht er ab.
Mit den Pflügen,
Jahr für Jahr von den Pferden gewendet,
wühlt er sie auf.

Und das Geschlecht der flüchtigen Vögel
umgarnt und fängt er
und die Stämme der wilden Tiere
und die Früchte des Meeres im Wasser.
Er fängt sie mit geflochtenem Netz,
der ringsum verständige Mensch.

Mit vielerlei Kunst besiegt er das schweifende Wild auf den Höhn
und den mähnigen Nacken des Pferdes
und den unermüdlichen Stier auf den Bergen
unterwirft er dem Joch.

Und Rede und luftleichten Sinn
und städteordnenden Fleiß erlernte er wohl.
Lernte zu fliehen
die Gastlosigkeit eisiger Berge
und die Geschosse des Regens. Reich an Erfahrung.
Nie trifft ihn, als Unerfahrenen, Zukunft.
Nur vor dem Tode weiß er keinen Rat.
Aber die Krankheit zu fliehn,
auch die schlimmste,
gut versteht das der Mensch.

Weit über Erwarten begabt
mit Können und Geist
schreitet er einmal zu Schlechtem,
einmal zu Gutem.
Ein Freund der Stadt,
erfüllt er das Gesetz der Götter
und das beschworene Recht.
Ein Feind der Stadt,
tut er das Schlechte,
frevelt, dem trotzigen Wagnis zuliebe.
Nicht sei mir Tischgenosse,
nicht Gleichgesinnter,
wer solches tut.

Ein Lied, geschrieben und komponiert für den Tag und die Stunde. (An eine Wiederaufführung, gar an einen ›Druck‹ war für Sophokles nicht zu denken.) Ein Gesang, der an einem Frühlingsmorgen im Athener Dionysos-Theater angestimmt werden sollte – gesprochen und schon vergessen! Doch dieser Hymnus eben, angelegt auf Flüchtigkeit und rasches Vergehen, hat sich, abgeschrieben und von Jahrhundert zu Jahrhundert neu inszeniert, als vollkommenste Interpretation menschlicher Janus-Gesichtigkeit erwiesen: als eine bis heute durch Wissenschaft, Philosophie und Kunst nie wieder erreichte Deutung jenes Zwitterwesens, dessen Größe identisch mit seiner Fallhöhe ist – identisch, weil das Ungeheure im Sinn von ›groß, mächtig, gewaltig‹ *und* das Ungeheure, das ›unheimlich, nicht geheuer, bedroht und verwegen‹ meint, einander bedingen.

Während für den frühgriechischen Aufklärer, einen Mann wie den Sophisten Protagoras, die Menschheit, im Besitz technischer und politischer Weisheit: beschenkt durch Prometheus und Hermes, gleichsam autark ist (dank der für das tägliche Leben erforderlichen Einsicht und der bürgerlichen Tüchtigkeit allen Fährnissen gewachsen), *beginnt*, um die gleiche Zeit, für den Poeten das Problem dort, wo es für den vom Fortschrittsglauben begeisterten Philosophen *endet*: an einem Punkt, wo der so hoch wie nie zuvor stehende Mensch deshalb tief wie nie zuvor stürzen kann, weil seine Moral dem Wissen, sein Ethos der Erfindungskunst, seine Reflexionsfähigkeit der Perfektion im Technischen nicht nachgekommen ist: Das Meer hat er erobert, die Erde um- und umgewühlt, Vögel und Fische gefangen, das Getier unterjocht, die Natur sich gefügig gemacht, das Prinzip ›Herrschaft‹, dienlich, Hierarchien unter Menschen zu befestigen, in die Welt gesetzt, die Krankheit besiegt, die Zukunft als beherrschbar erwiesen: ›Weit über Erwarten begabt mit Können und Geist‹ ... und eben deshalb gefährdet und von der Hybris dessen bedroht, der aus dem ›Du *kannst* alles machen‹ die Konsequenz zieht: ›Du *darfst* alles machen‹ und derart ein Menschsein verspielt, das auf der Achtung vor allem Mitgeschaffenen, den Tieren, den vernunftbegabten Lebewesen, den Göttern beruht.

›Ein Freund der Stadt, erfüllt er das Gesetz der Götter und das beschworene Recht. Ein Feind der Stadt, tut er das Schlechte, frevelt, dem trotzigen Wagnis zuliebe. Nicht sei mir Tischgenosse, nicht Gleichgesinnter, wer solches tut‹: Mit einem Fluch, einer Verstoßung vom

Tisch der Gemeinschaft endet ein Lied, das, vordergründig, die Größe, in Wahrheit aber die Verworfenheit jenes *homo faber* beschreibt, der eigenes Interesse mit dem Wohl des Kosmos, der Ordnung des Weltalls, identifiziert.

Sophokles contra Protagoras: Dieses im fünften vorchristlichen Jahrhundert inszenierte Streitgespräch über Macht und Grenze des Menschen im Hinblick auf seine Umwelt wird vom siebzehnten bis zum zwanzigsten Jahrhundert zum Generaldisput zwischen dem mächtigen Chor der Naturwissenschaftler auf der einen und dem eher zaghaft auftretenden Häuflein der Skeptiker und Warner auf der anderen Seite. ›Wissen ist Macht‹ lautet, hüben, seit Bacon und Descartes, die Lösung; Wissen unterwirft die Natur und macht den Kundigen zum Herrn und Eigentümer der Schöpfung; Wissen ermöglicht, Natur nicht nur auszubeuten, sondern sie zu verwandeln; Wissen erlaubt, die zu berechenbaren Objekten verdinglichten Ressourcen der Erde (zu denen, frühkapitalistischer Mentalität entsprechend, auch Menschen gezählt werden: Angehörige der niederen Schichten) den Bedürfnissen jener Techniker dienstbar zu machen, die das Verhältnis zwischen dem Naturwissenschaftler und der ihm verfügbaren *materia totius mundi* im Sinne des auf Überlegenheit und Unterwerfung ausgerichteten Verhältnisses zwischen Mann und Frau verstehen: sie die Sklavin, er der Herr.

Unbekümmert um Warnungen, die, in einem Akt divinatorischer Vorwegnahme, das sophokleische Chorlied gegenüber jeder Form von Vergewaltigung im Sinne planetarischer Indienstnahme der Schöpfung aussprach, wurde, mit Bacon beginnend, Natur als ›Sklavin‹ gedeutet, die ihre genuine Bestimmung im Dienst für die vernunftbegabten ›Maîtres et possesseurs de la nature‹ finden würde.

Der Naturwissenschaftler – Inkarnation des männlichen Geistes, ein ›Lordkanzler‹ à la Francis Bacon, der Vernunft, unter dem Aspekt des Nutzens, praktikabel macht! Der aufs Machbare abzielende Techniker und Experimentator – ein Feldherr, der seine Forschungsbereiche unter strategischen Zwecken betrachtet ... und dies selbst dort, wo er in einer Sekunde des Sich-Besinnens ein ›tamen ignorabimus‹ (›dennoch werden wir am Ende Unwissende sein‹) artikuliert.

›Wie es einen Welteroberer der alten Zeit an einem Rasttag inmitten seiner Siegeszüge verlangen konnte‹, ließ der große Naturforscher Emil Du Bois-Reymond anno 1872 in einer festlichen Rede verlauten, ›die Grenzen seiner Herrschaft genauer festgestellt zu sehen, um hier ein noch zinsfreies Volk zum Tribut heranzuziehen, dort in der Wasserwüste ein seinen Reiterscharen unüberwindliches Hindernis ... zu erkennen, so wird es für die Weltbesiegerin unserer Tage, die Naturwissenschaft, kein unangemessenes Beginnen sein, wenn sie bei festlicher Gelegenheit von der Arbeit ruhend die wahren Grenzen ihres Reiches einmal klar sich vorzuzeichnen versucht‹: Grenzen – nun ja! Aber eben Grenzen einer Weltbesiegerin und Okkupatorin, die für ihre Triumphe den Tribut der Unterjochten einstreichen darf. Wohin immer man blickt, zwischen Bacon und Du Bois: Immer wird Vernunft in Dienst genommen, um Herrschaft über die Natur und über Menschen auszuüben und mit Hilfe der Wissenschaft die Hierarchie in der Gesellschaft zu fördern.

Und dagegen dann, drüben, das Häuflein der Warner mit ihrer Sophokles (nicht Protagoras) zitierenden Devise – eine versprengte Schar, die, auf das demokratische Miteinander von allem Geschöpf verweisend, den heiligen Benedikt anführt oder Franziscus und sich, im übrigen, eines Sinnes mit jenem Jean-Jacques Rousseau weiß, der im Jahre 1750 die Preisfrage der Akademie von Dijon ›Hat der Wiederaufstieg der Wissenschaften und Künste zur Läuterung der Sitten beigetragen?‹ mit der lapidaren These beantwortete: ›Unsere Seelen sind korrumpiert worden in dem Maße, wie unsere Wissenschaften und Künste zur Vollkommenheit fortgeschritten sind.‹

Zurück zu Rousseau also? Widerruf der Baconschen *Instauratio Magna* und der *Nova Atlantis* mitsamt ihrem

Tribut an eine Vernunft, deren Wert sich allein nach ihrer Praxis, der Summe ihrer Nützlichkeiten, bemesse? Absage ans Ideal einer rationalen Weltbeherrschung, wie Descartes es entwarf? Nein, dies ganz gewiß nicht. Kein Zurück hinter Bacon, kein kulturkritischer Amoklauf also: wohl aber ein Erkennen der Konsequenzen, die sich aus dem Vergessen der von Sophokles aufgezeigten Ambivalenz des Begriffes ›ungeheuer‹ ergeben; wohl ein Bedenken der sich ständig vergrößernden und im Zeitalter des potentiellen Holocaust nicht mehr hinnehmbaren Diskrepanz zwischen Wissen und Ethik; wohl die Erkenntnis, wie wenig, mit Herbert Marcuse zu sprechen, ›Technik als solche von dem Gebrauch abgelöst werden‹ kann, ›der von ihr gemacht wird‹; wohl eine Besinnung darauf, *was* es bedeutet, wenn, dank zunehmender Irrationalität des ursprünglich Rationalen, Fortschritte der Naturwissenschaft mit Hekatomben von Opfern erkauft werden müssen: ›Aus den Bücherhallen‹, heißt es in Brechts ›Deutscher Kriegsfibel‹, ›treten die Schlächter. Die Kinder an sich drückend stehen die Mütter und durchforschen entgeistert den Himmel nach den Erfindungen der Gelehrten.‹

Nein, keine unreflektierte Absage an die naturwissenschaftliche Aufklärung (wer sie verlangte, müßte bereit sein, sich mit Epochen zu befreunden, die, zum Beispiel, die Anästhesie noch nicht kannten), wohl aber der Versuch, die Identität von Natur- und Gesellschaftsbeherrschung in Frage zu stellen und ›Fortschritt‹ endlich aus der Perspektive der Opfer zu betrachten: aus der Sicht der vielen, deren unverschuldete Unmündigkeit jene wenigen förderten, die alles, was nicht ihresgleichen war, für tributpflichtig hielten.

Nicht um ein Entweder-Oder geht es – Fortschritt oder Humanität im Wolkenkuckucksheim –, sondern um ein Sowohl-als-Auch: um den Versuch, der Aufklärung das ihr inhärente Humanisierungs-Potential zu belassen, aber ihre Dialektik und Ambivalenz, ihre Tendenz, Herrschaftssysteme zu legitimieren (statt sie in Frage zu stellen), nicht aus dem Blick zu verlieren.

Der naturwissenschaftlichen Aufklärung den Charakter eines Entwurfs zur Beförderung von Emanzipation wiederzugeben, der bis heute nicht realisiert, ja, ins Gegenteil verkehrt worden ist: darauf käme es an – und, in der Tat, an Visionen, das ursprüngliche Projekt, die Menschheit auf die Ebene einer zweiten, von Zwängen und Fremdbestimmungen befreiten Natur zu heben und derart, auf Autonomie, aber nicht Autarkie der Subjekte abzielend, zur Wiederversöhnung von Wissenschaft und Moral beizutragen ... an solchen humanen Visionen mangelt es nicht – Albert Einsteins Entwurf einer neuen, Herrschaft transzendierenden Denkweise und Albert Schweitzers Bestimmung der Ethik als ›Ehrfurcht vor dem Leben‹ allen voran: ›Erneuerung der Kultur‹, heißt es in Schweitzers Schrift ›Kultur und Kritik‹, ist nur dadurch möglich, daß die Ethik wieder Sache der denkenden Menschen wird, und daß die einzelnen sich in der Gesellschaft als ethische Persönlichkeiten zu behaupten suchen. In dem Maße, als wir dies durchführen, wird die Gesellschaft aus einer rein natürlichen Größe ... eine ethische ... Im Besitz des absoluten Maßstabs des Ethischen lassen wir uns nicht mehr Prinzipien der Zweckmäßigkeit, ja der vulgärsten Opportunität als Ethik mundgerecht machen ... Alle unter uns auftretenden Gegensätze, Gesinnungen und Ideale messen wir in grandioser Pedanterie mit dem durch die absolute Ethik der Ehrfurcht vor dem Leben geeichten Maße. Gelten lassen wir nur, was sich mit der Humanität verträgt.‹

Ist das, gilt es zu fragen, wirklich nur eine pathetische Deklaration, diese Verlautbarung aus der Zeit des Ersten Weltkriegs, geschrieben im afrikanischen Urwald: den kriegsführenden ›Kulturnationen‹ vor die Füße geschleudert? Nur Kampfansage, formuliert in einem hochidealistischen Stil, an die Adresse der Herrschenden, der ›verblödeten Autoritäten‹, wie Schweitzer schrieb, der ›politischen Machthaber‹, die ›die Menschenrechte bei Banketten verherrlichen und in ihrem Handeln mit Füßen treten‹?

Nein, es ist mehr – viel mehr: die zornige Bußrede

eines Mannes, eines Naturwissenschaftlers, Arztes und Theologen, dessen barocke Predigt, ›Kehrt um, ehe es zu spät ist‹, nicht nur den Regierenden, sondern auch – und gerade! – der eigenen Zunft gilt, die ihr Wissen in den Dienst der Macht gestellt habe: in den Dienst des Kriegs!

So betrachtet gehört Albert Schweitzer – neben Einstein und Georg Friedrich Nicolai – zu jener Handvoll Aufrechter, die, lange bevor es eine Kernspaltung gab, die Frage durchdachten, kraft welcher Gesinnung und welcher für unabdingbar erklärten ethischen Prämissen der Sündenfall der Wissenschaft – Protagoras' Triumph über den Dichter der ›Antigone‹! – rückgängig zu machen sei … eine Frage, die sich heute, in einem Augenblick auf den Begriff gebracht sieht, da die Dialektik von Allmacht und Ohnmacht, allen sichtbar, ihre äußerste und endgültige Konsequenz gefunden hat: ›Gleich wie lange, gleich ob es ewig währen würde‹, so Günther Anders in der ›Antiquiertheit des Menschen‹, ›dieses Zeitalter ist das letzte; denn seine differentia specifica, die Möglichkeit unserer Selbstauslöschung, kann niemals enden – es sei denn durch das Ende selbst.‹

In dieser Situation, da der totale Triumph wissenschaftlichen Entdeckens zugleich das Ende aller Forschung bedeuten könnte – in dieser Situation ist zweierlei unabdingbar: zum ersten, aufs Gestern bezogen, ein nüchternes Resümee. Das Bedenken, Sammeln und Aufzählen aller Erfindungen, die dazu beitrugen, die ›letzte Epidemie‹ – den drohenden Holocaust also – näherzurücken. Da wären Fritz Haber, der ›Vater des Gaskrieges‹, wie man ihn genannt hat, und Edward Teller zu einem großen imaginären Disput einzuladen, da hätte Einstein noch einmal, seinen Brief an den Präsidenten betreffend, Rechenschaft abzulegen; da käme Oppenheimer zu Wort, Brecht mischte sich ein und akzentuierte das Gespräch durch die Bemerkung, die Wissenschaftler möchten bedenken, daß es, im Zeitalter der Atomkriege, nur noch Niederlagen, aber keine Siege mehr gäbe, ja, daß gerade die vermeintlichen Siege die gnadenlosesten

Niederlagen seien: ›Als die ersten Blättermeldungen (vom Abwurf der Bombe auf Hiroshima) Los Angeles erreichten‹, heißt es in Brechts ›Journal‹, wußte man, daß dies das Ende des gefürchteten Krieges, die Rückkehr der Söhne und Brüder bedeutete. Aber die große Stadt erhob sich zu einer erstaunlichen Trauer. Der Stückeschreiber hörte Autobusschaffner und Verkäuferinnen in den Obstmärkten nur Schrecken äußern. Es war der Sieg, aber es war die Schmach einer Niederlage.‹

Aufarbeitung der Geschichte ihrer Disziplin, mitsamt deren Dialektik: Das wäre, im Zeichen der drohenden Katastrophe, die erste Aufgabe der Naturwissenschaftler, wobei es wohlgemerkt um Trauerarbeit, nicht aber um Schuldzuweisungen ginge. Und dann das zweite: Der historischen Analyse hätte, zum Heute gewendet, die wissenschaftstheoretische Besinnung auf die Verantwortung der Physiker, Biologen, Mediziner in einem Augenblick zu folgen, da sie ihre Unschuld – sprich: zeitenthobene Neutralität – ein für allemal verloren haben. Abermals wäre ein Disput zu inszenieren – ein Streitgespräch zwischen Edward Teller, beispielsweise, und James Franck. Teller: ›Der Wissenschaftler ist für die Gesetze der Natur nicht verantwortlich. Seine Aufgabe ist es lediglich herauszufinden, in welcher Weise diese Gesetze funktionieren. Die Aufgabe des Wissenschaftlers besteht darin, Wege zu suchen, diese Gesetze dem menschlichen Willen untertan zu machen. Es ist hingegen nicht die Aufgabe des Wissenschaftlers zu entscheiden, ob Bomben gebaut, ob sie angewendet oder wie sie angewandt werden.‹

Gegenrede James Francks und seines Teams: ›In der Vergangenheit konnten die Wissenschaftler jede unmittelbare Verantwortung für den Gebrauch, den die Menschheit von ihren uneigennützigen Entdeckungen machte, ablehnen. Jetzt aber sind wir gezwungen, einen aktiven Standpunkt einzunehmen, weil die Erfolge, die wir auf dem Gebiet der Kernenergie errungen haben, mit unendlich viel größeren Gefahren verbunden sind als bei allen Erfindungen der Vergangenheit.‹

Hier Edward Teller, dort James Franck: Die Entscheidung, wer von beiden Recht und Moralität auf seiner Seite hat, scheint einfach zu sein – ist es aber offenbar in Wahrheit nicht: Wie anders wäre es sonst zu erklären, daß die Mehrzahl der Wissenschaftler auch heute noch zwar wie Franck *redet*, aber wie Teller *handelt*? Wo, fragen wir, liegen die Gründe der Schizophrenie, die Naturforscher veranlaßt, den Mächtigen die Verwertung ihrer Forschungen zu überlassen, obwohl sie doch zum ersten wissen, daß die Entscheidungsbefugten – man denke an die Verhöhnung der Physiker durch General Groves beim Bombenabwurf auf Nagasaki – nicht daran denken, die Skrupel der Forscher auch nur in Erwägung zu ziehen, obwohl sie, zum zweiten, anders als ihre Vorgänger sehr wohl eine Ahnung haben, ›zu welchen Greueln gegen die Menschheit‹, mit Brecht zu reden, ›die Meisterung der Natur führen mag‹, obwohl sie, zum dritten, durch die Geschichte belehrt sein müßten, daß gerade die barbarischsten Mächte sich mit Vorliebe der scheinbar unpolitischen Wissenschaftler bedienen, um ihre Ziele in die Tat umzusetzen, und obwohl sie, viertens und letztens, zumindest heute erkennen müßten, in welchem Ausmaß sich anno 1984 auch die vermeintliche freie Grundlagenforschung von Forderungen der Rüstungs-Lobbies und Militär-Bürokratien akzentuiert sieht. Obwohl, obwohl, obwohl! Und warum das alles? Warum diese unermüdliche Schuldanhäufung der *Wissenschaft* trotz der Kenntnis, des Problembewußtseins und der hohen Moral Tausender von *Wissenschaftlern*? Warum, ungeachtet aller Einsicht in die Ambivalenz noch der humansten – weil scheinbar (aber eben nur *scheinbar*!) nicht korrumpierbaren – Forschung, der Verzicht auf allgemeine Verweigerung kriegsfördernder Betätigung? Warum, weltweit, die Scheu, dort Widerstand zu leisten, wo mit der Vernichtung des anderen längst schon der eigene Untergang droht? Warum das geheime Komplizentum mit einer offen auf Eliminierung des Gegners abzielenden Macht von seiten der Wissenschaftler, die, wiewohl aufgeklärt seit langem, dabei sind, in letzter Konsequenz nicht nur den Mord, sondern auch den Suizid zu befördern?

Die Antwort muß lauten: Diese Schizophrenie grassiert, weil zwar einzelne Wissenschaftler, nicht aber die Wissenschaft über einen verbindlichen Moralkodex im Sinne des Hippokratischen Eides für die Ärzte verfügt, sich also nicht in der Lage sieht, die spätestens durch den potentiellen Holocaust unabdingbar gewordene Kongruenz von Ethik und Wissenschaft mit den ihr eigenen Mitteln: szientifisch also, zu analysieren ... und eben dies ist die *conditio sine qua non* umfassender Verweigerung: der Résistance einer Wissenschaft, die ihr Ziel, *die Mühsal der menschlichen Existenz zu erleichtern*, durch Botmäßigkeit gegenüber der Militärindustrie ins Gegenteil verkehrt sieht und deshalb danach trachten sollte, Verantwortungsethik – im Sinne eines Bedenkens der Folgen – und Gesinnungsethik vereinend, endlich jene Postulate zu erfüllen, die der Philosoph und Theologe Kurt Weisshaupt in einem Essay ›Von der Verantwortungslosigkeit des Wissenschaftlers‹ bereits vor zehn Jahren aufgestellt hat: ›In den Wissenschaften muß von der individuellen und subjektiven zur intersubjektiven und *wissenschaftlichen* Rechtfertigungsstrategie vorangeschritten werden. Eine jede Wissenschaft selbst hat Wissenschaftsethik auszubilden als jenen Forschungskomplex, welcher Entscheidungsprozesse und Verantwortlichkeit auf allen Ebenen innerhalb der Wissenschaft und gegenüber der sozialen Lebenswelt konkretisiert.‹

Herausbildung einer wissenschaftlichen Ethik als verbindlicher und konsensfähiger Gesellschaftsmoral, vorgelebt von Forschern, deren Integrität, so Albert Einstein, ›für ihre Generation und für den Verlauf der Geschichte vielleicht von noch größerer Bedeutung ist als rein intellektuelle Leistungen‹ ... die Herausbildung einer wissenschaftlichen Ethik im Sinne des Hippokratischen Eides ist unabdingbar, wo es in später, aber noch nicht letzter Stunde darum geht, die Arbeitsteilung in Beruf und Privatheit, in die wertfreie, von keinem *et respice finem* geprägte Welt der Tätigkeiten und den Raum schöner Enthobenheit, wo das Gewissen getrost seine rigiden Forderungen anmelden darf, endlich zu überwinden und damit einem Zustand ein Ende zu machen, von dem einer, der sich auf Schizophrenien verstand, Karl Jaspers, gesagt hat: ›Wo die eine‹, die Berufsarbeit, ›sich vollzieht‹, so der Traktat ›Die Atombombe und die Zukunft des Menschen‹, ›schweigt das andere‹, das Gewissen. ›Wo die eine sich vollzieht, schweigt das andere. Für die Befehlsausführung im Beruf weiß sich der Ausführende nicht verantwortlich. An das Endziel wird nicht gedacht, denn es ist nicht die eigene Sache. Wenn dies Ganze ein Verbrechen ist, so hat nicht er es befohlen.‹

Überwindung der Diskrepanz von Wissenschaft und Ethik im Rahmen nüchterner Selbstreflexionen auf die Konsequenzen des eigenen Tuns, die kleinen Vergröberungen und die großen Perversionen: Das bedeutet, dazu beizutragen, die Verpflichtung, der Erhellung des *verum* zu dienen, durch das Selbstgebot zu ergänzen, das da besagt: Es ist nicht Aufgabe der Wissenschaft, sondern ein Verstoß gegen ihre Aufgabe, das Humanitätspotential zu vergrößern, wenn das *verum* zum Fetisch wird, weil sein Korrelat, das *bonum*, den Blicken entschwindet.

Verum et bonum, das eine nicht ohne das andere, hat im Sinn der Einsteinschen Forderung, es gelte um des Überlebens der Menschheit willen, eine neue Art des Denkens zu entwickeln ... *verum et bonum* hat die Maxime einer Wissenschaft zu lauten, die sich ihrer gesellschaftlichen Verpflichtung bewußt ist und um die sophokleische Identität von menschlicher Größe und menschlicher Hybris weiß *(verum sine bono)*.

Ein hippokratischer Eid – ›Ich sage nein zu allem, was den Krieg befördern hilft und mich und meinesgleichen und die Welt, in der ich lebe, sterben lassen wird‹ – gut und schön. Entwurf einer verbindlichen Wissenschaftsethik, die jeden, der gegen ihre Gebote verstößt, zum outcast macht, der in den Reihen der Wissenschaft, gut Brechtisch, nicht geduldet werden kann und sich folglich so behandelt sieht, wie einst Fritz Haber von Rutherford behandelt worden ist (mit Verachtung und ohne Handschlag: Max Born, auch er zum Fähnlein der wenigen Hellsichtigen gehörend, berichtet darüber) – nichts dagegen zu sagen. Nur darf es nicht beim schon so oft, und von vielen, geträumten Gedankenspiel bleiben: Wie also sähen sie aus, die Prämissen einer verbindlichen Wissenschaftsethik – einer Moral, die, wiewohl konfrontiert mit der möglichen Apokalypse, dennoch nüchtern zu sein hat, nicht nur *ad hoc* entworfen, sondern auch historisch ableitbar: plausibel und eher behutsam als eifernd – im Tonfall des Franck-Reports etwa?

Da müßte einsichtig werden, daß es, auf der einen Seite, ein Verleugnen oder gar Vergessen des gewonnenen Kenntnisstandes nicht gibt – ›Was einmal gedacht wurde‹, heißt es in Dürrenmatts ›Physikern‹, ›kann nicht mehr zurückgenommen werden‹ –, daß aber, auf der anderen Seite, ›alles machen *können*‹ eins und ›alles machen *dürfen*‹ ein anderes ist, ja, daß sich Wissenschaft erst durch freiwilligen Verzicht aufs Mach- aber nicht Verantwortbare als menschlich erweist – und als meisterlich in der Beschränkung, mit der großen Kunst vergleichbar und klassisch dazu.

›In Zeiten, da es gut um die Künste steht‹ – Paul Valéry: ›Von der überragenden Würde der Künste, die das Feuer wirkt‹ – ›kann man sehen, wie sie sich Schwierigkeiten schaffen, die nur Geschöpfe ihrer Einbildung sind; wie sie sich ganz und gar willkürliche Gesetzlichkeiten und Regeln erfinden, Freiheiten beschneiden, die fürchten zu müssen sie begriffen haben, und sich den Gebrauch der Fähigkeit untersagen, mit sicherem Griff und im Augenblick *alles* machen zu können, was in ihrem Wollen liegt.‹ Warum sollte, mutatis mutandis, die Wissenschaft, statt sich im Ziellos-Zerstörerischen zu verlieren, das Kunstgesetz der freiwilligen Selbsterschwerung (ein Gebot, das auf begrenztem Feld Höchstes zu leisten verlangt) nicht, kraft eigener Überzeugung, zu dem ihrigen machen, da es die Stunde mit ihren Gefahren nun einmal verlangt?

Wieviel könnten, im Zeichen der überall sichtbaren Symbiose von Kunst und Wissenschaft, den belles lettres und der Medizin, der Musik und der Mathematik, selbst die exakten Disziplinen den Künsten entleihen: das Wissen nicht zuletzt, daß es – mittlerweile längst ein Gemeinplatz – der Einbeziehung des reflektierenden Subjekts in die Erkenntnisprozesse bedürfe, um Wissenschaft als eine humane und nicht als eine von Robotern zu bewältigende Disziplin auszuweisen: wobei es Aufgabe der Ärzte sein müßte – ihre gesellschaftlich wichtigste Pflicht! –, gerade dem leidenden, bedrohten, geängsteten Ich seinen Platz im Rahmen der Forschung zu geben: ihrer eigenen voran. Denn wer, wenn nicht die Ärzte, weiß, was Sterben bedeutet? Wer, wenn nicht sie, müßte fähig sein, den numerischen Tod: das millionenfache Verrecken nach dem Fall der Bomben auszumalen, mit deren Sprengkraft verglichen *little boy* und *fat man* Miniaturwaffen waren? Wer, frage ich, wenn nicht die Ärzte, sollte in der Lage sein, den einen großen in die vielen kleinen Tode zurückzuverwandeln und, was als Ganzes unvorstellbar ist, in Schreie und Qualen und Ängste von Millionen Individuen umzufigurieren und, in nüchtern-phantasievolle Rede, Apokalypse als ein nahes Jederzeit und nicht ein fernes Irgendwo-Nirgendwo vor Augen zu führen?

Wer, wenn nicht die Ärzte, sollten, so betrachtet, die ersten Verweigerer sein – Partisanen der Humanität! –, die allen Versuchen Widerstand leisten: Versuchen und Versuchungen, deren Ziel es ist, den Moribunden vorzugaukeln, es gäbe im Fall der europäischen oder der planetarischen Apokalypse (›with a bang *and* a whimper‹: mit Donnerhall *und* Seufzen) noch eine Rettung für sie.

Die Ärzte – sie sollten die ersten sein, die sich der heute Millionen von Menschen abverlangten Zumutung verweigern, vor den Gefahren des durch Verblendung, aber auch durch simple Geschäftsinteressen näherrückenden Atomkriegs die Augen zu schließen: Die Ärzte – Nein-Sager im Sinne des Borchertschen Antikriegs-Manifests, Nein-Sager aus vielfachem Grund.

Nein-Sager, zum ersten, weil sie, dank ihrer Forschungen und dem Sich-Umtun vor Ort, der Erfahrung in den Elend- und Hungerzonen der Welt, am genauesten wissen, wie viele Leben die Verschwendung aller Verschwendungen, die Kriegsrüstung der Industrienationen, schon hier und heute, zwischen Peru und der Sahel-Zone, vernichtet.

Nein-Sager müßten sie sein, zum zweiten, die Ärzte, weil sie, die Psychiater voran, sich mit Hilfe der von ihnen analysierten realitätsmächtigen Alpträume am ehesten vorstellen können, wie das sein wird, am Tag X, wenn die Menschen erblinden, versaften, verdorren, wenn die Pflanzen verdorren und die Natur infolge der Feuerbrände, Hitze- und Druckwellen, der Detonationen und des radioaktiven Niederschlags sich verseucht sieht: Hieronymus-Bosch-Visionen, erfahren im Zustand von Ängsten, die gerade der Arzt – er vielleicht als einziger! – seinen Patienten (und mit ihnen sich selbst) nicht untersagen wird, weil er weiß, daß reflektierte Angst, im Gegensatz zu Hybris und blinder Selbstüberschätzung, dort noch immer als erkenntnisfördernde Gegenkraft wirkte, wo juvenile Dreistigkeit Katastrophen die Bahn ebnete: Angst, mit Hellsicht gepaart, als Hebamme der Wahrheit, die, das Vorstellbare transzendierend, den romantischen Gedanken der *resurrectio naturae* in einem Augenblick wiedererweckt, da die Natur in Gefahr ist, endgültig vernichtet zu werden.

Nein-Sager sind sie, zum dritten, die Ärzte (idealtypisch zumindest: in diesem wie in allen anderen Punkten), weil sie, vertraut mit dem Elend der Kreatur, die einzigen sind, die erkennbare Tendenzen zum Abgrund aus der einzig angemessenen Sicht heraus zu analysieren verstehen – dem Blickwinkel jener Betroffenen, die sie, sind sie Ärzte und nicht nur Mediziner, eher anhören als daß sie ihnen vorschnell diktierten und derart einen Dialog verhinderten, den Robert Oppenheimer als Grundvoraussetzung für die Existenz einer gesitteten, auf

Konversation zwischen Partnern und nicht auf dem Wechselspiel von Befehlen und Gehorchen beruhenden Gesellschaft verstand: ›Mich beunruhigt sehr‹, heißt es im Essay ›Wissenschaft und Kultur‹, ›daß wir in unserer Zeit der ... wissenschaftlichen Entwicklung viel von der Fähigkeit verloren haben, miteinander zu sprechen, unsere gemeinsame Kultur und die gegenseitige Verständigung weiterzuentwickeln und zu bereichern ... Wir müssen zunächst wieder einmal ohne jede Geringschätzung und mit großer Geduld sprechen und zuhören lernen.‹

Mit Geduld sprechen und zuhören können: Kardinaltugenden eines Arztes, der, zum vierten, Nein-Sager ist, weil er, dank konkreter Anschauung, die Gefährdungen kennt, die der Gesundheit, im Familiären so gut wie in der Gesellschaft, von seiten jenes rüden Freund-Feind-Denkens drohen, das den absoluten Gegner braucht, um die Entwicklung, Stationierung und mögliche Anwendung einer absoluten Waffe zu legitimieren und den Destruktionstrieb, vermeintlicher Anormalität im Namen eigener für absolut erklärter Normen Paroli bietend, seinen letzten und absurden: weil selbstzerstörerischen Triumph feiern zu lassen. ›Die Zivilisation‹, so Präsident Reagan, ›wird sich des Kommunismus entledigen als eines traurigen bizarren Kapitels der Menschheitsgeschichte, dessen letzte Seite just in diesem Augenblick geschrieben wird. Die westliche Welt wird den Kommunismus nicht eindämmen, sie wird ihn überleben. Wir werden uns nicht damit abgeben, ihn anzuprangern, wir werden uns seiner entledigen. Kommunismus ist eine Abweichung, keine normale Lebensart menschlicher Wesen.‹

Und dagegen nun, Ethos konfrontiert mit Inhumanität, die nach eigenem Ermessen über Artgemäßheit und Artfremdheit bestimmt ... dagegen, ihrem Eid verpflichtet, die Ärzte, die gerade in der Absonderung des einzelnen, dem Sich-fürs-Ganze-Erklären des Isolierten, die Ursache lebensbedrohender Erkrankung erkennen und, mit Carl Friedrich von Weizsäcker, als ›Bedingung unseres Überlebens‹ eine Vernunft zu fördern versuchen, die das Ganze in den Blick nimmt.

Jawohl, sie sind Nein-Sager, die beim Kongreß ›Unser Eid auf das Leben verpflichtet zum Widerstand‹ versammelten Ärzte (und nicht nur sie: *alle* Ärzte, die den Eid des Hippokrates ernst nehmen, sollten Nein-Sager sein): Nein-Sager, zum fünften, weil sie, wiederum in tagtäglicher Praxis, erfahren, wie das Bewußtsein des Menschen, im Zeichen des Rüstungstaumels, immer weiter hinter einer Realität hinterherhinkt, die, im Sinne Nietzsches, ›toll‹ geworden ist: Ein leerer Brotkorb für Millionen von Armen, aber dafür TNT in Mengen, die ausreichen, daß jedermann, da er schon nicht satt werden kann, immerhin doch seinen Nachbarn und sich selbst und die Erde dazu vielfach in die Luft sprengen kann ... und dies in einem Augenblick, da, die Schizophrenie unseres Zeitalters signalisierend, die Haager Kriegsordnung noch immer in Kraft ist und der Beschränkungsgrundsatz *ratione personae* (›Die Kriegführenden haben die Nicht-Kämpfer außerhalb der Reichweite ihrer Waffen zu lassen‹) so unangefochten gilt – nach Hiroshima und Vietnam! – wie der Beschränkungsgrundsatz *ratione loci* (›Angriffe dürfen nur gegen Militärobjekte geführt werden: andernfalls sind sie nicht Rechtens‹) oder der Beschränkungsgrundsatz *ratione conditionis* (›Waffen und Kriegsmethoden, die geeignet sind, übermäßige Leiden zu verursachen, haben als geächtet zu gelten‹): Verbindliche Grundsätze des humanitären Völkerrechts, Bestandteile einer Magna Charta des Roten Kreuzes! In der Tat, wie sollten sie da wohl nicht Nein-Sager sein, die Ärzte, angesichts einer Wirklichkeit, deren Schrecken nicht durch Formeln aus Hugo Grotius' Zeit verharmlost, sondern durch den Aufweis der Diskrepanz zwischen bestehender Todesgefahr und verschleiernder Ideologie denunziert werden wollen. Nein-Sager sind sie unter solchen Aspekten, zum sechsten, die Ärzte, diese, wie Hofrat Behrens im ›Zauberberg‹ sagt, ›alten Angestellten des Todes‹, weil sie, anders als viele Physiker, Chemiker, Biologen in ihren Labors und Bibliotheken, an Ort und Stelle erfahren haben, in der Zeit des Faschismus, was es bedeutet, Menschen sterben zu lassen; weil sie, im Unterschied zu den Reinen und Feinen am Schreibtisch, den Mord, von der Selektion bis zum Menschenversuch, in handgreiflicher Brutalität kennenlernten; weil nicht nur Pilatus' Nachfahrn mit den in Unschuld gewaschenen Händen, sondern auch die Erben der Folterer unter dem Kreuz, die großen und kleinen Mengeles, zu den Ihrigen zählten: Grund genug, sich ein für allemal jeder Selektion, die, wie die Triage, Menschen in brauchbare und unbrauchbare Kampfmaterialien verwandelt, konsequent und bedingungslos zu verweigern.

Nein-Sager sind sie, zum siebten, die Ärzte, weil sie wissen, daß Begriffe wie ›Vorsorge-Medizin‹ oder ›primäre Prävention‹ ihre Bedeutung verlieren, wenn die Heilkundigen sich der wichtigsten Vorsorge, will heißen: einer Prävention verweigern, die Vorrang vor allen anderen ärztlichen Maßnahmen haben sollte: der Früherkennung von Symptomen, die auf die Gefahr eines drohenden Atomkriegs verweisen und der Ausschaltung aller Risikofaktoren – Faktoren, zu denen auch die Verharmlosung der *Todesgefahr* durch die Katastrophenmedizin zählt. (›Wir rechnen auf die Ärzte‹, heißt es im ›Bulletin of the Atomic Scientists‹ vom Juli 1981, ›wenn es darum geht, eine neue Form der Vorsorgemedizin zu entwickeln, die den äußersten medizinischen Notfall verhindern kann: den Nuklearkrieg.‹)

Nein-Sager sind sie, zum achten, die Ärzte (oder sollten es doch, nochmals, sein: in diesem und in allen anderen Punkten): Nein-Sager, weil sie nicht nur den Lebenden, sondern auch den Ungeborenen gegenüber verpflichtet sind, all jenen, die nach einer Katastrophe vielleicht existieren, aber gewiß nicht als Menschen leben können. Und darum sollten sie ›Nein‹ sagen, die Ärzte, sollten der drohenden Epidemie mit jenen großen sozialen Gegenplänen und Sanierungskonzeptionen begegnen, die sie um die Jahrhundertwende entwarfen, als es galt, die Tuberkulose (von heute aus gesehen: die vorletzte Volksseuche) in Schranken zu halten; darum sollten sie ihre Zweifel und Ängste deutlicher als bisher artikulieren: sie, die Mitbetroffenen und nicht die möglichen Helfer; darum sollten sie sich mit den Opfern der weltweiten Rüstung und nicht mit deren Auftraggebern verbünden; darum sollten sie, die, vor vielen anderen, um Sensibilität und Verletzbarkeit wissen, den Mächtigen Hans Christian Andersens Märchen von dem zersprungenen Spiegel des Teufels vorhalten: dem Spiegel, dessen Splitter alle, denen sie ins Auge und damit ins Herz gedrungen sind, unempfindlich für das Leid ihrer Mitmenschen machen. Wer hier und jetzt vom führbaren und gewinnbaren Atomkrieg spricht, sollten sie sagen, die Ärzte, der trägt die Splitter des Teufelsspiegels im Herzen, und sollten sich allen Bestrebungen widersetzen, die geeignet sind, das ›Lernziel Humanität‹ – nach Thure von Uexküll das Grundelement aller Arztkunst, die diesen Namen verdient – aus den Blicken zu rücken.

Und dann ein Letztes: Sie sollten bedenken, die Ärzte, daß selbst der christliche Gott und selbst der Gekreuzigte nach Auschwitz, Hiroshima und Nagasaki nur als Mit-Leidende und Mit-Trauernde vorstellbar sind – und wieviel eher dann ein Mensch! Nicht als Leid-Enthobener also, sondern allein als *medicus patiens*: Betroffener unter den Betroffenen wird der Arzt die moralische Würde gewinnen, die dem sokratischen Nein-Sager ziemt. Einem Nein-Sager, wie Albert Einstein es war in seinem Kampf gegen die militärische Mentalität als die gefährlichste Geisteskrankheit unserer Zeit – einem Nein-Sager vom Rang des Arztes Albert Schweitzer, dessen Vermächtnis – ›Die Anwesenheit der Atombombe ist identisch mit Abwesenheit von Humanität‹ – endlich eingeklagt werden will: und zwar mit Schweitzerscher Gelassenheit und Schweitzerschem Witz. (Man habe es leider, hieß es am 17. Juli 1961 in einem Brief aus Lambarene, dessen Kenntnis ich Hans-Jürgen Schultz verdanke, ›mit verblödeten Staatsoberhäuptern zu tun, die mit der Atombombe spielen‹. Wer sich zum Anwalt des

Vernünftigen mache, habe damit zu rechnen, ›als Communist gebrandmarkt‹ zu werden. Mehr falle den Widersachern der Humanität leider nicht ein.) Man sieht: An Nothelfern fehlt es den Nein-Sagern hier und jetzt nicht – man muß sie freilich kennen, die Virchow und Schweitzer e tutti quanti mitsamt ihren Thesen, die, einstmals erzliberale Maximen, heute, die Zeiten ändern sich, wie linke Rebellen-Sentenzen erscheinen: Grund genug, sich ihrer erneut zu erinnern, ihrer so gut wie jener ersten Schriften abendländischer Ärzte, die im Zeichen der uns bedrohenden Katastrophe den Charakter von Handlungsanweisungen wiedergewinnen. ›Für den Arzt‹, heißt es in Hippokrates' ›Prognostikon‹, ›ist es das Wichtigste, daß er die Kunst der Voraussicht übt‹ ... denn ›er wird die Kunst der Behandlung am besten durchführen, wenn er aus den gegenwärtigen Leiden die zukünftigen voraussieht.‹

opsis adelon ta phainomena: Mit Hilfe des Sichtbaren – der erkennbaren Warnzeichen! – das Unsichtbare – die totale Gefährdung! – zu enthüllen und latente Bedrohung in ihrer Malignität: der Tendenz zum explosionsartigen Auswuchern zu analysieren ist die Aufgabe von Ärzten, die sich, um den Doppelsinn des Wortes ›ungeheuer‹ wissend, als Warner in letzter Stunde verstehen – als Mit-Leidende, die, wo andere wegblicken, die Augen offenhalten: ihrer Verpflichtung eingedenk, die Kunst der Voraussicht auch und gerade in düsteren Zeiten zu üben – der Voraussicht im Allgemeinen, die Pathologie der Gesellschaft (mit ihrer durchs Freund-Feind-Dogma geschürten Massenpsychose) betreffend, so gut wie im Individuellen, um auf diese Weise jenes Diktum Rudolf Virchows wieder in Geltung zu setzen, das da lautet: *Politik ist weiter nichts als Medizin im Großen.*

Das ist ein Satz, denke ich, der jeden – jeden! – Arzt verpflichten sollte, dort Widerstand zu leisten, wo Medizin, in Umkehrung des Virchowschen Satzes, zur Politik im Kleinen gemacht werden soll – tauglich, den Massenmord-Denkern ein gutes Gewissen zu geben.

Politik ist weiter nichts als Medizin im Großen: So sollte die Prämisse einer Verfassung lauten, die sich, irgendwann, eine vom Geist der Humanität bestimmte Sozietät geben könnte. Die Ärzte stehen also in der Pflicht und sind aufgefordert, ihrer Verantwortung innezuwerden. (Verantwortung im Sinne von: Verpflichtung, vor dem Gerichtshof der Mitbetroffenen Rede und Antwort zu stehen.) Um des Ja zur Vision einer menschlichen Gesellschaft willen haben sie nein zu sagen: Nein zu allem, was den Tod und dessen Inbegriff, den Krieg, fördern hilft. Nein zu einer Welt- und Selbstvernichtung, deren Vorstellung gerade die Ärzte, die dann hilflose Helfer sein werden, in der Weise des Lyrikers Karl Mikkel sagen lassen sollte: ›Und eine solche Traurigkeit ergriff uns des Abends, daß wir zu den Leuten gingen und ihnen klagten: Auch wir gehören zu den Toten des nächsten Krieges. Wir schreien zu euch: Helft uns, sonst scheiden wir ab.‹

Nein müßten sie sagen, die Ärzte: *Nein* – identisch mit allgemeinem, wohlbegründetem, langfristigem Widerstand – gegenüber jeder Form offener oder geheimer, brutaler oder pseudoethisch verbrämter Indienstnahme durch die Kriegsadministration und deren Funktionäre, Agenten und Ideologen – ›Militärmediziner‹ als Zerstörer der Symbiose von Wissenschaft und Moral! *Nein*, um, wenn es zu spät ist, nicht jener Unkenntnis geziehen zu werden, die im hippokratischen *Gesetz* die Amme von Feigheit, Frechheit und Scheinwissen genannt wird.

Nein um des Eides willen: *Ich werde meine Kunst rein bewahren. Und mein Leben fromm.*

Der Vortrag ist vor allem folgenden Arbeiten verpflichtet:

Erwin H. *Ackerknecht*, Rudolf Virchow. Arzt, Politiker, Anthropologe, Stuttgart 1957.

Günther *Anders*, Die Antiquiertheit des Menschen, München 1956. *ders.*, Endzeit und Zeitenende, München 1972.

Till *Bastian* (Hrsg.), Wir werden euch nicht helfen können. Ärzte gegen den Atomkrieg, Frankfurt/M. 1983.

Hans *Blumenberg*, Das Verhältnis von Natur und Technik als philosophisches Problem, in: Studium Generale 4, 1951, S. 461ff.

Wilfrid von *Boch-Galhau*, Moderne Medizin im Spannungsfeld zwischen naturwissenschaftlich-technischem Anspruch und ihrer Verantwortung im Dienst am Menschen, Diss. Würzburg 1982.

Max *Born*, Von der Verantwortung des Naturwissenschaftlers, München 1965.

Albert *Einstein*, Aus meinen späten Jahren, Stuttgart 1979.

ders., Über den Frieden. Weltordnung oder Weltuntergang? Hrsg. von Otto Nathan und Heinz Norden, Bern 1975.

Iring *Fetscher*, Überlebensbedingungen der Menschheit, München 1980.

Jürgen *Habermas*, Technik und Wissenschaft als ›Ideologie‹, Frankfurt/M. 1968.

H. M. *Hanauske-Abel* und G. *Obermayr*, Zivilisten haben keine Chance, in: Die Zeit 39, 1981, S. 57 ff.

Gerhard *Handschuh*, Die gesellschaftliche Verantwortung der Wissenschaftler, Diss. Münster 1981.

Günther *Heipp* (Hrsg.), Es geht ums Leben! Der Kampf gegen die Bombe 1945–1965. Eine Dokumentation, Hamburg 1965.

Armin *Hermann*, Wie die Wissenschaft ihre Unschuld verlor. Macht und Mißbrauch der Forscher, Stuttgart 1982.

Initiative ›Mediziner gegen die atomare Bedrohung‹, ... und keiner kann helfen, München 1983.

Karl *Jaspers*, Die Atombombe und die Zukunft des Menschen, München 1958.

Hans *Jonas*, Das Prinzip Verantwortung, Frankfurt/M. 1979.

Robert *Jungk*, Heller als tausend Sonnen, Stuttgart 1956.

ders., Strahlen aus der Asche, Stuttgart 1959.
Norbert A. *Luyten* (Hrsg.), Wissenschaft und gesellschaftliche Verantwortung, Freiburg/München 1977.
(Darin vor allem: August *Meessen*, Wissenschaft in Krieg und Frieden, S. 248 ff.)
Herbert *Marcuse*, Der eindimensionale Mensch, Neuwied und Berlin 1967.
Alexander und Margarete *Mitscherlich*, Die Unfähigkeit zu trauern. Grundlagen kollektiven Verhaltens, München 1967.
Carl *Nedelmann*, Zur Vernachlässigung der psychoanalytischen Kulturtheorie, in: Psyche 36, 1982, S. 385 ff.
Georg *Picht*, Struktur und Verantwortung der Wissenschaft im 20. Jahrhundert, in: Georg Picht, Wahrheit – Vernunft – Verantwortung, Philosophische Studien, Stuttgart 1969, S. 343 ff.
Jean *Pictet*, Die Grundsätze des humanitären Völkerrechts, Genf o. J.
Horst Eberhard *Richter*, Zur Psychologie des Friedens, Hamburg 1982.
Jonathan *Schell*, Das Schicksal der Erde. Gefahr und Folgen eines Atomkriegs, München 1982.
Ernst *Schumacher*, Drama und Geschichte. Bertolt Brechts ›Leben des Galilei‹ und andere Stücke, Berlin (DDR) 1965.
Albert *Schweitzer*, Die Lehre von der Ehrfurcht vor dem Leben. Grundtexte aus fünf Jahrzehnten, Hrsg. von Hans Walther Bähr, München 1966.
ders., Friede oder Atomkrieg. Vier Schriften, München 1981.
Elke und Jannes K. *Tashiro*, Hiroshima. Menschen nach dem Atomkrieg, München 1982.
Rudolf *Virchow*, Gesammelte Abhandlungen aus dem Gebiet der öffentlichen Medizin und der Seuchenlehre, 2 Bde., Berlin 1879.
Dietrich *Wahl* (Hrsg.), Ethische Probleme der Wissenschaft, Berlin (DDR) 1978.
Carl Friedrich von *Weizsäcker*, Der bedrohte Friede. Politische Aufsätze 1945–1981, München 1981.

Benedict *Winnubst*, Das Friedensdenken Albert Schweitzers, Amsterdam 1974.
Walther Ch. *Zimmerli*, Wissenschaftskrise und Wissenschaftskritik, Basel/Stuttgart 1974.
(Darin vor allem: Kurt *Weisshaupt*, Von der Verantwortungslosigkeit des Wissenschaftlers, S. 91 ff.)

Rhetorik und Propaganda

1977

›Wer werden die Aufseher sein in dem allgemeinen socialistischen Zuchthaus? Das werden die Redner sein, die durch ihre Beredsamkeit die großen Massen, die Majorität der Stimmen für sich gewinnen, gegen die wird kein Appell sein, das werden die erbarmungslosesten Tyrannen ... sein.‹ Formuliert, im Verlauf der Reichstagsdebatte über die ›gemeingefährlichen Umtriebe der Socialdemokratie‹, am 17. September 1878. Vorgetragen von einem Mann, der, wiewohl selbst ein großer Redner, die Rhetoren als eine Art von Poeten und Musikanten ansah, die es mit der Wahrheit nicht so ganz genau nähmen: zwielichtige Existenzen, vor denen sich der echte Staatsmann, der eher Schachspieler als Improvisator sei, in acht nehmen müsse. *Die Redner sind betörende Volksaufwiegler und Agitatoren:* Diese von Bismarck im Kampf gegen die Sozialdemokratie vorgetragene These identifiziert Rhetorik mit einer Kunst, die verführerisch und affektiv ans Unbewußte appelliere – überredend, aber nicht überzeugend; niederknüppelnd und nicht befreiend; zermalmend, wo Aufklärung angezeigt wäre: ›Rednerkunst‹, heißt es in Kants ›Kritik der Urteilskraft‹, ›ist, als Kunst, sich der Schwächen der Menschen zu bedienen ..., gar keiner Achtung würdig.‹

Rhetorik als die Hohe Schule des ›Verstellens‹ (ein Ausdruck von Goethe), als Disziplin, die, wie Kant behauptete, aufs ›Überschleichen‹ abziele, als Beförderin des ›Aufwieglertums‹ im Sinn des frühen Thomas Mann, als trickreiche Technik, mit deren Hilfe, so der Autor der ›Wanderjahre‹, es dem Redner möglich sei, ›gewisse äußere Vorteile im bürgerlichen Leben zu erreichen‹: In der Tat, der Lasterkatalog ist lang, die Polemik schrill, die Gesichtspunkte verändern sich kaum. Der Zentralvorwurf lautet: Rhetorik verführt die Sinne mit Hilfe der Schönrednerei, stellt Eloquenz in den Dienst der Agitation und verzichtet aufs Argument, auf sachlichen Diskurs und aufklärerische Belehrung.

Aber der Vorwurf ist falsch. Die Polemik der antirhetorischen Fronde beruht auf einem doppelten Irrtum: auf der Meinung, Rhetorik sei nichts weiter als eine praktikable Anweisung zum erfolgreichen Reden, und auf dem Glauben, daß die *Rede-Kunst* sich auf die *Stil-Kunst* beschränke. In Wahrheit aber ist Rhetorik eine Disziplin, die nicht nur, als *ars oratoria* oder *rhetorica utens*, Beeinflussungsstrategien entwirft, sondern, als *ars rhetorica* oder *rhetorica docens*, auch über Ziel und Zweck, Recht und Notwendigkeit, Humanität und Moral jener Strategien reflektiert, deren Richtung sie im vorhinein bestimmt: Rhetorik ist also keine Technologie (zumindest nicht nur!), deren Instrumentarium, recht angewendet, Erfolg und Einfluß verbürgt; sie ist vielmehr, in erster Linie, eine Wissenschaft, deren Anwälte, von Aristoteles bis Bacon, von Cicero bis Lessing, nicht müde wurden, das *eine* Problem zu analysieren: Wie kann Vernunft sprachmächtig und Denken praktisch werden? Wie läßt sich das für richtig Erkannte – in überzeugendem Appell, in herzbewegender Argumentation? – den Menschen einsichtig machen? Was muß die Rhetorik tun und welche Prämissen hat sie, in einem Akt der Selbstreflexion, zu berücksichtigen, wenn sie ihr Ziel erreichen will: Bildung vorantreiben, Kommunikation strukturieren, sprachliche Übereinkunft und vernünftiges Handeln befördern zu helfen? (Kein Wunder, bei alledem, daß die großen Rhetoren – Quintilian so gut wie Melanchthon – meistens auch ›Schulmänner‹ waren: Pädagogen mit einer auf Humanisierung der Gesellschaft abzielenden Bildungskonzeption.) Unter solchen Aspekten bedeutet die Identifikation von Rhetorik und Propaganda nichts anderes als, beispielsweise, die Gleichsetzung von Theologie und Homiletik, unter Ausklammerung der Dogmatik: Hier wie dort wird eine Wissenschaft jenes Spezifikums beraubt, das ihre Eigenart ausmacht – der Dialektik von Theorie und Praxis. (Gäbe es, muß gefragt werden, ohne die auf Geselligkeit und Interhumanität bedachte Rhetorik und ihre ›Eingemeindungs‹-Arbeit überhaupt eine Verknüpfung zwischen Kultur und Gesellschaft, dem Entwurf des isolierten Einzelnen und dem – von keiner Theorie geleiteten – Tun der Sozietät?) Gleich weit entfernt von elitärem Für-sich-Behalten und blinder Popularisierung: der Sprachlosigkeit so feindlich wie dem Gerede (aber von beidem ständig bedroht), ist Rhetorik, nach ihrem Selbstverständnis, darum bemüht, ein Maximum von Vermittlungen zu realisieren: Vermittlung zwischen Wahrheit und Wahrscheinlichkeit, zwischen Lehre und Leidenschaft, Vernunft und Gefühl, zwischen Praxis und Theorie (Rhetorik, verdeutlicht ein antiker Topos, hat die Hand weit geöffnet: dem Alltag zugewandt gibt sie das Wissen preis. Philosophie hingegen hält die Faust fest geschlossen: benimmt sich also esoterisch und verzichtet auf den Weltbezug.)

So betrachtet ist Rhetorik eine Disziplin, deren Hauptgeschäft (›hermetisch‹ hat Thomas Mann es genannt) das Über-Setzen ist: die parteiliche Verdeutlichung von Tatbeständen, die, anfangs höchst vage, in einem unendlichen, von Rede und Gegenrede, von Einwurf und Widerspruch geprägten Disput langsam anschaulich werden: Es ist die Intention der Redekunst, den ›Sachen‹ (res) mit Hilfe der ›Worte‹ (verba) ein Höchstmaß von Plastizität zu verleihen – und nicht etwa, wie es das landläufige Vorurteil will, die Worte für sich selbst sprechen zu lassen. Wenn also die antike Definition lautet ›Rhetorik ist die Kunst des guten Redens und Schreibens‹, dann heißt *gut* nicht elegant oder wortgewaltig oder betörend, sondern: *angemessen* – der vom Redner vertretenen Sache und der Situation, aus der heraus er spricht, adäquat. Das bedeutet: Ein Autor, der die Dinge, um die es ihm geht, mit Hilfe von Statistik und Zitat zum Sprechen bringt, kann ›besser‹ reden als Demosthenes und Cicero in einer Person. Nicht die Schönheit, sondern die Wirkung, nicht die Eleganz, sondern die Angemessenheit befindet über den Rang der praktischen Beredsamkeit: der Grad ihrer Adressatenbezogenheit, das Appellhafte und Dialogisch-Demonstrative ..., nicht aber der ›rhetorische‹, von Metaphern und Wortspielen, Antithesen und Alliterationen, von kühnen Bildern und dramatischen Vergleichen strotzende Stil. Eine autonome Diktion ist, sub specie artis rhetoricae, ein Widerspruch in sich selbst, *der* rhetorische Stil ist *kein* rhetorischer Stil. Ohne die Berücksichtigung des materiellen Substrats läßt sich ein ›Gelungen‹ so wenig wie ein ›Mißraten‹ aussprechen: eine Selbstverständlichkeit, wenn man bedenkt, daß von der griechischen Antike bis zur Mitte des achtzehnten Jahrhunderts das Gebot dominierte: Vergiß nicht, Redner, daß der Duktus deiner Verlautbarungen (der Predigten und Lehrgedichte, Bittschreiben und Proklamationen) sich nach den Objekten richten muß, die du behandelst. (Und nach den Adressaten, natürlich, zu denen du sprichst.) Willst du also, auf Information und Unterweisung bedacht, *Tatbestände* analysieren, politische Fakten oder biblische Geschehnisse, dann mußt du lehrhaft reden, in knapper und nüchterner Sprache. Je bescheidener der Gegenstand, desto volkstümlicher und legerer der Duktus der Rede: Wo es um kleine Leute geht, um Gespräche unter freiem Himmel und um Alltäglichkeiten, wie sie Markt und Kaserne, Acker und Wohnstube bieten, sind Witz und unfeierliches Parlando am Platz – nicht aber, wie's die simple Rede nahelegt, Plattheit oder trockene Pedanterie. Willst du dagegen, eine Stufe höher, das *gesellige Leben* der Bürger beschreiben, mit ihrer Moral und den Konventionen ihres Verkehrs, dann darfst du nicht lehren, sondern mußt ›belusten‹ (wie es in den Rhetoriken des siebzehnten Jahrhunderts heißt) und einen mittleren, zum Ergötzen dienlichen Stil wählen, nicht zu seicht, nicht zu pathetisch – einen Stil, der urban und angenehm ist. Aber hüte dich, der Gefahr zu erliegen, die mit der ambivalenten, zwischen Hoch und Nieder vermittelnden Diktion von Hause aus verbunden ist: der Gefahr, das Angenehme mit dem Ubiquitären, dem

Lauen und Zerfließenden zu verwechseln und dort, wo Freundlichkeit und Familiarität geboten sind, ins Unverbindliche zu geraten. Und dann die dritte Stufe: *Die Welt der Großen!* Majestät und Triumph. Das Reich der Könige und Päpste, der Märtyrer und Inquisitoren (und auch der Teufel, natürlich). Hier muß der Stil pathetisch sein, die Schreibart herzbewegend und affektuös, die Rede metaphernreich, der Grundton tragisch – große Siege, große Niederlagen; Himmelfahrt und Höllenfahrt – die Diktion begeisternd und kraftvoll: markant, aber – hier liegt die Gefahr des dritten und höchsten Stils – niemals schwülstig.

Das Schema, in der Form einer vierfachen Trias, ist simpel und – wie seine Zwei-Jahrtausend-Herrschaft beweist – effizient: drei Gegenstandsbereiche (die Welt der Fakten, der Charaktere und der Leidenschaften); drei Personenkreise (Bauern, Bürger und Adel); drei rednerische Verpflichtungen (die Lehre, das Amüsement, die Leidenschaft: erst der Appell an den Verstand, dann das Rühren des Gefühls, schließlich das Erregen des Willens – von der Pragmatik über die Ethik zum Pathos); drei Stilqualitäten (wissenschaftlich knappe, vor allem im Bereich der religiösen Unterweisung angemessene Schlichtheit; populäre Anmut, Charme und graziöses Geplauder; hohes Pathos und uneigentliche Rede).

So variabel das Schema im einzelnen ist – es kann sich, unter Einschluß von Stilart und Gattung, auch fünf- und sechsfach präsentieren – und so gleitend, im Zeichen der sich wandelnden Gesellschaftsordnung, die Übergänge zwischen Beweis und Belustigung, zwischen *passions* und *manners*, zwischen Anmut und Würde auch sind: Die Tatsache, daß das Grundschema von der Antike bis zur Aufklärung kanonische Bedeutung hatte, steht außer Zweifel. Vorgeprägt von Aristoteles, ausgebaut von Cicero und von Augustin unter dem Aspekt der christlichen Beredsamkeit für praktikabel befunden, wurde die Gültigkeit des rhetorischen Kalküls bis zum achtzehnten Jahrhundert niemals bestritten (noch Schiller unterscheidet, durchaus konventionell, zwischen

Handlungen, Charakteren und Leidenschaften) und sah sich erst in einem Augenblick außer Kraft gesetzt, als, im Zeichen des bürgerlichen Zeitalters, mit der hierarchischen Ordnung der Welt auch die ihr entsprechende Hierarchie der Stile zerfiel: als die Demokratisierung der Gesellschaft auch eine Demokratisierung der Sprache bewirkte.

In der Epoche des bürgerlichen Individualismus, die vom Gegensatz zwischen ›Natur‹ und ›Kunst‹, dem ›Genie‹ und der ›Regel‹ geprägt war: als die Sprache des Herzens – Natürlichkeit und ungekünstelte Rede – die konventionelle Diktion des Feudalzeitalters ersetzte, wurde das alte, der zeremoniellen Realisierung des Bestehenden, der Etikette und Repräsentation des *Ordo Christianus* dienende Gesetz der Rhetorik für nichtig erklärt ... und das mit allen Konsequenzen: An die Stelle der normativen Rhetorik trat die deskriptive Poetik; das Diktum ›Ein Redner kann man werden, zum Dichter muß man geboren sein‹ gewann den Charakter einer Zentralmaxime; die Literatur begann sich in Auftragskunst hier und ›echte‹ Poesie dort zu teilen: eine Trennung, die es nicht gab, solange der Lateinschüler, auf die Imitation klassischer Muster verwiesen, mit Hilfe von Deklamationen und Aufsätzen, die den Anweisungen der spätantiken Lobreden folgten, sich schon in jungen Jahren jene literarischen Techniken aneignen konnte, über die einer verfügen mußte, der mitreden und eine Rolle spielen wollte: im Schultheater zuerst und später auf dem Theater der Welt. Zwischen rhetorischer Pflichtübung und öffentlicher Rede, zwischen einem Exerzitium im epideiktischen Stil und einer poetischen Darbietung bestand so wenig eine qualitative Differenz wie zwischen den großen oratorischen Akten am Ende des Schuljahrs, den Demonstrationen des Jesuitentheaters und den Aufführungen der Wanderbühnen. Die Personalunion von Poet und Rhetor, Kanzelredner und Notar war unantastbar. Wer das Reglement der Rhetorik beherrschte: den Fünfschritt von der Findung der Argumente über die Disposition, die verbale Ausschmückung und den Vortrag bis hin zur Mnemotechnik; wer in die Schule jener antiken Gerichtsredner gegangen war, deren Plädoyertechnik die mittelalterlichen Streitgespräche und Disputationen akzentuierte und deren Fähigkeit, einen Tatbestand, mitsamt all seinen sozialen und psychologischen Implikationen, umfassend zu beleuchten, bis zur Neuzeit die literarische Charakterbeschreibung bestimmt hat; wer, weiterhin, mit Hilfe der Topik, gelernt hatte, wie leicht sich ein Gedicht schreiben läßt, wenn einer nur die Fundorte kennt und darüber hinaus, dank der Chriën-Technik, ein wenig zu argumentieren weiß; wer, vor allem, das Wechselspiel von argumentativer Belehrung und affektuöser Beeinflussung zu praktizieren verstand (›Gründe in Bilder zu kleiden‹ und ›durch Phantasie auf den Verstand zu wirken‹ hat Lessing als das Rhetorenamt des Aufklärers bezeichnet); wer, schließlich, auf der einen Seite die Kunst gelernt hatte, den Kampf zwischen Leidenschaft und Verstand durch *erleuchtende Argumente* zugunsten der Vernunft zu entscheiden und, auf der anderen Seite, jene Fähigkeit besaß, die, nach der zeitgenössischen Vorstellung, nötig war, um Tropen und Figuren in ›Eroberungsmaschinen‹ zu verwandeln – in Werkzeuge, deren Einsatz den Zwist auf dem Schlachtfeld der Seele zugunsten des Redners entschied: ›Red-Kunst‹, heißt es beim jungen Wieland, ›ist eine auf die Kenntnis der Regeln gegründete Fertigkeit, die Zuhörer zu überzeugen, sich ihrer Affecte zu bemeistern und sie zu dem Zweck zu lenken, den man sich vorgesetzt hat‹; kurzum, wer rhetorisch geschult war, sah sich damit in die Lage versetzt, wenn schon nicht *wie*, so doch *in der Weise* von Gryphius dichten zu können. (Wobei anzumerken ist, das gerade Gryphius' eindrucksvollste Sonette häufig aus einer Summe von exakt durchgeführten rhetorischen Operationen bestehen ... warum auch nicht? Wo doch auch Goethe noch stolz darauf war, daß es ihm ›in rhetorischen Dingen niemand zuvorthat‹!)

Und nicht nur Poet konnte er werden, der in Rom oder St. Afra, in Tübingen oder Schulpforta unterwiesene Zögling: Der Herrschaftsbereich der Rhetorik umfaßte *sämtliche* Künste, nicht allein die Literatur. Rhetor war auch der bildende Künstler, der mit Hilfe von optischen Impressionen – Schauseite und Buchtitel, Kostüm und Farbe! – Psychagogie betrieb; Rhetor war der Akteur auf der Bühne, der in den Lehrbüchern, unter dem Stichwort ›Körperliche Beredsamkeit‹, dargestellt fand, welche Gesten er vorführen mußte – pathetische im Zeitalter des Barock, sanft-harmonische in der Epoche der Klassik –, um bestimmte Charakterzüge, große und kleine Passionen zu verdeutlichen. Ein Rhetor war der Hofmann mit seinem Versuch, sich durch angenehme – im Kapitel ›de actione‹ erlernbare – Bewegungen Ansehen zu verschaffen; Rhetor war der Maler – die Farbgebung, in der Weise Albertis, als eine *ars movendi* betrachtet, und ein Redner schließlich war auch der Komponist: *ars canendi* und *ars dicendi* gehörten zusammen wie Motette und Predigt; nicht anders als der Orator hatte es auch der Kantor mit Exposition und Vortrag, mit dem Satzbau und den zur Seelenbewegung höchst dienlichen Figuren zu tun: ›Ein Redner und ein Musicus‹, schreibt Johann Joachim Quantz, ›haben einerlei Absicht ...: sich der Herzen zu bemeistern, die Leidenschaften zu erregen und die Zuhörer bald in diesen, bald in jenen Affekt zu versetzen.‹

Rhetorik als *regina artium*: eine Disziplin, deren Macht identisch mit ihrer Verfügbarkeit ist: Einst von der Jurisprudenz, dann, als Homiletik, von der Theologie in Dienst genommen, gewinnt sie heute, nach einer langen Zeit des Interregnums, in der, in Kirche und Parlament, die *rhetorica utens* vorherrschte, erneut an Bedeutung: im Zeichen jener *new rhetoric*, die, auf einer Kooperation von Kommunikationswissenschaft, Linguistik, Politologie, Psychologie und Soziologie beruhend, die gesellschaftlichen und individualpsychologischen Bedingungen untersucht, unter denen ›Persuasion‹ wirksam wird – wirksam, sofern sie sich bestimmter, mit dem Instrumentarium der Sprachwissenschaft, vor allem der Pragmatik, und der Ideologiekritik meßbarer Strategien bedient.

Indem sie nachweist, daß es eine ›neutrale‹ Sprache nicht gibt, sondern daß jede Aussage – selbst die nüchternste Mitteilung, und wieviel mehr erst der Appell, in der Mitte zwischen dem Befehl und der puren Information, intentional, also ›rhetorisch‹ strukturiert ist, macht die *new rhetoric* deutlich, daß die *ars oratoria* nicht, wie man zwischen dem (vermeintlichen) Ende der aristotelischen und dem Beginn der postaristotelischen oder wissenschaftlichen Rhetorik annahm, durch eine elokutionelle Bestimmung, wie immer sie ausfallen möge, definiert werden kann: daß es vielmehr die Wirkungsintentionalität ist, die ihr Wesen ausmacht ... die Intention, dem Argumentativen, Philosophischen, Abstrakten in einem Appell an die Affekte Heimatrecht zu verschaffen. Was, nach Fénelon, der ›conviction de la philosophie‹ unmöglich ist, mag der ›persuasion d'éloquence‹ am Ende doch noch gelingen: der Versuch, Vernunft zu sozialisieren ... und das auf eine Art und Weise, die einer Wissenschaft adäquat ist, zu deren Grundprinzip es gehört, eher Fragen aufzuwerfen als Antworten zu geben (und wenn, dann vorläufige) und häufiger ›so, aber auch so‹ zu sagen als ›so und nicht anders‹. Rhetorik ›hat‹ nicht die Wahrheit: Sie sucht sie, in Rede und Gegenrede, deutlich zu machen: Da ist kein Satz, der beanspruchen dürfte, er sei die letzte Wahrheit. Beredsamkeit, man kann es nicht oft genug sagen, setzt Freiheit voraus. Offenheit, Unabgeschlossenheit, Vorläufigkeit. Wenn These und Antithese zusammenfallen; wenn ein und derselbe Mann zugleich Staatsanwalt und Verteidiger ist; wenn Beredsamkeit zu einem Disziplinierungsinstrument wird; wenn der ›vir bonus‹ eines Quintilian oder Castiglione dem Deklamator weicht und der ›perfectus orator‹, dessen rednerische Überzeugungskraft auf seiner Glaubwürdigkeit und identifikationsfördernden Moralität beruht, dem Histrionen Platz macht, der es sich, von Leibgardisten umgeben, getrost leisten kann, auf Moral zu verzichten (hier kommt es nicht aufs Überzeugen an; hier wird ein Spektakel inszeniert); wenn die Ambivalenz von Argument und Affekt aufhört, die Rhetorik zu konstituieren, und nur noch Feind-Freund-Gefühle regieren; wenn Dialektik durch Affirmation ersetzt wird; der Entwurf von Möglichkeiten durch das Pochen auf die Wirklichkeit; das Denken in Alternativen durch das Diktat; die auf Vermittlung bedachte Ironie durch den Imperativ ›Hier jubelt! Und jetzt wird gepfiffen?‹; der Dialog – auch der potentielle – durch das Selbstgespräch; die Darlegung einer Fülle von Gesichtspunkten durch das Kommando des einen, dem niemand antworten darf; wenn das Lehrelement der Beredsamkeit – der Ton des ›Hessischen Landboten‹ oder der Lassalleschen Verfassungsrede – dem Zeremoniell zum Opfer fällt; dann gibt es (nachzulesen in Hans Mayers Traktat über ›Rhetorik und Propaganda‹) keine Redekunst mehr.

Bismarck hatte unrecht: Agitation – als eine Form der schwarzen Messe, gegen deren Ritual ein Widerspruch unmöglich ist – und aristotelische Redekunst, die Advokatin der Dialektik: Das sind grundverschiedene Dinge.

Sowenig die Rhetorik vor Instrumentalisierung und technizistischer Verkürzung geschützt ist und sooft man ihre Autorität zur Verfolgung unmoralischer Zwecke mißbraucht hat, so unbezweifelbar ist ihr verpflichtender Auftrag: Seelenführung im Horizont der Vernunft zu betreiben, um auf diese Weise, als ein den verschiedenartigsten Disziplinen verfügbares Sozialisations-Instrument, Kunst und Wissenschaft in gesellschaftlicher Praxis zu realisieren.

Antiquierte Antike? Perspektiven eines neuen Humanismus

1971

Am 10. November 1837 legte ein neunzehnjähriger Student in einem langen Brief an seinen besorgten Vater Rechenschaft über sein Studium ab: ›… In Berlin angekommen, brach ich alle bis dahin bestehenden Verbindungen ab … und suchte in Kunst und Wissenschaft zu versinken … Dabei hatte ich die Gewohnheit mir eigen gemacht, aus allen Büchern, die ich las, Exzerpte zu machen, so aus Lessings Laokoon … Winckelmanns Kunstgeschichte, Ludens Deutscher Geschichte, und so nebenbei Reflexionen niederzukritzeln. Zugleich übersetzte ich Tacitus' Germania, Ovids libri tristium und fing privatim, d. h. aus Grammatiken, Englisch und Italienisch an … Dann übersetzte ich Aristoteles' Rhetorik teilweise, las des berühmten Baco v. Verulam: de augmentis scientiarum (und) beschäftigte mich sehr mit Reimarus, dessen Buch ‚Von den Kunsttrieben der Tiere' ich mit Wollust durchgedacht‹: *So* arbeitete um 1830 ein Jura-Student, zwei Jahre nach dem Abitur auf einem humanistischen Gymnasium, solche Kenntnisse auf dem Feld der Belles Lettres und Humaniora brachte er mit!

Und nun, als Pendant zum Brief des Sohns an den besorgten Vater, der Brief eines besorgten Vaters an seinen Sohn, das Schreiben eines von äußerer Unbill betroffenen Mannes, der sich bekümmert zeigt, weil sein Sohn, vom Wert der klassischen Studien offenbar nicht so recht überzeugt, beim Studium der Alten nur unzureichend reüssiert: ›Herodot, Xenophon, Thukydides, Demosthenes und der göttliche Platon‹, heißt es in einem Brief vom 11. Februar 1917, ›Homer, Cornelius Nepos, Caesar, Livius, Sallust, Tacitus, Ovid, Vergil, Catull, Horaz … nimm eine Geschichte der Kultur, der Wissenschaft, der Kunst, der Literatur zur Hand – diese Namen leuchten darin. Seit Jahrtausenden leuchten sie, und sie werden nach Jahrtausenden leuchten. Lernst du sie nicht kennen – du wirst sie nie kennen lernen. Du verlierst Unendliches fürs ganze Leben. Wie gern hätte ich jetzt meinen Vergil, Horaz, Homer, Sophokles, Platon hier. Wie lebendig sind mir viele horazische Oden wieder geworden, sie kommen nachts – in den langen, langen Nächten und leisten mir Gesellschaft – wie glücklich wäre ich, wäre mein Schatz an solcher Kenntnis zehnmal größer, lessingsch groß!‹

In der Tat, welches Philologenherz schlüge nicht höher bei solcher Lektüre? Aristoteles' ›Rhetorik‹ exzerpiert – einen Text, der heute selbst erfahrenen Gräzisten Schwierigkeiten bereitet –, Tacitus und Ovid übersetzt, den göttlichen Platon gefeiert, leuchtende Namen beschworen, einen ganzen Kanon heruntergebetet ... und das mit einer Emphase, an der gemessen sich Hofmannsthals berühmte Rede, gehalten anno 26 anläßlich des Fests der Freunde des humanistischen Gymnasiums, fast wie ein gestammeltes Bekenntnis ausnimmt ... kann man mehr verlangen als dies? Einen Lorbeerkranz für die beiden Epistolographen! Einen Lorbeerkranz ... aber für wen? Einen Kranz für jenen Mann, der zwar von sich gesagt hat: ›Ich bin kein Marxist‹ ... aber dies doch nur deshalb, weil er – Karl Marx hieß (von seiner Hand stammt das Schreiben aus dem Jahr 1837), und einen Kranz auch für jenen mehrfach inkriminierten Gefängnis-Insassen, der sich in der Haftanstalt über die Vorbildlichkeit der Griechen und Römer ergeht. (Den Brief an den Sohn hat, eingekerkert in einem wilhelminischen Gefängnis, Karl Liebknecht geschrieben.)

Nun, was auf den ersten Blick befremdlich erscheint: daß hier Revolutionäre so sprechen, als wären sie, mit den Alten vertraulichen Umgang haltend, friedliche Gymnasialprofessoren von Serenus Zeitbloms Schlag, gewinnt auf den zweiten Blick den Charakter einer Selbstverständlichkeit, wenn man bedenkt, daß bis in unser Jahrhundert hinein Bildung identisch war mit der Beherrschung der Humaniora klassischer Provenienz. Der Ritschl-Schüler Friedrich Nietzsche und Karl Marx, der sich als Student vom großen Welcker in die Mythologie der Griechen und Römer einweisen ließ und, unter der Ägide August Wilhelm Schlegels, Properzens Elegien studierte: sie hätten, wären sie einander begegnet, im Altertum und seiner Idealität, die für beide nie in Frage stand, eine gemeinsame Basis gefunden ... und was ihre Unterhaltung angeht, den Disput zwischen einem promovierten und einem nicht promovierten Altphilologen (der nicht promovierte ist Nietzsche; Marx dissertierte über griechische Naturphilosophie) – was die Unterhaltung betrifft, so ließe sich denken, daß sie in lateinischer Sprache geführt worden wäre, denn schließlich wurde Marx im Reifezeugnis bescheinigt, daß er ›die leichteren Stellen der im Gymnasium gelesenen Klassiker auch ohne Vorbereitung mit Fertigkeit und Umsicht übersetze und, nach gehöriger Präparation und vermittelst einiger Nachhilfe auch die schwereren‹, daß er ›in linguistischer Hinsicht viele Übung und Streben nach echter Latinität beweise und sich im Lateinischsprechen befriedigende Fähigkeiten erworben habe‹ ... Fähigkeiten, so dürfen wir annehmen, die es Marx sehr wohl erlaubt hätten, seinem Kontrahenten Paroli zu bieten, dem anderen Altphilologen, der schon als Fünfzehnjähriger bekennt: ›Ich schreibe mir, wenn ich gerade nichts zu tun habe, in lateinischer Sprache das auf, was ich vielleicht irgendwo gehört oder gelesen habe, indem ich mich dabei (nach der Anweisung des Kater Murr) bemühe, lateinisch zu denken.‹

Ein scheinbar befremdlicher, in Wahrheit plausibler Gedanke: das Pantheon des neunzehnten Jahrhunderts, bevölkert von Männern, zwischen denen es im Raum der Politik keine Gemeinsamkeit gab (jedenfalls *nach* ihrer Schulzeit: das Abitur machte selbst Bismarck, gut humanistisch unterwiesen, noch als eingefleischter Republikaner), das Pantheon, bevölkert von Männern, deren Lehren sich diametral unterschieden ... und alle hatten genau die gleiche Bildung genossen, alle die gleichen Texte gelesen: das gab ihnen die Möglichkeit, sich einander noch in schroffster Gegnerschaft auf gemeinsamer Basis verständlich zu machen. Der Geist der klassischen Bildung hatte sie wirklich geprägt (war ihnen nicht nur eingepaukt worden) – sie alle, die sich da morgens um sechs zum Unterricht im Internat einfinden mußten, der Kamenzer Fürstenschüler Gotthold Ephraim Lessing so gut wie der Schulpforta-Alumne Nietzsche aus Röcken, sie alle, die dank eines gnadenlosen Exerzitiums (in Schulpforta wurden selbst Sommerferien nur in jedem zweiten Jahr gewährt, ansonsten gab's sechs freie Tage pro anno) entweder mit fünfzehn – so Lessing – Euklid zu übersetzen verstanden oder mit achtzehn – wie Nietzsche – ihren deutschen Stil am Exempel eines antiken Autors (Sallust) zu formen lernten ... sie alle, auffindbar in einer kleinen Anzahl von Schulen oder in ein paar Hörsälen zwischen Leipzig, Bonn und Tübingen!

Man male sich aus: August Wilhelm Schlegel doziert, Marx sitzt zu seinen Füßen! Und dann erst das Auditorium Hegels und das Auditorium Schellings, in dem Kierkegaard neben Friedrich Engels saß, Engels, der als Achtzehnjähriger aus Lichterfelde angeradelt kam, einjährig dienend, und in jenen Tagen schrieb: ›Wenn ihr jetzt hier in Berlin irgendeinen Menschen, der auch nur eine Ahnung von der Macht des Geistes über die Welt hat, nach dem Kampfplatz fragt, auf dem um die Herrschaft über die öffentliche Meinung Deutschlands in Politik und Religion, also über Deutschland selbst gestritten wird, so wird er euch antworten, dieser Kampfplatz sei in der Universität, und zwar das Auditorium Nummer 6, wo Schelling seine Vorlesungen über die Philosophie der Offenbarung halte.‹

Das Pantheon der Humanisten: Man stelle sich vor – der Historiograph des deutschen Bildungswesens, Friedrich Paulsen, hat es eindringlich beschrieben –, daß auf dem Scheitelpunkt des neunzehnten Jahrhunderts in Deutschland kein einziger Mann eine Hochschule besuchte, der nicht Homer und Platon zu lesen verstand. In der Tat, was im sechzehnten Jahrhundert eine Utopie war, das Herrschaftsreich lateinisch sprechender Zahnärzte, Homer lesender Rechtsanwälte und Sophokles zitierender Handelsherren, wurde um 1850 Realität. Sie alle, die Lernenden und die Lehrenden (wie der Gymnasialdirektor Hegel), waren vom Geist der Antike so sehr geprägt, daß nicht zufällig für viele von ihnen das Schulwissen revolutionäre Praktikabilität gewann: Hegel maß das von der Französischen Revolution geschaffene Gemeinwesen an jener freien antiken Polis, in deren Raum, christlich erweitert, die Trennung zwischen der Subjektivität bourgeoiser Privatheit und der Substanzialität des Allgemeinen, dem Wirkungsreich des citoyen, sich aufheben konnte; Nietzsche sagte dem Christentum den Kampf im Namen der griechischen Herrenmoral an; Marx bestimmte den Unterschied zwischen der Arbeit des Menschen und der Fähigkeit des Tieres durch die Einführung jener Kategorie der Schönheit, unter die der deutsche Idealismus, von Winckelmann bis Hegel, griechische Einrichtungen subsumierte, und gab damit dem ästhetischen Schaffen die Würde der eigentlich menschlichen Tätigkeit: die ökonomisch-philosophischen Manuskripte von 1844 bezeichnen den Augenblick, in dem sich die politische Fertilität der Theorien klassischer deutscher Literatur erweist: die kapitalistischen Produktionsverhältnisse verhindern es, die private Aneignung des gesellschaftlich Geschaffenen macht es unmöglich, die Depravierung der Arbeit läßt es nicht zu, daß der Mensch ›nach den Gesetzen der Schönheit formiert‹.

So betrachtet, war die humanistische Bildung ein Politikum, und zwar sowohl als Verständigungs- und Veranschaulichungsmittel einzelner Revolutionäre wie als Instrument einer Klasse (der bürgerlichen), die, ausgeschlossen von unmittelbarer politischer Teilhabe, zumindest mittelbar, im Reich des Geistes, zu verwirklichen suchte, was ihr in der Realität versagt war: die Autonomie. Humanistische Bildung diente der Selbstbehauptung und dem Selbstverständnis des liberalen deutschen

Bürgertums in seiner ›heroischen Phase‹; die scheinbar ganz und gar zeitferne, nur ästhetisch akzentuierte Vorstellung des homo vere humanus wurde von einer Klasse definiert, die, zuallererst, auf den Abbau ständischer Schranken, zunftmäßiger Begrenzungen und staatlicher Regulierungen abzielte und der, sehr konkret, daran gelegen war, den Begriff jenes Individuums, das Herr über seine eigenen Interessen – vor allem: Herr über seine Wirtschaftsinteressen – ist, durch eine absichernde Begründung zu legitimieren: die Griechen als Nothelfer, das antike Menschenbild als ein ästhetisches Politikum. Mochte die Befreiung von feudalen Traditionen nur in den Bezirken der Ideen gelingen, mochte die Befreiung, als ein Akt durchschaut, der weniger der Änderung von Verhältnissen als der Änderung von Vorstellungen über diese Verhältnisse galt und damit realiter (scheinbar) folgenlos blieb, von der nach wie vor regierenden Klasse leichthin zugestanden worden sein: es war dennoch eine Befreiung. An den progressiven – und politisch einklagbaren! – Intentionen des Humanismus, im Augenblick seiner bildungsmäßigen Organisation nach 1800, ist nicht zu zweifeln.

Indem Schiller und Humboldt, Hölderlin und Hegel das schlechte Bestehende an der Idealität des Vollkommenen maßen und die Knechtschaft des Tags mit der vergangenen Freiheit konfrontierten, indem sie, indirekt, die Veränderungsbedürftigkeit der gesellschaftlichen Zustände illustrierten und, statt harmonisch über die Unerträglichkeit der Wirklichkeit hinwegzutäuschen, durch eine strenge Trennung von Realitäts- und Schönheits-Reich – Schillers Schrift über die ästhetische Erziehung des Menschen! – mit dem Mittel des Scheins diese Unerträglichkeit erst denunzierten, setzten sie das Geschäft der Aufklärung fort. Nicht zufällig ist es der Begriff der Freiheit, der, konkretisiert am athenischen Beispiel, im Zentrum der klassischen Bildung während ihrer liberalen Phase stand: die Freiheit des Einzelnen, die Hegel in aristotelischer Weise als das Selbsteinkönnen des Menschen definierte (›Frei ist der Mensch‹, heißt es in der ›Metaphysik‹, ›der um seiner selbst willen, nicht um eines anderen willen ist‹); die Freiheit des Staates – man spricht von Athen, nicht von Sparta –, die Freiheit der griechischen Polis, die der junge Marx – wie vor ihm Schiller und nach ihm Nietzsche volle Feindschaft zwischen der Antike und der Gegenwart stiftend – von der christlichen Monarchie, die freie Gemeinschaft vom byzantinischen Staat abhob … ein republikanisches Gebilde, dessen Unwiederbringlichkeit zu betonen Marx auf der anderen Seite nicht müde wurde: deshalb die Aufforderung an die Deutschen, auf eigenem Boden jene Bedingungen zu schaffen, die es dem Menschen erlauben, sich als Mensch zu formieren.

Die Freiheit des Einzelnen, die Freiheit der Republik und endlich die Freiheit des Staats, die identisch ist mit der Freiheit des Individuums: Unter diesen Aspekten heißt es bei Hegel – Hegel, dem das Gemeinwesen der Französischen Revolution vor Augen stand, wenn er die antike Polis beschrieb: ›Die Griechen, ihrer unmittelbaren Wirklichkeit nach, lebten in der glücklichen Mitte der selbstbewußten subjektiven Freiheit und der sittlichen Substanz. Sie beharrten weder in der unfreien morgenländischen Einheit, die einen religiösen und politischen Despotismus zur Folge hat, indem das Subjekt restlos in der einen … allgemeinen Substanz untergeht, weil es in sich als Person kein Recht hat; noch gingen sie zu jener subjektiven Vertiefung fort, in welcher das einzelne Subjekt sich abtrennt vom Ganzen und Allgemeinen, um seiner eigenen Innerlichkeit nach für sich zu sein … Das Allgemeine der Sittlichkeit und die abstrakte Freiheit der Person im Inneren und Äußeren bleibt dem Prinzip des griechischen Lebens gemäß in ungetrübter Harmonie … die Substanz des Staatslebens war ebenso in die Individuen versenkt, als diese ihre eigene Freiheit nur in den allgemeinen Zwecken des Ganzen suchten.‹

Sätze aus der ›Ästhetik‹, Sätze, die zeigen, wie Hegel die durch die Revolution aufgeworfene Frage nach der Realisation von Freiheit mit Hilfe einer Rückbesinnung auf griechische Modelle zu beantworten suchte; Sätze, die exemplarisch auf die fortschrittlich beerbbaren Elemente in der ersten Phase des Neuhumanismus verweisen.

So betrachtet, muß mit Entschiedenheit betont werden, daß die Eliminierung der humanistischen Studien in unserem Land (zu befürchten in einem Augenblick, da die kapitalistische Gesellschaft nicht mehr der bildungsbürgerlichen Ideologen, sondern der auf Operationalität gedrillten Funktionärselite bedarf) ... so betrachtet, will gesagt sein, daß die Eliminierung dieser – als obsolet empfundenen und nicht mehr im Sinne einer Effizienzsteigerung zu instrumentalisierenden – Studien auch die Erinnerung an eine vom Geist bürgerlicher Aufklärung geprägte Epoche abschwächen würde ... und gerade darum ist es wichtig, die jakobinischen, republikanischen, bürgerlich-progressiven Elemente der neuhumanistischen Bewegung, vor und nach ihrer Humboldtschen Organisation, zu betonen ... Elemente, die unreflektiert und ohne ideologiekritische Besinnung fortzusetzen heute freilich bedeutete, aus einer heroischen Tragödie, entsprechend der Theorie des ›Achtzehnten Brumaire‹, eine Farce zu machen: auf die *Verwandlung* bürgerlicher Freiheitsmuster im Sinne des von Marx beschworenen realen Humanismus kommt es an!

Im Zeichen der Griechen suchte man sich – Winckelmanns und Lessings Kampf gegen die lateinisch-französische Tradition! – von der romanischen Vorherrschaft auf dem Feld der kulturellen Praxis zu befreien; die Gräkomanie diente mittelbar dazu, sich des eigenen Werts zu vergewissern und den Gedanken der nationalen Einheit zu befördern; mit Hilfe der Alten opponierte das langsam erstarkende Bügertum gegen die feudale so gut wie gegen die klerikale Bervormundung.

Man vergegenwärtige sich die Begeisterung, mit der Humboldt im 27. Paragraphen seiner Programmschrift über das Studium der Alten der ›einzigen eigentlich gesetzmäßigen Verfassung in Griechenland‹: der republikanischen, gedenkt; man erinnere sich, daß es nicht zuletzt Humboldts liberale Auffassung war, die der klassischen Bildung, ungeachtet ihrer staatlichen Organisation, den Charakter einer kritischen, der zweckhaften Indienstnahme nicht verfügbaren Disziplin gab; und man denke schließlich daran, daß Hölderlins letzte Vision vor seiner Umnachtung – Pierre Bertaux wies darauf hin – dem Aspekt der vaterländischen Umkehr galt, jener Revolution, die er, in den Anmerkungen zur ›Antigone‹, als die ›Umkehr aller Vorstellungen und Formen‹ akzentuierte und zu deren Anwalt er, in der ›Antigone‹ einen Zug der Rebellion aufspürend, den Republikaner Sophokles machte. Gerade am Beispiel des Jakobiners und Humanisten Hölderlin läßt sich zeigen, in welchem Ausmaß antike Muster um 1800 politisiert wurden und mit welcher Konsequenz die bürgerliche Klasse, die sich im Kampf mit dem Feudalismus als gesamtgesellschaftliches Subjekt konstituierte, griechischen Vorstellungen den Charakter von Ideologemen verlieh, mit deren Hilfe sich die Überwindung von konservativen Traditionen und die Inauguration einer eigenen Bildungswelt ermöglichen ließ.

Nun, der Radikalismus bürgerlicher Humanisten um 1800 blieb, in die Praxis nicht übertragen, ein Radikalismus ästhetischer Art, und die Rebellion blieb eine Rebellion der Idee, weil der republikanischen Imagination zu ihrer Verwirklichung eben jene reale gesellschaftliche Kraft fehlte, die das Antizipierte hätte einlösen können. Die Entwürfe der Philosophie und Literatur, scheinbar regressiv (immer wieder das Altertum beschwörend), in Wahrheit aber progressiv strukturiert (am Beispiel der Antike das Allgemeininteresse gegenüber obsoleten Privatinteressen vertretend) ... diese Vergangenheitsbeschwörungen, die getragen waren von der Ungeduld, das herrschaftslose Reich vorwegzunehmen, fanden keine Realisierung; im Gegenteil, die Diskrepanz zwischen der klassischen, die schlechten Zwecke einer bornierten Gesellschaft transzendierenden Bildung und dem nach wie vor feudal geordneten Obrigkeitsstaat wurde in jenem Augenblick manifest, als Heines große Phantasmagorie von der Synthese zwischen der politischen, der französischen, und der philosophischen, der deutschen, Revolution in einer kommenden Rebellion, die das gesamte Gesellschaftsgebäude von Grund auf verändern würde, sich endgültig als Phantasmagorie erwies.

Was sich längst schon angedeutet hatte, Ausdruck der deutschen Misere, stellte sich nun als factum brutum dar: das gesellschaftliche Debakel jenes liberalen Bürgertums, das, nur noch auf die Wahrung des eigenen Besitzstands bedacht, seine sozialen Intentionen preisgegeben hatte und den ›preußischen‹ Aspekt der Einheit mehr und mehr über den ›jakobinischen‹ Aspekt der Freiheit (von der Gleichheit zu schweigen): das nationale über das soziale Moment zu stellen begann ... womit am Ende dann Versailles gewonnen wurde, während die Bastille unerobert blieb. Und da beginnt nun das, was man den Sündenfall der Humaniora oder pathetisch: den Höllensturz jener klassischen Bildung nennen könnte, die, anfangs im Bunde mit den progressiv-latenten Kräften der Zeit, nun ihren Frieden mit den regressiv-potenten schloß.

Damit aber – Robert Minder hat es in eindrucksvoller Weise beschrieben – wurden die Fäden zum bürgerlichen Freiheitsdenken zerschnitten, die jakobinische Tradition brach ab, der Geist, auf den Entwurf von Gegenbildern verzichtend, hörte auf, was Schein und Täuschung war, durch eine schroffe Trennung von Realität und Kunstbezirk zu entlarven, und wurde, nunmehr bare Ideologie und Legitimierungsinstrument der Herrschaft, zum Komplizen der Macht; an die Stelle des revolutionären Patriotismus trat chauvinistische Emphase: man lese, unter dem Stichwort ›Hellas und Germanien‹, die Reichsgründungs-Deklaration verdienter Altphilologen; Kritik verwandelte sich in Affirmation; was einst Distanz war, präsentierte sich nun als Konsens; an die Stelle des Kampfes einer unterprivilegierten Klasse gegen feudale Kulturpraktiken trat die Kriegserklärung der Bildungs-und-Besitz-Fronde an das Proletariat. (›Bildung‹, um 1800 noch als Prägung der Persönlichkeit verstanden, erscheint, wie Frolinde Balser gezeigt hat, um 1850, sozial verkürzt, als Charakteristikum der regierenden Schicht; die offizielle preußische Statistik nennt deshalb folgerichtig, in der Mitte des Jahrhunderts, die oberste Gesellschaftsschicht ›wohlhabende und gebildete Klasse‹.) Elitäre Züge, früh schon angedeutet, dominierten mehr und mehr: ›Schickt diese Burschen‹, heißt es später bei Gustav Roethe, ›denen Hellas und Rom nichts zu sagen haben, ruhig auf die Realschulen; aber die kleinere Schar führt auf die Höhen des Lebens in fröhlichem Schritt, unbeirrt durch das Stolpern der Schwachen, die sehen mögen, wo sie bleiben.‹

Erst in der zweiten Hälfte des neunzehnten Jahrhunderts kann man von einer radikal apolitischen Ästhetisierung der klassischen Bildung sprechen; erst da erweist sich die ›illiterate‹, von der bildenden Kunst ausgehende Anschauung des Altertums, deren Normativität Winckelmann prägte, als ein gefahrvolles Erbe (so wie in der Frage des Realitätsbezugs der Künste der Triumph von Kants subjektivistischer Interpretation über Hegels gesellschaftsbetonte Deutung verhängnisvolle Konsequenzen gehabt hat); erst da sind Kultur und Politik, in Goethes Sicht noch identifizierbar, wirklich getrennte Bereiche ... Bereiche, deren jeder bei solcher Trennung freilich doch auf seine Kosten kommt: gibt der eine dem andern die ideologische Weihe, drückt aufs Bismarck-Reich den Gütestempel von Weimar, so sichert der andere dem einen die Erhaltung seiner Privilegien zu ... und wie gut sich der ›reine‹, auf die Durchdringung und Veränderung der Welt verzichtende Geist, der Geist der Tiefe und der Innerlichkeit, der wortlose, von ›rhetorischer Suade‹, ›zivilisatorischem Gerede‹ und ›literarischem Jakobinertum‹ gereinigte Geist, den, als ein später Fortsetzer reformatorischer Apologetik, Thomas Mann in den ›Betrachtungen eines Unpolitischen‹ beschwor (der gleiche Thomas Mann, der einige Jahre darauf in der Trennung von Marx und Hölderlin ein Symbol des deutschen Verhängnisses sah) ... wie gut sich dieser übersublimierte Geist mit dem baren Terror versteht, haben wir erlebt. Wir wissen um den Alibi-Charakter, den die Vorstellung der ›autonomen Persönlichkeit‹, mitsamt ihrer inneren Freiheit, dann gewinnt, wenn es gilt, gegen die Scheußlichkeiten der Welt die Würde jener gebildeten Persönlichkeit auszuspielen, deren Rang angeblich in ihrer Exterritorialität liegt. (Wie anders, auf die Tätigkeit innerhalb der bürgerlichen Gesellschaft verweisend, nach der allein sich die Bildung des Menschen bemesse, hat da Hegel gesprochen!)

Wie sie aussieht, die makabre Verbindung von Ästhetizismus und Terror, und in welcher Weise das eskapistische Element, das in der Parole von der Eigenständigkeit des Individuums so gut enthalten ist wie das revolutionäre Ingrediens, sich am Ende verabsolutierte, darüber ist nach Auschwitz ohnehin kein Wort zu verlieren; aber es sollte doch nachdenklich stimmen, wie mühelos gerade die Axiome der klassischen Bildung in antidemokratischer Weise interpretiert werden konnten – die Theorien des George-Kreises geben Anschauungsunterricht – und wie leicht die Botschaft des Neuhumanismus, die einmal, um der Freiheit des Einzelnen willen, kritische Distanz zur Macht verlangte, auf das Niveau einer Ideologie herunterkam, die, Zeichen elitärer Heroisierung, auf eine Distanzierung von den Machtlosen abzielte.

Entfernung von der kruden Faktizität der Geschichte – auf deren Vorläufigkeit und Veränderbarkeit die idealistischen Gegenbilder verweisen – wurde nun Abkehr von ganz bestimmten, mit konservativen Vorstellungen nicht übereinstimmenden Phänomenen der modernen Welt: Presse, öffentliche Meinung, Demokratie, Masse – ›die Masse ist als Masse urteilslos und fanatisch‹: so Werner Jaeger –, Parlamentarismus – ›Die parlamentarische Parteienherrschaft und Ämterbesetzung hat das Ergebnis gehabt, dem Aufstieg der Unbegabten Tür und Tor zu öffnen‹: so Ernst Robert Curtius –, dazu das Großkapital und die Herrschaft des Geldes, die man mit dem Topenarsenal mittelständischer Kulturkritik attackierte – Jaeger nennt, sehr konsequent, Großkapital und Arbeitermasse in einem Atemzug als Feinde der humanen Kultur! Die Paideia der Aristokraten als Schutzschild des von der Proletarisierung bedrohten Mittelstandes: kompensatorische Ideologie, wiederum, jetzt aber, anders als hundert Jahre zuvor, regressiv und reaktionär, mit dem Blick auf die Klasse *darunter*! Man sieht, der Katalog kulturkritischer Anachronismen ist lang, der elitäre und irrationale Tenor der Verlautbarungen spricht für sich selbst.

Und so war man dann konservativ unter dem Kaiser, vom ›geistigen Generalstab‹ sprechend, der ›durch die Schulen von Hellas und Rom gegangen sei‹, und bewies durch eine derart martialische Instrumentalisierung, wie sehr der Humboldtsche Bildungsgedanke im Laufe des Jahrhunderts depraviert worden war (unüberbrückbar die Diskrepanz zwischen der anti-utilitaristischen Ideologie und der zweckhaften, auf den ›Eintritt in den höheren Staats- und Kirchendienst‹ abzielenden Bestimmung der Bildung!); so war man konservativ, in schönem Konsens mit den Feinden der Republik, nach 1918 in Weimar, und in jedem Fall waren es nicht die kleinen Adepten, sondern die Meister, die sich hervortaten, als es galt, dem Imperialismus das nötige Selbstvertrauen zu geben ... die Meister, die sich nach dem Ende des Ersten Weltkriegs nicht genug tun konnten, die demokratischen Kräfte, entgegen einer erlauchten, bis hin zu Mommsen reichenden liberalen Tradition, an den Pranger zu stellen, wo immer es ging.

›Wer es fertigbringt‹, erklärte – noch einer der Gemäßigten! – anno 1920 Eduard Schwartz in einer Rede vor deutschen Studenten, ›das alte Weimar zu durchpilgern, ohne die abstoßende Erinnerung an die sogenannte Nationalversammlung, der fühlt in jedem Nerv den Zusammenhang mit dem Potsdam des großen Preußenkönigs und denkt daran, daß Karl August kein höheres Ziel seines Ehrgeizes kannte, als das, Offizier der preußischen Armee zu sein‹: ein Satz, mehr als ein Jahrhundert nach den Tagen gesprochen, in denen die Humanisten der klassisch-bürgerlichen Aufklärung, von Schiller bis Hölderlin, von Lessing bis Hegel, die freie Polis und das freie Individuum als ein autonomes, aber auf den gesellschaftlichen Wirkraum bezogenes Subjekt beschworen und ihr *in tyrannos* hinausgeschrien hatten; ein Satz, kaum eineinhalb Jahrzehnte vor jener Zeit formuliert, da der Faschismus endgültig usurpierte, was ihm die Vertreter einer Gymnasialbildung, die sich selbst als ›elitär, idealistisch, heroisch und bewußt national‹ etikettierte, nur allzu bereitwillig dargebracht hatten: Hitlers und Goebbels' abendländische Apotheose, die Beschwörung des heiligen Europa, geprägt von Griechen, Römern und Germanen – Europa, das es zu bewahren gelte vor dem Ansturm der asiatischen Steppe –, hatte nur Echo-Charakter: was man hineingerufen hatte, brüllte jetzt zurück.

So war Thomas Mann also im Recht, als er erklärte, die humanistische Bildung sei mit jener bürgerlichen Gesellschaft untergegangen, die sie einst trug? So wäre jetzt die Stunde da, in der das Hegelsche Diktum eingelöst wird. ›Es ist aber ein für allemal vergebens, wenn die substantielle Form des Geistes sich umgestaltet hat, die Formen früherer Bildung erhalten zu wollen. Sie sind wie welke Blätter, welche von den neuen Knospen, die an ihren Wurzeln schon erzeugt sind, abgestoßen werden‹?

Welke Blätter: wie vieles, längst schon obsolet, wird an bundesrepublikanischen Gymnasien noch immer traktiert, weitergeschleust von Klasse zu Klasse, nur weil die Tradition und der Lehrplan es wollen: Generationen von Schülern mit Ovids ›Metamorphosen‹ gelangweilt, die lateinische Unterweisung mit Caesar, die griechische mit Xenophon begonnen; ›der Krieg ist der Vater aller Dinge‹, heißt die Devise, *enteuthen exelaunei stathmous treis, parasangas pente*, damit verglichen präsentiert sich Asterix als wahrer Homer; aber im Grunde ist der Gehalt ohne Belang, wenn Caesar seine Brücken über Flüsse schlägt, dann geht es um Gerundium und Gerundiv, und wenn dem Xenophontischen Soldaten – oder ist er gar ein Lochage? – die Gedärme aus dem Leib heraushängen – o unvergeßlicher Eindruck in Untersekunda! –, dann heißt es: ›Was schert uns der Darm? Die Schüler üben die Verben auf -mi.‹ (Und das mit einer Routine, die jene humanistischen Gymnasien um 1900 ausgezeichnet haben mag, an denen, mit Ausnahme des Mathematikers, das gesamte Lehrerkollegium aus Altphilologen bestand.)

Man sieht, wir stehen mit dem Rücken zur Wand; es gilt, sich zu entscheiden, was als Ballast preiszugeben ist und was auf jeden Fall behauptet werden muß. Preiszugeben – dies vorweg – ist zuallererst jene abendländische Ideologie, die, unter dem Vorwand, historische Kontinuitäten zu wahren, nur der Legitimation des status quo, der Aufrechterhaltung bestehender Herrschaftsverhältnisse und der Absicherung des schlechten Wirklichen gegenüber der Problematisierung durch das mögliche Bessere dient. Preiszugeben und in seiner Irrationalität zu durchschauen ist jenes heilsgeschichtliche Denken, das, den Blick auf das Klassische als ein vermeintlich transhistorisches Phänomen gerichtet, festhält am Gedanken der Kanonität und Universalität des griechisch-römischen Erbes und damit Denkmuster, die in einer bestimmten Situation Relevanz besaßen, verabsolutiert.

Daß diese Betrachtungsweise, die Vorstellungen der deutschen Klassik unreflektiert übernimmt und antike Vollkommenheit mit dem Vokabular der Goethezeit (herabgesunken zum Schmuckelement des bildungsbürgerlichen Florilegiums) verherrlicht, tatsächlich alle Katastrophen und Kriege ungebrochen überdauert hat, mag ein einziges Zitat verdeutlichen: ›Die Akropolis in Athen und das Kapitol in Rom waren für uns geistige Sinnbilder für Freiheit und Ordnung. Das Recht des Individuums, die Würde des Menschen, die Idee der Gerechtigkeit, der Sinn für das Maß, das Verständnis für Kosmos im Sinne einer geistig erfüllten Ordnung, die angstvolle Scheu vor dem Chaos … sind Ideen … denen ich sehr Wesentliches meiner Ausprägung verdanke.‹

So, die Beschwörung des Geists der Antike, die Hofmannsthal anno 26 in hymnischer Rede vortrug, in einer eher schlichten Sprache rekapitulierend, Konrad Adenauer in Beantwortung einer Enquête aus dem Jahre 1964 ... eine Äußerung, die sich mühelos durch eine Blütenlese vergleichbarer Bekundungen ergänzen ließe, wobei es befremdlich anmutet, daß die unproblematisierte Gleichung ›griechisch = humanistisch‹ und ›klassisch = kanonisch‹ sich auch – und gerade – in Grundsatzreferaten der DDR nachweisen läßt: Schon das Thema, das sich die vom 23. bis zum 25. Januar 1969 in Jena tagende Arbeitskonferenz stellte, ›das klassische Altertum in der sozialistischen Kultur‹, läßt erkennen, daß hier Marxens Bewertung der griechischen Kunst als ›Norm und unerreichbares Muster‹ und die durchaus bürgerliche Interpretation dieses Tatbestands: ›Warum sollte die gesellschaftliche Kindheit der Menschheit, wo sie am schönsten entfaltet, nicht ewigen Reiz ausüben?‹ höchst ahistorisch und unmarxistisch abstrahiert worden ist ... und es kommt noch hinzu, daß auch die am Exempel solcher Idealität entwickelte Vorstellung der ›harmonischen Persönlichkeit‹ in Gefahr ist, jenes dialektische Element zu verlieren, das ihr in der Goethezeit den ›antagonistischen‹ Aspekt, im Sinne des *nen diapheron heauto*, beließ. (Auf der anderen Seite sei mit Nachdruck betont, daß, im Gegensatz zur Bundesrepublik, in der DDR zumindest ansatzweise eine ideologiekritisch bestimmte Analyse des klassischen Bildungswesens und seiner sozialhistorischen Implikationen ins Werk gesetzt wurde: Johannes Irmschers beispielhafte Untersuchungen über Die Antike im Bildungswesen der Weimarer Zeit und zur Zeit des Faschismus bedürfen der Erweiterung.)

Angesichts so vielfältiger Mythisierungen, die dem ›klassischen‹ Altertum Kanonität bescheinigen (als hätte es nie eine historistische Relativierung der Antike gegeben), scheint es an der Zeit zu sein, auf die durchaus realistische Manier zu verweisen, mit der – wie Irmscher gezeigt hat – zumal die frühen Neuhumanisten die klassischen Studien den Bedürfnissen der bürgerlichen Gesellschaft unterstellten: wie nüchtern verwies man auf Analogien zwischen dem Ideal der freien Polis in der Antike, als einem sozialen Vorbild, und der Gleichheitsvision des eigenen Zeitalters, und was für Gesner und Heyne gilt, trifft auch für Humboldt zu ... Humboldt, der sich sehr wohl bewußt war, das Altertum idealer angeschaut zu haben, als es in Wirklichkeit war; es gilt für Schiller, dem es in seinem Aufsatz über die Gesetzgebung des Lykurgus und Solon um die Beschreibung hellenischer Despotie ging – ein Gesichtspunkt, den Goethe später aufnahm; es gilt für Matthias Claudius – ›die Griechen kamen auch nur mit einer Nase zur Welt‹ –, und es gilt für den großen Philologen Friedrich August Wolf, der es – man höre und staune – für überflüssig erklärte, daß ein Mediziner Latein lernen müsse. (Die Forderungen der Schule, dieses am Rande, waren zur Zeit des Neuhumanismus keineswegs übertrieben: Thukydides wurde, im Gegensatz zu heutigen Usancen, damals in manchem Schulerlaß als für Primaner zu schwierig bezeichnet.)

In einem Augenblick, da das ›klassische Erbe‹ zum bürgerlichen Hausschatz geworden ist (oder – das ist paradox – zu einer Art von materialistischer Marschverpflegung im Stile Alfred Kurellas: ›Ich kann mir keinen Sozialisten denken, der nicht verstünde, daß die Welt der Ideen und Bilder, der Begriffe und Gestalten, der Mythen und Theorien, die die europäische Antike hervorgebracht hat, nicht nur zur selten in Anspruch genommenen eisernen Ration, sondern zur täglichen Nahrung der sozialistischen Persönlichkeit gehört‹) – in einem solchen Augenblick sollte es unsere Aufgabe sein, das Theorem T. S. Eliots zu beherzigen, das da besagt: die Vergangenheit erfährt durch die Gegenwart eine genau so große Umwandlung wie die Gegenwart ihrerseits Richtlinien von der Vergangenheit empfängt: ›Jedes neue Kunstwerk, jeder neue Gedanke verändert das gesamte frühere Rang- und Ordnungs-System‹ – und je entschiedener dies geschieht (fügen wir, die Eliotsche Maxime weiterdenkend, hinzu), desto eklatanter wird die Veränderung jener älteren, ihrerseits vielfach vermittelten Werke, deren Größe identisch mit ihrer Unfertigkeit ist, einer Unfertigkeit, die den Charakter eines Versprechens hat und zu deren Wesen in erster Linie das Appellative gehört, der Wille, es noch einmal, zum zweiten oder hundertsten Mal zu versuchen und immer neue Variationen auszuprobieren: Odysseus als König und Prolet, als Höllensohn und christlicher Ritter, als stoischer Weiser und epikureischer Vielfraß, als Kriegsdienstverweigerer und Militarist, als Lutheraner und Jesuit, als Faschist und als Jude!

Was Theodor Fontane, nach einer Aufführung des ›König Ödipus‹ einst als problematisch ansah: die Tatsache, daß jeder aus diesem Stück heraushören könne, was ihm passe – eben diese Ambivalenz und Polysemie, das große Versprechen, das Brecht in seinem Gedicht-Zyklus ›Über die Bauart langdauernder Werke‹ als Signum der bleibenden Zeugnisse herausgestellt hat, gibt so vielen Dokumenten der Antike ihren Rang.

Unhaltbar noch
Wie die Maschine, die gebraucht wird
Aber nicht ausreicht
Aber eine bessere verspricht
So gebaut sein muß
Das Werk für die Dauer wie
Die Maschine voll der Mängel.

Unter solchen Zeichen liegt die Bedeutung der ›klassischen‹ Zeugnisse nicht in ihrer Integrität, sondern in der Fähigkeit, sich in einem ständigen Veränderungsprozeß als negierenswert zu erweisen. Nicht die Vollkommenheit, sondern die Vorläufigkeit, nicht die Klassizität, sondern das Moment jener Unzureichendheit auf höchstem Niveau, mit der sich die Nachfahren nicht abfinden können und die sie auszugleichen trachten (womit dann gerade das Unzureichende wortwörtlich Zureichungs-Charakter gewinnt): Der Aspekt der Fragilität und Veränderbarkeit … die Endlichkeit ist es, die antike Phänomene immer wieder überdauern läßt. Wie anders sehen wir die Sirenen-Episode aus der ›Odyssee‹ nach den Interpretationen von Kafka (›Das Schweigen der Sirenen‹), Brecht (›Berichtigungen alter Mythen: Odysseus und die Sirenen‹) und Horkheimer-Adorno (›Odysseus oder Mythos und Aufklärung‹)! Wie anders nimmt sich die Struktur der griechischen Tragödie nach dem Entwurf der Brechtschen Theorie aus! Wie treten da plötzlich Züge zutage, die man jahrhundertelang übersah: der epische Duktus, es gibt keine Dramatik, die Aktion vollzieht sich hinter der Szene und wird durch den Botenbericht auf die Bühne transponiert; auch ist Verfremdung mit im Spiel: der Stilisierung auf der einen Seite – Männer stellen Frauen dar – entspricht auf der anderen naturalistische Drastik; Tragik und Komik ergänzen einander; die Form ist offen, kein lessingsches ›erstochen und geklatscht‹, sondern ein Bedenken der Weiterungen steht am Ende der Stücke ... das alles, durch die Theorie des epischen Theaters, ihre Enthüllungen und ihre Fehldeutungen, plötzlich erhellt!

Wie lange
Dauern die Werke? So lange
Als bis sie fertig sind.
So lange sie nämlich Mühe machen
Verfallen sie nicht.
Einladend zur Mühe
Belohnend die Beteiligung
Ist ihr Wesen von Dauer, so lange
Sie einladen und belohnen.

Diese Einladung anzunehmen bedeutet: die klassischen Texte ihrer Klassizität zu berauben, ihnen ihre Geschichtlichkeit und mit ihrer Geschichtlichkeit jene Kraft des Widerspruchs zurückzugeben, die sich der Domestizierung verweigert und so, als antagonistische Potenz, in einer Welt der totalen Funktionalität auf einen Gegenbezirk verweist, dessen Wesen es ist, nicht verfügbar zu sein.

Unter diesem Aspekt ist es gerade die Zeitferne, das schon von Hegel in seiner Schulabschlußrede (vom 28. September 1809) betonte Element der Fremdartigkeit, das, in jüngster Zeit vor allem durch Uvo Hölscher und

Manfred Fuhrmann herausgestellt, der klassischen Bildung mit ihrer Unzeitgemäßheit auch die Möglichkeit gibt, sich kritisch distanzieren zu können. ›Kontrasterlebnis‹ und ›Fremderfahrung‹ verhindern eine vorschnelle Identifikation mit dem jeweils Verlangten; das Obsolete verweist, den Zwängen und Zwecken enthoben, auf ›einen Grund von Gegenteil‹ und stellt so, verfremdend, den herrschenden Positivismus in Frage; das historische Potential – aufklärerisch interpretiert und kritisch durchdrungen – gewinnt, mit Adorno zu sprechen, den Charakter eines Gegen-Elements zu jener ›zwanghaften Unmittelbarkeit‹, die, unter Effizienz-Gesichtspunkten den Wissenschaften abverlangt, ›die Menschen daran hindert, den Mechanismus zu erkennen, der sie verstümmelt.‹

So betrachtet, ist für die humanistische Bildung der Fluch der Musealität mit der Chance identisch, ihre Autonomie bewahren zu können und sich damit – dem Verwertungsprozeß zumindest partiell entzogen: abgehoben von der Gesellschaft – als eine Meta-Wissenschaft zu konstituieren, die den ›geistigen Raum erhalten (kann), in dem kritisches Überschreiten, Opposition und Absage sich entfalten‹ können: so Herbert Marcuse, der nicht zufällig, im Zusammenhang mit seinen Überlegungen über die nichtoperationelle (vielmehr transzendente) Dimension einer nichtwissenschaftlichen Kultur, unter deren potentiellen Verwaltern neben den Schriftstellern gerade die klassischen Philologen erwähnt ... und in der Tat, wer wäre geeigneter, die etablierte Wirklichkeit, in Marcuses Sinn, mit jenem nicht in die Wirklichkeit überführten, aber auf historische Realisierung abzielenden Humanisierungsfundus zu konfrontieren, als die Anwälte einer Disziplin, deren Geschichte eine Geschichte gewaltiger Antizipationen und bescheidener Einlösungen, großer Versprechen und barbarischer Versagungen, kühner Ideen und schneidender Frustrationen ist, eine Geschichte der rationalen Aufklärung, die mit den Griechen in die Welt kam, und der romantisierenden Remythisierungen, eine Geschichte immer neuer Anläufe: eine wahre Sisyphos-Geschichte, bestimmt von Rebellion und Eskapismus, gezeichnet von der revolutionären Hoffnung bürgerlicher Aufklärung und dem Verrat dieser Hoffnung im Laufe des letzten Jahrhunderts ... eine Geschichte, deren Bedeutung sich danach bemißt, ob und in welcher Weise die in ihr bewahrten Humaniora das Bestehende zu transzendieren vermögen.

Die Chance ist groß, die Hoffnung, daß sie genutzt wird, gering. Die konservative Tradition dominiert; falsche Bundesgenossen, so steht zu befürchten, werden dem Humanismus, dessen Ideologie sie – auf Ertrag im Augenblick bedacht – längst als obsolet kassiert haben, bald schon das Lichtlein ausblasen. Es sind nur wenige, Fortsetzer der kritischen Theorie meistens, die erkannt haben, daß es, um der zu bewahrenden und zu erweiternden Freiräume willen, keinen anderen Weg gibt, als jene Tradition fortzusetzen und in Hegels Sinn aufzuheben, die, klassisches Bildungsgut zur Förderung republikanischer Bewußtwerdung nutzend, mit Lessing begann und bis zu Karl Marx reicht ... eine Tradition, deren Bogen sich vom bürgerlich beschränkten bis zu jenem realen, die Freiheit der Gleichen garantierenden Humanismus spannt, dessen Verwirklichung heute wie zu den Zeiten aufgegeben bleibt, als der neunzehnjährige Student aus Berlin den Rechenschaftsbericht an seinen Vater schrieb.

Martin Luther
Prediger, Poet und Publizist

1983

›Ich kenne einen Menschen, der versichert hat, er habe die Strafen (der Hölle) mehr als einmal erlitten; sie hätten zwar nur sehr kurze Zeit gedauert, wären aber so schwer und so höllisch gewesen, daß ihre Gewalt keine Zunge aussprechen und keine Feder beschreiben könne – Wenn sie ihren höchsten Grad erreichen, ja nur den zehnten Teil einer Stunde anhalten würden, so müßte er gänzlich zugrunde gehen und alle seine Gebeine würden in Asche verwandelt ... In solchem Augenblick kann die Seele nicht glauben, daß sie jemals erlöst werden könne ... weit ausgespannt ist sie mit Christus, so daß man gleichsam alle ihre Gebeine zählen kann, und es ist kein Winkel in ihr, der nicht mit der bittersten Bitterkeit, mit Schrecken, Zittern und Traurigkeit angefüllt wäre, und alle von ewiger Dauer‹: Der Augustinermönch Martin Luther, der 1518, in seinem Traktat ›Resolutionen oder Erklärung der Thesen von der Kraft der Ablässe‹, das innerliche Höllenfeuer, das weit schrecklicher als jedes äußerliche sei, für unbeschreibbar erklärt, urteilt zu bescheiden über die ihm eigene Gabe der Vergegenwärtigung von höllischem Elend und ewiger Qual – *viel* zu bescheiden. Wenn es, nach Augustin und Dante, einem Schriftsteller gelungen ist, Verdammnis und Erlösungsbedürftigkeit des Menschen, die Situation an der Grenzscheide von Gericht und Befreiung, Todesurteil und Losspruch sichtbar zu machen, dann ist es Martin Luther gewesen.

›Ich kenne einen Menschen‹: Mit diesen, dem zweiten Korinther-Brief entnommenen Worten bringt der Schreiber, distanziert und ichbezogen zugleich, ein Subjekt ins Spiel, dessen Leidenserfahrungen, Schmerzen, Versuchungen, Irrwege, Hoffnungen, Zweifel und endliche Gewißheiten er in immer neuen Anläufen, anfangs in verzagter Rede, später gelassener (wenngleich niemals unbedroht) artikuliert hat. Einerlei, ob er biblische Texte auslegte, Flugschriften schrieb oder im Disput mit großen und kleinen Kontrahenten Grundsatzfragen erörterte: Martin Luther hat sich nie gescheut, von sich, seinen Ängsten und Anfechtungen zu reden: ›Ich selbst‹, läßt er Erasmus in der Schrift ›Vom unfreien Willen‹ wissen, ›bin mehr als einmal bis in die Tiefe und in den Abgrund der Verzweiflung hinabgestoßen worden, so daß ich wünschte, ich wäre nie als Mensch erschaffen worden, solange ich nicht wußte, wie heilsam und wie nahe der Verzweiflung solche Gnade ist.‹

Mit einer Inständigkeit, die in der Literatur ohne Beispiel ist, hat Luther die Seelenlage eines Menschen veranschaulicht – seine eigene! –, der Tod, Fegefeuer und Jüngstes Gericht im Hier und Jetzt durchlebt, das große Sterben, ›was über die ganze Welt kommen wird‹, beispielhaft vorwegnimmt und Zeugnis von jenen ›harten Stößen‹ und ›Püffen‹ gegen das Herz gibt, deren zermalmende Kraft er auf den Begriff bringt, indem er die Gedächtnis-Höhle Augustins mit ihren Gängen, Kammern und Nischen in eine Gewissens-Höhle verwandelt: ein inneres Inferno, in dem der Teufel den Hauptpart spielt, der ›höllische Kaiser‹ und ›Gott dieser Welt‹, mit dem Luther sein lebenslanges Zwiegespräch führte.

Niemanden – weder Christus noch den Papst oder Frau Käthe – hat man zu Wittenberg so wort- und bildreich wie den Teufel beschrieben: den Herrn und Meister der Lutherschen Nachtkriege, den Disputator, der die witzigen Paradoxien ans Herz und die Nüsse an die Zimmerdecke schnellen läßt, den Gesell, der in der Regenrinne, unterm Tisch und – sein liebster Aufenthalt – im Bett, als Luthers Schlafgenosse, sitzt. (›Er schläft viel mehr bei mir denn meine Käthe.‹)

Hausteufel! Eheteufel! Zauberteufel! Saufteufel! (›Sauff‹: der Beelzebub aller Deutschen.) Freßteufel! Kleiderteufel! Fallensteller! Herbergsvater! Liedleinsinger! Spekulierer! Disputator! Die Synonyma jagen sich;

Hunderte von Vokabeln werden aufgeboten, um den ›schwarzen Nickel‹, den ›Poppelmann‹ und ›Meister Klügel‹ dingfest zu machen und derart jene vier Worte zu bestätigen, die da lauten: ›Ich kenne ihn wohl.‹

Der Ort der Anfechtung – nicht das Dante-Reich der Unterirdischen, sondern die Region des bösen Gewissens im Innern des Menschen (›denn ein jeglicher hat seine Hölle mit sich, wo er ist, solange er die letzten Nöte des Todes und Gotts Zorn fühlt‹) … der Ort der Anfechtung aber ist für Luther nicht nur die Herrschaftszone des Teufels, sondern zugleich ein Reich, in dem der Bedrohte Geistergespräche mit den biblischen Figuren der Schrift führt: imaginäre Dialoge, in deren Verlauf die angefochtenen Heiligen (Abraham, Hiob oder Petrus) den Charakter von Nothelfern gewinnen – Nothelfer wie es Paulus war, mit dem Luther über den Teufel und das Kreuz disputierte, Nothelfer wie Jesus von Nazareth, dessen Niedrigkeit mitsamt aller Angst, Todesnot und Verzweiflung der Reformator wieder und wieder in dramatischer Rede vorgeführt hat: ›Der Teufel hat ihn geplagt‹; ›ist nicht ein Spiegelfechten gewesen, die Passion, sondern ein Ernst‹; ›er war kein Stock noch Stein‹.

›Christus‹, heißt es in Luthers Karfreitagspredigt, 18. April 1522, sei ein ›fein pur lauter Mensch‹ gewesen. ›Darum hat er auch … in des Todes Ängsten so getrauert und gezagt … Die Angst aber ist, eh einer stirbt, ein Stund oder vier vor dem Tod, wenn einer sieht dem Tod in die Freß hinein, sieht, daß der Tod seinen Rachen aufsperret und auf ihn zufallen will. Da geht dann ein solch Not und Angst an, ein solch Zagen und Trauern, daß es ihm durch alle seine Gliedmaß geht, durch Leib und Leben, durch Mark und all Gebein‹, und diese Angst und Traurigkeit hat ›Christus auch gehabt, und viel härter denn sie etwa ein Mensch versucht hat, denn das ist ihm vorbehalten, daß er nicht wahnsinnig worden ist, sein Vernunft ist ihm lauter, klar und rein blieben, und je klarer die Vernunft den Tod ansieht, je schrecklicher er ist, je mehr Angst er auch macht.‹

Ein Jesus-Porträt in der Form eines Lutherschen Selbstbilds: der Gekreuzigte als erhabenes *alter ego* eines Poeten, dessen Ziel es war, im Angesicht mittelalterlicher Höllenschrecken, Vernunft zu bewahren und dort, mit einem Höchstmaß von phantasiebestimmter Präzision, Eindrücke zu notieren, Visionen in klaren deutschen Sätzen zu bannen und aus Schreckens-Phantasmagorien plastische Szenen zu machen, wo andere, nach Luthers Wort, ›toll und unsinnig‹ werden.

Das vermeintlich Unbeschreibbare zu formulieren und das Spektakulärste – Anfechtungen auf dem Seelenschauplatz, Apokalypse, unmittelbar bevorstehendes Ende der Welt – in ein wohlgegliedertes Drama, mit Szenenanweisungen, Gesprächen über die Zeiten hinweg und großen Monologen des Autors, zu verwandeln: Das ist Luther gelungen, weil er die Bibel in der Form einer zeitgenössischen Moritat nachzuerzählen verstand. Jerusalem und Wittenberg, Kapernaum und das Augustiner-Kloster rückten nah zueinander, und die Fresser und Säufer, Hochzeithalter und Häuserbauer von Sodom sahen sich in sächsische Bauern und Herren von Adel umfiguriert, die mit ihren ›Joachimstalern und Ketten‹ prunkten und den warnenden Lot alias Martin Luther als Toren verlachten. (›Du lieber Lapp‹, läßt der Prediger seine Landsleute sagen, ›zu morgen früh [aber], da die Sonne aufging, ward der Himmel schwarz, erhub sich ein groß Wetter, plitz, platz waren sie in inferno.‹)

Wenn Luther die Bibel exegesiert, verwandelt er Figuren aus dem Bereich frommer Legende in Gestalten, die sich wie Zeitgenossen aufführen: Jesus trägt nach der Taufe, als Zeichen der höchsten Ehre, der Würde des Doktors, ein rotes Barett, und Noah macht sich Gedanken über den Mist in der Arche: Wohin mit dem Dung all der Tiere? (Antwort: Nur frisch aus dem Fenster gekippt! Durch ein Loch von einer Leipziger Elle im Quadrat geht hinaus, was da will.)

Pointiert ließe sich sagen: Abraham, Jesaja, der barmherzige Samariter oder die Kindsmutter Maria waren Luther vertrauter als Erasmus oder Friedrich der Weise. In der Welt der Bibel, deren Wüste er mit der Heide zwischen Wittenberg und Leipzig verglich, war er, wortwörtlich zu Hause: Da lebten liebe Bekannte, deren Geschick er ausmalte und auf sich selber bezog. Als wäre er ein naher Verwandter, schlüpfte Luther in Petrus' Wams, schaute mit Noah aus der Luke heraus, stimmte in Josephs Klagelied ein und machte aus dem Beraubten des Samaritergleichnisses eine Elendsgestalt, die exemplarisch auf das Los der Kreatur in Zeiten von Gewalt und Krieg verweist: ›Die Mörder … haben uns beraubet und verwundet, und haben uns halb tot lassen liegen, wir zappeln noch ein wenig, da liegt Roß und Mann, können uns aber selbst nicht aufhelfen. Und wo wir also liegend gelassen würden, da müßten wir sterben vor großer Angst und verschmachten, es würden uns Maden in den Wunden wachsen und würde Jammer und Not werden.‹

Zwei oder drei vorgegebene Sätze aus der Heiligen Schrift, eine knapp angedeutete Szene, eine Rede mit wenigen Gedanken (und noch weniger Worten), und schon sieht Luther sich herausgefordert, fängt an weiterzudichten, auszuschmücken, dazuzuerfinden, macht aus Skizzen monumentale Gemälde und aus Abbreviaturen Genreszenen im Stil seines Jahrhunderts: ›Daß sich solch eins jungen Weibs‹, so die Kirchenpostille von 1522 über Lukas 2, 1–14, ›daß sich solch eins jungen Weibs, die ihr erst Mal gebären sollt, niemand hat erbarmet, niemand ihren schwangern Leib zu Herzen nommen, niemand angesehen, daß sie in fremden Orten nit hat das aller mindste, das einer Kindbetterin not ist! Sondern allda … ohn Licht, ohn Feuer, mitten in der Nacht, im Finstern allein ist, niemand beut ihr einigen Dienst an, wie man doch natürlich pflegt schwangeren Weibern, da ist jedermann voll und toll in der Herberge … daß sich dies Weibs niemand annimt! Ich acht auch, sie hab sich selbst nit so bald vorsehen ihrer Geburt, sie wäre sonst vielleicht zu Nazareth blieben. Nun denk, was mögens für Tuchle gewesen sein, da sie ihn einwickelt, vielleicht ihr Schleier oder was sie hat mögen entbehren an ihrem Leibe … daß sie aber in Josephs Hosen sollt ihn gewickelt haben … das laut allzu lugerlich und leichtfertig.‹

In der Tat, wenn für Luther *ein* Begriff nicht gilt, dann ist es ›Einschüchterung durch Klassizität‹. Statt den Text zu nehmen, wie er ist, spinnt der Poet sein Garn, sagt ›vielleicht‹ und nicht ›so ist es gewesen‹, läßt Möglichkeiten über die Wirklichkeit triumphieren, stellt Fragen – und beginnt noch einmal von vorne: So oft Luther über das Evangelium des Christtags (um nur dies zu nennen) gepredigt und meditiert hat – immer fallen ihm neue Nuancen, Arabesken, überraschende Weiterungen ein: Warum, fragt er, 1544 in der Hauspostille, hat niemand in der Herberge Leintuch, Polster, Kissen und Federbett zur Verfügung gestellt? Weshalb mußte sich die ›Kindbetterin‹ erkälten, gezwungen, ihren Mantel herzugeben, während man drinnen, in der Herberge, praßte, fraß und mit Gewändern Aufwand trieb? Und warum stand niemand dem Vater zur Seite (Joseph hat ›auch müssen das beste tun‹), als er um Wasser für das junge Weib im Kuhstall bat? (›Pfui dich an, du schändliches Bethlehem, man sollt die Herberg mit Schwefel anstekken. Denn [wäre] die Jungfrau Maria ein Bettlerin … oder ein unehrliche Frau gewesen, die die Ehr hätt' hintangesetzt, so sollt man doch zur solchen Zeit, ihr zu dienen, willig und geneigt sein.‹)

Was 1522 wie Schamade klingt, dröhnt ein Vierteljahrhundert später im Fanfarenton: Aus der Idylle, die von Armut und Bescheidenheit kündet, ist ein Pamphlet geworden, das Jesu Elend und Jammer (›hier dienet er uns und legt sich in unseren Schlamm‹) mit der Hoffart der Welt, dem Übermut der Reichen und der Gnadenlosigkeit der Habenden konfrontiert.

Hier die Niedrigen und dort die im Regiment, hier der Barbier (›Meister Petrus, der Balbierer‹), dem Luther die Erbauungsschrift ›Wie man beten soll‹ dediziert, hier der Kriegsmann oder die Magd und dort der Hofstaat zu Rom, Bischöfe und Kardinäle; hier der Stall und dort die Herberge; hier das Kreuz und dort die Zwingburg des Wider- und Endchristen, der Palast des Papstes. Unter diesen Aspekten stellte der Schriftsteller Luther, auf die Herausarbeitung schlagkräftiger, rhetorisch wirksamer Antithesen bedacht, das Demuts-Reich, in dem der ›im kalten Winter, im fremden Lande‹ Geborene beheimatet ist, dem Reich der irdischen Majestät gegenüber, wo die großen Hänse schalten und walten: sie, die das Kind vergessen haben und die Warnzeichen am Himmel nicht sehen, in denen Luther, wie viele seiner Zeitgenossen, von Leonardo bis Albrecht Dürer, Vorboten des nahenden Gottesgerichts zu erkennen glaubte: ›Und gehen ... Zeichen durch die ganze Welt in Schwang ..., daß wir des gewiß sein sollen und nicht denken, daß sie ohngefehr geschehen und nichts sonderlichs bedeuten.‹

Fünfundzwanzig Jahre lang, von den Tagen des reformatorischen Durchbruchs bis zu seinem Tod, hat Luther biblische Niederkeit mit der Glorie der vom Evangelium abgefallenen Sodom-Bürger seiner Zeit konfrontiert, die Tod und Gericht verdrängen möchten, und hat Jesus von Gethsemane, dessen Blutschweiß er mit dem gleichen visionären Realismus wie den Kuhstall zu Bethlehem beschrieb, zum Richter des römischen Papstes gemacht. Lucas Cranach dachte in seiner Bildfolge ›Passional Christi und Antichristi‹ von 1521, für die Melanchthon und der Jurist Schwerdtfeger die Unterschriften verfaßten, Luthers Antithese zuende: ›Christus in Demut wohnet bei den Armen – des schämt sich der Papst, das ist zum Erbarmen‹; ›In Armut und Fried war Christus geboren. Zu Krieg und Hoffart der Papst erkoren‹; ›Christus hat selbst seine Schäflein geweidt. In Wollust lebt dieser und Üppigkeit.‹

Nur keine evangelische Glorie, kein pompöses Ausmalen des Wortes, kein Bildzauber und kein Übertünchen der bescheidenen, nüchtern und schlicht geschriebenen Vorlage lautet Luthers Devise: darum sein Beharren auf der Menschlichkeit Jesu, seiner Ohnmacht und der Verzweiflung am Kreuz – ›man muß ihn je ein

Menschen lassen bleiben, der etlich Ding nit hat gewist‹; darum sein Beharren auf dem Magdtum Marias, das in der Auslegung des Magnifikat zu strikter Anweisung an die Künstler führte, dem Realistisch-Niederen in gleicher Weise Achtung wie der erhabenen Stellung einer von Gott Auserwählten zu zollen. Zum überschwenglichen Reichtum Gottes habe sich tiefe Armut, zur göttlichen Größe die Kleinheit, zur göttlichen Güte das Unverdienst, zur göttlichen Gnade die Unwürdigkeit Marias zu fügen: In die Irre ginge, wer als Künstler die Jungfrau ›also abmale und vorbilde, daß nichts Verachts, sondern eitel große hohe Ding an ihr anzusehen‹ seien.

Nicht einschüchtern, so Luthers Forderung, solle die künstlerische Auslegung biblischer Texte den Betrachter und Leser, nicht in ›blöd und verzagt machen‹, sondern im biblischen Vorbild eine Figur aus Fleisch und Blut erkennen lassen, die den Gläubigen zu hilfreicher Nachfolge einlüde.

Im Zustand der ihm eigenen *wachen Begeisterung* und *nüchternen Entrückung*: als Exeget, dessen Auslegungskraft in gleichem Maße zunahm, wie die Macht der Anfechtungen wuchs, denen er ausgesetzt war, hat Luther sich Fremdes zu eigen gemacht und, ineins damit, Eigenes im Anderen und Fernen verfremdet: ohne die Erfahrung unterm Kreuz kein Verständnis der Botschaft, ohne das Hören aufs Wort kein Begreifen der Seelenlage eines Christen in Betrübnis und Hoffnung.

Experienz und Auslegung gehören für Luther untrennbar zusammen: wobei Erfahrung nicht nur existentieller Bezug zum Wesensverwandten, sondern auch redliches Sich-Umtun, Wissens-Aneignung und ein Höchstmaß von Gelehrsamkeit hieß. In äußerster Verzweiflung Gottes Gerechtigkeit zu erfahren, Anfechtung, in den Spuren Jesajas, als eine Kraft zu begreifen, die sinnstiftend wirke, im Apostel Paulus, dem von den Fäusten der Engel Geschlagenen, den *frater sub cruce* auszumachen: das ist für den Schriftsteller Luther die eine *conditio sine qua non* der rechten Bibelauslegung gewesen – aber eben auch nur die *eine*. So wichtig ihm die Inspiration jenes Betroffenen war, der, im Sinn des tropologischen Schriftverständnisses, das biblische Wort auf die eigene Situation, die eigenen Anfechtungen und Teufels-Disputationen bezieht, und so nachdrücklich der Ausleger darauf bestand, daß niemand den Geist einer Schrift wie des Psalters verstünde, der nicht die gleichen Affekte verspüre wie der Psalmist, also auf Grund eigenen Erlebens urteilen könne, so daß er, im Herzen fühlend, was von außen durch das Wort an ihn herangetragen werde, zu sagen vermöge: ›Eia, vere sic est‹ (Ja! So ist es in Wahrheit!) ... so emphatisch Luther die Übereinstimmung von ›Herz‹ und ›Text‹, dem Gemüt des Lesers und dem Wort der Schrift, als Voraussetzung angemessenen Verstehens begriff, so entschieden bestand er auf der anderen Seite darauf, gerade die biblischen *Realien*, von der Geographie bis zur Folklore, für wichtig zu nehmen.

Kein deutscher Schriftsteller hat es so wie Luther verstanden, ein Maximum von Seelen-Erforschung, Ich-Analyse, Gemüts- und Affekt-Beschreibung mit einem Höchstmaß an Welt-Erfahrung, dem Einbringen von Alltag, Realität und konkretem Leben zu vereinen. Luther, der Schriftsteller: Das ist zugleich der unermüdliche Ich-Erzähler, der, wenn er David, Jesaja, den Psalmisten, Paulus (und, natürlich, den Teufel) auftreten läßt, von sich selbst, den eigenen Anfechtungen, dem eigenen Pfahl im Fleisch spricht, *und* es ist auch der wortgewaltige Verfasser einer comédie humaine des sechzehnten Jahrhunderts. Luther: Das ist einerseits der Seelenzergliederer und Erforscher der Gewissenshöhle, ein Mann, der, vom Brief an Hans Luther, seinem großen Rechenschaftsbericht vor der väterlichen Instanz, bis hin zu den letzten Tischreden, in der ersten Person Singularis redet: ›*Ich*‹, heißt es in einer Predigt vom 22. August 1529, ›hätte für eine Bibel und eine fromme Lektion zweihundert Goldgulden gegeben, ja alles hätte *ich* dahingegeben, hätte *ich* nur ein Evangelium, eine Epistel oder einen Psalm recht verstehen können. *Ich* hätte damals gesagt: O selig, wenn *ich* diese Zeit erleben könnte! *Ich* wäre mit barfüßigen Knien gekrochen, dies Evangelium zu hören, auch bis an die Knochen.‹

Aber der gleiche Luther, der – exempli causa wohlgemerkt, nicht aus eitler Selbstgefälligkeit – von sich und seiner Seelenangst redet, getrieben (wie's der beste: weil seelenverwandte Luther-Kenner, Sören Kierkegaard, beschrieben hat) von der ›Passion für Ausdruck und Beschreibung seiner Leiden‹ ... der gleiche Luther, der ein Meister der unerbittlichsten (wenngleich oft verschlüsselten) Introspektion war, verstand sich, zumal als Prediger, in einer Weise auf die Technik der von Weltoffenheit und Fabulierlust geprägten Wirklichkeitsanalyse, daß es manchmal so scheint, als habe, nach 1520, in Wittenberg ein schriftstellernder Rembrandt sein Zelt aufgeschlagen.

Was, gilt es zu fragen, wüßten wir vom Leben der Kleinen und Vielen in Goethes Weimar, von ihrem Alltag, ihrem Elend und Glück, von Kindstaufe, Hochzeit und Tod, stünden uns als Quelle nur Goethes Tagebücher und Herders Predigten zur Verfügung? Wenig genug – kaum mehr als das, was wir, das sechzehnte Jahrhundert betreffend, aus den opera omnia des Erasmus erführen.

Und dagegen nun Luther! Dagegen die Beschreibung des Johannisfests zu Wittenberg, in dem sich der letzte Akt der Wagnerschen ›Meistersinger‹ präfiguriert sieht: *Tanz soll sein und Sprung ums Feuer herum! Rautenkranz! Und die Kinder mögen ihr Spiel haben!* Und dann die Darstellungen des Wirtshauslebens, der Bettelei, der Trunksucht, der Pest; die Vorführung von Klatschbasen, Geizhälsen, Kriegsknechten, Wucherern, Tierhaltern, Verbrechern, Honoratioren und lieben Nachbarn!

Hüben die Seelenzergliederung und drüben das Beschreiben der großen und kleinen Welt; hier das Beharren auf rigoroser Introspektion, Gedanken-Wägung und Gewissens-Erforschen und drüben das Spielenlassen eines ›realistischen Tics‹, dessen Fruchtbarkeit sich erweist, wenn der Leser bedenkt, wie viele typische Situationen des sechzehnten Jahrhunderts im Werk des

Schriftstellers Luther dank exakten Sich-Einlassens auf die Herausforderungen der Wirklichkeit an Konkretheit gewinnen: Wie plastisch – ein Beispiel, das für dutzend andere steht – wird die Situation einer Stadt, die von der Pestilenz heimgesucht ist, wenn Luther im Traktat ›Ob man vor dem Sterben fliehen möge‹, 1527 geschrieben, der Reihe nach Seelsorger, Amtspersonen, Eltern, Ärzte, Bestatter unter dem Aspekt ›Du hast zu bleiben‹, ›Du darfst fliehen‹ auftreten läßt: wenn er signifikante Details, wie die Lage der Friedhöfe, erörtert, die ihm zu nah dem Stadtzentrum liegen (aus den Gräbern könnten ›Dunst oder Dampf gehen, der die Luft verrücke‹) oder wenn er seine Situationsanalyse in konkrete Handlungsanweisung einmünden läßt: ›Brauche der Arznei, nimm zu dir, was dir helfen kann, räuchere Haus, Hof und Gassen, meide auch Person und Stätt, da dein Nächster dein nicht bedarf oder aufkommen ist, und stelle dich als einer, der ein gemein Feuer wollt helfen dämpfen. Denn was ist die Pestilenz anders denn ein Feuer, das nicht Holz und Stroh, sondern Leib und Leben auffrisset.‹

Da redet ein Prediger, der sich auf nüchterne Paränese so gut wie auf die begeisternde Rede verstand; ein Schriftsteller, der noch in der scheinbar selbstverlorenen Meditation immer auf den anderen zuschrieb: den Partner, den er in seine Überlegungen hineinnahm: Da, schau! Petrus im Totenreich! Joseph auf dem Weg in die Gefangenschaft! Die Pest vor den Toren der Stadt! Der Papst in der untersten Hölle! Die Bauern: Beute des Teufels!

Was immer er schrieb, Martin Luther: Vorlesungen, Streitschriften, Übersetzungen, Predigten, Postillen, Dispute, Sermone, Handreichungen, Traktate – jeder Satz war adressatenbezogen, nahm den Leser in Pflicht, provozierte Widerspruch oder Akklamation; denn er war Ausdrucksmittel eines Autors, der sich als ›Wortführer Gottes‹ und ›Mund Christi‹ verstand, als einen Gefangenen des Wortes, dessen Aufgabe es sei, das Evangelium unter die Menschen zu bringen.

›Evangelion aber heisset nichts anderes‹ – der Zentralsatz Luthers: das Glaubensbekenntnis, das seine Schriftstellerpflicht definiert – ›Evangelion aber heisset nichts anderes denn ein Predigt und Geschrei von der Gnad und Barmherzigkeit Gottes, durch den Herren Jesum Christum in seinem Tod verdienet und erworben. Und ist eigentlich nicht das, das in Büchern stehet und in Buchstaben verfasset wird, sondern mehr ein mündliche Predigt und lebendig Wort, und ein Stimm, die da in die ganze Welt erschallet und öffentlich wird ausgeschrien, das man überall höret.‹

Das Wort zu verkünden hieß für Luther nicht: Geschriebenes nachzuschreiben, sondern Gesprochenes weiterzusagen und bei jeder Formulierung daran zu denken, daß der Christenmensch den heiligen Geist nicht durch Arbeit und Schweiß *(non ex laboribus et sudoribus)* und nicht durch gesetzestreue Werke, sondern allein durch gläubiges Hören empfängt. Die *viva vox evangelii* in mündlicher, dialogbestimmter Diktion zu verbreiten: Darum war's Luther zu tun – und indem er so tat, diente er dem, Jesus Christus, der ihm als *verbum verbi* die Sinneinheit der überlieferten Botschaft verbürgte.

Das Wort – nicht die Schrift! – zu verkündigen hieß: Christus zu predigen und ihn als Offenbarung Gottes, sein Wort und sein Zeichen, verstehen zu lehren: ›Evangelii zu predigen‹ – Kirchenpostille von 1522 – ›ist nichts anderes denn Christum zu uns zu kommen oder uns zu ihm zu bringen.‹ Je wortgewaltiger, so Luthers These, ein Text, desto näher liegt er dem Zentrum: desto sichtbarer ist sein Christus-Bezug – dies gilt für die Heilige Schrift. Der wortbesessene Johannes zählt für Luther mehr als die von ›Werk und Historie‹ Jesu ausgehenden Synoptiker – und dies gilt auch für die Interpreten der evangelischen Botschaft, denen das Wort über alles: über das Werk, ja selbst über die Schrift zu gehen habe. *Entferne Christus aus der Schrift – was könntest du dann noch finden in ihr?*

Unter diesem Aspekt ging Luther daran, in der Bibelübersetzung so gut wie in den Schriften für den Tag und die Stunde, das Wort zu ›befreien‹, Christus zu ›retten‹ und das Evangelium, im Kampf gegen die Papstkirche, wieder in seine Rechte zu setzen: ›Drum, liebe Freunde‹, heißt es in der Streitschrift ›Das Papstthum mit seinen Gliedern gemalet und beschrieben‹, ›laßt uns aufs Neu wieder anfangen schreiben, dichten, reimen, singen, malen und zeigen das ... Götzengeschlecht, wie sie verdienet und wert sind. Unselig sei, der hier faul ist, weil er weiß, daß er Gott einen Dienst daran tut, der im Sinn hat ..., den Greuel auf dem Erdboden zu malmen und Asche zu machen. Laßt unsere Zungen, Federn und Stimme (Gott gerüstet) sein und ihm dienen, doch ohne frevlerische Hand, und alleine mit Worten.‹

Ohne frevlerische Hand, allein mit dem Wort: Das ist die Losung, in deren Zeichen Luther die Christenheit auffordert, *sich vor Aufruhr und Empörung zu hüten.* Wer zum Schwert greife, mißtraue dem Wort, greife dem verheißenen Gericht gegen die Widersacher des Evangeliums vor, verfalle, statt sich aufs Sakrament des Worts einzulassen, dem politischen Narrenspiel und bedenke zu wenig, daß, wenn Christus das Wort sei, schon ein Diminutivum genüge, um selbst dem Teufel (und wieviel eher erst seinen Trabanten!) den Garaus zu machen. Ungeachtet der Tatsache, daß Luther *ein* Mal (aber ein *entscheidendes* Mal) seinem Wortvertrauen und Wortglauben Valet sagte, als er die großen Hänse antrieb, die aufständischen Bauern das Fürchten zu lehren – ungeachtet der einen Ausnahme, die beweist, wie inkonsequent Luther selbst dort sein konnte, wo das Zentrum seines Glaubens tangiert war ... ungeachtet des ›steche, schlage, würge wer da kann‹ bleibt festzuhalten, daß es niemals einen Schriftsteller gegeben hat, der, im Doppelsinn der Adjektive, so wortbesessen, wortgläubig, wortselig war wie Martin Luther.

›Das Wort macht aus Menschen Götter‹: So hat einer gesprochen, der sehr genau wußte, daß es ein Reden in Bildern, eine Sprache des Herzens und eine gemütsbewegende Diktion gibt, die, affektgeladen, die Affekte des Hörers erregt: Warum, fragt Luther in der Auseinandersetzung mit dem Löwener Theologen Latomus, hat die uneigentliche figürliche Sprache eine solche Kraft, daß sie das Gemüt durchdringt und bewegt und jeder Mensch seine Lust daran hat, bildliche Rede zu hören oder zu sprechen? ›Klingt es nicht viel lieblicher: ‚Die Himmel erzählen die Ehre Gottes‘ als: ‚Die Apostel predigen es‘? Und wenn 5. Mose 4, 19 davon spricht, daß man die Sterne nicht anbeten soll ..., die der Herr, dein Gott, erschaffen hat zum Dienst für alle Völker, die unter dem Himmel sind ... dann kannst du gewiß nichts hören, was lieblicher, mächtiger, vollkommener lautet. So (aber) klingt es im Hebräischen: ‚(Die Sterne), die Gott, dein Herr, zum Beweis seiner Liebe gesetzt hat allen Völkern unter dem Himmel.‘ Ich bitte dich, muß nicht dieses Wort den frommen Sinn bilden, das Gemüt bewegen und Vergnügen wecken (das Wort, das da sagt,) der Herrgott habe die Sterne allen Völkern gegeben, um sie ... durch sanfte Wohltaten zu sich zu laden, auf daß sie ihn wieder lieb hätten, nicht anders als es eine Mutter macht, die mit ihrem Kinde auf den Knien spielt?‹

Da sage noch einer, Luther habe die allegorische Ausdeutung der Schrift, dem Prinzip der historisch-wörtlichen Exegese folgend, zumindest als eine nachgeordnete Technik verstanden! Das Gegenteil ist richtig: Gedicht und Bild haben den Artisten und Poeten, nach eigener Aussage, entschiedener bewegt und stärker in ihren Bann gezogen als die prosaische Rede. Das lateinische Schreiben an den Humanisten Eobanus Hesse, den Übersetzer des Psalters, formuliert am 1. August 1537, spricht für sich selbst: Da wird der Geist der Poesie beschworen, die auf Himmelsthronen sitzt; da sieht sich der Psalter als Gedicht der Gedichte und Jesus Christus als Muse gefeiert, deren Anhauch der Übersetzer sein Kunstwerk verdanke.

Gewiß, da ist Humanisten-Höflichkeit dabei, eine Prise Schmeichelei, dargeboten in jenem eleganten Latein, auf das sich Luther, wenn er wollte, nicht minder perfekt als Erasmus verstand. (*Summa voluptate legi, lego, legamque semper: ita gratus est mihi labor tuus in hunc suavissimum librum collocatus:* Mit allerhöchstem Vergnügen habe ich gelesen, lese ich, werde ich lesen: So teuer ist mir die Mühe, die du auf dieses mir allerliebste Buch verwendet hast.)

Ein Zeugnis literarischer Höflichkeit; Dokument der Courtoisie und des zierlichen Worts, das nur jenen überraschen wird, der, wie's Nietzsche, oder ihm folgend Thomas Mann tat, in Luther allein den teutonischen Grobian und cholerisch wütenden Anti-Europäer sieht ... gut und schön. Aber ist es wirklich *nur* Urbanität, *nur* Spaß an gefälligen Formeln, der Luther hier die Feder führt und ihn veranlaßt, den Lyriker – den frommen Psalmisten mitsamt dessen genialen Übersetzer auf Kosten selbst eines Demosthenes und Cicero in den Himmel zu heben? Gewiß nicht. Luther war nicht nur ein Freund schlichter Rede, sondern in gleicher Weise Liebhaber jener bildlich verrätselten Sprache, die seiner sinnstiftenden Erhellungskünste bedurfte: Dem Psalmisten über die Schulter schauen könne, so Luthers Fazit, nur einer, der wisse, was Geistbesessenheit und prophetische Begeisterung sei: einer vom Schlage dessen also, den es, wie die Nachschriften der Studierenden zeigen, selbst in den Vorlesungen hinriß, so daß er mit *hui und pfui* außer Atem geriet und Mühe hatte, jenen Einflüsterungen des heiligen Geistes Paroli zu bieten, die ihn nach eigenem Bekenntnis (einem zweifelhaften freilich) bis in die Kloake verfolgten.

Aber dieser inspirierte Luther, der sich rühmte, er möchte alle Königreiche der Welt nicht mit dem vertauschen, was er durch den Segen des heiligen Geistes in der Meditation über die Psalmen erlangt habe ... dieser im Zustand der Anfechtung und Begeisterung von der *rabies poetica* ergriffene Schreiber war zu gleicher Zeit der nüchterne Handwerksmann, der sehr genau wußte, daß gerade der heilige Geist ein klares und ruhiges Werkzeug verlange: Nicht in der Anfechtung, sondern erst, wenn sie vorbei sei, könne der Mensch die Wahrheit verkünden. ›Daher muß angenommen werden‹, heißt es in der Psalmenvorlesung, ›daß auch David erst im Zustand ruhiger Betrachtung den geheimen Sinn dessen erkannte, was ihm zugestoßen war.‹

Kein Zweifel: Hier ist, im Sinne Thomas Manns, ein Spurengänger am Werk; hier wird die eigene Schaffensart, das Wechselspiel von mystischem Aufschwung und nüchterner Retraktion des Geschauten, durch einen Verweis auf den ersten und größten Sänger legitimiert. Ein bißchen poetische Kopierlust, Spaß an geheimen, halb angedeuteten, halb verschwiegenen Bezügen – hier zu David, da zu Joseph, dort zu Jesaja – war schon dabei, wenn Luther eigenes Erleben in die Interpretation biblischer Vorgänge einfließen ließ. Janusgesichtig wie er als Schriftsteller war, liebte der Reformator den absichernden Hinweis auf Vorbilder in den oberen Rängen, mit dessen Hilfe er die Widersprüchlichkeit seiner poetischen Manier aufhellen konnte (bin ich nicht Davids kleines Ebenbild?), und widersprüchlich, in der Tat, ist sie gewesen, die von Luther praktizierte Verfahrensweise als Prediger, Poet und Publizist. Mal schreibt er, zumal während der Arbeit am Alten Testament, im Kreise der Freunde nur ein paar Sätze am Tag, und dann wieder zieht er alle Register, läßt brausen und wallen, evoziert die Gedanken, die Tag und Nacht auf ihn einstürmen, lobt seine ›rauhe Feder im Tintenfaß‹ und preist den heiligen Zorn, der ihm das Predigen und Schreiben leicht mache: nie flösse ihm, was formuliert werden wolle, so rasch in die Feder, als wenn der Zorn sein ›ganz Geblüt‹ erfrische, den Geist schärfe und die Anfechtungen verjage. Wut als Lebens- und Schreibelixier; Haß als Hebamme der Poesie; Zorn als Muse eines Schriftstellers, der mit Vorliebe erklärte, daß er sich seiner Sache um so gewisser fühle, je größer und mächtiger die Schar der Widersacher sei, die nicht *in die Schranken zu verweisen*, sondern zu *erledigen* das Ziel seiner von zynischen Späßen und tollen Grobianismen strotzenden Streitschriften war – einerlei, ob's um die Türken, Bauern, Juden oder Papisten ging: immer mußte *niedergemacht, tabula rasa geschaffen, ausgemerzt werden.*

Nieder mit den Israeliten! ›Ich verfluchter Goi kann nicht verstehen, woher sie solche hohe Kunst haben (daß sie den Text und Gottes Wort so meisterlich können würfeln), außer daß ich muß denken, da Judas Scharioth sich erhängt hatte, daß ihm die Därme zerrissen und ... die Blase geborsten ... da haben die Juden ... die Judaspisse aufgefangen, danach untereinander die Merde gefressen und gesoffen, daß sie Glossen in der Schrift lesen, die weder Matthäus noch Jesaja noch ... alle Engel geschweige denn wir verfluchten Gojim sehen können. Oder haben ihrem Gott in den Hintern geguckt und in demselben Rauchloch solches geschrieben gefunden ... (und) darum müssen wir verfluchten Gojim den allerheiligsten Juden ihre himmlische Weisheit in Judaspisse und ihrem Judenschweiß lassen, daß sie allein klug bleiben.‹

Wenn Luther zu poltern beginnt, gegen die räuberischen Rotten der Bauern oder den Farzesel Papst (eine Verballhornung des Namens Farnese), den *aller Hellischt* Vater Paula Tertius, den *Hermaphroditen*, durchtriebenen Erzspitzbuben, der in des *Satans leibhafftiger Wohnung zu Rom* in die Arena reitet, um seine seit der Auseinandersetzung mit Hieronymus Emser erprobten Ritter-Kunststücke zu praktizieren, dann reißt es ihn hin, aus Schimpfworten werden Schimpfwortreihen, aus Schimpfwortreihen Schimpfwortabsätze, die Invektiven überschlagen sich, Deutsch schwappt ins Lateinische über, Lateinisches in ein verballhorntes Italienisch-Französisch: ›Gremmerze, Miser Asine, porlabon informationes, satanissime Papa‹ – ›Grand Merci, Monsieur Asine, per la buona informatione, allersatanischster Papst, Du!‹

Wider das Papsttum zu Rom, vom Teufel gestiftet: Das ist, über hundert Druckseiten hinweg, eine einzige Eruption von Schimpfbrocken, Unflatgeschossen und Kotbatzen, die Rabelais geknetet haben könnte: *Gaukler, Hurenkind, Kaisermörder, Verräter, Grundsuppe (Absud) aller bösesten Menschen auf Erden,* die sich mit dem Namen Christi schmücken, obwohl *sie doch ›voll sind aller ärgsten*

Teufel in der Hölle, voll, voll, und so voll, daß sie nichts denn eitel Teufel ausspeien, schmeissen und schneutzen können‹.

Sobald er einmal in Rage ist, Luther, geht's bei ihm holterdipolter, ohne Gliederung und ohne pointiertes Finale, dafür mit vielen Wiederholungen und ständigem Sich-Bewegen im Kreise: Die Bezifferungen und Unterteilungen täuschen; Gedankenentwicklung in überschaubarem Rahmen und stufenweise Erhellung eines Problems war nicht Luthers Force; er selber wußte nur zu gut, daß seine Hauptgefahr im Hang zum ›Wäschen‹ lag (in seiner Jugend hätte er am liebsten ›die ganze Welt zu Tode gewaschen‹) – unbezwingbar die Besessenheit, alles drei- und viermal zu sagen, und eklatant der Unwille, Thesen in knappem wissenschaftlichen Diskurs, epigrammatisch und in luzider Punkt-für-Punkt-Disposition, zu entwickeln.

Statt penibel zu feilen und die Traktate in tagtäglicher Wortplackerei nach Art der Übersetzung des Alten Testaments zu entwickeln, schrieb der Gehetzte mit fliegender Feder – selten genug, daß ein Manuskript vom Konzept bis zur Korrektur an Reife gewann; selten genug, daß einmal eine Schrift erschien, die, wie ›Von der Freiheit eines Christenmenschen‹, aus einem Guß war: Kein Wunder, daß Luther, mit wenigen Ausnahmen, von seinen Arbeiten nicht eben viel hielt. Mochten andere sich als Künstler betrachten: ihm war es genug, wenn seine opera omnia (die er übrigens am Ende seines Lebens selbst nicht mehr überschaute: ein Schriftenverzeichnis führte er nicht) ... ihm war es genug, wenn seine Werke sich überflüssig machten und mit dazuhülfen, daß ›des Schreibens weniger und des Lesens in der Schrift mehr werde‹. Poeterei um der Poeterei willen? Befreiung der Dichtung aus dem Dienst für die Theologie? Poesie – kein Instrument der Pädagogik, kein ziel- und zweckbestimmtes Handwerk mehr, sondern sich selbst genug? Nicht in Luthers Kloster, nicht in Wittenberg! Da verlangte man, statt die *Tichtkunst* zu vergöttlichen, eine Sprache – und, dazu gehörig, eine Musik –, die, weit entfernt von höfisch-modischem Stil, den Menschen verständlich sei – eine sehr einfache und gewöhnliche, gleichwohl aber lautere und der Bibel, vor allem den Psalmen, angemessene Redeweise und Melodie. (Luther 1523 an Spalatin: *quo … simplissima vulgarissimaque, tamen munda simul et apta verba canerentur.*)

Nein, auf Kunstfertigkeit wurde in Wittenberg kein Wert gelegt; hätte man Luther die unbeholfene Intonation mancher seiner Gedichte, mit ihrem meistersingerlichen Silbenzählen und der Tonbeugung im Wort, vorgehalten – wäre ihm, nicht zu Unrecht, ein Hans Sachs gekommen, der Beckmesser alias Luther über mangelhafte Behandlung des Rhythmus aufgeklärt hätte: Kein Zweifel, der Reformator hätte im Sinn der Vorrede zum ersten Band der Wittenberger Ausgabe seiner deutschen Schriften geantwortet: ›Fühlest du dich und lässest dich dünken, du habest es gewiß, und kützelst dich mit deinen eigenen Büchlein, Lehren oder Schreiben, als habest du es sehr köstlich gemacht … gefällt dir auch sehr, daß man dich vor anderen lobe. Bist du der Art, Lieber, so greif dir selber an deine Ohren, und greifst du recht, so wirst du finden ein schönes Paar großer, langer Eselsohren. So … schmücke sie mit güldenen Schellen, auf daß, wo du gehest, man dich hören könnte, mit Fingern auf dich weisen und sagen: Sehet, sehet, da gehet das feine Tier, das so köstliche Bücher schreiben und wohl predigen kann.‹

Erst kam die Pädagogik für Luther und dann, der Didaktik unterworfen, die Kunst, erst die Nötigung, das ihm auferlegte Wächter- und Richteramt zu erfüllen, dann die Verpflichtung gegenüber dem sanften, Versöhnung befördernden Wort. Beklagenswerter Luther, gesegneter Philipp Melanchthon! ›Ich bin dazu geboren‹ – Vorrede zu Melanchthons Auslegung des Kolosserbriefs von 1529 – ›daß ich mit den Rotten und Teufeln muß kriegen und zu Felde liegen, darum meine Bücher viel stürmisch und kriegerisch sind. Ich muß die Klötze und Stämme ausrotten, Dornen und Hecken weghauen, die Pfützen ausfüllen und bin der grobe Waldrechter, der die Bahn brechen und zurichten muß. Aber Magister Philipp fähret säuberlich und still daher, bauet und pflanzet, säet und begießt mit Lust, nach dem Gott ihm gegeben seine Gaben reichlich.‹

Ach wir, die wir den Boden bereiten wollten für Freundlichkeit, konnten selber nicht freundlich sein: Es ist, im Sinne des Brecht-Gedichts an die Nachgeborenen über die finsteren Zeiten, ergreifend zu sehen, wie die Situation einen Schriftsteller zwang, vorzüglich die eine Seite seiner Begabung zu kultivieren: den Sinn für die zermalmende Beredsamkeit der Polemik, fürs Dreinschlagen mit Hilfe von Satire, Verbalaggression und einem Witz, der den Gegner erledigte, indem er ihn lächerlich machte. Die andere Seite hingegen, wo der leise Ton, die zarte Weise des Lyrismus und das Nürnbergisch-Anmutige dominieren ... wie selten hatte Luther Gelegenheit, seine zweite – und vielleicht größte! – Begabung auszuspielen: eine Begabung, die sich erweist, wenn er das Ambiente der Weihnachtsgeschichte beschreibt, biblische Genreszenen mit behutsamem Wort übersetzt, in der Magnifikat-Exegese das Hohelied der niedrigen Braut singt oder, im Liebesgedicht auf die Kirche, die Schmerzensmutter Maria, die Geliebte, wie sie die Minnesänger beschrieben, und die heilige Gemeinschaft der Christen in einer einzigen Figur vereint:

Sie ist mir lieb die werde magd
und kan jr nicht vergessen,
Lob, ehr und zucht von jr man sagt,
sie hat mein hertz besessen.
Ich bin jr hold,
und wen ich solt
gros unglück han,
das ligt nicht an.
Sie wil mich des ergetzen
mit jrer lieb und trew an mir,
die sie zu mir wil setzen
und thun all mein begir.

Martin Luther, *ein* deutscher Schriftsteller? Nein, nicht *ein* Schriftsteller, sondern viele, unter einem Namen versammelt. Da gibt's, zum ersten, den Polemiker – einen

Mann der schnellen Feder, dessen wichtigste Arbeiten, nach eiliger Sammlung der Truppen, aus der Defensive heraus formuliert wurden: Luther war kein Systematiker, der ein Gedankengebäude Schritt für Schritt nach freiem Ermessen entwarf – er war ein Mann des Augenblicks, der sich – in der Auseinandersetzung mit Zwingli, Erasmus, Müntzer, den Päpsten und Bauern – seine Entgegnung abtrotzen ließ: immer mit schwarzen Steinen gespielt und die Züge des Gegners notiert, immer in vorgegebenen, vom Widersacher bestimmten Bahnen gegangen. Luther war Antworter, nicht Vorredner – ohne Erasmus keine grundsätzliche Behandlung der Prädestinationsfrage; ohne Thomas Müntzer keine Deutsche Messe, ohne Zwingli keine stufenweise, anfangs vorläufige, dann langsam systematisierte Ausformung der Abendmahlslehre! (Ein Jammer, so betrachtet, daß es niemanden gab, der Luther eine Schrift über die Rechtfertigung hätte abnötigen können: Wäre ein Brechtscher Zöllner zur Stelle gewesen, der Reformator hätte sie mit Gewißheit geschrieben.)

Und dann gibt es, zum zweiten, den Satiriker Luther: Partner des Thomas Murner – einen Literaten, der die Antithese *hier Christus, dort der Papst* in seinem Spätwerk, den römischen Bischof als gesetzestreuen Kämpfer gegen den Milch-, Butter-, Käse- und Eiergenuß am Sabbath verhöhnend, zur Narrenfarce zuspitzt ... immer darauf bedacht, den Gegner in jener Manier der Lächerlichkeit preiszugeben, die er am witzigsten in der Aufforderung an Albrecht von Mainz praktizierte – ›Neue Zeitung vom Rhein‹, 1542 –, der Aufforderung, die in der St. Martinskirche auszustellenden Reliquienschätze durch einige besonders eindrucksvolle Exponate zu bereichern: ein Stück vom linken Horn Moses' zum Beispiel, ein Ei vom heiligen Geist, einen Zipfel der Fahne, mit der Christus in die Hölle hinabstieg oder, eine Preziosität besonderer Art, dreißig Förze von der Pauke, die am Roten Meer zu hören war.

Dann aber gibt es, zum dritten, den *anderen* Luther, einen Psalmisten des sechzehnten Jahrhunderts, der ein

Leben lang in Davids Spuren ging: mit Hilfe allegorischer Ausdeutung Metaphern enträtselnd und selber, wie im Gedicht ›Sie ist mir lieb, die werte Magd‹ Metaphern, Bilder und Formeln entwickelnd, die, als Abbreviaturen, die Summe vielfältiger – und erhellungsbedürftiger – Zusammenhänge ziehen.

Und dann gibt es, zum vierten, den Balladendichter (›Ein neues Lied wir heben an‹), zum fünften den Übersetzer, der, wir haben's gesehen, mit Bildfiguren wie mit Zeitgenossen umspringt (›Ezechiel ist sehr *verbosus*‹) und das Alte Testament von Palästina nach Thüringen transportiert: ›Wird (damals) zugegangen sein wie (heute) im Papsttum, hat niemand studiert, ist die Bibel unter der Bank gelegen.‹

Dann gibt's, zum sechsten, den Bearbeiter, einen poeta doctus, der die Psalmen versifiziert, zum siebten den Rhetor und Epistolographen, der jedermann in der ihm eigenen Sprache anzureden versteht: Eobanus Hesse im eleganten Latein, Melanchthon in latinisierter Umgangsrede (mündlich, wie man weiß, mit sächsischem Einschlag), die Eltern und vor allem Frau Käthe, die ›Brauerin und Richterin auf dem Saumarkt‹, in derbbildkräftigem Deutsch, den Kurfürsten in makellosem Kanzleistil: ein Mann und *vier* Redeweisen, mit der deutsch-lateinischen Diktion der Kolloquien sogar deren fünf! (Fünf Idiome – vom Latein des scholastischen Finassierens bis hin zum Deutsch des weihnachtlichen Kinderlieds!) Und dann gibt es achtens den bis heute nahezu unbekannten Disputator und gibt schließlich, um von weiterem zu schweigen, den Prediger Luther ... und wenn da eine Tätigkeit war in seinem Schriftstellerleben, die alle anderen gleichsam *in nuce* enthielt, dann ist es das Predigen gewesen. Denn was er auch tat, Martin Luther: Gedichte schreiben, Fabeln erzählen, Lieder komponieren, Send-, Mahn-, Kampf- und Trostschreiben verfassen – er hat immer gepredigt, sprach von der Kanzel herab, auch wenn er in der Schreibstube saß, und zielte, als geistlicher Lehrer, in allen Gattungen der Schriftstellerei auf jene Verbindung von herzbewegender Rede und schlichter Diktion ab, die ihm eine rhetorische Tradition offerierte, deren System er – wie seine Gegenüberstellung von Tragödie und Komödie, königlichem und bürgerlichem Schicksal beweist – auch unter poetologischen Aspekten beherrschte. (Nachzulesen im zweiten Band der Tischreden, Weimarer Ausgabe, Nummer 2073.)

Docere, suadere, movere – lehren, überzeugen und die Affekte erregen: Die Ciceronianische, von Augustin auf die christliche Unterweisung bezogene Trias war für Luther verpflichtend, auch wenn er, unter dem Aspekt der Unterweisung des ungeschulten ›Pöfels‹, die schlichte als die angemessenste, dazu von der Schrift vorgegebene Redeweise, die Diktion Jesu – ›hat am allereinfältigsten geredt und war doch die eloquentia selbst‹ – und Paulus' bevorzugte: ›Paulus‹, heißt es in den Tischreden (Nr. 5240), ›hat nicht so hohe Wort wie Demosthenes, aber proprie (sachgemäß) redt er und hat significantia verba. (Will heißen: hat das richtige Wort, zur richtigen Zeit, für die zu bezeichnende Sache.) Paulus hat recht getan, daß er's nicht sehr kraus und hoch gemacht hat, sonst wollt jedermann so hoch reden.‹

Trotzdem, Verzicht auf krause Worte und dunkle Anspielungen vor der Gemeinde, der Wittenberger, mit ihren ›wenig ernsten‹: also unwissenden Christen, für die – und nicht für die Gebildeten vom Schlage Melanchthons, Jonas' und Bugenhagens – der Reformator predigte, Verzicht auf die *verbositas* und *maiestas*, die Wortumschweifigkeit und Glorie des hohen Stils und, statt dessen, Bevorzugung der jesuanischen Redeweise, der Diktion des genus humile, das Operieren mit einer Sprache, die Dürers Malweise entspräche (›Dürer liebt schlichte Predigten und einfältige Worte‹), dies alles hieß für Luther keinesfalls, auf Bilderschmuck und Prophetenwort zu verzichten: da ja gerade der Pöbel – so die in der Auslegung des Propheten Habakuk formulierte Predigerthese – der bunt schillernden Rede bedürfe, während einem Verständigen ›balde geprediget sei‹. ›Da sehen wir, wie die Propheten – kurz und reichlich ein Ding ausstreichen (konnten). Denn was ein anderer hätte gesagt mit einem Wort ... da redet Habakuk mit vielen Worten und streicht es alles eigentlich aus und schmückts mit Gleichnissen, wie man denn auch tun muß, wenn man dem groben, harten Pöbel prediget; dem muß man es vormalen, blauen und kauen und auf alle Weise versuchen, ob man sie könne erweichen.‹

Vormalen, einbläuen, vorkauen: Luther war ein harter, bisweilen auch unbarmherziger Magister – nicht zuletzt auf der Kanzel, wo er's für die höchste Predigeraufgabe ansah, ›frisch und getrost das Maul‹ aufzutun, nicht zu schweigen und nicht zu ›mummeln‹, sondern ›unerschrocken und ohne Scheu zu bekennen‹. Martin Luther ist ein Mann gewesen, der Heere von Schreibern, ganze Druckoffizinen in Bewegung setzte – ein Mann, der allein mit dem Wort aus dem Nichts heraus eine gewaltige Bewegung schuf. (Hat, frage ich mich, jemals ein einzelner – Thomas von Aquin, Galilei oder Marx – mit dem Mittel der magistralen Sprache derart viel erreicht wie Martin Luther?) Luther war ein Mann, dessen Stimme bis Rom und Madrid drang und der doch zur gleichen Zeit in Wittenberg – gelegentlich, nicht immer! – vor halbleeren Bänken predigen mußte: vor sich die Dösenden (›sie gehen so klug hinaus als hinein, schlafen und schnarchen in der Kirche‹), vor sich junges, unverständiges Volk, dazu aufsässige Burschen und Diebsgesindel – alles in allem eine höchst gemischte Gesellschaft (›Die sind zu kühn, jene zu blöde, die zu klug, die zu närrisch‹) ... eine Gesellschaft, die selbst einem Luther die Grenzen seiner Wortkunst aufzeigte: Perlen vor die Säue zu werfen, hieße es, hat er gesagt, den ›Rohen und Frechen‹ zu predigen, die man mit den zehn Geboten und dem Sachsenspiegel treiben müsse wie Vieh und Hund!

So erfolgreich Luther als Prediger für alle Welt war: als Gemeindepfarrer – ›Ihr habt mich satt und ich habe euch satt!‹ – war er, der Poet und Artist, trotz allen redlichen Mühens um eine biblia pauperum, kaum am richtigen Platz – und er wußte darum: Auf die Dauer war's nicht seine Sache, sich, wie er sagte, ›aufs Tiefste herunterzulassen‹ und über Schriftworte predigen zu müssen, die der gemeine Haufen ohnehin nicht verstünde. (Darum die Sehnsucht, auf der Kanzel, nach Kolleg und Katheder.)

Martin Luther war ein Schriftsteller, der, wenn er ›er selbst‹ bleiben wollte, eine Diktion schreiben mußte, die von den Gebildeten verstanden wurde und nicht von jedermann: Aber die Kirche des Pastors zu Wittenberg, der, soweit er sich auch herabließ, dennoch über die Köpfe hinwegredete … die Kirche Luthers war nun einmal ein Gotteshaus wie jedes andere, ein ganz gewöhnlicher Gemeindesaal: ›Es sind jetzt wenig Knaben, Mägdlein und Frauen, die herzugehen. Es tut mir weh, wie kalt ihr euch stellt.‹

In Rom gefürchtet und in Wittenberg – auch wenn hier und da ›ein großer Haufe‹ kam – als Prediger eher erfolglos (Herder, später, ist es kaum besser ergangen): Das war das Los eines Schriftstellers, der Lehrer von Predigern war, aber – schon wegen seiner Mißachtung der ›Einfältigen‹: ›ich wollte lieber den tollen Hunden predigen!‹ – kein Volksprediger im eigentlichen Sinne des Worts – vielmehr ein Mann, der dem Volk aufs Maul schaute und von ihm lernte, sich jedoch wohlweislich hütete, ihm nach dem Munde zu reden. Dafür gab er sich zu herablassend mit seiner Kunstpädagogik *in usum Delphini* und argumentierte zu sehr von oben herab mit der auf die Wahrung von Lehrzucht bedachten Didaktik zum Nutzen einfacher Leute, die, um nicht ins ›Flattern‹ wie die Schwärmer zu geraten, getrost Bilder für wahr halten sollten, in denen die Wissenden nur Zeichen und Symbole erblickten: die Höllenfahrt Christi zum Beispiel und die Fahne, mit der Jesus angeblich zu den Toten hinabstieg. ›Dabei‹, heißt es in der Karsamstagpredigt von 1538, ›sollen die Kinder und gemeine man (!) bleiben.‹

Literat, der er war, Luther, Pädagoge in litteris, konnte er, ungeachtet seiner aufs Einfache und Bilder-Biblische abzielenden Kunstauffassung dem clerus minor des ›Pöfels‹ gegenüber hoffärtig sein wie's Melanchthon nie gewesen ist – und war doch, wiederum als Literat, zugleich von der Demut und Bescheidenheit dessen, der wußte, wie viel ihm noch zur Meisterschaft fehle: Sein Deutsch sei nicht gut genug, er müsse seinen Wortschatz durch Sprichwortsammlungen, Lektüre und Reisen erweitern; bescheidene Vertrautheit und allzu flüchtiger Umgang reichten nicht aus, um einen schwierigen Text in jedem Fall zu verstehen – Luthers letzte Notiz: ›wir sind Bettler‹ –, es fehle an Experienz und langlangem Dabeisein; er sei noch nicht fertig und habe vor allem zu lernen, der von Natur gesetzten Grenzen innezuwerden – zum Beispiel zu erkennen, daß er, um manche Passagen der Bibel sachgemäß zu übersetzen, schlichtweg nicht lustig genug sei.

Martin Luther – ein Meistersänger, der in der ›Schul‹ so gut zuhaus war wie im ›Gemerk‹: Poet und Kritiker (der ›Sendbrief vom Dolmetschen‹!) in Personalunion – ein Mann der Zunft, der, in der Auseinandersetzung mit den großen Scharrhansen, den Maulhelden von Rittern, die Feder – und nicht den Federbusch – als ›das oberst in der Welt‹ beschrieb und das Schreiberamt – ›Eine Predigt, daß man Kinder zur Schule halten solle‹ – als ein Geschäft feierte, bei dem des Menschen bestes Stück – der Kopf – und das edelste Glied – die Zunge – und das höchste Werk – die Rede – herhalten müsse: ›Drei Finger tuns (sagt man von Schreibern). Aber ganz Leib und Seele arbeiten daran.‹ Nicht gegen die Macht des türkischen Kaisers, hat Luther in seiner Predigt über die Schule, seinem Hohelied auf Kunst und Wissenschaft, gesagt, und nicht gegen alle Güter der Welt würde er die gewonnene Stellung eines Schreibers aufkündigen. Lieber Bettelschüler mit der Feder als ein Herr der Welt: so das Glaubensbekenntnis eines Poeten, der sich als Knecht eines anderen und größeren Machers verstand – als Knecht Gottes, dessen Werk – und Gedicht! – wir gemäß dem Paulus-Wort Epheser 2, 10 seien. Werk und Gedicht des Schöpfers, der, was tragisch beginnt, zum guten lustspielhaften Ausgang führen könne: *talia enim sunt divina poemata.*

Ipse poeta est, heißt es in Luthers letzter großer Vorlesung, dem im November 1545 abgeschlossenen Genesis-Kolleg, *nos versus sumus et carmina quae condidit*: Gott selbst ist der Dichter, wir sind seine Verse. Wir sind die Gedichte: Er hat sie geschrieben.

Dies, denke ich, ist, auf die Formel gebracht, Leitspruch und Testament eines Schriftstellers, der sein Leben dazu nutzte, die *divina poemata* als eine göttliche Komödie, die in Deutschland spielt, nachzuerzählen.

Dieser Vortrag weiß sich folgenden Arbeiten in besonderer Weise verpflichtet:

Erwin *Arndt*, Luthers deutsches Sprachschaffen, Berlin 1962.

Arnold E. *Berger*, Martin Luther in kulturgeschichtlicher Darstellung, 2. Teil, 2. Hälfte: Luther und die deutsche Kultur, Berlin 1919.

Heinrich *Bornkamm*, Luther als Schriftsteller, Heidelberg 1965.

ders., Das Wort Gottes bei Luther, in: Luther. Gestalt und Wirkungen. Gesammelte Aufsätze, Gütersloh 1975, S. 187–211.

Paul *Bühler*, Die Anfechtung bei Martin Luther, Zürich 1942.

Heinz Otto *Burger*, Luther als Ereignis der Literaturgeschichte, in: Luther-Jahrbuch XXIV, 1957, S. 87–101.

Hans Freiherr von *Campenhausen*, Reformatorisches Selbstbewußtsein und reformatorisches Geschichtsbewußtsein bei Luther, Archiv für Reformationsgeschichte 37, 1940, S. 128–150.

ders., Die Bilderfrage in der Reformation, Zeitschrift für Reformationsgeschichte, Vierte Folge VI, LXVIII. Band, 1957, S. 97–128.

Johannes *Erben*, Luther und die neuhochdeutsche Schriftsprache, in: Deutsche Wortgeschichte, herausgegeben von Friedrich Maurer und Heinz Rupp, 3., neubearbeitete Auflage, Band 3, Berlin/New York 1974, S. 508–581.

Gerhard *Hahn*, Evangelium als literarische Anweisung.

Zu Luthers Stellung in der Geschichte des deutschen kirchlichen Liedes, Gütersloh 1981.

Karl *Holl*, Luthers Urteile über sich selbst, in: Gesammelte Aufsätze zur Kirchengeschichte, I, 6, neu durchgesehene Auflage, Tübingen 1932, S. 381–419.

ders., Luthers Bedeutung für den Fortschritt der Auslegekunst, a. a. O., S. 544–582.

Gerhard *Kettmann* und Joachim *Schildt* (Hrsg.), Zur Literatursprache im Zeitalter der bürgerlichen Revolution, Berlin 1978.

Bernhard *Lohse*, Martin Luther. Eine Einführung in sein Leben und Werk, München 1981.

Ulrich *Nembach*, Predigt des Evangeliums. Luther als Prediger, Pädagoge und Rhetor, Neukirchen-Vlyn 1972.

Hans *Preuß*, Martin Luther. Der Künstler, Gütersloh 1931.

Gustav *Roethe*, D. Martin Luthers Bedeutung für die deutsche Literatur, in: Deutsche Reden. Berlin o. J., S. 135–171.

Birgit *Stolt*, Studien zu Luthers Freiheitstraktat, Acta Universitatis Stockholmiensis, Stockholmer Germanistische Arbeiten 6, Stockholm 1969.

Hermann *Werdermann*, Luthers Wittenberger Gemeinde, Gütersloh 1929.

Hans *Wernle*, Allegorie und Erlebnis bei Luther, Bern 1960.

Erich *Vogelsang*, Der angefochtene Christus. Arbeiten zur Kirchengeschichte 21, 1932.

Herbert *Wolf*, Eine Einführung in germanistische Luther-Studien, Stuttgart 1980.

Feldzüge eines Redners
Gotthold Ephraim Lessing

1968

Was immer er war: Antiquar und Philologe; Kritiker und Pamphletist; Sammler und Dramenschreiber; Theologe, Lyriker und Bibliothekar – zuerst war er Redner; ein Komödiant auf der Rostra und ein Prediger auf den Brettern der Welt; ein Mann, dem es selbstverständlich war, daß die französischen Kanzelredner, Bossuet und Bourdaloue, von den Schauspielern lernten und die Lustspielschreiber auch in der Kirche ihren Mann stehen könnten. Für Johann Melchior Goeze, Lessings orthodoxen Hamburger Widersacher, war das gewiß eine Vorstellung, peinlich zu denken; für Luther, den Terenz-Bewunderer, hingegen und erst recht für Melanchthon – die selbstverständlichste Sache der Welt. Zugleich ein Komödiant und ein Pfarrer zu sein: das hatte, unter dem Aspekt der Lebenswahrheit und heiter-moralischen Lehre, für die Verfechter des humanistischen Schultheaters nichts Befremdliches. Lessing setzt nur eine alte protestantische Tradition fort und ist durch Luther gedeckt, wenn er schreibt: ›Wer zweifelt wohl, daß Molière und Shakespeare vortreffliche Predigten gemacht hätten, wenn sie anstatt des Theaters die Kanzel hätten besteigen wollen?‹

Dem Pfarrerssohn aus Kamenz jedenfalls machte es nicht die geringsten Schwierigkeiten, sich einmal als räsonierender Lustspieldichter zu bestätigen, um sich ein anderes Mal – dann, wenn er des Theatertreibens überdrüssig war – am hohen Witz der Streitschrift und dem komischen Szenarium seiner Brief-Polemiken zu ergötzen. Hinüber und herüber, von der elften zur zwölften Streitschrift gegen den Hauptpastor Goeze, dem *Werk der Polemik* ›Nathan der Weise‹, was nur ein winziger Schritt; unterrichtet, erfreut und belehrt werden mußte, der dreifachen Verpflichtung des Redners entsprechend, hüben wie drüben; der Autor brauchte, beim Grenzübertritt, nur den Tonfall ein wenig zu ändern … und gelegentlich noch nicht einmal das.

›Aber das ist ja grundfalsch!‹, beginnt, im Lessingschen Schulmeisterton, das 77. Stück der ›Hamburgischen Dramaturgie‹ – und das, fürwahr, ist ganz aus Major Tellheims Herzen gesprochen, der auch mit einem ›Falsch! Grundfalsch!‹ sein Gegenüber, in diesem Falle das Fräulein von Barnhelm, zur Raison bringen möchte. Mag auf der Bühne das Spiel, in der Polemik die Lehre vorherrschend sein: logisches Operieren und dialektisches Raffinement, ein Wirbel des ›allerdings‹ und des ›zwar‹, des ›einerseits – andererseits‹ beherrscht in der gleichen Weise die Stücke wie die theoretischen Schriften, die wie die Traktate und Briefe dialogisch-dramatisch durchsetzt sind. Da gibt es ein Zwiegespräch zwischen Corneille und Aristoteles, da schalten sich Zuhörer ein, da beginnen Parteien in direkter Rede ihre Standpunkte zu analysieren, da verwandeln sich Absätze gelehrter Dispute plötzlich in Komödienszenen, dem erschöpften Gegner wird ein Glas Wasser gereicht, und wenn dann der Superintendent Johannes Heinrich Ress nicht mehr ein noch aus weiß, sondern, unfähig, den Kamenzer Höhenflügen länger zu folgen, selig einzuschlummern beginnt und erst durch das Argumenten-Getöse des sich über ihn beugenden Lessing wieder erweckt wird, dann sieht sich der Leser vollends aus der Wolfenbüttler Studierstube in die Terenzsche Arena versetzt: »Erwachen Sie doch, Nachbar … ich schüttle Sie und frage: Wußte Markus den Umstand, den er überging … oder wußte er ihn nicht? Schlafen Sie mir nicht wieder ein! Ha, Sie machen große Augen? O Zeter! Der Mann ist schon wieder eingeschlafen!«

Ist das noch eine Streitschrift oder ist das ein komisch-gelehrter Bühnen-Disput? Die Übergänge sind fließend; auch der von Lessing so geliebte Dialog in platonischer Weise kann, wie die Freimaurer-Gespräche beweisen, beiläufig und nebensächlich wie eine Lustspiel-Ouvertüre einsetzen ... und was den berühmten Kanzel-Dialog angeht, in dem Lessing die Rede des Herrn Hauptpastors unentwegt unterbricht, ohne daß der Prediger sich stören läßt, so hat auch dieser Dialog sein Bühnen-Pendant in dem Gespräch zwischen dem Tempelherrn und dem Patriarchen im ›Nathan‹. Hier, in der Kampfschrift für den Augenblick, ein Theater-Disput; dort, auf den Brettern, ein Grundsatz-Gespräch: die rednerische Technik ist gleich; die attackierten Gegner sind gleich – Eiferer, die mit der Fähigkeit, auf die Argumente ihrer Partner einzugehen, die Menschlichkeit eingebüßt haben –, und auch die verfolgten Ziele sind gleich: Im Kanzel-Dialog und in den Patriarchen-Gesprächen hat Lessing – Dogmatiker angreifend, die sich nur noch durch nackte Gewalt helfen können: durch Zensur und Verbrennung – die Grenze markiert, hinter der das Reich der Monologe führenden Barbaren beginnt, ein Feld, auf dem nicht mehr gestritten, sondern angeordnet und ausgeführt wird: ›Tut nichts, der Jude wird verbrannt.‹

Wenn der Partner sich taub stellt, ist kein Gespräch mehr möglich: das zu zeigen, ist die Absicht der ›Dialoge und Nicht-Dialoge‹ genannten Disputationen, die durch Starrheit und jähes Ende von jenen Riesen-Debatten, den Brief-Polemiken, zu unterscheiden sind, die sich, wie Bruno Markwardt eindringlich gezeigt hat, über Hunderte von Seiten erstrecken und dennoch sorgfältig beachteten Spielregeln folgen: Zu Beginn die Bestimmung des Kampffelds und, je nach der Größe des Gegners, die Waffenwahl, dann die Bezeichnung der Ausgangslage, dann der blitzschnell ausgeführte erste Zug: ›Poltern Sie doch nicht so, Herr Pastor!‹ – wobei zu bemerken ist, daß Lessing stets mit schwarzen Steinen spielt: aus der Defensive und, wie Sokrates, oft aus der schwächeren Position heraus argumentierend – dann, Zug für Zug, die Repliken auf die Argumente des Gegners, dann das Fallenstellen, die Kommentierung und Berichtigung feindlicher Operationen – ›Hier könnte Herr Diderot sagen‹,

›An diesem Punkt hätte Herr Klotz antworten müssen‹ –, dann das Anbieten von Siegen, die sich nur allzu schnell als gefährliche Scheintriumphe erweisen, und endlich, wenn der Gegner nicht mehr weiter weiß und Lessing ihm aufhelfen muß, die Ersetzung des Zweikampfs durch ein Rede-Duell in der eigenen Brust, ein Lessing contra Lessing geführtes Schachspiel gegen sich selbst. Das alles ist platonische Manier: In Athen und in Wolfenbüttel liebte man es, zwischen disponiertem Gespräch und legerer Plauderei abzuwechseln –›rede ich nicht schon wieder mit jemandem anderen?‹ – und den Gegner eine Weile lang zappeln zu lassen, ehe man dem in ausweglose Aporien Verwickelten den Gnadenstoß gab. Hier wie dort geht man von einer Winzigkeit, einer Partikel, einer Wort-Nuance aus, um dann, weiterschreitend von Stufe zu Stufe, die bedeutsamsten Konsequenzen zu ziehen. Der Traktat ›Wie die Alten den Tod gebildet‹ basiert auf der diffizilen Bedeutungs-Analyse eines griechischen Partizips – und wird am Ende zu einer Untersuchung über den Unterschied zwischen antiker und christlicher Religiosität – einer These, die von Schiller bis Nietzsche die Geister bewegte.

Wie bei Sokrates führt auch in Lessings Fall das Kleinste sehr bald zum Größten: Am Beispiel einer Ohrfeige, am Beispiel des Unterschieds zwischen langen Nägeln und triefenden Nasen werden am Gänsemarkt – in spielerischer Spaziergänger-Art – die revolutionärsten Theoreme entwickelt; der das Jahrhundert bewegende Streit zwischen Aufklärung und Orthodoxie gewinnt im Goeze-Kampf seine Kontur durch die scheinbar harmlose Frage, ob die Verben ›sein‹ und ›bedeuten‹ Synonyma seien. Ein akademisches Problem, könnte man meinen, doch Lessing hat darüber anders gedacht – und Goeze bekam das zu spüren.

›Aber lieber Herr Pastor! ... Ist denn sein und enthalten einerlei? Sind es denn ganz identische Sätze: Die Bibel enthält die Religion; und die Bibel ist die Religion? Man wird mir doch nimmermehr in Hamburg den ganzen Unterschied zwischen Brutto und Netto wollen streitig machen? Da, wo so viele Waren ihre bestimmte Tara haben, wollte man mir auf die heilige Schrift, eine so kostbare Ware, nicht auch eine kleine Tara zu gut tun?‹

In der Tat, hier zeigt sich jener Scharfsinn und Wortwitz, eine an epigrammatischer Zuspitzung erprobte ›agudeza‹ (wie Lessings geliebte Spanier sagten), dem der Hamburger und Wolfenbüttelsche Redner den Glanz seiner Plädoyers und Invektiven verdankt. Ob auf der Rostra oder der Bühne: Immer wird Gerichtstag gehalten, angegriffen, verteidigt, geurteilt; immer fragt man aus, repliziert und treibt in die Enge; wenn irgendwo, so wird bei Lessing die Herkunft der Rhetorik aus der Gerichtsrede deutlich: denn seine Szenen sind zuallererst forensischer Natur – ›Da steht er, mein unbarmherziger Ankläger‹, heißt es von Goeze, ›und wiehert Blut und Verdammung‹ –, die Anwälte führen ihre Glanzstücke vor; Advokaten und Fürsprecher halten die niederträchtigsten Plädoyers; Zugereiste und Komplizen – das Fräulein von Barnhelm und, in der ›Emilia Galotti‹, der Mitverschworene Pirro – werden inquisitorisch verhört; Geübte und Ungeübte – hier Nathan und dort Saladin – messen die Kräfte im Wettstreit der Zungen; ein Fall wird bestimmt, ein Verbrechen beschrieben, ein Argument-Stil entwickelt, eine Verteidigungs-Praktik (Maffeis Aegisth!) analysiert.

Die großen Reden, rauschend im Faltenwurf, verraten in Aufbau und Stil rhetorische Schulung. Es sind Virtuosen-Stücke und Schauspieler-Arien, die den Beifall des Hauses geradezu anlocken sollen – jenen Applaus von Galerie und Parterre, den man sich bei Lessing auch im Fall der Traktate und Briefe hinzudenken muß. Was immer er schrieb, eine Streitschrift, einen Diskurs oder eine Parabel – wie die Ring-Erzählung und, zu Beginn der Kontroverse mit Goeze, die Geschichte vom Bau –, er formulierte stets für das Publikum. Noch seine abstraktesten Schriften haben den Charakter des Werbens, Rechtens und Eiferns. Theaterluft durchweht nicht nur die Pamphlete gegen die theologischen Gegner; auch in den sogenannten ›Rettungen‹, den Rehabilitierungen zu Unrecht angegriffener Männer, ja selbst in den antiquarischen Schriften ist immer, als oberster Richter, das Parkett mit von der Partie: die Appellations-Instanz, an die Lessing sich im Stil eines Terenz-Prologs wendet, der Partner, so treu wie der Schatten. Ohne ihn und ohne den Lärm der Kulisse konnte der Bibliothekar aus Wolfenbüttel, dieser Feind aller *gelehrten Kretze* und Gegner toter Buchgelehrsamkeit, ein Werk nicht beginnen. Er brauchte das Gegenüber, dem er sich mitteilen konnte, brauchte das reale oder imaginäre Publikum, das die Zwiste anhört, auf der Hut ist, sich äußert und Einwürfe macht.

Lessing schreibt für Leute, die klatschen und zischen und nicht für Kollegen, nicht – oder doch nur in zweiter Linie – für Theologen, Antiquare und Künstler. Die Ausrufe und Fragen in seinen Briefen, das Sich-Entrüsten und Sich-Ereifern – ›Was Herr Voltaire nicht alles schreibt!‹ – diese ›zermalmende Beredsamkeit‹, wie Friedrich Schlegel sie nannte, ein Festnageln des Gegners, ein Insistieren und Hämmern, getragen von sich überstürzenden Anaphern – ›Sie, Herr Pastor, Sie hätten den allergeringsten Funken lutherischen Geistes? Sie? Der Sie nicht einmal Luthers Schulsystem zu übersehen im Stande sind – Sie? –‹ ... dieses Feuerwerk bedarf des Widerspruchs, der Einrede und Akklamation. Es ist Publikums-Prosa, die immer dann, wenn vom Betroffenen oder vom Zuschauer Reaktionen zu erwarten sind, durch Bindestriche und Pünktchen akzentuiert wird.

Aber der Redner agitiert nicht nur – zuerst ist er Lehrer. Das ›docere‹ geht dem ›movere‹ und auch dem ›delectare‹ voran. Lessing, der ›Bruder-Redner‹, wie es bei den Freimaurern heißt, war ein redlicher Mann. So gern er, mit Wortwitzen, Antithesen und Anaphern brillierend, seine Gegner niederschlug – er hat niemals getäuscht, sondern, im Gegenteil, die Entwicklung seiner Operationen in einem Akt des Laut-Denkens – ›Prallt von diesen Vorwürfen etwas auf mich zurück?‹ – dem

Publikum unterbreitet: so, als sei auch er ein Nathan oder Philotas *in actu cogitationis*. Mit klarer Disposition kündigte er die einzelnen Phasen seiner Feldzüge an, verwies auf die Funktion der Truppenteile, beschrieb den Stil des Scharmützels, entwickelte die grammatikalischen Formen des Hauptkampfs – und war bei alledem ehrlich genug, auch den Rückzug nicht zu kaschieren. ›Leute, schaut zu, wie ich das mache‹, lautet in jedem Fall die Maxime, ›paßt auf, wie ich eins aus dem andern entwickle!‹

Unter solchen Aspekten sind Lessings theoretische Schriften allesamt vom Gesetz eines eigentümlichen Pathos bestimmt, einer rhetorischen Didaktik, die sich auch an der Argumentations-Weise darstellen läßt: Zitate, gern gesperrt gedruckt, werden geprüft und gewogen; Sätze – mit Ausrufungszeichen gespickt und von Fragezeichen zerfetzt – wirbeln hoch in die Luft ... und wenn sie dann zu Boden fallen, haben sie sich plötzlich verändert; sind, frei nach Ernst Bloch, zur Kenntlichkeit entstellt ... aus *etwas Vorläufigem* ist unversehens ein *vorläufiges Etwas* geworden. Ein unbarmherziges Beim-Wort-Nehmen und Ganz-Genau-Wissen-Wollen rückt die Dinge zurecht ... und dieser Wille zum Zurechtrücken, zur definitorischen Eindeutigkeit, zum Infragestellen und Zurückschleudern geprüfter und für falsch befundener Münzen kennzeichnet auch die Dialoge des Streitredners Lessing, kennzeichnet die Akteure der Dramen, die geradezu darauf versessen sind, durch sehr markante, im Frage- und Ausruf-Ton vorgetragene Wiederholungen die Thesen ihrer Szenen-Partner ins Zwielicht zu rücken.

Dafür ein Beispiel aus der ›Emilia Galotti‹. Marinelli sucht den Grafen Appiani zum Aufschub seiner Hochzeit zu überreden:

Marinelli Ich sollte meinen, daß es sonach um so weniger Schwierigkeiten haben könnte, die Zeremonie bis zu Ihrer Rückkunft auszusetzen?

Appiani Die Zeremonie? Nur die Zeremonie?

Marinelli	Die guten Eltern werden es so genau nicht nehmen.
Appiani	Die guten Eltern?
Marinelli	Und Emilia bleibt Ihnen ja wohl gewiß.
Appiani	Jawohl gewiß? Sie sind mit Ihrem ›ja wohl‹ – ja wohl ein ganzer Affe.

Eine staunende Frage, ein winziger Zusatz, den Zweifel bezeichnend, eine Umkehr – und Wortwitz-Replik: und der Fall ist erledigt, der Gegner, er heiße nun Marinelli oder Goeze, heiße Wieland oder Hettore Gonzaga, zur Strecke gebracht. Die aufklärerische Methodik hat ihre Ziele erreicht. Nichts wird für bare Münze genommen, kein ›denn‹, kein ›aber‹, ›insofern‹ und ›obschon‹ passiert ungeprüft die Barriere. Kenntnis und Scharfsinn dienen dazu, den Gegner beim Wort – und am Kragen zu nehmen.

Lehrend wendet sich der Redner an die Vernunft, pathetisch bewegend rührt er den Sinn; den Ausschlag aber gibt sein Appell an die menschliche Vorstellungskraft. Sie, die Phantasie, ist es, die dort, wo Kopf und Herz sich streiten, als Zünglein an der Waage erscheint. Ihr gilt deshalb – wie der ›Nathan‹ und die achte Kampfschrift gegen Goeze beweisen – die besondere Aufmerksamkeit des Psychologen und Rhetors.

Wie der große evangelische Prediger Johann Lorenz von Mosheim, seines Vaters Briefpartner, kannte Lessing die Trägheit der Menschen genau; wie dieser Meister der Aufklärungspredigt, dessen Stil er bewunderte, wußte er um die Notwendigkeit, sich je nach der Situation, auf die Gemeinde, auf das Theater, das imaginäre Publikum einzustellen; denn wie Sokrates wollte er die Schläfrigen wecken, die Trägen zum Nachdenken reizen und den allzu Gehorsamen die Welt als veränderbar zeigen. Der wahre Redner ist, im Sinne Quintilians, in erster Linie immer Pädagoge: Aus Gründen der Erziehung, und nicht um des sophistischen Blendungs-Spiels willen, hat Lessing so sehr die witzigen Aporien geschätzt – sie dienten seinem Appell, das Gegebene nicht als Fatalität aufzufassen, sondern immer auch das Gegenteil zu bedenken, sich auszumalen, die Welt wäre anders als jetzt, das Potentielle sei praktikabel und die Dinge stünden plötzlich auf dem Kopf.

›Laßt uns erdichten‹, ›man stelle sich vor‹ und ›nehmen wir an‹ sind Lessings Lieblingsausdrücke. Sie gleichen Imperativen an die Vorstellungskraft und sollen den Zuhörer zwingen, Möglichkeiten durchzuspielen, die der Wirklichkeit den Autoritätsanspruch nehmen. ›Was wäre geschehn, wenn Thersites Erfolg gehabt hätte?‹ – ›Wie würde ich urteilen, angenommen, ich lebte nicht heute, sondern zur Zeit Christi?‹ Die Lessingschen Zweifel, diese *spitzigsten Fragen*, haben Denunzierungs-Charakter; sie dienen dem *debunking* und sollen den großen Aufbruch und mit dem Aufbruch den Entschluß befördern, von Stund an alles in Zweifel zu ziehen. Darum die Überraschungs-Attacken, diese Volten am Anfang der Briefe: der Gegner ist noch gar nicht ganz da, und schon dröhnen Posaunen; darum die Mythen-Umkehr: Orpheus als ein müder Ehemann, dem es ganz recht geschieht, daß er seine ungeliebte Eurydike findet; darum das Spiel Martials, darum die Paradoxie als befremdliche Interpretation eines scheinbar verständlichen Vorgangs: ›Im Essen bist du schnell, im Gehen bist du faul. Iß mit den Füßen, Freund, und nimm zum Gehn das Maul.‹

Der Stil verrät den Mann. Die Figuren und Tropen sind Instrumentarien des Kampfes gegen die Dogmatik des ›So und nicht anders‹; die Denk-Schemata rücken einen Dialektiker ins Licht, der, sehr konsequent, auch seinen Dramen-Gestalten, den klugen Frauen so gut wie den Männern, mit dem Scharfsinn und Witz den Zweifel und die Fähigkeit zur kritischen Überlegung auf den Weg gab. »Unser Gespräch würde ganz anders gefallen sein, Tellheim« – so das mit Lessingscher Einbildungskraft ausgezeichnete Fräulein von Barnhelm, »wenn ich mit der guten Nachricht angefangen hätte, die Ihnen der Chevalier de la Marlinière … zu bringen hatte.«

Die Floskel ›anders‹ ist ein Schlüsselwort Lessings: selbst sein Vokabular verrät heterodoxe Gesinnung; noch die kleinste Wendung ist verräterisch; jeder Satz ist gezielt; jede Formulierung hat intentionalen Charakter, reizt das Denken, befördert die Imagination und ist rednerischer Natur. Es gibt keine Verkündigung der Wahrheit ohne rhetorischen Schmuck: dieser von Augustin bis hin zu Melanchthon und Mosheim gültige homiletische Lehrsatz gilt auch für Goezes gefährlichsten Gegner. Er weiß: wer überzeugen will und eine Nachtigallen-Melodie anstrebt (während die Lerche sich hoch in die Luft schwingt, um nicht gehört zu werden, bleibt die Nachtigall auf der Erde), wer nicht nur den Verstand durch Gründe ansprechen will, der muß sich – so der achte Anti-Goeze – der Phantasie durch allerhand unerwartete Bilder und Anspielungen zu bemächtigen suchen, der braucht den Schmuck der Figuren und Tropen, braucht das Kleid der Metaphern und witzigen Worte, den Stil-Tausch, den Umschwung und die überraschende Zäsur, der darf nicht gleichförmig tanzen, sondern muß springen.

Als virtuoser Rhetor, ein Kopist und Imitator von Rang, beherrschte Lessing den Tenor der theatralischen Proklamation so gut wie den vom Geist der Antithese bestimmten Büchnerschen Wortwitz. Kein Wunder also, daß ihm das pathetische ›Luther, du! Großer, verkannter Mann!‹ ebenso leicht von der Hand ging wie das lässig hingesprochene ›Ei, Herr Pastor, Sie sind mir ein seltsamer Mensch‹. Begrifflichkeit und Bild ergänzen sich hier zu harmonischer Kombination: einmal tritt dieses, einmal jenes stärker hervor; der Situation entsprechend, in Übereinstimmung mit der jeweils gegebenen Lage, verändert sich das Mouvement des Tons in der überzeugendsten Weise. Was kein Schriftsteller vor ihm erreichte, ist Lessing gelungen: der Versuch, die rhetorische Diktion dem Gesetz der Natürlichkeit unterzuordnen und dem metaphorischen Stil Anmut und lebenswahre Spontaneität zu verleihen. Lessing selbst gibt zu diesem Problem dort den entscheidenden Hinweis, wo er die ihm eigene bildreiche Suade aus seinen dramatischen Ambitionen erklärt: ›Die Sorge für den Dialog gewöhnt uns, auf jenen verblümten Ausdruck ein scharfes

Auge zu haben; weil es wohl gewiß ist, daß in den wirklichen Gesprächen des Umgangs, deren Lauf selten die Vernunft, und fast immer die Einbildung steuert, die mehresten Übergänge aus den Metaphern hergenommen werden, welche der eine oder andere braucht. Diese Erscheinung allein, in der Nachahmung gehörig beobachtet, gibt dem Dialog Geschmeidigkeit und Wahrheit.‹

Eine erstaunliche Stelle fürwahr! Der ›verblümte Ausdruck‹, von Gorgias bis Gottsched als Kunstsprache – im Gegensatz zur natürlichen Rede – interpretiert, erweist sich plötzlich als Eigenart des Alltagsgesprächs, der uneigentliche Ausdruck, die Metapher, als Inbegriff der Eigentlichkeit! Was jahrhundertelang Schmuck, Zierat und Putz war – jene Eleganz, die, nach rhetorischer Lehre als dritte und höchste Tugend zur Deutlichkeit und Angemessenheit trat, präsentiert sich hier als Charakteristikum des bürgerlichen Gesprächs! Die Trennung von schlicht-natürlichem und kunstvoll-gedrechseltem Stil scheint, im Zeichen der Einbildungskraft, überwunden zu sein; was man bisher aus vernünftigen Regeln erlernte, wird jetzt auf den Märkten gelehrt. Das Blümeln und Zieren – sofern man es nicht im Übermaß verwendet – kann die Sprache des Herzens ausdrücken, die Spaziergänger-Prosa, geschliffen und leger zugleich, scheint die Prosa der Wahrheit, das Sprunghaft-Metaphorische ein Zeichen jener Natürlichkeit zu sein, gegen deren Gebot zu verstoßen für Lessing als Kardinalfehler galt. Wenn aber Rhetoren-Prosa, wenn geblümter Stil identisch ist mit natürlicher Sprache, dann bedeutet – höchst seltsam – bilderlos und schlicht zu schreiben und eine gute und zielgerichtete Prosa zu artikulieren, eine akademische Prosa allerdings – dann bedeutet das zugleich auch: der Unnatur willfährig sein, mit der Brillanz die Anschaulichkeit einzubüßen, auf Experienz und fröhliche Schwärmerei zu verzichten und sich so, der *ars imitandi* entfremdet, am Geist der mündlichen Beredsamkeit zu vergehen, denn Mündlichkeit ist für Lessing das *tertium comparationis* zu ›Natur‹ und ›Rhetorik‹.

Dieser Mann, man muß es ein zweites und drittes Mal sagen, dieser Prediger, Pamphletist, Advokat und Agitator auf der Rostra, der Kanzel und den Brettern der Welt, war Redner, nicht Schreiber. Er haßte Uniformität und maschinelles Einerlei; nicht nach geraden Straßen, sondern nach Umwegen und Seitenpfaden verlangte seine auf Exkurse, Abbrüche und Neuanfänge, auf die Anakoluthe der mündlichen Rede und die Nebensatz-Schneisen erpichte Rhetoren-Manier. Sobald ihm die gewählte Form Fesseln anlegte, er eine Einleitung schreiben oder ein Axiom streng durchführen mußte, wurde seine Sprache steif und pedantisch, hörte auf Partner-Prosa zu sein und bekam, in langen Perioden, einen Zug von feierlich-verdrießlicher Umständlichkeit. Auch der wohlwollendste Leser wird mürrisch – ›ist das noch Lessing?‹ – und atmet erst dann befreit wieder auf, wenn sich am Horizont ein echter oder fingierter Gesprächspartner zeigt, ein Hauptpastor, Dichter oder verwundeter Soldat, mit dem sich's streiten läßt oder vor dessen Richtstuhl, im plaudernden Briefton, die jüngsten Händel auszubreiten sind.

Vergessen wir nicht, daß Briefe, nach rhetorischer Definition, Gespräche mit einem Abwesenden sind, Dialoge auf Distanz also: fixierte Unterhaltungen, die im 18. Jahrhundert schon bei Gellert den Konversations-Tenor mündlicher Unmittelbarkeit gewannen. Lessing also, begabt mit lateinischem *talent épistolaire*, steht auch in diesem Fall in einer Tradition, die sich über die Humanisten bis hin zu Ciceros Briefen an Atticus zurückverfolgen läßt ... und doch, welche Nuancen, wie viele umgangssprachliche Formulierungen hat er, Gellerts Musterbriefe überbietend, noch hinzugefügt, wie weit der Mündlichkeit die Tür geöffnet und ihr gestattet, auch die theoretischen Dispute rednerisch-plastisch zu prägen!

Oder war es etwa kein Wagnis, ein so grundgelehrtes Werk wie den ›Laokoon‹ mitten im Diskurs zu unterbrechen, einen kleinen Sprung zu machen und dann in höchst familiärer Weise zu sagen: ›Des Herrn Winckelmanns Geschichte der Kunst des Altertums ist gerade erschienen. Ich wage keinen Schritt weiter, ohne dieses Werk gelesen zu haben›? War es kein Wagnis, um der lebendigen Anschauung und Spontaneität willen die Erörterung durch eine kleine Improvisation, eine beiläufig eingestreute Geschichte zu würzen? (Eine Lügengeschichte, am Rande vermerkt; wir wissen und Horst Steinmetz hat erst jüngst wieder darauf hingewiesen, daß Lessing das Winckelmannsche Buch längst kannte, als er am ›Laokoon‹ schrieb.) Und war es schließlich kein Wagnis, einen diffizilen Philologen-Traktat vom Range der Schrift ›Wie die Alten den Tod gebildet‹ mit dem zwar witzigen, aber doch nicht eben konventionellen Satz zu eröffnen: ›Immer glaubt Herr Klotz, mir auf den Fersen zu sein.‹?

Seriös im Sinne der Zunft ist das nicht ... aber ein Zeugnis für jene mündlich-natürliche Schreibart und Manier des Anekdotischen, die es Lessing möglich machte, sich gelegentlich – wenn es das Gebot der Angemessenheit und das Gesetz der Gattung erlaubten – sogar der Dialekt-Ausdrücke zu bedienen. Dabei war er immer ängstlich darauf bedacht, zwischen Plattheit und Schwulst, der allzu niedrigen und der allzu bombastischen Rede einen mittleren Tonfall zu treffen, dem Pöbelwitz so gut wie dem Unsinn, dreistem Modernismus nicht anders als altvorderlichem Gehabe zu steuern. ›Lieber etwas zu niedrig als zu erhaben‹ war seine Devise, und so gut er sich aufs Herzbewegen verstand: das Schreien in Permanenz lag ihm nicht; der Höhenflug seiner Rede wollte immer sehr bald vom Lerchen- aufs Nachtigallen-Maß reduziert sein. (›Miss Sara Sampson‹ und ›Nathan‹ bestätigen als Ausnahmen die Regel; man merkt es ihnen an, daß sie zum Feierlichen hin stilisiert sind.)

Nun, das alles war nicht neu. Auf einen natürlichen Stil hatte schon Lessings großer, auch heute noch verkannter Landsmann Christian Weise verwiesen – und was Gottsched angeht, dessen ›grämisches Anschnarchen‹ Lessing dem Gelächter des Parketts überließ, so hat auch er versucht, zwischen der Scylla des Schwulstes und der Charybdis der Plattheit einen Durchschlupf zu finden. Aber *in praxi* ist es dann doch erst Lessing gewesen, der Schönheit und Glanz, ein Maximum von aufklärerischer *clarté* und ›körnichter Deutlichkeit‹ mit einem Höchstmaß von natürlicher Zier, Eleganz und Anmut vereinte – und wie der Meister, so seine Figuren. Ob Minna oder Franziska, Tellheim, Odoardo oder Nathan: allen ist aufgetragen, mit dem treffendsten zugleich das schönste Wort zu sagen und, im Akt Lessingschen Lautdenkens, die schlagendste Vokabel zu finden: »Wie kalt ihr mich empfingt«, hält Nathan dem Tempelherrn vor, und fährt fort: »wie kalt – wie lau – denn lau ist schlimmer noch als kalt; wie abgemessen mir auszubeugen Ihr beflissen wart.« Immer wieder zwang Lessing seine Figuren – so, als müßten auch sie sich gegen Klotz und Goeze behaupten – zur Sprach-Korrektur und verlangte von ihnen, wie von sich selbst, auf dem Feld der Semantik Meisterstücke begrifflicher Schärfe: »Das brennt nicht«, heißt es in der ›Matrone von Ephesus‹, »das scheint nur zu brennen. Das scheint nicht, das scheint nur zu scheinen!«

Kein Wunder also, daß auch die Lessingschen Damen mit den schwierigen rhetorischen Operationen, mit Protasis und Apodosis, so selbstverständlich wie mit Gebetbuch und Strickstrumpf umgehen, und daß sogar der Prinz (man denke: ein Hettore Gonzaga!) eine Begriffsreihe mit sophistischer Exaktheit durch Komplementär-Vokabeln zu ergänzen versteht. »Stolz«, sagt der Prinz in der ›Emilia Galotti‹ zu Conti, dem Maler: »Stolz haben Sie in Würde, Hohn in Lächeln, Ansatz zu trübsinniger Schwärmerei in sanfte Schwermut verwandelt.«

Kein Zweifel, das ist gut und sehr präzis und knapp gesagt: das ist Lakonismus Lessingscher Art, das könnte in der ›Hamburgischen Dramaturgie‹ stehen – und das ist wiederum rhetorisch durchgeformter Stil: Anti-Ciceronianismus nämlich, Epigrammatik in Senecas Weise … ein Stil, der so kurzgestutzt ist, daß er sich immer an der Grenze von Klarheit und Hermetismus bewegt.

Lessing selbst scheint sich über die Konsequenzen dieses Lakonismus' durchaus im klaren gewesen zu sein; ›ein Titel ist kein Küchenzettel‹ hieß seine Devise: er wußte gut, daß er auf der einen Seite sein Publikum durch zugespitzte Abbreviaturen, diese hingeworfenen, nur den Kennern verständlichen Anspielungen, nicht selten überforderte. Aber auf der anderen Seite war gerade die Wahl dieses mathematisch auskalkulierten, mit Hilfe sorgfältigster Interpunktion meist zu dreigliedrigen Satzgebilden zugespitzten Stils – ›Klagen, nichts als Klagen! Bittschriften, nichts als Bittschriften! Die traurigen Geschäfte; und man beneidet uns noch!‹ – die Konsequenz von sehr plausiblen Überlegungen.

Zum ersten war nämlich die epigrammatische Diktion: war die aus Wiederholungen, Parallelismen und Antithesen bestehende Sprache für Lessing mit der wahren nachlässigen Kürze der gemeinen Rede identisch, so daß sich – erkennbar schon im Brief des Vierzehnjährigen an die Schwester! – abermals eine Übereinstimmung von Natürlichkeit und Rhetorik, von Stil und Umgangsrede ergibt; zum anderen aber – und das ist nicht minder wichtig – war es Lessings Grundüberzeugung, man müsse der Phantasie des Publikums soviel Spielraum lassen wie möglich. Deshalb seine Betonung des Transitorischen, deshalb seine Invektive gegen die malerisch-plumpe Abschilderei, deshalb die Entschlossenheit, sich zu beschränken, auszusparen und abzukürzen, auf naturalistische Vollständigkeit zu verzichten und der Vorstellungskraft des Lesers Gelegenheit zur Ergänzung zu geben.

Nicht, als ob Lessing ein Stümper auf dem Felde schildernder Vergegenwärtigung gewesen sei! Schon die imitatorischen Partien der ›Minna von Barnhelm‹, die vielen mimetischen Reproduktionen, die Predigt-Nachahmungen und die – oft parodistisch angelegten – Inhaltsangaben sprechen, so gut wie der Sinn fürs Gestisch-Äffische und Wiederholende, für seine malerische Veranschaulichungs-Kraft. Was ihn störte, an der beschreibenden Dichtung so gut wie an der allzu deutlichen Wiedergabe auf dem Theater, war das Krud-Naturalistische, das Direkte und Plumpe; es war die Phantasie-Feindlichkeit, die dem rhetorisierenden Bilder-Logiker Lessing mißfiel. ›Nur keine malerischen Effekte‹, heißt das erste Schauspieler-Gebot der ›Hamburgischen Dramaturgie‹, ›keine Blutflecken am Dolch, keine grellen Höhepunkte‹; kein ›erstochen und geklatscht‹, sondern reflektierender Ausklang im römischen Stil, die Dominanz des Indirekten über das Vordergründig-Unvermittelte: Hamlets Reaktion, nicht das Gespenst selbst, soll die Schrecklichkeit der Geistererscheinung beleuchten.

Das heißt keineswegs: spirituelles Theater, im Gegenteil, der Praktiker Lessing geht ja mit Gift und Dolch und krassen Schluß-Tableaus nicht eben sparsam um – Doppelhochzeit oder Wiedererkennung von Bruder und Schwester: auf etwas mehr oder weniger Operette kommt es da schon gar nicht mehr an –, man spürt die Qualen des Springers, der sich zu einem Tanz verführen ließ, aber viel lieber endlose Disputationen ausfechten und, statt mit Theaterzeiten und Aktschlüssen zu rechnen, unbekümmert drauflosreden möchte – um dann irgendwann die Partie zu beenden: im elften, hundertvierten oder sechsundfünfzigsten Akt! –

Nun, ganz so groß, wie es auf den ersten Blick scheint, ist die Diskrepanz zwischen Lessing, dem Praktiker, und Lessing, dem Theoretiker, nicht; denn auch der Verfasser der ›Hamburgischen Dramaturgie‹ hat alles nur Erdenkliche getan, um der *körperlichen Beredsamkeit* der Komödianten, der Gestik vor allem, dem Timbre der Stimme und der Bewegung der Hände soviel Plastizität wie nur möglich zu geben. Nicht allein die – höchst eindringlichen – Regie-Vorschriften, die Anordnungen für Finger, Ohren und Münder, sondern auch eine Fülle von Sprech-Sätzen haben, vor allem im Frühwerk, den Charakter theoretischer Stützen für die Akteure. ›Der junge Gelehrte‹ strotzt geradezu von gestischen Exerzitien; aber diese vom Geist William Hogarts bestimmte Betonung der körperlichen Beredsamkeit – wie oft spricht Lessing über ihre Möglichkeiten, Gefahren und Voraussetzungen! – dient doch in erster Linie dazu, eine Gegenkraft zu jenem *Lessingisieren* der Bühnen-Figuren zu schaffen, das, oft beschrieben und oft geleugnet, sich gerade unter dem Aspekt der Rhetorik aufdrängt.

Mit Ausnahme der Chargen, des Riccaut de la Marlinière oder des Derwisch, sprechen alle Lessing-Figuren die Sprache des Meisters: Die Ansicht, das Fräulein von Barnhelm oder der Tempelherr, Marinelli, Just oder Sittah verfügten über eine eigene, höchst persönliche Suade, konnte nur deshalb entstehen, weil Lessings Rede-Stil so vielfältig ist und er, wie in seinen Traktaten, einmal antihöfisch und grob, einmal lakonisch und spitz, ein andermal pathetisch und gründlich, dann wieder herzbewegend und rührend zu artikulieren versteht. In Wahrheit sprechen sowohl die Redner von Nathans Rang wie jene Nicht-Redner – Werner, Saladin und der Klosterbruder, die ihrer Schlichtheit allesamt mit so schöner Rhetorik Ausdruck verleihen –, im Tonfall des einzigen Gotthold Ephraim Lessing.

Individuelle Sprache? Die vom Autor erstrebte *eigene Rede* aller Figuren? Persönliche Syntax? Keine Spur davon! »Aus jeder kindischen Miene strahlt die Morgenröte des Verstands«: so Lohensteinisch-barock redet ein alter Diener bei Lessing! »Ärgernis und verbissene Wut hatten meine ganze Seele umnebelt; die Liebe selbst, in dem vollsten Glanze des Glückes, konnte sich darin nicht schaffen lassen. Aber sie sendet ihre Tochter, das Mitleid, die, mit dem finsteren Schmerz vertrauter, die Nebel zerstreuet und alle Zugänge meiner Seele den Eindrücken wiederum öffnet«: ist es zu glauben, daß diese Sätze aus dem Mund eines zur Disposition gestellten Majors kommen? Und ist es zu glauben, daß ein Galanterie-Krämer vom Schlag Marinellis Büchnersche Tiefsinnigkeiten erfindet oder Franziska so geistreich wie eine emanzipierte Dame aus dem Album des George Bernard Shaw zu parlieren versteht?

Ja, es ist glaubhaft; denn nicht der Stand und nur bedingt der Charakter bestimmen in Lessings Dramen die *bon mots* der Akteure … allein nach der Maßgabe der Situation verändern sich Wortwahl und Sprache – Wachtmeister Werner redet vor dem gnädigen Fräulein anders als vor seiner Franziska – und was für Werner gilt, gilt auch für Tellheim, für Appiani und Nathan. Alle sehen sich imstande, in bestimmten Lagen glaubhafte und nachdrückliche, entschiedene und angemessene Worte prägen und so der Vielfalt ihrer Empfindungen in natürlicher Weise Ausdruck geben zu können. Das unterscheidet sie nicht nur von den orthodoxen Sentenz-Wiederholern, sondern vor allem auch von jenem Prinzen Gonzaga, der noch dort beim höfischen Geplapper verharrt und sein ›recht gern, recht gern‹ verlauten läßt, wo es um die Unterzeichnung eines Todesurteils geht. Mag Hettore Gonzaga ansonsten noch soviel lessingisieren: seine sprachlich unangemessene Reaktion in einer entscheidenden Stunde verrät, daß auch er zu jenen Marionetten und höfischen Puppen gehört, die Lessing in der ›Hamburgischen Dramaturgie‹ – weit, weit vor Büchner und Marx! – als Maschinen bezeichnet … als Automaten, die der Dichter erst einmal in Menschen umwandeln müsse.

Hier die Rhetorik der Natur und dort das höfisch-gesuchte Geschwätz, puppenhaft und uniform; hier die bündig-gründliche Sprache der menschlichen Einbildungskraft, Franziskas Redensartlichkeit, dort der Jargon der Galanterie, in dem – man denke an Mutter Galottis Anklage-Rede – ›eine Höflichkeit zur Empfindung, eine Schmeichelei zur Beteuerung, ein Einfall zum Wunsch und ein Wunsch zum Vorsatz‹ wird; hier, so bildreich wie nachlässig-knapp, die Sprache des Herzens und Beredsamkeit der Leidenschaft, dort die unbedeutende höfische Suade, für die ein ›Ja‹ soviel gilt wie ein ›Nein‹; hier starre Etikette, dort der lebendige Ausdruck an der Grenze von Lachen und Weinen: Spürt man, wie ein rhetorisch geschulter Schriftsteller am Beispiel der Rede Gesellschaftskritik übt – vorsichtig noch, künstlerische Argumente in den Vordergrund rückend, aber unüberhörbar?

Im Reich des Bruder Redners geht es demokratisch zu; Domestiken reden meist von gleich zu gleich mit ihrer Herrschaft – und dies im biegsamsten, nuanciertesten Deutsch; Kleine sprechen nicht anders als Große, die neue Zeit kündigt sich an, denn Witz und Landessprache sind nicht nur für Goeze die ›Mistbeete, in welchen der Samen der Rebellion so gern und so geschwind reifet‹.

Die Sprache bringt es an den Tag, und Lessing sucht zu beweisen: es gibt keinen kleineren Teil mehr, der, auf Etikette und höfische Rhetorik verweisend, dem größeren Teil einreden kann, er sei – so das 68. Stück der ›Hamburgischen Dramaturgie‹ – von besserem Stoffe als jener. Die Rhetorik der Zukunft ist die metaphernreiche, natürliche Sprache des republikanischen Volks.

Welch ein Mann, dieser Lessing, welch ein Meister jener materialen, enthusiastischen Rhetorik, deren Bestimmung es nach Novalis' Wort ist, die Philosophie zu realisieren! Welch ein Redner, dieser Prediger und Komödiant, dessem Herzen noch der jämmerlichste aller Demagogen, der Proletarier Thersites, näherstand als ein strahlender Held vom Range Achills. Welch ein Leben, und was für ein sinnvoller Tod: Lessing starb, als seine Redekraft, die kalte Flamme seines Zornes, schwächer wurde und er in der Disputation zu versagen begann. ›Ich widerlegte einige seiner Behauptungen so nachdrücklich, daß er nicht weiterkonnte‹, schrieb Jacobi nach Lessings Tod, ›sein Gesicht wurde *entsetzlich*; ich habe nie so ein Gesicht gesehen.‹

Dem, der in seinen rednerischen Feldzügen ein Leben lang siegreich: der immer der erste gewesen war, blieb es erspart, im Alter der zweite zu werden.

Rahel Varnhagen in ihren Briefen

1987

›Welch eine Geschichte! – Eine aus Ägypten und Palästina Geflüchtetete bin ich hier und finde Hilfe, Liebe, Pflege von Euch! ... Mit erhabenem Entzücken denk' ich an diesen meinen Ursprung und diesen ganzen Zusammenhang des Geschickes, durch welches die ältesten Erinnerungen des Menschengeschlechts mit der neuesten Lage der Dinge, die weitesten Zeit- und Raumfernen verbunden sind. Was so lange Zeit meines Lebens mir die größte Schmach, das herbste Leid und Unglück war, als eine Jüdin geboren zu sein, um keinen Preis möcht' ich das jetzt missen‹: So, erzählt der preußische Diplomat außer Diensten und homme de lettres Karl August Varnhagen von Ense, habe seine Frau Antonie Friederike (in Wahrheit Rahel, geborene Levin) auf dem Totenbett gesprochen, habe sich versöhnt mit ihrem Volk und, dürfen wir hinzufügen, mit ihren Worten anzeigen wollen, daß die kurze, durch die Namen Lessing, Mendelssohn, Dohm und Humboldt bezeichnete Epoche der jüdischen Emanzipation vorüber sei: die Symbiose zwischen Christen und Juden in Deutschland, kaum begonnen, schon beendet. Eine getaufte Frau kehrt zum Judentum heim. Vorbei die liberale Ära, anno 1833, als Rahel dreiundsechzigjährig starb, vorbei die Zeit, in der Wilhelm von Humboldt, 1809, während der Beratung über ein Reformgesetz für die Juden, das Hardenbergsche Edikt vom März 1812, die These vertrat – eine Lessing-These, eine Nathan-Weisheit –, es gälte von nun an dafür zu sorgen, daß das Wort Jude in keiner anderen Bedeutung als der strikt religiösen ausgesprochen werde, um auf diese Weise die vollkommene Gleichstellung von Hebräern und Christen anzustreben, und zwar sofort, kompromißlos, in einem einzigen Anlauf. Dem Juden die Hände loszubinden, die gefesselten Hände, um ihn dahin zu geleiten, wo alle anderen Menschen auch seien: dieses und nichts anderes konterkariere jene inhumane und von Vorurteilen geprägte Denkungsart, die einen Menschen ›nicht nach seinen eigentümlichen Eigenschaften, sondern nach seiner Abstammung und Religion beurteilt, und ihn, gegen allen wahren Begriff von Menschenwürde, nicht wie ein Individuum, sondern wie zu einer Rasse gehörig und gewisse Eigenschaften gleichsam notwendig mit ihr teilend ansähe. Diesen Zustand zu beenden aber sei dem Staat nur dann gegeben, wenn er laut und deutlich erkläre, daß er keinen Unterschied zwischen Juden und Christen mehr anerkenne.‹

Tempi passati, im Augenblick von Rahels Tod; erledigt die Epoche, in der Napoleon von der Judenheit wie ein Messias gefeiert wurde: als Befreier der leidenden Menschheit; vergangen die Jahre, in denen sich die christliche society, bis hin zu den Vertretern des Hochadels, in den Salons zweier Jüdinnen, der Henriette Herz und – eben – der Rahel Levin ein Stelldichein gab. Prinz Louis Ferdinand, ein Neffe Friedrichs des Großen, parliert mit Jüdinnen, Kurtisanen, Bühnenkünstlerinnen und Intellektuellen, deren Schar von Jean Paul bis – viel später – Heinrich Heine reicht.

Man war weit gekommen, in Preußen, die Emanzipation der Juden betreffend, im ersten Viertel des 19. Jahrhunderts – und man fiel weit zurück, im Gefolge der allgemeinen Restauration, einerlei, ob sie nun von christlich-romantischer, in den Männersalons der Deutschtümler vorgetragener Ideologie oder von jenen borussischen Vorurteilen der Altregierenden geprägt war, zu denen sich, vierzehn Jahre nach Rahels Tod, ein märkischer Vertreter des allerchristlichen Gottesgnadentum mit schöner Offenheit bekannte: ›Ich gestehe ein‹, rief Bismarck im Vereinigten Landtag zu Berlin von 1847 aus, ›daß ich voller Vorurteile stecke, ich habe sie mit der Muttermilch eingesogen, und es will mir nicht gelingen, sie wegzudisputieren; denn wenn ich mir als Repräsentanten der geheiligten Majestät des Königs gegenüber einen Juden denke, dem ich gehorchen soll, so muß ich bekennen, daß mich die Freudigkeit und das aufrechte Ehrgefühl verlassen würden, mit welchen ich jetzt meine Pflichten gegen den Staat zu erfüllen bemüht bin.‹ Nein, da ist von einer allgemeinen und umfassenden Gleichstellung der Juden mit den Christen nicht mehr die Rede, Rahel Levin hatte recht behalten, als sie, die an Assimilation und, in deren Folge, Chancengleichheit auch für die ›infam‹: also jüdisch Geborenen, geglaubt hatte, am Ende ihres Lebens dort wieder Posten bezog, wo ihr Ursprungsland lag – jenes geschichtliche Palästina, das im Reich von Lessings Nathan, gut hegelsch, aufgehoben zu sein schien, aber später, im Zeichen der ›hepp-hepp‹-Pogrome, zum Fremdland erklärt wurde, lange, bevor der Nationalsozialismus begann. ›Dreiundsechzig Jahre hat (Rahel) gebraucht zu lernen‹, beginnt die junge Hannah Arendt, in Rahels Spuren gehend, ihre ›Lebensgeschichte einer deutschen Jüdin‹, ›dreiundsechzig Jahre hat sie gebraucht zu lernen, was 1700 Jahre vor ihrer Geburt begann, zur Zeit ihres Lebens eine entscheidende Wendung nahm (genauer: zu nehmen schien!) und hundert Jahre nach ihrem Tod – sie starb am 7. März 1833 – ein vorläufiges Ende nahm.‹

Rahel Levin, die sich später Rahel Robert, noch später Antonie Friederike Varnhagen nannte, war eine Jüdin, die ihre Herkunft verfluchte und doch nie, in keinem Augenblick, von ihr loskam; eine Israelitin, die, um ihrer Emanzipation willen, aus dem Judentum heraus *wollte* und gleichwohl, so anklägerisch sie die ›Infamie ihres Schicksals‹ beschwor, aus dem Judentum insgeheim nie heraus *konnte*: sie sowenig wie derjenige, der ihr unter allen ihren Freunden, Liebschaften, Salon-Gefährten der vertrauteste war, ihr Schüler und, wenn man so will, Testaments-Vollstrecker: Heinrich Heine.

Auch er ein Gast bei Rahel Levin (einer der provokantesten übrigens – von der Dame des Hauses gelegentlich zur Ordnung gerufen), ein Besucher in Frau Varnhagens zweitem Salon, Französische Straße 20, nicht mehr im elterlichen Dachstübchen, Jägerstraße 54, wo sie, die von sich selbst zu sagen pflegte, sie sei Jüdin, nicht hübsch, ignorant, ohne Talent und gelehrte Anweisung ... wo sie, die Außenseiterin, den hochgestellten Herrn bei dünnem Tee und gehaltvollem Plaudern ihre berühmt-berüchtigten ›Dachstubenwahrheiten‹ sagte (man kann auch sagen: ins Gesicht schleuderte), dem suffisanten Humboldt so gut wie dem großen Zyniker Gentz, dem aufgeklärten Protestanten Schleiermacher nicht anders als dem gehässigen Tieck, der Rahel zuerst, auf Distanz, schön tat, um ihr später den Fußtritt zu geben: ›Hat sie je die Jüdin vergessen können? Am Ende‹ – heißt es in einem Tieckschen Brief, zwei Jahre nach Rahels Tod: die überhandnehmende Illiberalität in der Judenfrage anzeigend – ›am Ende triumphiert die jüdische Literatur und der verliederlichte Heine, dieser Juden-Messias, doch in gewissem Sinn über Goethe.‹

Und trotzdem – trotz aller *extra muros* geäußerten Vorbehalte und Gehässigkeiten von seiten der Rahel-Gäste, die derart ihr schlechtes Gewissen verraten: welch eine Gesprächsrunde war da beisammen, wo Rahel Universität und Schauspielhaus, weltliche Kirche und Café vereinte, indem sie – wie Henriette Herz – einen exterritorialen Raum schuf, wo Fouqué, wenn ihm der Sinn danach stand, mit der Geliebten des Baron Gentz, Christl, der Schauspielerin, ein Fürst Radziwiłł oder ein Graf Tilly andererseits mit Chamisso und August Wilhelm Schlegel mit der originellsten und, vielleicht, humansten Figur dieses bunten, Trennungen zwischen Ständen, Klassen und Geschlechtern aufhebenden Zirkels sprechen konnte, mit Prinz Louis Ferdinand von Preußen, den seine Geliebte, das ›Naturkind‹ Pauline Wiesel, ›Du Krieger, Du Jäger, Du Musikus‹ nannte, womit sie in einem Atemzug den verwegenen Troupier, den tollen Schützen und den begabten Komponisten etikettierte: ihn, diese echte Rahel-Gestalt – immer zwischen den Fronten, weder in der Garnison noch im Salon zu Hause, einen Prinzen, der, ein Zweimetermann von gewaltigen Kräften, glücklich allenfalls am Klavier, im Bett und am Schreibtisch war, von dem aus er die herzzerreißendsten Sendschreiben an seine Geliebten verschickte – immer verschuldet, immer auf der Suche nach dem großen Coup, ein Preuße, der den ›Heldentod‹ starb und über der Brust, an einem goldenen Kettchen, das Bildnis einer Frau trug, Pauline Wiesel, über die zu sprechen sich schon deshalb verbietet, weil allein das Aufzählen ihrer Liebschaften mehr als eine volle Seite füllte.

Die schöne Helena von Berlin mit ihrer Galerie unzähliger auf dem Felde der Liebe gefallenen Grafen, Prinzen, Barone – Pauline, Rahels beste, vielleicht einzige Freundin, an der Seite eines Neffen des großen Friedrich … *so* liberal ging es zu, zu Beginn des 19. Jahrhunderts, im Umkreis von Rahels Salon, einem Salon, der sich abglanzartig in jenem frühen Fontane-Roman ›Schach von Wuthenow‹ spiegelt, dessen Schauplatz vom Balkon der Varnhagens aus genau zu übersehen war (Frau von Crayen, das Urbild der Madame de Carayon, wohnte vis-à-vis).

›Schach von Wuthenow‹, in dem auch Prinz Louis Ferdinand seinen Part spielt: Sobald er Paulinens gedenkt, entsteht in der Offiziersrunde peinliches Schweigen – der homme à femmes paßte wohl in Rahels Mansardenstübchen, aber nicht mehr ins wilhelminische Deutschland:

›Sechs Fuß hoch aufgeschossen‹ – die Prinz-Louis-Ferdinand-Ballade Fontanes – ›Sechs Fuß hoch aufgeschossen / Ein Kriegsgott anzuschaun, / Der Liebling der Genossen, / Der Abgott schöner Fraun, / Blauäugig, blond, verwegen, / Und in der jungen Hand / Den alten Preußendegen – / Prinz Louis Ferdinand. / / Die Generalitäten / Kopfschütteln früh und spät, / Sie räuspern sich und treten / Vor Seine Majestät, / Sie sprechen: ‚Nicht zu dulden / Ist dieser Lebenslauf, / Die Mädchen und die Schulden / Zehren den Prinzen auf.‘‹

Nun, davor hat ihn der Kriegstod bewahrt, immerhin; Pauline tröstete sich schnell; und in den Salon zogen, nach einem Interregnum, neue Gäste ein: Auf Kleist folgt Hegel, auf Alexander von Humboldt, der froh war, bei den Jüdinnen Henriette und Rahel seinem ›Schloß Langeweil‹ in Tegel entgehen zu können ... auf Humboldt folgte Heine, der, 1823, eine der letzten – und ehrlichsten – *hommages* an Rahel und ihren Salon formulierte, indem er seinen Freund Karl August Varnhagen von Ense wissen ließ, er, Heine, denke den größten Teil des Tages an ihn und seine Frau in Berlin (nicht einmal übertrieben, wahrscheinlich, Heine lebte damals in Lüneburg), allezeit stünde ihm lebendig vor Augen, ›wie Sie beyde mir so viel Gutes und Liebes erzeigt, und mich mürrischen kranken Mann aufgeheitert, und gestärkt, und gehobelt, und durch Rath und Tath unterstützt und mit Makkaroni und Geistesspeise erquickt.‹

Kein Zweifel, das ist Geist von Rahels Geist, da spricht der Jude zur Jüdin, der Gezeichnete zur Stigmatisierten, der Außenseiter zur Außenseiterin. Beide (die Worte bezeichnen eine identische Grundsituation) haben sich als *Juden* und *Schlemihle*, als Randfiguren und als Schatten verstanden – Geist-Wesen, die allein im Reich des Spirituellen, des Witzes, des Gesprächs, der Poesie, eine eigenständige, will heißen selbstbestimmte Existenz führen könnten ... und nicht nur sie, Heine und Rahel, sondern Pauline Wiesel, Prinz Louis Ferdinand, Madame Schleiermacher oder Wilhelm von Humboldt in gleicher Weise. Humboldt, der eine Ehe führte, die als ›libertär‹ zu bezeichnen euphemistisch wäre, oder Henriette Schleiermacher, die, wie Rahel, einen Mann liebte, Alexander von der Marwitz, der sich, so Fontane in seinem Marwitz-Essay (›Wanderungen durch die Mark Brandenburg‹, Kapitel: ›Das Oderland‹), ›mit glühender, immer wachsender Leidenschaft zu ihr hingezogen fühlte‹. ›Der Tag ist noch nicht da‹, teilt, mit verhaltener Stimme, der Autor der Wanderungen seinen Lesern mit, ›über dieses Verhältnis ausführlicher zu sprechen, vielleicht wird die Pietät gegen einen unserer gefeiertsten Namen‹ – Schleiermacher! – ›es für immer verbieten. Zorn und Liebe, Gewissensangst und Leidenschaft rangen auf und ab in Marwitzens Herzen, und es hätte des heißen Verlangens nach Ruhm und Auszeichnung, nach einem unbestimmten Höchsten nicht bedurft, um jene Rastlosigkeit zu schaffen, die zugleich Verlangen nach Ruhe war.‹

Der Lebenslauf der Rahel Varnhagen, geborene Levin, ist, in der Tat, die *vita* einer Außenseiterin, die, im Kreis von Außenseitern aller Art, zu sich selbst zu finden suchte. Vom Rand her, aus der Perspektive des Halb-Dazugehörens, Halb-Ausgeschlossenseins, beschrieb Rahel sich und ihre Zeit mit der Hellsicht, die dem Eingeweihten, dem selbstverständlichen Akteur und Privilegierten, der nicht zur Reflexion gezwungen ist, versagt bleiben muß.

Was für ein Schicksal! Da ist eine, zum ersten, durch ihre, wie sie sagt, ›Schandgeburt‹ stigmatisiert, ihr Dasein als Jüdin; da ist, zum zweiten, dieses eine Wesen eben eine Frau … und dazu noch häßlich, ungelenk, beinahe zwergenwüchsig (›so wie manchmal Menschen keinen hübschen Zug im Gesicht, keine zu lobende Proportion am Körper haben und doch einen gefälligen Eindruck machen …, so ist es bei mir umgekehrt‹) – und, zu alledem, keine Intellektuelle, sondern die Tochter eines despotischen Kaufmanns, der ihr die Jugend zerstörte und sie darüber lebenslang zur Melancholikerin machte.

Und trotzdem: akzeptiert (beklagt vielleicht, auch verflucht) – *akzeptiert* hat Rahel diese vielfache Ausgrenzung nie; im Gegenteil, *wenn* jemand zu Beginn des 19. Jahrhunderts einen über die eigene Zeit hinausweisenden, ja, auch uns Heutige verpflichtenden Vielfrontenkampf geführt hat, dann sind es die großen Frauen der Romantik gewesen, die Günderode, Caroline Schlegel-Schelling, Henriette Herz, Dorothea Mendelssohn-Schlegel, Bettine und, allen voraus, Rahel Levin mit ihrem Versuch, eine dreifache Emanzipation zu befördern: die *gesellschaftliche* (wiewohl dem preußischen Königshaus zugetan, plädierte sie für die Republik der Freien und Gleichen), die *rassische* (›Sei eine Jüdin‹: als

Kampfansage an die herrschende Ideologie) und, nicht zuletzt, die *geschlechtsspezifische* Emanzipation.

›Falschgeboren‹ als Jüdin, Bürgerkind, Frau, formulierte sie ihr dreifaches *Nein* am nachdrücklichsten als Frau: als eine wahrhaft Emanzipierte, von deren faszinierender Redeweise ein Bericht Franz Grillparzers aus dem Jahre 1827 Zeugnis gibt – wie er, müde und mürrisch, in den Salon dieser ›alternden, vielleicht nie hübschen, von Krankheit zusammengekrümmten, etwas einer Fee, um nicht zu sagen Hexe ähnlichen Frau gekommen sei‹ ... ein moroser Chauvinist, könnte man sagen; aber ein Chauvinist, der im gleichen Augenblick, wo Rahel zu reden beginnt, seine Bekehrung erlebt: ›Nun aber fing sie zu sprechen an, und meine Müdigkeit verflog oder machte vielmehr einer Art von Trunkenheit Platz. Sie sprach und sprach bis gegen Mitternacht und ich weiß nicht mehr: haben sie mich fortgetrieben oder ging ich von selbst fort. Ich habe nie in meinem Leben interessanter und besser reden gehört.‹

Interessanter und besser: aber auch zielgerichtet, von deutlichen Vorstellungen, die allgemeine Emanzipation betreffend, akzentuiert! Bei Rahel gibt's keine unverbindliche Plauderei, sondern Bezeichnung zentraler Probleme; Aufdecken von Wunden; Benennung von Tatbeständen, die *schandbar* zu nennen, unwürdig und inhuman, sie als eine der ersten gewagt hat (Motto: ›Kann ein Frauenzimmer dafür, wenn es auch ein Mensch ist?‹).

Und gewagt: mit wieviel Scharfsinn, Argumentationskunst, Formulierungskraft – so, wenn sie die weltzugewandte Tätigkeit der Männer, das Sich-Bewegen in der Öffentlichkeit (dem ›Menschen-Verkehr‹) mit der häuslichen Isolation der Frauen konfrontiert, dem Frondienst zur Beförderung von ›Stückeleien‹, deren Wert allein die Männer, diese Flaneure, bemessen, die zu Hause ihre angeketteten, aufs Verharren verwiesenen Zubringer hätten: ›Aber es ist Menschenunkunde‹ – der Zustandsbeschreibung folgt, in der Form einer präzisen Richtigstellung, Rahels Protest – ›es ist Menschenunkunde, wenn sich Leute einbilden, unser Geist sei anders und zu andern Bedürfnissen konstituiert, und wir könnten zum Exempel ganz von des Mannes oder Sohns Existenz mitzehren. Diese Forderung entsteht nur aus der Voraussetzung, daß ein Weib in ihrer ganzen Seele nichts Höheres kennte als grade die Forderungen und Ansprüche ihres Mannes in der Welt; oder die Gaben und Wünsche ihrer Kinder: dann wäre *jede* Ehe, schon *bloß* als solche, der höchste menschliche Zustand; so aber ist es *nicht* ... (doch leider haben die Weiber) der beklatschten Regel nach (bis heute) gar keinen Raum für ihre eigenen Füße, müssen sie nur immer *da* hin setzen, wo der Mann eben stand ... und sehen (derart) die ganze bewegte Welt wie einer, der wie ein Baum mit Wurzeln in der Erde verzaubert wäre, und jeder Versuch, jeder Wunsch, diesen unnatürlichen Zustand zu lösen, wird Frivolität genannt oder gar für strafwürdiges Benehmen gehalten.‹

Geschrieben im Juli 1819, aber den nach wie vor regierenden Patriarchen auch 1987 noch ins Stammbuch zu schreiben – in der Sprache einer Frau, die niemals eine korrekte Schulbildung genoß, zudem, wie es bis weit ins 19. Jahrhundert hinein bei Juden üblich war, mit hebräischen Zeichen schrieb. Ihre Orthographie war verwegen, ihr Sprachduktus unorthodox, die Redeweise eher plappermäulig, sprudelnd, ungehemmt, wildwüchsig als diszipliniert – und dennoch gelang es Rahel, die auch, was die deutsche Sprache betrifft, von Hause aus Outsider war, durch eine gewaltige Erziehungsarbeit, ein ständiges Lernen, an sich Arbeiten, mehr und mehr die einzig richtigen: weil über den Tag hinausweisenden Fragen zu stellen.

Die Ungeschulte wurde, so betrachtet, zur Philosophin (›den Weg zu bahnen, ihn aufzuräumen, keine falsche Frage beantworten lassen zu wollen, ist das Geschäft der Philosophie‹). Die Autodidaktin gab, an der Grenze von sinnlicher Beschreibung und Abstraktion, allem, was sie fühlte, erlebte, erlitt, die Exaktheit eines Denk-Prozesses. Die Kinderlose formulierte ein emanzipatives Erziehungsprogramm (›der freie Wille der Kinder ist ihre einzige Mitgift, mit der sie aus ihrer Mutter kommen; den so wenig zu stören als möglich, ist das Einzige, was wir ihnen geben können‹). Die Gedemütigte forderte die Welt heraus, indem sie – wiederum in einer großen provokativen Kampfansage, wiederum Heine antizipierend – die Behauptung wagte, sie sei ›so einzig als die größte Erscheinung dieser Erde. Der größte Künstler, Philosoph oder Dichter ist nicht über mir. Wir sind vom selben Element.‹

So anmaßend das klingt, Winckelmannsch-prahlerisch und von hochgemuter Naivität, es kommt der Wahrheit zumindest *nahe*, wenn Rahel ihr *Leben* mit den *Werken* der Meister vergleicht: Briefe, das zeigen Rahels Schreiben an alle Welt, können sehr wohl die exemplarische Kraft und das poetisch Zeichensetzende gewinnen, das im allgemeinen nur Hervorbringungen der Literatur (im engeren Sinne) vorbehalten ist.

Jawohl, sie *sind* ein Faszinosum, diese Konfessionen, in denen sich Spontaneität mit der Fähigkeit verbindet, kompliziertestе Tatbestände exakt zu benennen. Hier schreibt jemand, sozusagen, frei von der Leber weg, läßt sich aber dennoch nie gehen, verliert sich nicht, sondern reflektiert noch in der Sekunde des äußersten Schmerzes: ›Hölzern und zu bin ich geworden‹, heißt es in einem Brief an Marwitz, 3. Dezember 1811, ›stumm; und eine … Verachtung drückt mir das innere Reich wie mit einem unerbittlich-künstlichen, höllischen Grabstein zu … Ein paarmal im Leben schrollte mein Herz so zurück, daß ich den Tod berührte; es wußte – das Bewußtvollste unseres ganzen Seins –, daß es zum Tod verdammt war. Frevlerweise blieb ich doch leben; und das ist mein Verbrechen, meine Sünde, mein Unrecht, meine Schmach, und Gottes harter großer Fluch, der mich hätte umfallen lassen sollen.‹

Rahels Leben, dies zeigen die – in neun Bänden vorliegenden – Briefe, war bestimmt von einem einzigen großen, sich mit den Jahren summierenden *Gegen. Gegen* die Mißachtung der Jüdin und Frau. *Gegen* das Sondersein einer auf die Rolle der genialen Exzentrikerin festgelegten Einzelnen. *Gegen* die Krankheit, die Melancholie, die Gräber ringsum, den Tod. *Gegen* die Wirrnis der Zeit, die, an der Grenze von Revolution und Restauration, in Rahel ihren Seismographen findet. Gegen das *schielende Geschick*, das sich für sie durch die Identität von allgemeiner und persönlicher Niedrigkeit auf den Begriff gebracht sieht. Gegen eine Existenz, die Männer zu Königen und Frauen zu Dienstboten macht (›Wenn meine Mutter gutmütig und hart genug gewesen wäre, und sie hätte nur ahnden können, wie ich würde, so hätte sie mich bei meinem ersten Schrei in hiesigem Staub ersticken sollen‹). *Gegen* die verfluchte Haus-Küche-Mann-Vegetiererei, die schon die junge Rahel unübertrefflich ins Bild setzt, indem sie ihre tollen Gedanken in die Wirklichkeit hineinplatzen läßt: Wenn ich weg will von zu Hause; wenn ich mir, wohl wissend, daß ich Himmel und Erde bei meinen Überlegungen gegen mich habe, *raison* mache, dann ›fallen die Gläser, die Spinnrocken, die Blumen, die Nähzeuge weg, so haut alles ein.‹

Ein *Gegen* und *Trotzdem* und *Dennoch*, wohin immer man blickt: ein hellwaches, aber auch emphatisches Wider-den-Stachel-Löcken, eine lachende Tabu-Preisgabe (jedoch unter Tränen), ein vivisektorisches Benennen der Krankheitszustände ... und immer Entschlossenheit, dem, was die Briefschreiberin an den Rand der Verzweiflung, ja der psychischen Vernichtung zu führen droht, unerschrocken standzuhalten – mit dem Blick der Artistin, die um ihre Verpflichtung weiß, Zeugnis zu geben und dies mit ebensoviel Ehrlichkeit wie grandioser Schauspielerei tut, der Lust, sich und die Welt in Szene zu setzen, Regie zu führen und die großen und kleinen Puppen nach Herzenslust tanzen zu lassen.

Rahel war eine Theatromanin – die Passagen ihres Briefwerks, in denen sie die Gesten, Spracheigenschaften, Umgangsformen von Schauspielern beschreibt, gehören zu den Glanzstellen in diesem vieltausendseitigen corpus epistolarium. Kein Wunder, unter solchem

Aspekt, daß sich aus diesen Briefen mühelos ein Panoptikum von Zelebritäten aller Art entwickeln ließe: beginnend, natürlich, mit dem bewunderten – aber keineswegs kritiklos verherrlichten – Goethe, dem die Varnhagens die Erlaubnis verdankten, die ihn in ihrer Korrespondenz betreffenden Stellen für die Gemeinde bei Cotta publizieren zu lassen.

Und dann Louis Ferdinand, der dicke Gentz und die Schleiermacherin, denen Rahel in gleicher Weise als postillon d'amour diente wie Caroline, der Frau Wilhelm von Humboldts!

Die gute Gesellschaft wahrte damals nur mit Mühe ihr Gesicht. Älteste Tabus sahen sich plötzlich entzaubert. Neue Formen des Miteinanders, des sexuellen zumal, wurden gelebt und analysiert. Man praktizierte die freie Liebe, ließ sich auf Abenteuer ein und bestand sie: Caroline Schlegel-Schelling empfängt in einer Ballnacht von einem neunzehnjährigen Besatzungsoffizier im französischen Mainz ein Kind, wird während der Schwangerschaft inhaftiert und zeigt sich entschlossen, ihrem Leben ein Ende zu machen, falls die Gefangenschaft so lange dauere, daß ihr Fehltritt dort tagkundig würde. August Wilhelm Schlegel hatte Gift besorgt.

Eine Moritat, nicht mehr? Bestandteil eines Anekdotenschatzes aus den Tagen der Romantik, dessen Perlen für Voyeure als Fundgrube dienen? Die rechte Gelegenheit also, um die Libertinage Wilhelm von Humboldts, der seine Bordell-Ausgaben fein säuberlich ins Notizbuch eintrug, oder die Zudringlichkeit eines Gentz, der als alter Mann von jungen Schönen schwärmte, mit Genüßlichkeit zu zitieren … Gentz, den es schmerzte, daß es mit der Einzigen, Madame Varnhagen, zum Letzten leider nicht gekommen sei? ›Es ist‹, schreibt der Vielgewandte am 21. September 1810 an seine ferne Vertraute (Rahel: sie blieb es zeitlebens), ›es ist eigentlich ein unendlicher Mißgriff – soll ich sagen, von uns oder der Natur? – gewesen, daß wir nicht zur Liebe gegeneinander – ich meine, zur ordentlichen, vollständigen – gelangt sind! Hätte ich damals in meiner stupiden Verblendung für körperliche Reize in einem unbedeutenden Geschöpf bemerken können, wie überaus gut Sie mir waren, hätte ich – selbst nur aus Neugier, Frivolität usf. – recht beharrlich insistiert auf das, was Sie das Bißchen nannten – es wäre zwischen uns ein Verhältnis ausgebrochen, dessengleichen die Welt vielleicht nicht viele gehabt.‹

Auch dies – nur eine Anekdote *in sexualibus*? Eben nicht! *Wenn* in den Briefen des romantischen Zeitalters wieder und wieder, mit allem Freimut und keinem Anflug von Prüderie, über Liebe und Sexualmoral, eheliche Treue und Geschlechter-Fixierung korrespondiert wird ... dann deshalb, weil man, im Gespräch eines kleinen, aber von hochbedeutenden Leuten bestimmten Kreises, in dem alle Welt einander in Klatsch, Respekt, Haß, Bewunderung zugetan war ... weil man zwischen Mann und Frau Kommunikationsweisen auszuprobieren begann, die zu formulieren vor 1750 gleichbedeutend mit dem freiwilligen Austritt aus der Gesellschaft war.

Und dagegen nun die Carolinen, Paulinen, Bettinen mit ihrem Anspruch auf ein Leben jenseits oder zumindest am Rande überkommener Verhaltensmuster; dagegen die Entschiedenheit, mit der hier ein Kind, dort ein Judenmädchen sich Gottvater selbst auf den Schoß setzt – Goethen nämlich (Bettine in Wirklichkeit, Rahel nur in Gedanken) – dagegen die souveräne Annullierung des überkommenen Reglements durch jene Rahel Varnhagen, die, statt sich von älteren Männern umschwärmen zu lassen, ständig Männer an sich zieht, die jünger als sie sind (und schöner, blond und strahlend, obendrein). Ihr erster Verlobter, Karl Graf von Finckenstein, der später reumütig in den Schoß seiner Familie zurückkehren sollte, war ein, ihr zweiter Verlobter, der spanische Gesandte Don Raphael d'Urquijo, von dem Rahel hören mußte, daß er sie zwar *liebe*, aber nicht *achte*, war elf, ihr Ehemann, Varnhagen, sogar vierzehn Jahre jünger als sie: ein ›Jüngeken‹, wie seine dreiundvierzigjährige Ehefrau ihn vorzugsweise nannte: ›Lieb Kind‹, ›Guste, Gustchen, Güsteken, Gustelinchen.‹

Junge Männer – reife Frauen; schwache Jünglinge, dominierende Damen; hier die schwärmerischen *beau* mit ihren kühnen Träumen und dem gering entwickelten Realitätsbewußtsein, dort die zupackenden gestandenen Frauen: Das war ein Muster der Zeit, ein geläufiges sogar, wenn auch nicht gerade eins, in dessen Zeichen alle traditionellen Rollen-Fixierungen derart eklatant in ihr Gegenteil verkehrt wurden, wie es im Fall von Rahel und August Varnhagen geschah: Er – ein liebenswerter Eckermann. Sie: sein Goethe. Er: Madames Hohepriester, der nicht müde wurde, ihre Worte zu notieren, und keine Scheu hatte, bei Gesellschaft, wenn er einen Satz nicht so richtig verstanden hatte, die Umstehenden zu fragen: ›Was hat sie gerade gesagt?‹

Der schwache Mann – die starke Frau: das Fontanesche Grundmuster – Effi! Mathilde Möhring! Stine! Die Pittelkow! Jenny Treibel! Und dagegen die Waschlappen von Männern! – das Fontanesche Muster wird von Rahel gleichsam in Preußen etabliert … wobei gesagt sein will, daß es in ihrem Leben zumindest zwei Männer gab, die, als Ebenbürtige, sie wegen der Courage, mit der sie sich allen Gesellschaftsnormen widersetzte, uneingeschränkt bewunderten: Marwitz und Gentz – Gentz, Rahels klügster, doch leider auch diabolischster Partner, der die Umkehrung der traditionellen Geschlechterrolle nicht nur akzeptierte, sondern geradezu enthusiastisch begrüßte: ›Wissen Sie, Liebe, warum unser Verhältnis so groß und so vollkommen geworden ist? Indes will ich es Ihnen sagen. Sie sind ein *unendlich produzierendes*, ich bin ein *unendlich empfangendes* Wesen; Sie sind ein großer *Mann*; *ich* bin das erste aller Weiber, die je gelebt haben. Das weiß ich: Wäre ich ein physisches Weib geworden, ich hätte den Erdkreis vor meine Füße gebracht.‹

Die Rollen-Vertauschung zum Behuf wechselseitiger Erhöhung; die Überwindung des Geschlechts-Klischees mit allen seinen Folgen zugunsten einer Vermenschlichung beider Partner – dies war das große Thema der Zeit, ein Thema, das Rahel und Gentz spielerisch durchexerzierten, Caroline und Friedrich Schlegel zu leben versuchten, eine Zeitlang zumindest – ein Thema auch, das im Zentrum der Schlegelschen ›Lucinde‹, des revolutionären Sitten-Traktats der Zeit steht – im Zentrum, das heißt im Kapitel ›Dithyrambische Phantasie über die schönste Situation‹, worin, aristophanisch-freimütig, aber in keiner Zeile obszön, das ›Witzigste und Schönste‹ beschrieben wird: ›Wenn wir die Rollen vertauschen und mit kindischer Lust wetteifern, wer den andern täuschender nachäffen kann, ob Dir die schönende Heftigkeit des Mannes besser gelingt, oder mir die anziehende Hingebung des Weibes. Aber weißt Du wohl, daß dieses süße Spiel für mich noch ganz andere Reize hat als seine eigenen? Es ist auch nicht bloß die Wollust der Ermattung oder das Vorgefühl der Rache. Ich sehe hier eine wunderbare, sinnreiche Allegorie auf die Vollendung des Männlichen und Weiblichen zur vollen ganzen Menschheit.‹

Vollendung des Männlichen und Weiblichen zur Menschheit: Das könnte auch ein Satz jener Frau sein, die, doppelt gedemütigt, das Beuteobjekt zweier junger Fants gewesen war, eines Spaniers und eines Preußen: beide mit stammelnden, bettelnden, entzückten und bis zur Selbstaufgabe treibenden Briefen überhäuft, beide am Ende preisgegeben: der eine als Bettler in Metternichs Troß (›Urquijo! O wie lügt der ewig weiter! Sobald wir allein sind, sieht er mich nicht an; er kann nicht. O, warum mußte er den Zauber über mich üben‹), der andere, Finckenstein, ein gefühlloses Geschöpf seiner Kaste, arrogant und gnadenlos – ein Un-Mensch, der es wagt, der Verlobten von einst, so, als sei nichts gewesen, mit Gleichmut zu annoncieren, daß er wünsche, Rahel möge seine Frau kennenlernen: ob sie ihr wohl gefiele? ›Ich blieb sitzen, (als er das gesagt hatte), er blieb sitzen, die Sonne schien sanft … Dein Mörder, dachte ich, und blieb sitzen. Tränen kamen mir in den Hals und zu den Augen, daß ich ihn ganz ruhig, ganz beruhigt über mich, sitzen sah. Wie eine ihm zugestandene Kreatur fühlte ich mich, er hat mich verzehren dürfen. *Er, mich!* Gott soll es ihm verzeihen, er soll es sich verzeihen – Ich kann es ihm nicht verzeihen! Wenn ich nicht ein ganz neues Herz kriege, mit diesem nie. Keine Krankheit, keine Offenbarung, keine Umschmelzung in mir, vermag dies zu bewirken, das sehe ich.‹

Demütigung, wie sie schneidender nicht denkbar ist; *turpitude*, Schändlichkeit: Rahel kennt keinen Pardon, den anderen und, vor allem, sich selbst gegenüber, wenn sie der Männer gedenkt, denen sie ausgeliefert war, aber sie jammert nicht, sondern bleibt noch im Verwünschungstaumel präzise: das Arrangement beschreibend, wer wo saß, im Augenblick, da sie ihrem Mörder begegnete, dem ›Laffen‹ Finckenstein, oder, Urquijo betreffend, über ihrer Liebesqual nicht den schlechten Stil vergessend, in dem ihre Geständnisse dem Spanier gegenüber abgefaßt waren: ›Es ärgert mich, daß meine Briefe an Urquijo alle in meinem infamen Französisch sind.‹

Der weibliche Sokrates, der aus ihr werden sollte, war von Anfang an angelegt; ein Weib-Mann, das (der) den zwischen zwei Welten, der des Militärs oder der Agrikultur *und* der des schönen Geistes hin und her taumelnden Marwitz zu sich selbst zu führen sucht; eine Emanzipierte, die ihr Güstchen, ohne es je zu verachten, in all seiner Mittelmäßigkeit gewähren läßt; eine verläßliche Partnerin, die ihre Überlegenheit verbirgt und die Huldigungen von seiten des Ehemanns eher nüchtern-verlegen als mit einem emphatischen ›nur immer weiter so!‹ entgegennimmt; eine Frau mit einem großen Mutterherzen, in dem es auch noch einen kleinen Winkel gibt, der der Geliebten und der Liebenden gehört: Rahel, die es geduldig mit ansieht, wie ihr Güstchen den Antisemiten Brentano auf offener Straße verprügelt und ihm bei der Gelegenheit auch gleich noch das Drama ›Aloys und Imelde‹ wegnimmt: als Unterpfand eines besseren Verhaltens Brentanos. (Rahel, später, gibt das Drama zurück – wahrscheinlich, weil es nichts taugte.)

Trotzdem, das große Glück hat sie nicht gefunden, auf dem ›bürgerlichen Amboß‹, wie sie die Ehe nannte, der sie skeptisch gegenüberstand, ja, die sie mit dem Negerhandel verglich (›Negerhandel, Krieg! – Ehe – und sie wundern sich, und flicken‹) und in der sie andererseits doch, im kühnen Vortraum ihrer Zeit, die einzige Garantie einer dauerhaften Liebe erkannte: die Garantin, daß *einer* sich im *anderen* ein Leben lang beständig und gelassen selbst lieben und respektieren könne.

Keine Realitätsbeschreibung, sondern eine Vision – und eine eigenwillige dazu –, erst siebzig Jahre später von Hofmannsthal im Tagebuch *ad me ipsum* und im Lustspiel ›Der Schwierige‹ wieder aufgenommen: Der beständige, vom dialektischen Ich-Du-Spannungsverhältnis getragene Disput in der Ehe als Inbegriff jener ›allomatischen‹ Lösung, die darauf abziele, den niemals abreißenden Du-Bezug zur Voraussetzung humaner Selbst-Vergewisserung zu machen.

Eine Rahel-Vision, dieses Hohelied der verläßlichen Liebe; eine Vision wie ihr Traum vom Großen Friedensreich, den sie, die man sich nicht nur im Salon, sondern auch im Lazarett, unter den Schwerverwundeten, vorstellen muß, immer wieder geträumt hat – sie, die den Krieg haßte, weil sie ihn kannte.

Eine Vision wie das Universalreich jenseits der Nationalstaaten, das Rahel in ihren raschen Gedanken zu antizipieren versuchte, das *republikanische* Universalreich natürlich: ›Es wird eine Zeit kommen, wo Nationalstolz ebenso angesehen wird wie Eigenliebe und andere Eitelkeit; und Krieg wie Schlägerei. Der jetzige Zustand widerspricht unserer Religion. Um diesen Widerspruch nicht einzugestehen, werden die entsetzlichen langweiligen Lügen gesagt, gedruckt und dramatisiert.‹

Nein, die Briefe der Rahel Varnhagen sind keine Bekenntnisse einer schönen Seele, keine Belegstücke für ›alte Innerlichkeit‹. Vom leidenden, reagierenden, träumenden und handelnden *Ich* ausgehend, bringen sie vielmehr die *Welt* ins Spiel und verdeutlichen, konkret und parteilich, aus der Perspektive von unten, die politische Struktur des Makrokosmos, eingefangen in einer Sprache, die, hier stammelnd, dort rhapsodisch, hier flüchtig, rasch, impressionistisch, ja, sogar pointillistisch, dort nüchtern, gesammelt, aphoristisch-präzis, von ebensogroßer Spannweite wie Originalität ist, einmal elegisch, ein anderes Mal keck und provokant – aber niemals langweilig, einerlei, ob Rahel nun ein Diner oder, in den Briefen an Alexander Marwitz, einen ihrer hochromantischen, von Monströsitäten strotzenden Träume beschreibt, in denen, durchaus Jean-Paulisch, die schöne Mondscheinlandschaft mit Busch, Tal, Quell und Hain Seit an Seit neben einer Taubstummenanstalt steht und die Mutter Gottes, die wie Schleiermacher aussieht, jenem vor großer Kulisse dahingerafften Urquijo begegnet, der, im Augenblick des Abscheidens (dazu im Angesicht der versammelten Mannschaft), wie eine Mumie zusammenschrumpft. Kein Zweifel, in Jean Pauls Rollwenzelei hätte man beim Anhören solcher Alpträume vor Entzücken in die Hände geklatscht – so wie der Leser applaudiert, wenn er liest, wie die große Schauspielerin Rahel Levin ihr Zimmer in eine Bühne verwandelt, auf der von morgens bis abends Hof gehalten wird, im Offenen und Geheimen, oder wenn er, der Leser, sich die Kunstfertigkeit vergegenwärtigt, mit deren Hilfe Rahel geheimste Stimmungen, seelische, atmosphärische, gesellschaftliche Valeurs sprachlich veranschaulicht, die Tristesse des Lazaretts oder das Meublement einer Pension, die Straßen-Konturen oder, noch lieber, den Wechsel der Jahreszeiten, und, am allerliebsten, die Wetterlage, derer sie zu Beginn ihrer Briefe gedenkt: ›Mittwoch, den 10. August 1825, in Baden, 10 Uhr morgens – fertig angezogen, meine ich und *gesetzt* zum Schreiben, alle häuslichen, könnte auch schreiben: häßlichen Geschäfte auf die Seite gearbeitet, um Ihnen (gemeint ist Friedrich Gentz) mit Seelenruhe Gutenmorgen schreiben zu können. Regenwetter; Wolkenspiel, große Regenschauer, minder beträchtliche, aber der Anblick immer schön und ununterbrochen unterhaltend. Ich bin ein Liebhaber der Natur.‹

Nimmt es, angesichts solcher Sätze, Wunder, daß Heine, Rahels geliebtes ungezogenes Kind, seiner Patronin die Gedichtfolge ›Die Heimkehr‹ zueignete – der *Unsterblichen*, derer er, vier Jahre nach ihrem Tod, voll Wehmut gedachte und der er, als sie noch lebte, nie vergaß, mit welcher ›Artigkeit und Güte‹ sie ihn, den ›kranken, bittern, mürrischen, poetischen und unausstehlichen Menschen‹ behandelt habe? Harry Heine, der in vielfacher Hinsicht Rahels Nachfolger wurde und dem sie, in einem Brief vom 21. September 1830 (›Fünf Uhr, Sonnentag, nach einer kleinen Ausfahrt, einem kleinen Diner, einem kleinen Nachmittagsschlaf‹) das Fazit ihres auf allgemeine Emanzipation tendierenden, aber solcher Emanzipation allenfalls oberflächlich zuteil gewordenen Lebens zog: ›Kein großer Trumeau (ein prächtiger Wandspiegel), kein Jungfernkranz, kein Elephant über Theaterbrücken; keine Wohltätigkeitsliste, kein Vivat, keine Herablassung, kein neues Gesangbuch, kein bürgerlicher Stern, nichts, nichts konnte mich beschwichtigen. Die Pockenmaterie muß raus; Schminke hilft nichts; und wäre sie mit Hausanstreichpinseln aufgekleckst.‹

Rahel Levin blieb, was sie war: eine Jüdin, eine Frau, eine Deklassierte, die, unkorrumpierbar, für die Rechte der zu kurz Gekommenen eintrat – ohne Fanatismus und Rechthaberei, dafür mit einem Witz, der unwiderleglich ist, und mit einem espriterfüllten Parlando, das, die schrillen Stimmen übertönend, überall dort nachhallen sollte, wo die Frage allgemeiner Emanzipation, Rahels so gut wie unser eigenes Zentral-Problem, zur Debatte steht.

Schwermut und Revolte
Georg Büchner

1964

Nichts als Kunst und Mechanismus ...

Meine Damen und Herren, der Mann, dessen 150. Geburtstag wir feiern: der Schriftsteller, Naturwissenschaftler und Politiker Büchner ist uns so nah, daß der feierliche Epitaph sich unversehens in die Laudatio eines Zeitgenossen, das Preislied auf einen jüngst Verstorbenen verwandelt. Als Poet ein Ahnherr Wedekinds und Brechts; als Mediziner, in Diktion und Optik, Gottfried Benn verwandt; als Politiker von der kalten Klarsicht jenes Emigranten Lenin erfüllt, der, achtzig Jahre später (Max Frisch wies darauf hin), in einer Zürcher Altstadt-Kammer Büchners Nachbarhaus bewohnte; als Szenenpraktiker ein Meister der gestischen Demonstration: so scheint dieser Unzeitgemäße – in gleicher Weise wie sein Wahlbruder Lenz – eher in die Sturm- und Drangzeit unseres Jahrhunderts, in den frühen Expressionismus, als in die ausklingende Goethe-Ära zu passen: ist es glaubhaft, daß die Moritat von ›Dantons Tod‹ im gleichen Jahr, 1835, erschien, als Eckermann in Weimar die Gespräche zu edieren begann? Was aber ist der Grund für solchen Ausnahmerang, und wo liegen die Wurzeln dieser historisch kaum erklärbaren Modernität?

Die Antwort fällt nicht schwer: mit Georg Büchner betritt, hundert Jahre vor Musil, Döblin und Broch, der erste vom Geist der Naturwissenschaften geprägte deutsche Schriftsteller das Podium, ein früher, mit Linnéscher Präzision operierender Poet, dem es gegeben war, die Unbestechlichkeit des Anatomen, Kälte und vivisektorische Klarheit, mit romantischer Leidenschaft und einem Höchstmaß von Parteilichkeit zu vereinen. Büchner, das ist festzuhalten, war zunächst einmal Arzt und

Ärztekind; das Medizinererbe, von einer Generation zu anderen weiterentwickelt, hat ihn so nachhaltig be stimmt, wie die Rabbiner-Tradition Karl Marx beeinflußt hat. In der gleichen Weise, wie wir uns Schiller im Kindesalter predigend und Goethe Theater spielend vorstellen, müssen wir den Sohn des Amtschirurgus aus Goddelau im Hessischen im väterlichen Naturalienkabinett, zwischen Präparaten und gelehrten medizinischen Zeitschriften suchen. Nicht die Poesie, von der er Ruhm erwartete, sondern die Naturwissenschaft, die ihm ein würdiges Dasein gewährte, war Büchners ›Beruf‹. Was aber das Sich-Umtun auf dem Feld exakter Forschung, was Anatomie-Studien und morphologische Spekulationen für den Dramatiker bedeuteten, hat schon Gutzkow erkannt: ›Seien Sie nicht ungerecht gegen dies Studium (der Arzneikunst)‹, mahnte er 1836, als er davon hörte, daß der Autor des ›Danton‹ mit dem Umzug von Straßburg nach Zürich auch eine Berufserweiterung – Naturphilosophie statt Medizin – vornehmen wollte, ›seien Sie nicht ungerecht gegen dies Studium; denn diesem scheinen Sie mir Ihre hauptsächliche Force zu verdanken, ich meine Ihre seltene Unbefangenheit, fast möchte ich sagen, Ihre Autopsie, die aus allem spricht, was Sie schreiben.‹

In der Tat, die Büchnersche Weltbetrachtung, eine grausame, in den Briefen deutlich erkennbare Reduktion der Wirklichkeit auf ökonomische Tatbestände, ist von unbarmherziger wissenschaftlicher Strenge ... und darf doch, ungeachtet solcher Konsequenz, keineswegs mit der kaltblütigen Passion jenes Malers Jacques Louis David verglichen werden, dessen Praktiken Danton im Kunst-Gespräch mit Camille so grimmig glossiert. Büchner war Arzt im umfassenden Sinn; zur Unbestechlichkeit fügte sich Barmherzigkeit; zur Einsicht kam die große Trauer über das Elendslos der Kreatur, die Knechtschaft der Geschundenen, die Fron des kleinen Mannes. Um aber heilend ändern zu können, ist Erkenntnis vonnöten; eine Diagnose, die, zweckfrei gehandhabt und nur dem Experimentellen dienend, zur

Karikatur des ›Woyzeck‹-Arztes führt (der in Martin Walsers Drama ›Eiche und Angora‹ als KZ-Mediziner folgerichtig fröhliche Urständ feiert) ... eine solche Diagnose, das Handwerk des Musilschen Monsieur le Vivisecteur, erscheint bei Büchner sogar dort noch unter therapeutischem Aspekt (›Seht, was hier geschieht!‹), wo er die Hoffnung auf eine mögliche politische Umwälzung aufgegeben hatte. Vom Mitleid angerührt, konnte der Autor des ›Danton‹ und des ›Woyzeck‹ dennoch so hilfreich-mitleidlos schreiben wie ein Arzt, der ein Karzinom untersucht. Ja, Gutzkow hatte recht, Büchners Sprache ist wirklich bis in die Nuancen hinein vom Air eines Anatomiesaals erfüllt; kein Wunder also, daß man die Termini der Lehrbücher seiner Straßburger Professoren Lauth und Duvernoy unverwandelt selbst in lyrischen Passagen wiederfinden kann! Schon ein erster Überblick zeigt, wie ergiebig eine Arbeit über ›Georg Büchner und die Medizin‹ sein könnte, in der sich die zeitgenössische Terminologie der Naturwissenschaften verarbeitet sähe – Begriffe wie ›Schädeldecken‹, ›Rückenmark‹, ›Eingeweide‹ und ›Hirnfasern‹, Metaphern wie ›Quecksilberblüte‹ oder ›Sublimattaufe‹ warten darauf, mit zeitgenössischem Sprachmaterial verglichen zu werden. Doch zeigt sich Büchners Autopsie-Blickweise nicht nur in den Termini, sondern auch in der Art, wie er zum Beispiel den physischen Schmerz, die an Symptomen, ›Schweiß‹ und ›Pulsschlag‹, ablesbare Furcht, die Erscheinungsformen des Wahnsinns und, vor allem, immer wieder die leibhaftige Angst, den Tod, die Fäulnis oder – Benns ›Schauhaus‹-Poesie zur Jungen-Deutschland-Zeit! – die Würmer-Verwesung im Grab analysiert: ›Und dann daliegen, allein, kalt, steif in dem feuchten Dunst der Fäulnis – vielleicht, daß einem der Tod das Leben langsam aus den Fibern martert – mit Bewußtsein vielleicht sich wegzufaulen!‹

Sieht man von Tolstoi und dem ›Tod des Iwan Iljitsch‹ ab, so hat kein Schriftsteller des letzten Jahrhunderts die Folter des Tods, den Grabdunst und das ›feine Zeitmaß‹ des Schmerzes mit einer so mittelalterlichen Inständigkeit geschildert wie gerade Büchner; keiner tat es ihm aber auch in jener kreatürlichen Erfahrung des Leids gleich, die sich auf der anderen Seite sehr wohl mit einem Sinn für das Organische, ja, einer nahezu Goetheschen, auf die Physiognomie der Erscheinungen gerichteten Betrachtungsweise zu vereinigen wußte. Unter solchen Aspekten ist es verständlich, daß Büchner seine medizinische Betrachtungsweise auch auf andere Bereiche übertrug, den Kosmos wie einen Menschen beschrieb und, mit den Worten Camilles, von der Staatsform verlangte, sie müsse sich wie ein Gewand dicht an den Leib des Volkes schmiegen, und jedes Schwellen der Adern, jedes Spannen der Muskeln, jedes Zucken der Sehnen habe sich darin abzudrücken. So wird die Welt zu einem riesengroßen Präparat; die Erdkugel hat Rippen, das All trägt Haare und die ›Nacht schnarcht über der Erde und wälzt sich im wüsten Traum‹. Dabei war Büchner, als Duvernoys Schüler, nicht nur ein Anatom, sondern genausogut, in den Bahnen Okens und Lauths, auch ein Physiologe von Rang – ein Forscher, der gerade bei der Betrachtung einfachster Formen jene sinnvolle Repräsentanz fand, die er im Bereich des Sozialen so schmerzlich vermißte. Sehr früh, schon in der Schüler-Analyse des Selbstmords aufklingend, erwies sich die These von der Schlechtigkeit des Künstlerisch-Unnatürlichen als eine Grundmaxime des Büchnerschen Denkens. Vergleicht man die Dramen und die Zürcher Probevorlesung, so erweist es sich schnell, daß hier wie dort aus der Position eines Mannes argumentiert wird, der die – verabsolutierte, praxis-ferne – Frage nach Absicht, Ziel und Zweck für eine Vergewaltigung des Organisch-Sinnvollen hält. Nicht zufällig also sieht sich die teleologische Betrachtungsweise in der Rede Saint-Justs mit der gleichen Voltaireschen Schärfe wie in der Vorlesung über die Schädelnerven glossiert. Was hier, am Naturmodell entwickelt, akademisch-abstrakt erscheint, die Frage der Zweckmäßigkeit, des Höherwertigen, des Fortschritts bis zum Ziel, gewinnt in der Saint-Justschen Formel seinen tödlichen Ernst: ›Soll eine Idee nicht ebensogut wie ein Gesetz der Physik vernichten dürfen, was sich ihr widersetzt?‹

Gegenüber solchen, uns schauerlich vertrauten Spekulationen vertrat Büchner die von ihm als philosophisch bezeichnete und durch die vergleichende Anatomie erhärtete These, daß sich in der Natur das gleiche Grundgesetz im Simplen wie im Kompliziertesten manifestiere, ja, daß vor allem das Einfache, auf das die Vielfalt jederzeit zu deduzieren sei, das Entwurfsmuster mit besonderer Vollkommenheit zeige. Das Schlichte als ausgezeichneter Träger eines ›Gesetzes der Schönheit‹: auch diese These wird in der Büchnerschen Poesie exemplifiziert, und es ist Lenz, der, im Gegensatz zu Saint-Justscher Argumentation, die Meinung vertritt, gerade die ›einfachste, reinste Natur hinge am nächsten mit der elementarischen zusammen ...‹

Hier zeigt sich abermals, wie eng die physiologischen und sozialkritischen Einsichten Büchners zusammengehören, und wie plausibel sich sein oft berufenes Mitleid mit der Kreatur auch naturwissenschaftlich auszuweisen versteht; was hier ›einfacher Riß‹ und ›Urgesetz‹ heißt, erscheint dort als ›niederländisch‹, ›real‹ und ›gemein‹. Je weiter sich aber, das ist Lenzens, das ist Büchners Meinung, der Mensch vom Elementarischen entfernt und je kleiner sein Entfaltungsraum wird, desto abgestumpfter und unnatürlicher nimmt er sich aus. Mit großer Schärfe und Genauigkeit, die Kafkas Optik antizipiert, hat der Dramatiker die sozial bedingte Entfremdung des Menschen geradezu dadurch illustriert, daß er ihn künstlich, un-natürlich, maschinell und höchst schematisch reagieren ließ. Recht betrachtet, haben nahezu alle Büchnerschen Figuren (am wenigsten die Frauen: sie sind dem Wirklichen näher) etwas Gliedermännisch-Artifizielles, bewegen sich ruckartig-steif und gleichen Marionetten. Einerlei, ob ein gräßlicher Fatalismus oder das Bewußtsein hoffnungslosen Elends sie lähmt; einerlei, ob die drückende Not oder eine aufgesetzte Idealität ihre Gesichter starr und maskenhaft macht: sie sind Puppen, die man aufgezogen hat; und es ist sicher kein Zufall, daß die Automaten-Assoziation sich im Werk Büchners zweimal an zentraler Stelle, im ›Woyzeck‹ und in ›Leonce und Lena‹, einstellt; einmal fungiert der Mensch als Maschine; das zweite Mal kopiert die Animalität, ein Pferd, ein Affe, den Menschen. In beiden Fällen wird gezeigt, wie weit man sich von der Schöpfung entfernt hat und wie gespenstisch sich ein solches Leben ausnimmt. Ein Hauch von Bergsonscher Komik gibt den Gestalten, deren steife Grazie an E. T. A. Hoffmanns Musik-Automaten erinnert, Profil und Kontur: Karussell-Figurinen, die zum Takt einer Drehorgel tanzen. Dabei ist es bezeichnend, daß Büchner den Eindruck närrischer Pedanterie nicht durch magische Volten und ein diffuses Verschwimmen, sondern im Gegenteil mit Hilfe einer höchst akriben Überzeichnung der Teile erreichte. Je stärker die Einzelheiten, isoliert, aus dem Kontext herauszutreten beginnen, desto fragwürdiger erscheint die Totalität; je überzeugender der Ausschnitt, desto vager das Gesamt. Büchner war ein Meister der surrealen Detailschilderung: man denke an die verselbständigten Gelenke, die Finger vor allem, und erinnere sich der schauerlichen Szene im letzten Akt des ›Danton‹, wo Lucile sich auf einen Stein unter die Fenster der Gefangenen setzt und den Geliebten, der am Kerkerloch erscheint, mit den Worten anspricht: »Höre, Camille, du machst mich lachen mit dem langen Steinrock und der eisernen Maske vor dem Gesicht; kannst du dich nicht bücken?«

Beschränkung auf das Sichtbare, Verzicht auf alle Ergänzung, ein Beharren auf dem Ausschnitthaften ... immer wieder hat Büchner diese Praktiken vorexerziert, um so, durch die Überbelichtung signifikanter Details, jenes seelenlose und mechanische Reagieren des Menschen sichtbar zu machen, dessen Gefährlichkeit er am eigenen Leibe erfuhr: ›Seit ich über die Rheinbrücke ging, bin ich wie in mir vernichtet, ein einzelnes Gefühl taucht nicht in mir auf. Ich bin ein Automat; die Seele ist mir genommen.‹ Nun, das sind Woyzecksche Töne, da ist Dantons Marionetten-Philosophie mit im Spiel, da wird nicht beschönigt, sondern der Schmerz herausprăpariert und, wie ein Objekt, aus der Ferne betrachtet. Erst seit Büchner ist es in der deutschen Literatur möglich geworden, geheimste seelische Regungen medizinisch exakt, soziologisch stimmig und poetisch anschaulich zugleich zu beschreiben; und fast scheint es, als wäre diese entscheidende Tat: dorthin Licht zu bringen, wo bisher Nacht war, bis heute noch nicht genügend erkannt. Vielleicht bedurfte es erst der Erfahrung unserer Zeit, um zu bemerken, was Büchner mit der Pathographie des sich selbst entfremdeten Menschen gelang.

Wie aber sieht er aus, dieser Mensch, der mit Chiffren wie ›Automat‹ und ›Schatten‹ nur überflächlich, genauer dagegen mit dem Wort ›Puppe‹ zu bezeichnen ist, weil ›Puppe‹ als Schlüsselwort des ›Hessischen Landboten‹, am exaktesten die gesellschaftliche Nuance der Vereinsamung angibt: ›Könnte aber auch ein ehrlicher Mann jetzo Minister sein oder bleiben, so wäre er, wie die Sachen stehn in Deutschland, nur eine Drahtpuppe, an der die fürstliche Puppe zieht; und an dem fürstlichen Popanz zieht wieder ein Kammerdiener oder ein Kutscher, oder seine Frau und ihr Günstling, oder sein Halbbruder – oder alle zusammen.‹

Mit ›Puppe‹ also wird von Büchner – zum Ausdruck der deutschen Misere – vor allem das sozial Fatale und entwürdigend Komische im menschlichen Dasein beschworen, wird der Reigentanz, der ewige Austausch, der leere Lauf der Welt beschrieben, die Wiederholung und das mechanische Spiel. (›Ein Schattenspiel‹, heißt es im ›Lenz‹, war ›vor ihm vorübergezogen.‹) Um Gültigkeit beanspruchen zu können, fehlt der Bezeichnung die Nuance des Schmerzes; die Puppe leidet nicht, und gerade die elementarische Qual, die Höllenpein, die sich im *ennui* so gut wie in der Furcht vor Folterungen äußern kann, ist für den Büchnerschen Menschen signifikant. Einerseits Spielfigur, ohne eigene Mitte, nur an Reflexen in fremden Gesichtern erkennbar, ist diese durchaus passive, von außen geformte Gestalt in bezug auf die Schmerzempfindlichkeit von höchster Sensibilität, ja, fast sieht es so aus, als wären die wenigen Seiten dieses leicht überschaubaren Werks in Wahrheit Tafeln eines Leidenskatalogs: da ist die Einsamkeit (›Er war allein, allein!‹), da ist die Fremdheit der Nähe, die weltenweite Entfernung im Augenblick physischen Beisammenseins; die Schädel berühren einander, aber die Gedanken sind durch Kontinente zertrennt: ›Wir wissen wenig voneinander. Wir sind Dickhäuter, wir strecken die Hände nacheinander aus, aber es ist vergebliche Mühe, wir reiben nur das grobe Leder aneinander ab – wir sind sehr einsam.‹ Da ist, weiter, die Angst, das Stimmenhören: ›September!‹ oder ›Die Freimäurer‹; da ist die Langeweile, ein ›Das wird sich finden‹ und ›Wenn ich das wüßte‹ ... jener große *ennui* als Krankheit des Jahrhunderts, der nach Kierkegaards Wort im Augenblick des Sündenfalls begann; da ist der Müßiggang, dessen Nuancenreichtum so unterschiedliche Gestalten wie Danton und Leonce bezeugen. Und da ist schließlich – und vor allem – die Melancholie ... jene von Aristoteles als Begleiterin der Genialität entdeckte Traurigkeit, die, in der florentinischen Renaissance neu beschrieben, von Ficino verherrlicht, von Dürer gezeichnet und von den Elisabethanern in Spielen und Traktaten beschworen, sich zu Büchners Zeit, bei de Musset und Chateaubriand, mit neuer Gloriole umgab. Nicht nur Leonce und Danton sind, von des Gedankens Blässe angekränkelt, Saturnier im Sinn der florentinischen Akademie; auch Woyzeck ›denkt‹ zuviel, und selbst Robespierre verfällt, in einem Augenblick shakespearisierender Meditation, melancholischer Nachdenklichkeit: »Und ist nicht unser Wachen ein hellerer Traum? Sind wir nicht Nachtwandler? Ist nicht unser Handeln wie das im Traum, nur deutlicher, bestimmter, durchgeführter? Wer will uns darum schelten? In einer Stunde verrichtet der Geist mehr Taten des Gedankens, als der träge Organismus unseres Leibes in Jahren nachzutun vermag. Ob der Gedanke Tat wird, ob der Körper ihn nachspielt, das ist Zufall.«

»Die Sünde ist im Gedanken.« – »Unser Wachen ist ein hellerer Traum«: wie nah sind wir hier Danton oder Lenz, wie nah all jenen, die in der gleichen Situation wie

Robespierre, am Fenster stehend, erfahren, daß nicht allein die Grenzen zwischen Tag und Traum, der Aktion und den Gedanken, sondern auch die Trennungslinien zwischen Ich und Welt sehr dünn und leicht zerreißbar sind. Gerade die Fenstersituation markiert bei Büchner immer jenen Moment, in dem der Mensch, sich selbst ›abhanden kommend‹, der Andersartigkeit des Universums innewird; wo sich aber auch greifbar Nahes mit Fernstem verschwistert, wo Austausch möglich ist, weil die Konturen nicht mehr solide und sicher erscheinen. Nicht zufällig begreift Robespierre, ans Fenster tretend, die Nacht wie ein schlafendes Wesen, das den menschlichen Träumen begegnet: der Blick durch die Gardinen, ins Offene hinaus, ermöglicht bei Büchner eine große Kommunion – einerlei, ob Robespierre über die Grenze von Wachen und Schlaf philosophiert, ob Danton – betroffen auch er! – das Plaudern der Wände vernimmt oder, an einer anderen Stelle, die schimmernden Tränen der Sterne gewahrt, oder ob Julie, Abschied nehmend, den eigenen Tod mit dem Sterben der vom Licht verlassenen Erde vergleicht. In den Fensterszenen erfährt der saturnische Mensch am intensivsten jene ebenso ersehnte wie gefürchtete Chance der Verschwisterung mit dem All, die ihm, im Augenblick der Vernichtung, die Geheimnisse der Welt eröffnet und – so Danton – seine Gedanken mit den Lippen der Steine reden läßt ... eine Chance des Hinübergehens und der Selbstauflösung, die er sonst, denkend und argumentierend, vertut. Denn der Saturnier, er heiße nun Lenz, Danton oder Leonce, ›lebt‹ ja nur aus zweiter Hand, weil seine Gedanken sich allein aufs Ende richten; Erinnern und Erwarten zerstören das Jetzt; jedes Ticken der Uhr (ein Generalmotiv Büchners) gleicht einem Memento; Windel und Leichentuch sind eins, und die Wiege hat die Konturen des Schreins. Das Grab, die Fledermaus, alchimistisches Gerät und vor allem Gedanken, ›für die es keine Ohren geben soll‹ ... das sind die vertrauten, von der Tradition überkommenen Attribute der Melancholie: Leben heißt Sterben, unsere Hemden und Röcke sind Särge. Der Melancholiker (hier schließt sich der Ring) wohnt in einer künstlichen Welt; die Meteore – man denke an das Dürersche Bild – sind ihm näher als das Sonnenlicht; das Artifizielle und Organisierte, das Kalkulable und Berechenbare ist sein Metier; dem mathematischen Zergliedern gilt die Passion.

In der Zürcher Probevorlesung hat Büchner eine so exakte Analyse jener Maschinen- und Apparate-Welt gegeben, die seit dem Mittelalter als die eigentliche Heimat der Melancholiker gilt, daß man die Beschreibung des teleologischen Philosophierens, Chiffre für Chiffre, mit den Manierismus-Formeln vergleichen könnte, die man am Hofe Rudolfs II. zu entwickeln versuchte. Der Schädel als ein künstliches Gewölbe, die Summe edler Organe als denkbar beste Maschine – kein Zweifel, daß hier Begriffe auftauchen, die dem Arsenal der saturnischen Schwermut entstammen. ›Melancholie‹ und ›Puppe‹ sind Synonyme: Trauer und Groteske gehören so eng zusammen wie, von Nero bis Saint-Just, die Grausamkeit und die Trübsal. Büchner kannte viele Erscheinungsformen des Tiefsinns und der düsteren ›Melancholey‹: die Lethargie des Regenten, die (wie Benjamin gezeigt hat) ein Topos des Barockdramas ist; die Einsamkeit des geistigen Menschen, die Todessehnsucht, den Traum vom Vergessen, die Wendung zum Abgrund; den Überdruß des Müßiggängers und die Dumpfheit des einfachen Mannes. Früh gealtert, von der englischen Krankheit gezeichnet – ›The English Malady‹ wird die Schwermut genannt –, Stimmen hörend und unfähig, sich wehren zu können ... als resignierte Rebellen nehmen sich die Büchnerschen Saturnier aus: ›Den Frühling auf den Wangen und den Winter im Herzen! Das ist traurig. Der müde Leib findet sein Schlafkissen überall, doch wenn der Geist müd ist, wo soll er ruhen? Es kommt mir ein entsetzlicher Gedanke: ich glaube, es gibt Menschen, die unglücklich sind, unheilbar, bloß, weil sie sind.‹

In der Tat, das ist ein Hamlet-Porträt, vor dessen Düsternis sich der Traum vom Organisch-Sinnvollen als

Gegenpart der Künstlichkeit wie ein erhabenes, aber in der politischen Realität nicht erreichbares Phantom ausnimmt. Die Wendung zur beobachtenden Naturwissenschaft war, unter solchen Aspekten, für Büchner eine Frage nackter Existenz; welch eine Strecke liegt zwischen den Zürcher Präparationen, jenem heiteren Sich-Umtun auf noch unerschlossenem Feld, von dem der Kantonalarzt Dr. Lüning Zeugnis ablegt, und jenen Schreckensvisionen der Gießener Briefe, in denen die Identität von Schwermut und schnarrender Automatik sich abermals mit schrecklicher Deutlichkeit zeigt: ›Das Gefühl des Gestorbenseins war immer über mir. Alle Menschen machten mir das hippokratische Gesicht, die Augen verglast, die Wangen wie von Wachs, und wenn dann die ganze Maschinerie zu leiern anfing, die Gelenke zuckten, die Stimme herausknarrte und ich das ewige Orgellied herumtrillern hörte und die Wälzchen und Stiftchen im Orgelkasten hüpfen und drehen sah – ich verfluchte das Konzert, den Kasten, die Melodie und – ach, wir armen schreienden Musikanten!‹ Auch diese Stelle beweist noch einmal, wie sehr einander die brieflichen, philosophischen und poetischen Aussagen Büchners ergänzen: die Maschinerie läßt an die Kunst-Welt der Teleologie so gut wie an die abstrakte Idealität der Theater-Figuren denken, deren Schein-Dasein Lenz und Camille glossieren: das hippokratische Antlitz evoziert die ›eiserne Maske vor dem Gesicht‹, über die sich Luciles Wahnsinn belustigt; das Orgel-Lied schließlich und die ruckenden Wälzchen und Stiftchen – Büchners Diminutive sind meist von grimmiger Bösartigkeit! – kehren in Leonces Puppentraum wieder: »Oder hast du Verlangen nach einer Drehorgel, auf der die milchweißen ästhetischen Spitzmäuse herumhuschen?«

Aber so fremd und unheimlich sich diese Welt, historisch gesehen, auch ausnimmt – uns, den Nachfahren Kafkas, Dalis und Max Ernsts, ist sie nur allzu vertraut und, dank der expressionistischen Lyrik, bis ins Detail hinein bekannt. Nicht die Unendlichkeit, der riesengroße Weltall-Himmel Jean Pauls, gibt dem Büchnerschen Kosmos, dieser stillen und toten, von einem Riß zerspaltenen Kugel, Profil – die Kleinheit und Enge, ihre Begrenzung gerade, läßt sie so gespenstisch sein. Überall stehen Spiegel herum; man kommt, wie in einer mit Tand und Gerümpel angehäuften Kammer, immerfort ans Ende, stößt immerfort an, kann die Sterne betasten und das Eis des Himmels berühren; wohin man auch geht, stets ist da eine Wand, und die Decke senkt sich herab. (Das Bild des ›Anstoßens‹ wird von Büchner als ein fester Topos gebraucht.) Aber trotz dieser scheinbaren Nähe und hautnahen Berührung, trotz dieses Tanzes in einem überschaubaren, von Spiegeln abgeschirmten Saal, bleibt es (man erlaube mir die Formulierung von Benn) bei jener schrankenlosen, mythen-alten Fremdheit zwischen dem Ich und der Welt, die nur im Traum, in der Versenkung oder im Zustand pathologischer Entgrenzung überwunden werden kann. Nur da allein, im Wahnwitz, der Phantasmagorie oder dem Lachen zu Fenstern und Gräbern hinaus (so schrill, daß Himmel und Erde mit einstimmen müssen) – nur da gelingt die Kommunion und jene Erlösung vom Abgesperrtsein, die in der Literatur unseres Jahrhunderts als das Zentralproblem erscheint. (Hofmannsthal spricht vom Moment des Opfervollzugs, Broch vom Schlafwandel-Akt, Musil vom Zustand tagheller Mystik.) Auch Büchner, ich möchte nicht mißverstanden werden, hat das Sturm-und-Drang-Gefühl des All-Eins-Seins beschrieben: ›Mein Herz schwoll in unendlicher Sehnsucht; es drangen Sterne durch das Dunkel, und Hände und Lippen bückten sich nieder‹; doch bleibt ein so emphatisches Einheits-Empfinden bei ihm auf Rausch-Zustände und febrile Ekstasen beschränkt; ansonsten stehen Dinge und Menschen einander – gerade in den typisch Büchnerschen ›Grenzsituationen‹ – feindlich und fremd gegenüber. Siebzig Jahre vor Hofmannsthal zeichnet sich bei Büchner, zumal im ›Lenz‹, schon die *Lord-Chandos*-Position ab: die Elemente, plötzlich erwacht, beginnen ein Eigenleben zu führen und sich aus der Klammer begrifflicher Definitionen zu lösen. ›Es gelang mir nicht mehr, sie mit dem vereinfachenden Blick der Gewohnheit zu erfassen‹: was Hofmannsthal nur auf die Menschen und ihre Handlungen bezog, das den Worten Entgleiten, trifft im ›Lenz‹ auch auf die Gegenstände zu, Objekte, die keine Objekte mehr sind, sondern mobile Elemente, die sich mit solcher Entschiedenheit wandeln, daß alle Worte, Schreie der Verwunderung und des Entsetzens, sie nicht mehr erreichen. Das Große wird winzig, das Kleine nimmt sich riesenhaft aus; das Stumme öffnet den Mund, und die Abstraktion gewinnt Farbe und Fleisch.

Eine kopernikanische Umkehr also, eine Verwandlung von Subjekt und Objekt, die der Arzt Georg Büchner am Beispiel ausgewählter pathologischer Fälle – Lucile, Woyzeck und Lenz – zu verdeutlichen suchte. Gerade diese Entgrenzten, zu denen man auch Marion in ›Dantons Tod‹ rechnen könnte, haben die Verfügungs-Möglichkeiten über die Dingwelt verloren: ihrer selbst nicht sicher, an der eigenen Identität zweifelnd, sind sie auch der Elemente nicht mehr gewiß, reagieren unangemessen und beantworten die Provokationen der Welt in jener paradoxen Art, die Büchner seinerseits paradox wiedergab. Statt das Grelle gewichtig und das Exorbitante emphatisch zu schildern, beschrieb er – seltsam modern, unterkühlt und verhalten – gerade den Wahnwitz mit der Sachlichkeit des Diagnostikers: ›Er ging gleichgültig weiter, es lag ihm nichts am Weg, bald auf-, bald abwärts. Müdigkeit spürte er keine, nur war es ihm manchmal unangenehm, daß er nicht auf dem Kopf gehen konnte.‹ Kein starkes Adjektiv, kein bildkräftiges Verbum deutet hier an, daß etwas nicht Alltägliches geschieht; im Gegenteil, der Übergang von der normalen zur exzentrischen Lage wird eher verschleiert, durch das einschränkende ›nur‹, das abschwächende ›manchmal‹ und das bewußt blasse ›unangenehm‹ eng mit dem banalen Kontext verzahnt ... so, als handelte es sich bei dem Bedauern, nicht auf dem Kopf gehen zu können, um die selbstverständlichste Sache der Welt. Wirklich, man muß an Kafkas Praktiken denken, wenn man die nüchterne

Gelassenheit gewahrt, mit deren Hilfe Büchner die Entrückung des Menschen wie den ›Fall‹ eines Patienten beschrieb. ›Ich betrachtete meine Glieder; es war mir manchmal, als wäre ich doppelt und verschmölze dann wieder in eins. Ein junger Mensch kam zu der Zeit ins Haus; er war hübsch und sprach oft tolles Zeug; ich wußte nicht recht, was er wollte; aber ich mußte lachen‹ ... auch in diesem Anamnese-Zitat kommt der Analyse der Schizophrenie keine größere Stilhöhe als der Rede von dem hübschen jungen Mann zu, dessen Tollheit das Mädchen zum Lachen verlockt. Kein Bindestrich markiert einen Einschnitt; kein Wechsel des Tonfalls verrät, daß etwas Neues beginnt.

Büchner war der erste Poet deutscher Sprache, der das uns bekannte Gesetz vom antithetischen Verhältnis zwischen *sujet* und Diktion schreibend befolgt hat: das von Natur aus Starke abschwächend, gab er dem Unscheinbaren in Rhythmus und Vokabular einen pathetischen Ernst. Darüber hinaus hat er, um die gewandelte Subjekt-Objekt-Beziehung zu schildern, zwei Generationen vor Trakl und Heym eine Reihe von grammatischen Formeln entwickelt, die ihm geeignet erschienen, die Bedrohung des Menschlichen, Identitäts-Verlust und Ich-Auflösung, auch im Sprachlichen sichtbar zu machen. Bestrebt, die Lage eines Individuums zu schildern, das, wie Woyzeck oder Lenz, im Wegelosen lebt, bediente sich Büchner, sehr konsequent, vor allem jenes gestischen ›so‹ (›so träg‹, ›so leer‹, ›so allein‹), das, gerade in seinem Demonstrativ-Charakter, die mangelnde Definitionsmöglichkeit des Subjekts illustriert: an die Stelle exakter Benennung ist eine ohnmächtig-vage, aber sehr dringliche Umschreibung getreten; das heißt: das Bedrohliche wird erfahren, aber nicht mehr gebannt. Eher lallend als fixierend, sucht das gezeichnete Ich, sucht der im Sinn von Karl Marx entfremdete Mensch mit Hilfe dieses ›so‹ auf seine Gefährdung zu deuten und eine Betroffenheit zu artikulieren, die sich bei Büchner grammatikalisch auch in der Versinnlichung des ›es‹ (»es geht etwas«, sagt Woyzeck, »es ist hinter mir hergegangen«) wie an der Aktivierung der Abstraktion (»der Alp des Wahnsinns setzte sich zu seinen Füßen«) ablesen läßt. Doch das ist nicht alles. Im gleichen Maße wie Büchner – die Grammatik beweist es – das Humane häufig ins Passiv und das Elementare ins Aktiv transponierte, um so die Proportionsvertauschung zu demonstrieren, im gleichen Maße hat er durch die Aufgabe des romantischen Vergleichs und die Eliminierung des poetischen ›wie‹ zu zeigen vermocht, daß in der von ihm beschriebenen Welt das Disparate nicht mehr auf ein verbindliches *tertium comparationis* zurückführbar sei.

Mit einer gewaltigen Anstrengung bog er die Gegensätze, Partikel verschiedenster Bereiche, zusammen, um dann, assoziativ fortphantasierend, die Überzeugungskraft des künstlichen, aus Antithesen geschweißten Gebildes zu zeigen und seine plausible Identität zu beweisen. ›Du süßes Grab, deine Lippen sind Totenglocken, deine Stimme ist mein Grabgeläute, deine Brust mein Grabhügel und dein Herz mein Sarg‹; oder ›Die Welt ... ein gekreuzigter Heiland, die Sonne seine Dornenkrone und die Sterne die Nägel und Speere in seinen Füßen und Lenden‹; oder endlich ›Der Fürst ist der Kopf des Blutegels, der über euch hinkriecht, die Minister sind seine Zähne und die Beamten sein Schwanz‹ ... welches Beispiel man auch näher betrachtet – immer geht es um die große Synopse verschiedenartiger Zeichen, um den Entwurf in sich widersprüchlicher Muster und die Zusammenfügung zeitlich und räumlich getrennter Elemente auf einem einzigen Plan. Auch die Büchnersche Szene gleicht ja einer rotierenden Bühne, auf der, im wirren Durcheinander – wiederum ohne Übergänge, Expositionen und Begründungen – das sonst Unvereinbare, ja, schlechthin Inkongruente, zusammenprallt. Dem Lyrismus folgt die Zote, der Parodie die Idylle, der närrischen Tollheit ein Ernst ohnegleichen. Das Pathos wechselt mit kaustischem Witz; unvorbereitet sieht sich die Emphase durch eine satirische Volte, die Haupt- und Staatsaktion durch ein Volkslied entlarvt; Couplets und Chansons unterbrechen die Handlung, die Abbreviatur dominiert, es gibt weder Anfang noch Ende: man beginnt mit einem Salto mortale und endet irgendwo mit einer apodiktischen Gnome: ›im Namen der Republik‹ oder ›so lebte er hin‹.

Kurzum: sind Büchners Bilder von der Identität der Kontraste bestimmt, so gilt für seine Dramen das Gesetz der Diskontinuität. Nur keine vorgegebene, ungeprüft übernommene Einheit heißt, hier wie dort, die Devise, es geht um mehr – um die Projektion des glühenden, brausenden, leuchtenden Lebens auf das Theater; nicht um eine idealistisch harmonisierte Kopie, sondern um die Schöpfung einer Wirklichkeit, die so widersprüchlich-verworren, bunt und kontrastreich wie das Dasein selber ist. Deshalb der Jahrmarkt neben dem Hof, das Hochdeutsche neben dem Bänkelgesang; deshalb Biotisches, gepaart mit hohem Stil, deshalb der Reigen, dessen Sequenzen niemals berechenbar sind; deshalb, nicht anders als bei Dürrenmatt und Brecht, auch die Verschwisterung von Tragischem und Komischem: mitten im Lustspiel, welch ein schneidender Grimm, wenn die gequälten und ausgebeuteten Volks-Marionetten ihr Puppen-Dasein mit einem mechanischen Vi-vat, vi-vat illustrieren!

In Büchners Werk steht nichts für sich allein; jedes Bild verlangt nach einem Gegenbild; jede Szene nach Kontrast und Entsprechung. Alles ist anspielungsreich, voller Verweise und geheimer Zitate: man denke an Marie, über die Bibel gebeugt, oder an den Blutmessias Robespierre. Hinter der Wirklichkeit liegt jenes riesige Möglichkeits-Reich, dessen Arsenalen Büchner seine Synästhesien, Oxymora und surrealen Metaphern entnahm: ›Deine Lippen haben Augen‹, ›Das Biegen seines Fußes tönte wie Donner unter ihm‹; ›Wird der Schall nie modern?‹, ›Meine Gedanken reden mit den Lippen der Steine‹, ›Hören Sie denn nicht die entsetzliche Stimme, die um den ganzen Horizont schreit und die man gewöhnlich die Stille heißt?‹ Diesen Visionen aber, den Lenz-, Danton- und Woyzeck-Ekstasen, die um 1830 schon die Sprache der *Vereinigungen*, des *Rönne* und des

Diebs präokkupieren, entsprechen auf der anderen Seite das Pathos der Plebejer-Rhetorik und der Agitations-Jargon der Französischen Revolution (›Hure Justiz‹ und ›Zitadelle der Vernunft‹), entsprechen die Babeufsche oder Blanquische Sentenz und das Formel-Epigramm von arm und reich, von hoch und nieder, Hütte und Palast. Eine einzige blitzende Antithese: doch welche Fülle plastisch-präziser Variationen gewinnt Büchner dem abstrakten Gegensatz ab: ›Des Bauern ... Schweiß ist das Salz auf dem Tische des Reichen‹ – und wie meisterlich beherrschte er, Deutschlands erster politischer Dichter von Rang, die Syntax der Agitation, das entlarvende Wortspiel, die Abbreviatur der Parole und die schlagende Sentenz. Sieht man von Brecht ab, so gibt es wahrscheinlich keinen anderen Dramatiker, der es derart verstand, das Allertrockenste, die Statistik und den ökonomischen Rapport, so raffiniert in einen poetischen Text einzubeziehen, daß das Rohmaterial nicht mehr als Fremdkörper wirkt, sondern – ein Kontrapunkt zu den Lyrismen – dem Ganzen eine eigentümliche Ausgewogenheit gibt. Büchner – das wurde von Viëtor bis zu Höllerer, Krapp und Baumann immer wieder gezeigt – hatte einen genialen Sinn für die Ergiebigkeit des Zitats und die Strahlkraft leicht veränderter, im fremden Kontext plötzlich auftauchender ›Geflügelter Worte‹. Er kannte die poetischen Valeurs eines Berichts und den geheimen Glanz des Dokuments; läßt sich Ergreifenderes denken als Woyzecks Stammrollen-Litanei: »Friedrich Johann Franz Woyzeck, Wehrmann, Füsilier im 2. Regiment, 2. Bataillon, 4. Kompagnie, geboren Maria Verkündigung, den 20. Juli. – Ich bin heut alt 30 Jahr, 7 Monat und 12 Tage«? Gerade die Verwendung von Reprisen, das Manipulieren mit den Quellen zeigt Büchners rhetorisches Raffinement so gut wie seinen lateinischen Sinn für die Form. Nicht ohne Grund benutzte er mit Vorliebe grammatikalische Termini, Hiat, Periode, Komma, Parenthese und Gedankenstrich als Element seiner Metaphern und operiert so gern mit den Mitteln der Verkürzung und Wiederholung: ›Langsam, Woyzeck, langsam‹ und ›immer zu, immer zu‹ – bemerkt man, wie die Doppelung (das zwiefache ›konsequent‹, ›inkonsequent‹!) der Sprache tragikomische Nuancen gibt, und erkennt man, daß der gleiche experimentelle Elan den Mediziner wie den Grammatiker Büchner charakterisiert?

Wie weit war dieser Vierundzwanzigjährige der Zeit voraus; wer dächte, analysiert er die Bilder Büchners, nicht an die Lyrik von 1910! ›Das Nichts hat sich ermordet, die Schöpfung ist seine Wunde, wir sind seine Blutstropfen, die Welt ist das Grab, worin es fault‹ – könnte das nicht eine Zeile aus der ›Menschheitsdämmerung‹ sein? Und wer, wiederum, fühlte sich nicht an die zu Anfang unseres Jahrhunderts entwickelte Methode erinnert: das Schreckliche kalt und exakt zu beschreiben, wenn er bei Büchner liest: ›… und Lenz‹ trat herein ›mit vorwärts gebogenem Leib, niederwärts hängendem Haupt, das Gesicht über und über und das Kleid hier und da mit Asche bestreut, mit der rechten Hand den linken Arm haltend‹? Ist das nicht, damals und jetzt, die gleiche Manier, auf alle Begründungen des ›weil‹ und ›schließlich‹ zu verzichten und – Kafkasche Pedanterie – das Seltsamste als etwas ganz Alltägliches zu sehen? Und wem fielen bei der Lektüre der Dialoge Büchners, jener verkürzten und zarten, von Untiefen und Löchern erfüllten Gespräche, in denen Frage und Antwort, Satz und Gegensatz nicht im Sinne der Logik verknüpft sind (man spricht ja aneinander vorbei, zu einem Dritten oder zu sich selbst) … wem fielen da nicht Schnitzlersche oder Wedekindsche Gesprächsfetzen ein? Wer schließlich dächte – dem Gestisch-Demonstrativen bei Büchner nachsinnend – nicht zu guter Letzt an Brecht? Die Bilderfolge und die epische Sequenz; die Verfremdung von Szene zu Szene; Simultaneität und Shakespearisieren, Dialekt-Spiel und Imitation: ist der predigende Handwerksbursch im ›Woyzeck‹ nicht wahrhaftig das Urbild eines Brechtschen Kopisten, ein Vorläufer des Feldpredigers oder des Mönchs?

Wie weit, nochmals, war dieser vierundzwanzigjährige Poet, Soziologe und Anatom der Zeit voraus! Seiner Zeit? Oder unserer Zeit? Ist es möglich, daß künftige Epochen, neue Praktiken entwickelnd, auch diese schon bei Büchner vorgeformt finden? Es könnte wohl sein.

›Ich sitze am Tage mit dem Skalpell und die Nacht mit den Büchern.‹ Als Büchner diese Zeilen niederschrieb, drei Monate vor seinem Tod, im November 1836, begann, wir wissen es heute, eine neue Epoche.

Ein deutscher Jude
Heinrich Heine

1981

Die Geschichte der Juden in Deutschland, zwischen der Französischen Revolution und dem Beginn der nationalsozialistischen Herrschaft – das ist die Geschichte von Menschen, die, mit einer Inständigkeit ohne Beispiel, um ihre Eingemeindung in den deutschen Kulturbereich und die Aufnahme in die Körperschaft der *einen* Nation kämpften – und dafür, sehr selten, Sympathie und Verständnis, öfter kühle, von viel Selbstbewußtheit und ein bißchen Bonhommie zeugende Herablassung und am häufigsten Unverständnis und Befremden – zu schweigen von Haß, Hohn und Verachtung – empfingen.

Nicht daß den Werbenden, Bittenden, Flehenden nur Verstockte gegenübergestanden hätten: national gesinnte deutsche Männer, wie der junge Fichte, der sich mit der Verleihung des Bürgerrechts an Juden nur unter einer einzigen Bedingung einverstanden erklären mochte, daß man den Israeliten in einer Nacht alle Köpfe abschlüge und ihnen andere aufsetze, ›in denen auch nicht eine jüdische Idee sei‹.

Gewiß, es gab hier und dort martialische Äußerungen (Schleiermacher: ›Juden, die sich nicht zum Christentum bekennen, sind Franzosen, die nicht deutsch lernen wollen‹); es gab verwegene Vorschläge – gelegentlich am Rande der Kuriosität, wie die Überlegungen des Freiherrn vom Stein, die Israeliten kurzweg nach Nordafrika zu transportieren; es gab, 1847 im preußischen Landtag artikuliert, Bismarcks Bekenntnis zu den Vorurteilen, die ›die niederen Schichten des Volkes‹ gegenüber den Juden empfänden. Einen offenen und konsequenten, durch keine Gegen-Aussagen konterkarierten Antisemitismus aber hat es – nehmen wir den einen Richard

Wagner aus – bis zur Reichsgründung nicht gegeben: wohl aber Demütigungen, Absagen, Rücknahmen von Versprochenem, unentwegtes Sichtaubstellen und jene perfide Vergeßlichkeit, die sich vor allem darin äußerte, daß man den Wartenden wieder und wieder abverlangte, was sie freiwillig längst zugestanden hatten – die ›Euthanasie des Judentums‹ (Kant), die auf der Preisgabe der Zeremonial-Gesetze und des Glaubens an den kommenden, seinem Volk die nationale Identität zurückgebenden Messias beruhte.

Mit einer Konsequenz, die Methode hatte, wurden bürgerliche Rechte heute gewährt und morgen widerrufen, konnte ein Jude 1812 an einer deutschen Universität lehren, zumindest pro forma, was ihm gefiel, und sah sich fünfunddreißig Jahre später auf die Vermittlung bestimmter, vor allem naturwissenschaftlicher Fächer beschränkt – und selbst das nur mit Bedenken: Ein Blick aufs Hexeneinmaleins des Goetheschen ›Faust‹, wurde im preußischen Landtag erklärt, beweise mit gebotener Deutlichkeit, daß es zwar keine jüdische Mathematik, sehr wohl aber eine jüdische Interpretation des Einmaleins geben könne: ›Aus Eins mach Zehn! Und Zwei laß geh'n. Und Drei mach gleich. *So bist du reich!*‹

Nadelstiche, Verunglimpfungen, Zurückweisungen, wohin immer man blickt: ›In keinem Land‹, erklärte der Sprecher der deutschen Judenheit, Gabriel Riesser, 1831 in seiner Schrift ›Über die Stellung der Bekenner des mosaischen Glaubens in Deutschland. An die Deutschen aller Confessionen‹, ›stehen die rechtlichen Verhältnisse der Juden mit dem politischen Zustande des Landes überhaupt, mit dem Stand der Bildung und der Ansichten der Bekenner der einen wie der anderen Confession in so grellem Widerspruch wie in Deutschland.‹

Kein Wunder, bei solchem Tatbestand, daß die Behandlung der Juden gelegentlich den Charakter eines Katz-und-Maus-Spiels annahm, wo die Regierenden eben das konzedierten, was die Juden selbst um keinen Preis wollten – die nationale Identität. ›Das Vaterland der Juden ist Deutschland, nicht Zion‹: Dieser Riessersche Satz hatte, beginnend mit dem Tag, da Moses Mendelssohn eine eigene jüdische Gesetzgebung abgelehnt und damit der Herrschaft des Rabbinats Valet gesagt hatte, den Charakter einer unantastbaren Maxime – und dies bis zu den Anfängen des Zionismus.

Was dabei preisgegeben wurde – preisgegeben im Zeichen einer Maxime, die den Juden das Wort *Deutschland* ständig größer und das Wort *Zion* ständig kleiner werden ließ, liegt auf der Hand: Verloren, daran kann kein Zweifel sein, ging das Identitätsbewußtsein einer Gemeinschaft, die ihrem Mendelssohnschen Auftrag, Juden in Deutschland zu werden, zugunsten des Bekenntnisses ›Wir sind Deutsche jüdischer Herkunft‹ entsagte – und doch keine andere Wahl hatte, als so zu handeln.

Ohne Assimilation keine Befreiung aus dem jüdischen Mittelalter; ohne die Anlehnung an ein Volk, das eben zu jener Stunde, da die Getto-Mauern fielen, auf dem Höhepunkt seiner Kultur stand, kein Ende jener Zwingherrschaft des Gesetzes, dessen Bannkraft – Martin Buber hat wieder und wieder darauf verwiesen – die Juden im Innern nicht minder niederdrückte als die gesellschaftliche Diskreditierung von außen. Das heißt, wenn heute – vor allem, aber nicht nur, in Israel – jene Selbstaufgabe des deutschen Judentums kritisiert wird, die sich in Rathenaus ›Zukunft‹-Pamphlet exemplarisch auf den Begriff gebracht sieht, dann ist zu fragen, ob es für Mendelssohns Erben denn, in irgendeinem Augenblick, überhaupt die Möglichkeit gab, jenen Weg zu verlassen, der – freilich im Zeichen einer unwiederholbaren Sternstunde, mit einem Moses hüben und einem Lessing und einem Dohm drüben, die Juden aus dem Getto herausgeführt hätte – herausgeführt im Zeichen der Nathanschen Reflexion ›So ganz Stockjude sein zu wollen, geht schon nicht, und ganz und gar nicht Jude geht noch minder‹ ... wobei es unverkennbar ist, daß, im Verlauf der Entwicklung, immer mehr Juden den ersten Teil des Satzes zu ihrem Glaubensbekenntnis machten und immer weniger sich zur Pointe der Lessingschen

Überlegung bekannten, die da besagte: So schlecht die Rolle des orthodoxen Juden auch sein mag – sie ist auf jeden Fall würdiger als die – unannehmbare! – Position des Renegaten, der mit seiner Herkunft auch sich selber verleugnet.

Wie aber, lautet die Zentralfrage, konnte es einem Menschen gelingen, erstens Deutscher *und* Jude zu sein, zweitens beide Elemente – ich benutze eine Formulierung von Franz Rosenzweig – nicht ›lasch‹ zu nehmen und drittens dieses ›und‹ in jedem Moment zu reflektieren? Nun, *einmal* zumindest ist diese große Synthese zwischen Deutschtum und Judentum als die – freilich ständig bedrohte – Summe zweier Identitäten gelungen: bei Heinrich Heine. Da schrieb ein Jude deutsche Verse mit einer Virtuosität und Eleganz – einem Raffinement, das im gleichen Augenblick als nahezu unbegreiflich erscheint, wenn man bedenkt, mit welcher Mühe Moses Mendelssohn, ein halbes Jahrhundert zuvor, seine pedantisch-korrekte Pentateuch-Übersetzung schuf, unter Vermeidung jeglichen Risikos, artig und redlich, dem Jiddischen abgerungenes Lern-Deutsch. Und dagegen nun Heine: mit einer Sprache, die klingt, als hätten, statt der radebrechenden Anverwandten, Generationen von weltgewandten Causeurs um seine Wiege gestanden.

Und dieser gleiche Heinrich Christian Heine, wie er nach der Taufe hieß, blieb dem Jüdischen so sehr verhaftet, daß man aus seinen Werken eine ganze israelitische Kulturgeschichte herausdestillieren könnte: Was ein Jude ißt und trinkt, wie er den Freitagabend verbringt, wie's in der Synagoge zugeht, wie einer sich kleidet und wie er betet – nachzulesen bei Heine! ›Der Rabbi von Bacherach‹: ein Cicerone, mit dessen Hilfe sich ein jüdischer Gottesdienst nicht minder exakt verfolgen läßt als eine katholische Messe dank der Unterstützung des Schott!

Eine jüdische Welt in nuce, diese bei Campe verlegten Heineschen opera omnia, die da strotzen von Schabbesdeckeln und Synagogendienern, von Knoblauch und Meerrettich: Mit Ausnahme der Fontaneschen Oderkrebse und des Thomas Mannschen Plettenpuddings gibt es in der deutschen Literatur keine Speise, die – und das gleich dreimal – so plastisch wie das koschere Ambrosia, der Schalet: ›die Suppe mit schwärmerisch schwimmenden Klößchen‹, beschrieben worden ist.

Und dann das große ›Who is who‹ der Judenheit, wie es sich in Gedicht, Brief und Essay präsentiert: Moses neben Shylock, Spinoza neben Jehuda ben Halevy, Nathan der Reiche aus dem Haus Rothschild Seit an Seite mit dem bettelarmen, aber quietschvergnügten Moses Lump aus dem Bäckerbreitengang zu Hamburg, der am Freitag seinen Fisch in weißer Knoblauchsauce ißt, dem König David Lieder singt und sich von Herzen darüber freut, daß Nebukadnezar tot ist, während Lümpchen noch lebt.

Wo ist ein zweiter deutscher Schriftsteller – ich sehe ihn nicht –, der wie Heine ein Compendium totius mundi Iudaeorum verfaßt hätte – vom polnischen Kaftanjuden zum ›mächtigsten Baron der Christenheit‹, von den venezianischen Elends-Gestalten mit ihren ›blassen, leidenden Judengesichtern‹ bis zu James, dem Shylock von Paris aus dem Hause der Rothschild, von den bärtigen Betern im Tempel Jehovas bis zu den Emanzipierten aus dem ›Verein für Cultur und Wissenschaft der Juden‹ zu Berlin, ohne deren Mithilfe Heine es nicht gewagt haben würde, seine Judaica, samt allen maurischen und spanischen Exkursionen, in Angriff zu nehmen: Moses Moser und Leopold Zunz schauen nicht nur dem Autor des ›Rabbi von Bacherach‹, einer jüdischen Moritat hundert Jahre vor Kafka und Roth, über die Schulter.

Harry alias Heinrich Christian Heine: Das ist ein deutscher Dichter, der sich dort, wo es um die Darstellung des Allerheiligsten, des Geistes der Poesie nämlich, geht, mit einem jüdischen Poeten identifiziert, Jehuda ben Halevy, den er ›seines Volkes Licht und Leuchte‹ nennt, wobei im gleichen Atemzug von ›wir‹ und ›uns‹ gesprochen wird: als sei hier einer legitimiert – einer, der, wie Jehuda, ebenfalls in der ›Wüste des Exils‹

lebte –, in deutscher Sprache stellvertretend für ein Volk zu reden, das, so glaubte er, in seiner Existenz von niemandem so sehr wie von Deutschland bedroht sei – jener Heimat, die den Warner um den Schlaf gebracht hat – und das zu Recht: ›Zu einer Zeit‹, heißt es in der Nachlese zur ›Stadt Lucca‹, der prophetischsten Passage des Heineschen Werks, ›wo es keine Nation mehr gibt in Europa ... und wo diese große Wahrheit nirgends tiefer verstanden wird als in Deutschland, in dem Lande, das die Humanität am ersten und tiefsten gefühlt hat, just da entstand eine schwarze Sekte, die von Deutschland, Volkstum und Ureichelfraßtum die närrischsten Träume ausheckte und durch noch närrischere Mittel auszuführen gedachte. Sie waren nicht unwissend ... sie waren gründlich, kritisch, historisch – sie konnten genau den Abstammungsgrad bestimmen, der dazu gehörte, um bei der neuen Ordnung der Dinge nicht aus dem Weg geräumt zu werden; nur waren sie sich nicht einig über die Hinrichtungsmethode ...‹

Das ist die Kassandra-Vision eines Schriftstellers, dessen Hellsicht auf der Fähigkeit beruhte, das Deutsche gegen das Jüdische, das Jüdische gegen das Deutsche zu stellen, die Vergangenheit, deren mächtigen Schatten Heine, dieser große Bibel-Leser, um so unmittelbarer erkannte, je älter er wurde, gegen den Tag und die Stunde. Da wurde eins durchs andere erhellt, ergaben sich Widersprüche, aber – mehr noch! – geheime Parallelitäten – der unselige Shylock kehrte wieder im unseligeren Rothschild, und das Zeitalter der Ritualmorde erlebte, 1840, in Damaskus seine Renaissance: ›Während wir in Europa die Märchen des Mittelalters als poetischen Stoff bearbeiten ... während bei uns nur noch in Gedichten und Romanen ... von jenen Juden die Rede ist, die zu ihrem Satansdienst das Blut frommer Christenkinder nötig haben, während wir lachen und vergessen, fängt man im Morgenlande an ... sich des ältesten Aberglaubens zu erinnern.‹

›Lutetia‹, Kapitel 6 folgende: In erbitterter Auseinandersetzung mit der geschichtevergessenden jüdischen

Bourgeoisie, den assimilierten Reichen von der rive droite und rive gauche, evoziert Heine, in einem der für ihn so charakteristischen Akte jäher Epiphanie, das Vergangene als gegenwärtig und, zumindest in verdeckter Rede, auch als zukünftig: Was jetzt im Orient geschieht, so der Neben-Sinn der Berichte über das Damaszener Pogrom, kann sich, mit anderer Motivation, auch in jenen aufgeklärten Ländern ereignen, wo der religiös begründete Juden-Haß, Heine (und mit ihm Marx) zufolge, dabei war, sich unter sozialen und ökonomischen Aspekten neu zu legitimieren.

So betrachtet gibt es in Heines Werk eine Fülle von Sätzen, die sich wie Kassiber ausnehmen: Warnungen eines leidenserfahrenen und in der Geschichte seines Volkes bewanderten Mannes, der sich, ein jüdischer Onkel Tom mit der Bibel, nicht genug tun kann, auf die besondere – die prophetische! – Erkenntnis-Fähigkeit des Angehörigen eines gebeutelten Volks zu verweisen: ›Wie kann ich aus meiner Haut heraus, die aus Palästina stammt, und welche von den Christen gegerbt wird seit achtzehnhundert Jahren?‹

Erinnerung und Prophetie, Anamnesis und Weissagung, Evokation legendärer Figuren, mythenumwobener Orte, sagenträchtiger Zeitläufe und Beschwörung kommenden Unheils – ›jüdische Hälse‹, die ›abgeschnitten werden‹: nur eine Warnungs-Floskel von vielen – gehören für Heine untrennbar zusammen; und die sich aus solchem Wechsel-, Erhellungs- und Ergänzungsspiel ergebende Rede, die, scheinbar von Einverständnis und Geläufigkeit zeugend, in Wahrheit nicht dem kleinen ›jetzt‹, sondern dem großen ›nicht mehr‹ und ›noch nicht‹ verpflichtet war ... diese besondere Heinesche Rede ist es gewesen, die ihren Autor mitsamt der Fülle der von ihm in die Welt gesetzten Paradoxien – getauft und nun erst recht ein Jude! – bei denen, die sich in der Wirklichkeit, wie sie war, eingerichtet hatten (oder einzurichten begannen), den Deutschen und den Juden, so suspekt gemacht hat. Hier war einer am Werk, ein Poet aus Düsseldorf, der mit Jehuda ben Halevy vertraulicher als mit Goethe umging ... hier schrieb einer, der die Spannung aushielt, Deutscher *und* Jude zu sein, und dem deshalb die liberale jüdische Intelligenz in gleicher Weise wie die deutschen Poeten mißtraute. (›Er ist ein Dichter ganz und gar‹, sagte Mörike über Heine, ›aber nit eine Viertel Stund' könnt' ich mit ihm leben wegen der Lüge seines Wesens.‹ Dazu Kafka, der die Stelle zitiert: ›Den Talmud-Kommentar her!‹ Ein Jude, Heine, als Textgeber, ein evangelischer Pfarrer als Interpret, ein Jude als Exeget des Interpreten: Gibt es am Ende doch eine deutsch-jüdische Symbiose?) Nun, was Heine betrifft, so handelt es sich bei ihm um einen Hebräer, der den Satz formulierte: ›Meine Brust ist ein Archiv deutschen Gefühls‹, und der sich, sehr konsequent, um der Erhaltung dieser Janusgesichtigkeit willen weigerte, jemals den Eid auf die eine oder andere Fahne zu leisten: unmöglich, die obsolete jüdische Nationalität durch eine modernere – deutsche – Form zu ersetzen.

Ein Mann zwischen den Fronten, der Gegensätze brauchte, um seine Phantasie zu entbinden: mal deutscher Romantiker – ›ich bin ein deutscher Dichter‹ –, mal Hebräer alten Schlags: bewegend, das Kondolenzschreiben an Betty Rothschild vom Winter 1855, das – die Mouche, der Heine den Brief diktierte, urteilt recht – ein *ebenso großartiges wie ergreifendes Bild jüdischer Trauer* enthält. Die Beileidsbekundung zeigt an: hier spricht ein Jude zur Jüdin. (› ... wahrlich‹, schreibt Heine, ›nichts ist mir mehr zuwider wie jene üblichen Kondolenzen, jene grausame barbarische Sitte, wo es dem ersten besten erlaubt ist, zu jeder beliebigen Stunde den Verband von unseren Wunden abzureißen und unsern Schmerz durch nichtssagende Redensarten aufzustacheln. Solches tröstlich wimmernde lauwarme Trostgeschwätze ist mir weit fataler als das laute Geheul der heidnischen Totenklage, und ich sehe hier, wie echt menschlich, wie gefühlvoll zartsinnig dagegen der fromme Gebrauch der alten Juden ist, die sich schweigend zu dem Leidtragenden niedersetzen und nach einer Weile, ebenfalls ohne ein Wort zu sagen, wieder fortgehen!‹)

Jüdisches Ritual, eingegangen in Fleisch und Blut, Vers und Prosa eines Dichters aus Deutschland, alttestamentarische Rede – die Bibel-Evokation aus Helgoland! –, geschrieben in einer hymnischen Prosa, wie sie nur noch Hölderlin zu formulieren verstand: Maßte sich hier jemand an, fragte die Partei der Reformjuden in Deutschland, Gabriel Riesser voran, in Israels Namen zu reden – und das keineswegs immer so feierlich wie auf Helgoland und in Paris, zur Zeit der Neubegegnung mit dem Alten Testament, sondern zumeist eher frech, mokant, aggressiv, ein bißchen schnoddrig, ein bißchen frivol ... um derart jene Aufmerksamkeit christlicher Kreise auf sich, und damit indirekt aufs Judentum, zu ziehen, die, nach Ansicht der Reformjuden, eher der Gemeinschaft ehrenwerter Glaubensgenossen als der Rednergabe und dem glänzenden Witz eines einzelnen zukommen sollte?

Heinrich Christian Heine, der, so Riesser, nichts verträte als sich selbst, sein Talent und seinen Egoismus – ein legitimierter Sprecher der Judenheit? O nein! Im Gegenteil! ›Ich bin überzeugt‹, verkündet Riesser, ›daß Heine ein ganz anderer geworden wäre ..., wenn sein Gemüthsleben in irgendeinem Zusammenhang mit den Richtungen und Bestrebungen der Juden stände‹, und daß er ›in jene Fehler, welche eine gedankenlose Bosheit dem Juden zuschreiben will, nie und nimmer verfallen wäre; wie denn in der That keiner, in dessen Empfindungen ein jüdisches Element lebt, darin verfallen ist. Ihm aber war das Judenthum nur insofern etwas, als daß es manchen Witz zutage fördern konnte, zu dem einem anderen der Stoff gefehlt haben würde: das war von jeher alle Beziehung, die zwischen ihm und dem Judenthume stattfand.‹

Nun, gerecht war sie nicht, jene communis opinio der Juden, die ihre Sache durch Heines ›Frivolitäten‹ bedroht sahen: Erst nach seinem Tod, aus dem Abstand heraus, wurde das spezifisch Jüdische des deutschen Poeten erkennbar: sein Juden-Sinn für die Geschichtlichkeit des Augenblicks – ein Sinn, der Jahre in Jahrzehnte verwandelt (›Bedenken Sie‹, schreibt Kafka an Milena, ›welche 38jährige Reise hinter mir liegt und da ich Jude bin, eine noch viel längere‹: ein Satz, der auch für Heine gilt!), dazu das Verwurzeltsein in älteren, von den Assimilierten preisgegebenen Traditionen; dazu seine Fähigkeit, das Hier und Heute mit biblischen Archetypen zu konfrontieren; dazu sein Spinozismus, der – dies hat Hermann Cohen in seinem glanzvollen Essay ›Heinrich Heine und das Judentum‹ schon 1867 nachgewiesen – den jüdischen Monotheismus nicht revoziert, sondern gut hegelsch aufhebt. (Cohen: ›Der Gott des Alls wird Gott, das All.‹)

Ein Mann zwischen den Fronten – im jüdischen Lager noch leidenschaftlicher als im christlichen attackiert (seiner Pikanterien wegen vor allem, die selbst Heiligstes nicht verschonten: ›Liebster! Rauchen ist verboten, weil es heute Sabbat ist.‹). Aber Heine, leiderfahren wie er war und stolz darauf, von Ahnen abzustammen, die nicht zu den Jagenden, sondern den Gejagten gehörten, ließ die Frage kalt, für wen er denn nun eigentlich spräche, für sich oder sein Volk (und wenn ja, welches?). Er fühlte sich wohl zwischen den Nationen und Religionen – so pudelwohl, daß er am liebsten auch die von ihm am meisten Verehrten an seiner Seite hätte Platz nehmen lassen: Wär's nach ihm gegangen, dann hätte jedenfalls Shakespeare, der große Spiritualist aus Moses' weit geöffnetem Palast, ein halber Jude sein müssen.

Welche Gegensätze! Heine, ein kranker Emigrant aus Deutschland, gedenkt in der Matratzengruft der ›gewaltigen unbeugsamen Männer‹, der ›Ahnen aus dem edlen Hause Israels‹.

Und zu gleicher Zeit: *Welche kühnen Synthesen!* Mit Hilfe seines ›Ostwestspleens‹, wie's in den ›Hebräischen Melodien‹ heißt, gelingt es einem Poeten in der Form des Verweises und der spielerischen Annäherung, deutsch-jüdische Kongruenzen zu schaffen, zu deren Widerlegung in der Folgezeit ganze Generationen von Schriftstellern angetreten sind – bis zum heutigen Tag:

nein, so märchenhaft wie bei Heine dürften Antithesen nicht als überwindbar dargestellt werden.

Und in der Tat, die Wirklichkeit sprach gegen den Traum eines Dichters, der das deutsche Waldlied und den Legenden-Ton der Haggada in einem Atemzug nannte. Heine – bestätigt in den schlimmsten seiner Warnungen – mußte folgenlos bleiben. Ein einziges Mal gelang es einem Schriftsteller, älteste jüdische *Nationalerfahrungen* (ein Heine-Begriff!) auf deutsch erblühen zu lassen: einem Poeten, der das Deutsche brauchte, wie der Fisch das Wasser braucht – ›zum Stockfisch müßte ich vertrocknen, wenn ich aus dem Wasser des Deutschtümlichen heraussprängeꞌ – und für den ebenso gilt, was er von Spinoza gesagt hat: ›Der Geist der hebräischen Propheten ruhte … noch auf ihrem späten Enkel.‹

Das Vorratshaus der Deutschen
Zur Geschichte und Bedeutung des Grimmschen Wörterbuchs

1984

›Lieber Jacob, ich habe das Unternehmen mit dem Wörterbuch nochmals überdacht, und will dir meine Ansicht vorlegen ... Es ist nur ein einziger Weg einzuschlagen, und ich sehe, daß unsere Gedanken sich darin begegnen. Wir müssen ... versuchen, ob wir allein die Arbeit bewältigen können. Dann erst gelangen wir zu einem Maßstab, u. wissen, was zu thun ist und wie weit unsere Kräfte gehen. Ich habe in diesen Tagen einiges von Göthe in dieser Beziehung durchgelesen, und es scheint mir kein schweres Geschäft das nöthige auszuziehen ... Wenn wir beide 4 Jahre der Sache täglich 2 Stunden widmen, u. ich will gerne fleißig seyn, so glaube ich kommen wir zu Ende‹: Wilhelm Grimms Brief an seinen Bruder vom 16. April 1838 verdeutlicht die Gelassenheit, mit der die beiden Amtsenthobenen – Jacob dazu noch des Landes verwiesen – die erzwungene Muße zu Entwurf und Redaktion eines von Jacob und Wilhelm Grimm verantworteten, von der Weidmannschen Buchhandlung zu Leipzig betreuten und von den Besitzern dieser Verlagsbuchhandlung, den Herren Hirzel und Reimer, getragenen Deutschen Wörterbuchs zu nutzen gedachten. Von rascher Zustimmung oder gar Enthusiasmus auf seiten der Brüder war keine Rede; man bat sich Bedenkzeit aus, wies die finanziellen Angebote als ungenügend zurück; um die Auflagenhöhe wurde in gleicher Weise wie um Mark und Taler gefeilscht; die Brüder wußten, was sie wert waren, und hüteten sich, die Offerte im Sinne eines sich auf Jahr und Tag verpflichtenden Auftrags zu interpretieren: ›Uns bleibt die Freiheit‹, erklärte Wilhelm, ›zu jeder Zeit zurückzutreten, sobald uns die Arbeit allzudrückend erscheint, oder wenn ein neues Amt die Muße dazu nicht gewährt.‹

Angesichts einer so schwierigen und weitaussehenden Sache, hieß die Devise der Grimms, wolle man sich die Bedingungen erst einmal in aller Gemächlichkeit überlegen: undenkbar, so Jacob, sei es auf jeden Fall, daß die Häupter des Unternehmens – verantwortlich für Konzeption und Einrichtung des Ganzen – am Ende schlechter dastünden als die Beiträger mit ihren Zulieferungsarbeiten, die zwar Fleiß und Gewissenhaftigkeit, aber wenig Gedankenarbeit verlangten.

Nun, die Verleger ließen mit sich reden, und die Brüder taten's ihnen nach. Acht Monate nach der Entlassung durch König Ernst August sahen sich Jacob und Wilhelm Grimm an die Spitze eines Nationalunternehmens gestellt, wie es die deutsche Geschichte bis dahin nicht kannte: Zwei wegen staatsgefährlicher Gesinnung aus Amt und Würden gejagte Männer – jüngst noch vom Universitätsgericht peinlichst verhört – wurden, mit Herder zu reden, in die Lage versetzt, die Nationalsprache als das ›Vorratshaus der zu Zeichen gewordenen Gedanken‹ ins Bewußtsein der Deutschen zu heben, Kraft, Majestät und Vielfalt vaterländischer Rede lebendig zu machen und dem Volk behilflich zu sein, sich im Innewerden einer ihm eigenen, aber halb vergessenen Sprachtradition seiner Identität zu versichern.

Die Stunde schien günstig: wachsende Empfänglichkeit für die Muttersprache am Ende des französischen Feudal-Zeitalters, die langsame Emanzipation der deutschen aus der Vormundschaft der klassischen Philologie, dazu die Entdeckung der historisch-vergleichenden Sprachwissenschaft: Dies alles war Grund genug, die Grimms glauben zu lassen, jetzt endlich sei der Augenblick da, in dem sich ein Wörterbuch realisieren lasse, das den großen Vorträumen, von Leibnizens ›Unvorgreifflichen Gedanken, betreffend die Ausübung und Verbesserung der Teutschen Sprache‹ bis hin zu Friedrich Nicolais ›Plan zu einem vollständigen deutschen Wörterbuch‹, gerecht werden könne: ein streng wissenschaftliches Unternehmen und zugleich ein Volksbuch für jedermann, den Gelehrten nicht anders als der um den Tisch versammelten Familie von Nutzen – ein opus maximum, wie es die ›Kinder- und Hausmärchen‹ waren – unterhaltlich und narrativ auf der einen Seite, auf der anderen (im dritten Band) von gelehrten Varianten und philologischen Deutungen strotzend.

Ein Geschenk der Wissenschaft ans Volk, mit dem die Gelehrten zurückgaben, was sie auf Märkten und Straßen und nicht nur in hoher Literatur, sondern auch und vor allem aus Predigten, Verträgen oder Arzneivorschriften erfahren hatten: die Grimms wollten gelesen, nicht nur studiert werden. Darum ihre Kampfansage an höfischen Alexandrinismus und akademische Pedanterie, darum, vor allem, ihr Beharren auf strikt alphabetischer Gliederung des Materials: um Gottes willen keine Anordnung nach Wortfamilien! Kein Zusammenfassen von Worten mit gemeinsamen Wurzeln, kein spekulatives Zusammenstellen von Stamm-Morphemen (im Sinne moderner Linguistik) oder von Primitivworten (wie's, ein wenig schlichter, Nicolai formulierte).

Aberglaube, so die Grimmsche Maxime, habe unter A zu stehen und nicht unter G, in irgendeinem die Präfixe von Glaube aufführenden Abschnitt. ›Es würde die arbeit in den wörtern aufheben oder lähmen, wenn man den platz nicht kennt, aus dem sie zu holen sind‹, heißt es, lapidar und unmißverständlich, in Jacob Grimms Einleitung zum ersten Wörterbuch-Band – und jeder Benutzer, der, sprachwissenschaftlich wenig geschult, einmal in Schmellers ›Bayerischem Wörterbuch‹ oder im Schweizer ›Idiotikon‹ herumgeirrt ist (reich belehrt, doch ohne Hoffnung, je das gesuchte Stichwort zu finden), wird Jacob Grimm und seinen Nachfolgern Dank dafür sagen, daß sie, allen Stamm- und Wurzelforschern zum Trotz, dem Einzelwort auf Kosten der Wortfamilie die Ehre ihrer Aufmerksamkeit schenkten.

Das Einzelwort – eingebunden freilich immer in einen idiomatischen Kontext –, das verbum proprium mitsamt den von ihm bestimmten phraseologischen Formeln, den plastischen Fügungen und sprichwortartigen Redeweisen: Das war die ureigene Domäne der Grimms in ihrer Suche nach ›gewaltigen‹, nicht reglementierten, erstarrten und eingeschliffenen Worten. Was sie mit nimmermüdem Elan exzerpierten oder von den Auszügen anderer erwarteten, waren echte, ungebräuchliche, von der zeitgenössischen Bedeutung abweichende, lexikalisch und grammatisch besondere, individuelle, bildkräftige Worte: Ausdrücke, wie sie die Lieblings- und Hätschelpoeten der Grimms, Luther, Sachs, Fischart, Gryphius und Geiler von Kaysersberg formulierten – starke, einfache Worte, Neuschöpfungen im eigentlichen Sinn und nicht nur aparte Ableitungen und Kompositionen.

Wenn Jacob Grimm die deutsche Sprache durchforstete, dann gebärdete er sich wie Odoardo Galotti bei Hofe oder Musicus Miller in seiner Wohnstube: immer dem Gewaltigen zugewandt und nie dem Galanten, immer aufs Konkrete erpicht und nie aufs Abstrakte, alleweil bei Hänslein und Elslein einkehrend und nicht in den Stuben der gebildeten Stände, deren Konversation und Fachsprache ihm wenig exzerpierungswürdig erschienen. Zur philosophischen Spekulation fehlte ihm so gut der Zugang wie zum Virtuosentum eines Sprachkünstlers vom Range Jean Pauls: Schiller nannte er – mit zagen Einschränkungen – ›wortarm und unserer sprache nicht recht mächtig‹; Herder habe den ›deutschen wortvorrat weniger in der gewalt als die gabe, sich mit wohlgefälligen zusammensetzungen zu behelfen‹; Jean Paul müsse zwar als gedankenreich gelten, sei aber, wegen seines Mangels an bildkräftigen simplicia, lexikographisch kaum von Belang, und was gar Tieck und die Schlegels angehe, so böten sie kaum etwas in ihren Werken, ›was nicht schon die conversation hätte‹. Außer dem Einen und Gewaltigen, Goethe, gab es für Jacob Grimm, unter allem ›Neumodischen‹, nichts, was sich unter dem Aspekt ›bildliche Bannkraft des einfachen Worts‹ mit den geliebten Sprachmeistern vergangener Jahrhunderte vergleichen ließ – den Eiferern, Volkspredigern und Jahrmarktssängern, den Entzückten und Zornigen auf der Kanzel, in der Wirtsstube und im Kloster.

›Von Luther bis Goethe‹: Das war die Markierung, die Grimm durch Moriz Haupt, den gelehrten Sachwalter der Weidmannschen Verlagsbuchhandlung, vorgegeben war (und die er sehr schnell zu seiner eigenen machte) – zwei Namen, die für ein Programm standen, das durch die Priorität des Naiven gegenüber dem Sentimentalischen und des Einfachen gegenüber allem Synthetischen charakterisiert war, das unter derivatum et compositum in die unteren Schubladen kam.

Erst das Einfache, aber Besondere! Mit dieser Losung ging er ans Werk, Jacob Grimm, und komponierte in Gedanken seine vier bis sieben bescheidenen Bände mit der Fülle packender Redensarten, unhäufiger Worte und mächtiger Verben. (Starker natürlich, in grammatikalischer oder metaphorischer Hinsicht, oder zu starken gemachter: nicht zufällig plädierte Grimm für die Abschaffung von ›bellte‹ und die Neu-Kanonisierung von ›boll‹.)

War, wenn man nur die rechte Konzeption hatte, nicht alles ganz einfach? Justus Möser, Hamann, Herder im Hinblick auf das je besondere, unvermutet in seine Rechte tretende Wort, aber auch auf die ungewohnte leise Färbung des Bekannten raschrasch exzerpierbar? (›Sie haben für die auszüge das ganze nächste jahr zeit‹, schrieb Jacob an Rudolf von Raumer ... man stelle sich vor: ein einziges Jahr für die opera omnia dreier Klassiker der deutschen Literatur – und gewiß keiner leichten Autoren.)

Kein Wunder, bei so viel Courage, daß selbst der Goethe-Exzerptor, ein sächsischer Schulmeister mit Namen Klee, in zwei Stunden bequem einen Bogen bewältigen konnte – kein Wunder aber auch, daß sich die Meister der Zunft, Moriz Haupt und der große Lachmann voran, dem Grimmschen Werben entzogen: *So* wie sich's der Meister vorstellte – dürftige Instruktionen an bis zu 90 Literaturliebhaber in deutschen Landen, die, jeder nach eigenem gusto, ihnen passend erscheinende Worte auszogen (›die Schlingels‹ zürnte der verzweifelte Grimm) ... nein, so wie sich Jacob die Exzerpierungsarbeit vorstellte (aus dem ›Ring des Polykrates‹ etwa wollte er zuerst die Worte ›munter‹, ›zerschellen‹ und ›rede‹ ausziehen lassen ... warum, in Teufels Namen, werden sich die Großen der Zunft gefragt haben, nun ausgerechnet diese drei Worte, warum nicht genausogut ›bekränzen‹, ›schallen‹ und ›jauchzend‹?) ... nein, ein drittes Mal, gar so subjektiv, wie der Meister und sein Bruder, mit ihrem Traum von einer bildkräftigen Naturgeschichte der Worte, sich die Exzerpierungsarbeit auf schmaler Basis, ohne einheitliche Richtlinien und detaillierte Redaktions-Prinzipien vorstellten, ging es wirklich nicht.

Die Helfer der ersten Stunde, ohne deren Rat Jacob das Unternehmen wahrscheinlich nicht gewagt haben würde, sprangen, kaum daß er bestiegen war, rasch wieder vom Wagen, die Brüder blieben – Männer wie Uhland oder Gustav Freytag ausgenommen – auf anonyme Zuarbeiter angewiesen: Eine auf Wunsch des Verlegers gestrichene Passage der Vorrede zum ersten Band macht sichtbar, wie groß zumal Jacobs Verbitterung über die Nonchalance der Weggefährten war: ›Zur zeit des erst gegründeten unternehmens, als in alle welt beiträge ausgeschrieben und auszüge bestellt wurden, freute ich mich der stillen hofnung, dasz nah befreundete sprachforscher, die das werk mit jubel und beifall begrüszten und mitten in allen quellen dazu tagtäglich verkehrten, auch unaufgefordert mitwirken würden und dasz ihrem auge kein seltenes, gelegentlich aufstoszendes wort entschlüpfen könnte, von allen ... ist aber kein zettelchen eingelaufen ... unser deutsches wortheer, als es galt eine öffentliche schlacht zu liefern, empfieng wenigstens von da keinen zuzug, woher es sich auf ihn vertröstet hatte.‹

Je eklatanter die Freunde versagten und je mäßiger – neben mancher Glanz-Exzerption – die Beiträge ausfielen, hier aus Geistes-, dort aus Leibes-Trägheit, desto nachdrücklicher sahen sich die Brüder auf eigenes Quellen-Lesen und vielfache Nach-Exzerption der eingehenden Materialien verwiesen; die Korrespondenz geriet ins

Uferlose; Resignation stellte sich ein, und das so entschieden begonnene Unternehmen wurde zum zermürbenden, kleinlichen Tagesgeschäft (›tausend Klammern heften mich an den Buchstaben A‹). Wie der Bibliothekar Lessing unter Bücherstaub zu verschwinden fürchtete, so fühlte Jacob sich von Schneeflocken eingeschneit, Worten, die aus allen Ecken und Ritzen auf ihn eindrängen – immer mehr Worte, immer weniger Ausfluchts-Chancen für den, der, schlaflos und halb taub, verärgert über törichte Kritiken, unwillig beim Anblick der Ludwig Richterschen Titel-Vignette, dennoch von seinem verhaßten und geliebten Wörterbuch nicht mehr loskam – und alle Welt dies büßen ließ: die *Katholiken*, deren Borromäus-Verein er rät, es doch einmal mit einem frommen Wörterbuch unter Auslassung ›aller citate aus Luther, Göthe, Schiller und andern sündern und ketzern‹ zu versuchen, oder den armen *Ludwig Richter*, der sich gefälligst Mühe geben solle, etwas Besseres zu erfinden ›als diese geflügelte deutsche Sprache mit verwischten Augen‹ oder die Vögel auf den Zweigen, die vielleicht ›zu einem Märchen, aber gewiß nicht zu einem Wörterbuch‹ paßten. (Nachzulesen in Alan Kirkness' Monographie ›Geschichte des Deutschen Wörterbuchs 1838–1863‹, der sich meine Studie vielfach verpflichtet weiß.)

Je gewisser es wurde, daß Jacob selbst in Abrahams Alter das Erscheinen des Bandes Z nicht mehr erleben würde, desto ungehaltener konnte er werden, wenn andere sich seinen Absichten widersetzten: Der Epitaph auf Wilhelm zu Beginn des zweiten Bandes nimmt sich, ungeachtet aller beschwichtigenden, rühmenden und zärtlichen Worte, wie eine geheime, sehr verhaltene Scheltrede aus: zu weitschweifig habe der Bruder gearbeitet, zu zitatenlustig, zu wenig exakt-definitorisch. Auf diese Weise käme ein Wörterbuch niemals ans Ziel. ›Mein bruder ist in einigen dingen, die ich verabredet glaubte und für die ich beim beginn unausweichlich einen ton angeben muste, wieder abgewichen, sei es dasz er sich eigner angewöhnungen nicht entschlagen konnte oder einer ihm zusagenden änderung den vorzug liesz. mir that dies leid, weil dadurch der in einem wörterbuch wünschenswerthen äuszeren gleichförmigkeit abbruch geschah; jetzt aber möchte ich nicht, dasz er anders verfahren wäre, weil mir auch in solchen nebensachen seine ganze eigenthümlichkeit rührend entgegentritt.‹

Was aber Wilhelm recht war, galt den Nachfahren als legitim, ja erwünscht. Die Bearbeiter des Deutschen Wörterbuchs vor seiner endgültigen Reorganisation anno 1930 sind vor allem Erzähler, eigenwillige Figuren, gelehrte Individualitäten gewesen, die in vielen Artikeln der Welt kundtaten, wes Geistes Kind sie waren, aus welchem politischen Lager sie kamen und was sie von dem Volksstamm hielten, zu dem sie gehörten. ›Von unserm norden oder nordosten sind die begriffe *stramm* und *schneidig* als maszgebend für das handeln ausgegangen‹, heißt es in Rudolf Hildebrands Artikel *gemütlich*, ›während das *gemütlich* besonders gern uns Sachsen zugeschrieben wird. *gemütlicher dusel, gemütlich dahinduseln* u. ähnl. sind nun gangbare wendungen, auch allerhand thun wird *gemütlich* genannt, das aus übersehen der gegebenen verhältnisse flieszt, für die ihm [dem Sachsen] der scharfe blick fehlt vor eignem behagen in sich.‹

Da tadle noch einer den großen Jacob, der sich erlaubte, als einzigen Beleg für das Wort *Amtmännin* die Bezeichnung anzuführen, die seiner und Bruder Wilhelms seligen Frau Mutter im hessischen Steinau vom Volk zuerkannt wurde! Nicht nur die beiden Ur- und Erz-Meister des Wörterbuchs – auch die Nachfolger gerierten sich als quicklebendige Schreiber, die Einwürfe machen, Fragen stellen, Probleme aufwerfen, deren Lösung ihnen nicht geheuer war: ›War etwa *kegel* [in der Bedeutung von *Kind und Kegel*] ein häusliches kraftwort für penis? … *kegel schieben* erscheint als volksausdruck für *beschlafen*.‹ Oder: Was verschafft eigentlich der *Kartoffel* den Sieg, ›namentlich über den so verbreiteten und passenden namen *erdapfel*?‹

Jawohl, hier wird nicht nur registriert und ein Karteieintrag emotionslos an den andern gefügt, hier schaltet man sich ein, nimmt Partei, erwägt, zeigt auf die eigene Brust, wehrt ab, gerät ins Schwärmen und verweist damit mitten in scheinbar trockener Aufzählung der Wörter auf sich selbst und die Ideologie, für die man ins Feld zieht: Was sich bei Jacob, ungeachtet aller völkischen Emphase, urban, vernünftig und weltbürgerlich ausnimmt, erzliberal in jedem Belang, das wird bei Hildebrand, Grimms Nachfolger, zu nationalistischer Deklamation, die dafür Sorge trägt, daß, nach 1870, neben der Kriegs- und der Staats-Kunst auch die Philologie das Ihre zu Deutschlands Neugeburt tut. Und was Grimms Abstraktionsfeindlichkeit, die Absage an neumodische Vorherrschaft der Begriffe angeht, so entwickelt sich aus lutheranischer Freude an Bild und wirklichkeitsgesättigtem Vergleich bei Hildebrand daraus gelegentlich ein Anti-Intellektualismus, der, mit der Rationalität, die Aufklärung schlechthin in Frage stellt: ›die zugespitzte forderung des *reinen gedankens* freilich stöszt auf widerstand, unbewuszt bei der natur selbst, und ausgesprochen bei klaren geistern die sich durch schulgedanken nicht gefangen nehmen lassen. der beginnende widerspruch fällt mit der beginnenden überspitzung zusammen ins vorige jahrhundert.‹ (Und dann, nun wieder ins Sächsisch-Gemütliche fallend: ›Wovon bei der unendlichen wichtigkeit der sache viel zu sagen wäre, wenn es hier der platz erlaubte.‹)

Wohin immer man blickt, im Grimmschen Wörterbuch: Die Lexikographen des 19. Jahrhunderts plaudern munter drauflos, ergreifen den Leser am Rockknopf *(Da schau! Jetzt kommt's! Paß ja genau auf!)* und tragen ihre Resümees in einer Manier vor, die gelehrte Unterweisung mit Ratschlägen aus der Alltagspraxis verbindet: Wenn Rudolf Hildebrand die angeblich innerhalb von vierzig Jahren eingetretene Trennung zwischen dem Verstandes- und Gemütsmenschen beklagt (ein Seitenhieb gegen den Intellektualismus der Linken im Vormärz!), dann fügt er, vom Gedanken einer organischen Einheit alles Beseelten erfüllt, hinzu, daß man sich mit der Trennung zwischen Verstand und Herz nicht abfinden dürfe, sondern die feindlichen Brüder miteinander zu versöhnen habe: zugunsten der ›alten einheit, in der alles heil begegnet, (und) die in wahrheit noch genügend waltet, wenn uns z. b. so oft menschen begegnen, die zugleich *verständig* und *gemütlich* heiszen.‹

Lexikographie und Lebenskunde verschwistern sich hier in einem Beisammen, dessen Problematik sichtbar wird, sobald der Leser erkennt, welche ideologischen Muster, im Kontext des Wörterbuchs, als verbindlich, unbezweifelbar und normativ etikettiert werden: keine Rede von der Gleichheit aller Menschen, vom Emanzipationsauftrag an die in Unmündigkeit Verharrenden, die Ausgeschlossenen, Erniedrigten und Gekränkten. Erst kommt der Herr, dann der Knecht, erst der Mann, dann das Weib, erst der Erwachsene, dann, ihm zugeordnet, das Kind: voraufklärerische Strukturen – abgesegnet von der Lexikographie. ›Weib‹, läßt anno 1914 der Bearbeiter Götze die deutsche Nation wissen, ›ist der allgemeinste und darum häufigste name für alle wesen, die nicht dem männlichen geschlecht angehören und doch als geschlechtswesen bezeichnet werden sollen.‹ Eine definitio per negationem also – eine Begriffsbestimmung, die, im Fall von *Mann*, selbstverständlich keine Entsprechung findet, da ja, so die Argumentationsweise, die Frau sich vom Mann her, der Mann hingegen mitnichten von der Frau her definieren läßt.

Und dann das Kind! Kein Eigenwesen, kein kleiner Mensch, der, als solcher, unmittelbar zu Gott ist, sondern ein Objekt, über dessen Besonderheit zunächst einmal sein Verhältnis zu den Eltern befindet: Die natürliche, dem modernen Lexikon selbstverständliche Reihenfolge 1) Kind in Beziehung auf das Alter 2) in Beziehung auf Vater und Mutter 3) in Beziehung auf Rechtsverhältnisse und Verwandtschaft wird im Grimm umgekehrt: Erst einmal hat sich das Kind als abhängiges, in bürgerliche Strukturen eingebundenes Wesen zu präsentieren, dann erst mag es ein Selbst sein … mit Maßen freilich:

Als Mädchen bleibt es für die Männer ein ›kind‹, wie Hildebrand mit Hilfe einer Fülle von Beweisen belegt – philologisch korrekt, aber in der Darbietungsweise von jener virilen Betulichkeit, einem unverkennbaren ›ja, ja, ganz recht so‹, bestimmt, die den Redaktor in Göttingen, Edward Schröder, seinem Kollegen Gustav Roethe gegenüber nach Eintreffen des Götzeschen Artikels *Weib* zu dem Stoßseufzer veranlaßte: ›... qualvoll kaffeesächsisch, das *Weib* – im Ganzen.‹

Eigenwillige Akzentuierungen, persönliche Umschreibungen vorgegebener Ideologeme ... nun gut. Gefälscht, Material unterschlagen, Mißliebiges ausgesondert wurde bei alledem nicht; Artikel, die Belegmaterial nicht berücksichtigen, weil sie der Gesinnung des Bearbeiters contre cœur sind, finden sich, wenn der Anschein nicht trügt, nur recht selten, aber es gibt sie: Der Artikel *Jude* ist ein Beispiel dafür. ›Von ihren schlimmen eigenschaften werden namentlich ihre unreinlichkeit, sowie ihre gewinnsucht und ihr wuchersinn in mannigfachen wendungen betont. *schmierig wie ein alter jude; er stinkt wie ein jude*; daran angelehnt, *schmecken wie ein jude ... wuchern, betrügen ... wie ein jude*‹ und so weiter und so fort. Gute Eigenschaften hingegen: Fehlanzeige. Hundert Jahre nach Lessing und Moses Mendelssohn – kein einziger Beleg für den Edelmut, die Humanität eines Israeliten, die anmutige Schönheit eines hebräischen Mädchens! Kein Mendelssohn-, kein Heine-Zitat unter Jude, römisch drei: *schlimme Eigenschaften.* Nicht der berühmte Satz des Herrn Moses aus Dessau: ›Überhaupt sind gewisse menschliche Tugenden den Juden gemeiner als den meisten Christen‹; kein Zitat aus Dohm, Humboldt und Hebel.

Und dann vergleiche man den Artikel *Jude* mit dem Beitrag *Hund*, der im gleichen Band steht, da heißt es: ›Besondere eigenschaften der hunde durch adjectiva gegeben: *der hund ist treu, falsch, böse, munter*‹, er kann wachsam und laut, bunt, begossen, und, als Begleiter des Menschen, vor allem von sprichwörtlicher ›treue und anhänglichkeit‹ sein. Da wird dem Hunde zugestanden, was dem Juden, dem nichts als schlechten und von Anfang an bösen, versagt bleibt: ein Lebewesen von vielfältigen Eigenschaften zu sein. Gelegentlich – darum will nicht herumgeredet sein – packt auch den tolerantesten Leser der Zorn bei der Lektüre des Wörterbuchs, mit seiner einseitigen Quellenauswertung. (Auf die vor Jahr und Tag Walter Boehlich mit Nachdruck verwies: Seine Aufsätze, Pamphlete und Sendschreiben aus den sechziger Jahren sind, ungeachtet einiger Überspitzungen und Irrtümer, so wenig zu den Akten gelegt wie die Entgegnungen von seiten der Wörterbuch-Redakteure.)

Ärger stellt sich ein, wenn man mit ansieht, wie viel den Bearbeitern Treitschke, wie wenig Virchow gilt, wie viel ein Frenssen und wie wenig, nehmt alles in allem, ein Börne – und doch, der Zorn erlahmt, sobald der Kritiker bemerkt, daß die schärfsten, ja gnadenlosesten Wörterbuch-Zensoren die Artikelschreiber und Redakteure selbst gewesen sind, auch und gerade die konservativen: ›Gestern ein schönes Sonntagsvergnügen!‹ schreibt 1907 Edward Schröder an Gustav Roethe, ›168 Seiten H.-Meyer-Manuskript [über *Stall*]. Ich war in fünf Stunden damit durch, aber das physische Elend hinterher! Hauptquellen: Hilligenlei [Gustav Frenssen] – Emmy v. Egidy [Verfasserin des Romans ‚Ilse Bleiders'] – die Marlitt!‹

Das physische Elend hinterher: Grimms Deutsches Wörterbuch ist wahrscheinlich das einzige Werk unserer Literatur, in dem die treffendste Kritik am Unternehmen nicht von den Rezensenten, sondern von den Mitarbeitern kam: Schlechte Quellenlage, miserable Auswertung, fehlende Einheit, Disziplinlosigkeit allerorten – man kann's nachlesen in Vorworten, Briefwechseln, öffentlichen Selbstbezichtigungen und Bankrott-Erklärungen, alle paar Jahre.

Und in der Tat, Grund zum Aus-der-Haut-Fahren gab es genug: Erst begnügte sich Jacob damit, für *Anerkennung* einen einzigen Beleg beizusteuern, und dann verfiel der Semasiologe Rudolf Hildebrand, Hochmeister der ›inneren Lexikographie‹, der für jeden Begriff von

Gewicht eine homerische Bedeutungsgeschichte parat hatte, ins pure Gegenteil Jacobscher Kargheit, schwellte auf, wo es nur ging, verwandelte Lexikon-Artikel in barocke Wortmonographien (alles ohne Vorarbeiten, alles neben dem Schuldienst: eine schier unglaubliche Leistung), verbreitete sich (Ableitungen nicht mitgezählt) auf 127 Spalten über *Geist*, und wo Hildebrand in Fahrt war, da geriet sein Konkurrent Wunderlich förmlich ins Sausen: 185 Spalten über *Gewalt*! Ein paar tausend Blätter allein für den Abschnitt *Gebirge* bis *Gezwang*, mehr als für sämtliche, mit A, B, C, D, E, F beginnenden Wörter zusammen.

Der Buchstabe G drohte zum Gaurisankar zu werden, an dem gemessen sich alles, was zwischen *Abtritt* und *Fuszkusz* angesiedelt war, eher wie die Harburger Berge oder der Taunus ausnahm. Und, was das Schlimmste war, *Gott* stand noch ins Haus! Kein Wunder, daß angesichts einer Lage, in der einzelne Solisten, mit ihrer Kadenz beschäftigt, längst das Stück vergessen hatten, worin sie musizierten ... kein Wunder, daß der alte Mitarbeiter Gustav Freytag (er hatte einst für Jacob den schlesischen Schriftsteller Ayrer verzettelt) der Vernichtung des Wörterbuchs durch Wortmonographien nur mit Sarkasmus zusehen konnte: ›Hildebrand wird immer erstaunlicher‹, so Freytag an seinen Freund Hirzel von der Weidmannschen Verlagsbuchhandlung in Leipzig, ›er wird wohl noch 10 Hefte brauchen, um zu Gott zu kommen, dann Gott 2 Hefte und Gurke ein halbes, das G wird ein eigenes Wörterbuch für Höchstbemittelte‹ – und das wurde es dann ja auch: begonnen 1872 und beendet ... 1958.

Ein kurioses Wörterbuch, alles in allem: *liegen*, abgehandelt auf 18 Spalten, *stehen* auf – nicht zu fassen! – 325, und selbst die sind, im Manuskript, schon gekürzt. (noch einmal Schröder an Roethe: ›Ich habe glücklich‹, heißt es am Morgen des 28. Juli 1912, ›in der Nacht aus H. Meyers Manuskript ... reichlich 100 absolut überflüssige Belege gestrichen ... Es werden Hunderte von Gegenständen namhaft gemacht, die stehen, darunter allen

Ernstes α: Tische, β: Stühle, γ: Bänke, δ: Fußbänke, ε: Betten, ξ: Truhen und Kisten!‹)

Und trotz allem ein Abschluß, trotz aller Querelen ein Erreichen der Vokabel *Zypressenzweig*, trotz allem ein Schließen der großen Lücke in der zweiten Hälfte des Buchstaben W! War ein Wunder geschehen? Nein, eher eine Fülle glücklicher Umstände, die in letzter Sekunde das Scheitern verhinderten, und das gleich viermal: am Ende des Jahrhunderts zunächst, als Lexer und Heyne Hildebrands ›großen Stil‹ wieder in Grimmsche Philologenarbeit umwandelten, bescheiden und zweckdienlich. ›Indem ich mit diesen zeilen eine achtjährige ... arbeit zum abschlusz bringe, bin ich mir wohl bewuszt‹, schrieb Lexer 1889, ›dasz sie hinter den anforderungen, die man an das vor nahezu vierzig jahren begonnene werk heute zu machen pflegt, in mehr als einer hinsicht zurückgeblieben ist. zunächst kann ich mich‹ – jetzt wird Hildebrand zur Strecke gebracht! – ›jener wuchtigen gelehrsamkeit und belesenheit nicht rühmen, wie sie namentlich aus G und K entgegentritt ... dieser mangel ist aber vielleicht der übersichtlichkeit meiner arbeit zugut gekommen und hat ihr mehr den charakter eines wörterbuchs gewahrt, in dem man das gesuchte ohne groszen zeitverlust finden will.‹

Rettung freilich, endgültige Sicherung des Unternehmens konnten auch die erfahrenen Praktiker Heyne und Lexer nicht bringen: Dafür war die Arbeitsweise zu obsolet. Alle Beiträge werkten, so Heyne, als Steinmetz und Baumeister zugleich, mußten alleweil ganz von vorne beginnen, alles selbst lesen, exzerpieren, ordnen, redigieren, vergleichen, unterstützt bestenfalls von ein paar Schülern, aber ohne jedes Archiv: Als Gustav Roethe – der zweite Glücksfall! – nach Vorarbeit Rudolf Meißners zu Beginn unseres Jahrhunderts die Anbindung des Wörterbuchs an die Preußische Akademie der Wissenschaft und die Gründung der Göttinger Zentralsammelstelle gelang (ihre Leitung übernahm Edward Schröder), da bestand das gesammelte Material für den Buchstaben S aus ein paar Zetteln, die in einer Zigarrenkiste ihren bequemen Platz finden konnten. Ein paar Zettelchen – und wenige Jahre später, dank der Hilfe der Germanistischen Seminare überall im Land, zwei Millionen Belege! Jetzt endlich, nach 1910, konnte verläßlich gearbeitet werden, jetzt gab's eine Zentrale – ohne Macht freilich. Die alten Fürsten, grau gewordene Solisten, die sich der Stabführung der Herren aus Berlin und Göttingen zu entziehen versuchten, wo immer es ging, pochten weiterhin auf ihre Rechte: Die von Ulrich Pretzel edierten Briefe Roethes und Schröders beweisen, wie schwer es war, den verwöhnten Einzelkämpfern, die sich plötzlich im Besitz gewaltiger Materialien sahen und nun *noch* viel ausführlicher schreiben wollten als früher, ein Mindestmaß von Disziplin beizubringen: ›Wenn Heinrich Meyer seine wissenschaftliche Arbeit allmählich mit Energie und Freudigkeit auf das Deutsche Wörterbuch konzentriert hätte wie die übrigen Mitarbeiter, statt seinen Namen fortgesetzt durch literarische Allotria und andere dumme Streiche zu diskreditieren, dann würde er selbstverständlich auch auf dem Niveau der anderen behandelt worden sein.‹ – ›Hoffentlich arbeitet Götze flotter als der grausig schwerfällige v. Bahder und der törichte Wunderlich.‹

Vergebliche Hoffnung. Die Kurfürsten, soweit sie noch tätig waren, kümmerten sich auch weiterhin nicht um die Zentrale: eine Pflicht, sich von anderen redigieren zu lassen, gab's nicht; es bedurfte – Glücksfall Nummer drei – erst der Reorganisation des Wörterbuchs im Jahre 1930 durch Arthur Hübner, um in Berlin jene ›fabrikatorischen‹ Bedingungen herzustellen – fester Mitarbeiterstab, straffe Redaktion, Verteilung überschaubarer Artikel, Tätigkeit in vereinbarten Dienststunden –, unter denen allein ein Lexikon im zwanzigsten Jahrhundert zu Ende gebracht werden kann: ein Lexikon wie das Grimmsche, das mit der Vertreibung zweier Wissenschaftler aus Göttingen begann, in Berlin und Göttingen vor dem Ruin bewahrt und – Glücksfall Nummer vier – wiederum in Berlin, nunmehr der Hauptstadt der DDR, und in Göttingen von Akademien zu Ende geführt wurde und heute dabei ist, durch eine Bearbeitung – zumindest der von Jacob und Wilhelm verantworteten Artikel – jene zweite Auflage zu präsentieren, von der an, nach der Vorstellung der Brüder, ein Wörterbuch erst gut werden kann.

Ja, und da liegt es nun vor uns, im Taschenbuchformat, das Deutsche Wörterbuch in 32 Bänden und einem Quellenverzeichnis: ein Stück deutscher Geschichte, wie es sich anschaulicher nicht denken läßt. Ein Zeugnis der Wissenschafts-Historie, das, trotz aller Kuriosität im Detail, beweist, wieviel einmal einzelne, mit kärglichen Hilfsmitteln ausgestattet und erbärmlich dotiert, aus dem Nichts heraus zu schaffen vermochten. Eine Enzyklopädie, die geprägt ist von streitbaren Männern, die für sich bleiben wollten – Individualitäten und Ich-Sagern. (Noch 1935 beginnt Arthur Hübner sein Vorwort mit dem Satz: ›In diesem Bande steckt die beste Kraft meiner jungen Jahre.‹)

Aber die Subjektivität eben, die Applaus und Widerspruch im gleichen Maß provoziert – sie ist es nicht zuletzt, die den Grimm zu einem Lese-, Debattier- und Schmöker-Werk macht … und einem Jahrhundert-Buch, in doppeltem Wortsinn, dazu! Welch eine Spanne zwischen Wilhelms bescheidener Unterweisung, die dem Leser getrost die Floskel ›er ist der, der er ist‹ zu schreiben gestattet (ein relativisches *welcher* sei nicht angezeigt), und den stupenden Monographien, von Arthur Hübners *Grund* bis zu Johannes Erbens *Welt*. Aber wieviel Spaß dabei, unablässige Belehrung noch durch die scheinbar stupidesten Artikel, und dann plötzliche Erholung nach angestrengter Lektüre. (Wer *zischen* bewältigt hat, sieht sich durch *Zislaweng* rasch wieder erfrischt.) Welch eine Fülle von Angeboten auf winzigem Raum, und das, am Ende des Wörterbuchs jedenfalls, bei meisterlicher Gliederung des Materials. (Musterbeispiel: das Wort *Witz* im dreifachen Sinn von Vernunft, geistreichem Spiel und Scherz.)

Ein Höchstmaß von Abtrennungs-Kunst auf semantischem Feld (so wie es, vorbildlich, zum ersten Mal Arthur Hübner in seinem *Grund*-Artikel vorexerzierte), ein Maximum an definitorischer Strenge mit Skepsis gegenüber allzu rigider Zerteilung des ursprünglich Zusammengehörigen zu verbinden ist in Berlin und Göttingen zur Selbstverständlichkeit geworden: wobei die Skepsis jenes berühmte Diktum für sich hat, das Wilhelm Grimm am 2. April 1839 in einem Brief an Savigny artikulierte: ›Definitionen können nicht erschöpfen, was das lebendige wort in sich faszt, aus den reichlichen und mit sinn ausgewählten beispielen musz der wahre begriff hervorgehen und wird sich in den feineren schattierungen oft nur empfinden lassen.‹

Oft nur empfinden: Es sind nicht die schlechtesten Beiträger gewesen, die sich, trotz penibelster Bemühungen um den Aufweis historisch bedingter Wort-Auffächerungen, auf jenes Sprachgefühl verließen, in dem einer der schärfsten, weil gelehrtesten Kritiker des Grimmschen Projekts, Hermann Paul, die Quelle gesehen hat, auf die jeder Bearbeiter des Wörterbuchs zu jeder Zeit zurückgreifen müsse.

In der Tat, wo sie fehlt, wird ein Zuwachs an Wissenschaftlichkeit mit einer Minderung von Spontaneität, Offenheit, provozierendem Subjektivismus und Weiterungs-Lust erkauft sein ... all jenem, worauf vielleicht der eigentliche Reiz des Wörterbuchs beruht. Natürlich wird man die Neubearbeitung schätzen, bewundern sogar, aber lieben, entzückt sein, sich ärgern: das kann einer allein beim alten Volksbuch, dem Pendant zu der Kinder- und Hausmärchen-Sammlung.

Man mache die Probe und vergleiche, was unter *Dachkammer* und *Dachstübchen*, damals und jetzt, verzeichnet ist: Heißt es 1970 ›kleiner, zu schlaf- oder aufbewahrungszwecken ausgebauter raum im dachboden‹ so ist das ganz gewiß korrekt, aber eine entscheidende Gefühlsnuance, das Bescheidene, fehlt eben doch, und die fängt Wilhelm Grimm ein, wenn er schreibt ›kleines zimmer unter dem dach, ärmliche wohnung‹: *ärmlich*, das ist es.

Und dann *Dachstübchen*: ›betont die enge und die dürftigkeit des raums‹ – nicht schlecht gesagt, 1970, und sehr präzise. Aber die Metaphorik des Wortes, seine verweisende Kraft – die kommt hier nicht in den Blick. Wohl aber, mit einem grandiosen Jean-Paul-Zitat, bei Wilhelm Grimm: ›*das dachstübchen der seele* der kopf‹.

Kurzum, ganz billig erkauft ist die größere Einsinnigkeit nicht; der vernünftigen Beschränkung ist nicht nur manche Albernheit zum Opfer gefallen – unter *stehen* heißt es etwa im Grimm: ›vom normalen stehen entfernt sich *auf dem kopf stehen*, wo der aufrecht gestreckte Körper in umkehrung der gewöhnlichen haltung auf dem kopfe ruht (für kurze zeit). näheres siehe unter kopf‹, nein, auch signifikante – wenngleich oft nicht unbedingt gesicherte – Kuriositäten wie die Anmerkung, daß die Protestanten wegen des dicken Schädels ihres Herrn und Meisters ›Dickköpfe‹ genannt würden, dazu viele Verweise, die zum Weiterlesen einladen, zum Blättern, Vergleichen und Kombinieren, wurden geopfert, so daß dann ein Abtritt halt ein Abtritt bleibt und nichts weiter, weil keine Bemerkung am Schluß den Leser zur Lektüre der Artikel *Häuschen, Läublein, Gelegenheit, heimliches Gemach, Ausgang* und *Sprachhaus* verführt.

Mit einem Satz: Der neue, in statu nascendi befindliche Grimm ist, gegenwartsbezogen, ein verläßliches und rühmenswertes Nachschlagewerk, der alte hingegen ein krauses, uneinheitliches, bisweilen chaotisches, abenteuerliches Lesebuch, das dem Leser oft genug den Atem stocken läßt und ihn nicht zuletzt durch die Fülle von Wortverbindungen begeistert, die, vergessen und außer Geltung geraten, dank ihrer Kraft und Sinnträchtigkeit sehr wohl noch heute lebendig sein könnten: Läßt sich der Kindbett-Tod von Mutter und Säugling plastischer darstellen als durch die Worte ›zwei sind beisammengeblieben‹?

Nein, ein Dom mit vielen Altären, Kapellen und Nischen, wie ein Topos der Deutschkundler lautet, ist aus dem Wörterbuch am Ende gewiß nicht geworden, wohl aber ein Thesaurus besonderer Art – kein gewaltiges, dem *Thesaurus linguae Latinae* entsprechendes Lexikon, das sich Roethe erträumte, wohl aber ein Schatzhaus, in dem jedermann zwar nicht unbedingt das finden wird, was er sucht (manches Fremdwort zum Beispiel), aber dafür anderes, womöglich Reizvolleres.

Der Große Grimm ist ein Bazar, ein gewaltiges Warenhaus des Geistes, das sichtbar macht, was zwischen Uhland und Pieck deutsche Geschichte bestimmte. Das Grimmsche Wörterbuch: ein unerschöpfliches Angebot, das historisch abgelagerte Antiquitäten neben zeitüberdauernden Kunstwerken spiritueller Gelehrsamkeit bietet (viele der besten deutschen Schriften sind hier versteckt) – ein Bazar, nochmals, den keiner, der ihn je betrat, unbeschenkt wieder verläßt: einerlei, ob er nun von einem etwas mürrischen Hessen, einem gemütlichen Sachsen oder von emsigen Akademie-Teams bedient wurde, die ihm zwar bedeuten müssen: ›*Kultur*? Das Wort führen wir nicht, leider‹, ihn als Entschädigung jedoch, am Ende kommt alles ins Lot, in die Geheimnisse des Begriffes *Zivilisation* einführen, mit allen Verbindungen, wie sich versteht, inklusive des *Zivilisationsliteraten*, dessen Schöpfer Thomas Mann übrigens die ihm gebührende Ehre des Klassikers deutscher Sprache jedenfalls in W und Z erhält, zwei Bänden, in denen die Geschichte die Gegenwart eingeholt hat: auch wenn das eine oder andere, die Orthographie vor allem, altvorderlich geblieben ist, der Buchstabe ß noch immer verpönt bleibt und es die Herausgeber, wie eh und je, bei der Schreibung Göthe belassen. Warum auch nicht? Der alte Jacob hat's schließlich bestimmt: ›Es ist übermasz von verehrung, Göthes undeutsches Goethe nachzuahmen, denn jeder leser hätte das recht es dreisilbig auszusprechen, oder umgekehrt poet pöt zu lesen.‹

So hat er geredet, altväterlich und witzig – zeitbezogen zugleich, Jacob Grimm, der anno 1984 erleben darf, daß sein *Wörterbuch* doch noch ein *Volks*buch ganz nach seinem Sinn geworden ist: ›Das wörterbuch soll *allen* dienen [und] auch von frauen in die hand genommen werden mit dem recht, unzimpferlich zu überschlagen, was ihnen nicht behagen kann.‹

Ein Rat nicht nur für Frauen, sondern, hier und jetzt, für jedermann, der den dreiunddreißigbändigen Taschenbuch-Grimm in die Hand nimmt und – ist er nur entschlossen, bei der Lektüre unzimperlich zu verfahren – sich ganz gewiß irgendwo zwischen *bescheiszen* und *Weltzeit* festlesen und nie mehr von dieser anderen: verführerischen und schrecklich-schönen Bibel der Deutschen loskommen wird, Grimms Deutschem Wörterbuch, das ihn Zeile für Zeile belehrt, wie faszinierend, in der Fülle ihrer Benennungsfähigkeiten, seine Muttersprache ist und wie gering, an solchem Angebot gemessen, die Aussicht, das *geliebte Deutsch* je zu beherrschen.

Unser Uhland
Nachdenken über einen vergessenen Klassiker

1987

Am 15. August 1934 überraschte der große Romanist Ernst Robert Curtius seinen nicht weniger bedeutenden Partner, den Literaturwissenschaftler und Poeten Max Kommerell, mit einem ebenso amüsanten wie verwegenen Plan: ›Sie müssen uns ... helfen bei einem neuen Ferienspiel. Ich möchte einen Kursus der Weltliteratur, auf 5 oder 10 Jahre berechnet, aufstellen. Die 24 Buchstaben des Alphabets werden auf die 12 Monate verteilt. Beispiel: Januar 1935 Aristoteles, 1936 Augustin, 1937 Apuleius ... Manche Buchstaben sind überergiebig, so A B D L. Für N habe ich erst Nietzsche und Nonnos, für Q immerhin Quevedo und Quintilian. Können Sie mir jemanden für I vorschlagen?‹

Nun, Kommerell konnte nicht: ›Für Ihren ABC-Calender der Weltliteratur und chronologisches Pandämonium zu Lehrzwecken bin ich leider zu ungebildet. Ich kann nicht helfen ... ich bin in diesen Ferien von einer scheußlich beharrlichen Unergiebigkeit. Ich daure mich wirklich. (Das ist schwäbisch ausgedrückt.)‹

Schade, sehr traurig. Hätte Kommerell mitgemacht, damals im Sommer 1934, dann wäre ein Kanon entstanden, an dessen Variation und Erweiterung sich bis zum heutigen Tag ganze Legionen von Glasperlenspielern abgemüht hätten: Welcher Schriftsteller, zum Beispiel, wäre unter U aufzuzählen? Miguel de Unamuno, Sigrid Undset, Ulrich von Lichtenstein – gut und schön, aber wer noch? Kein Zweifel, daß Curtius und Kommerell den Verfasser der Dramen *Ernst, Herzog von Schwaben* und *Ludwig, der Bayer* übergangen hätten, im Sommer 1934, Curtius leichthin, Kommerell unter Schmerzen: »Bedenken Sie«, könnte er gesagt haben, »*Die Kapelle, Schäfers Sonntagslied* (›Das ist der Tag des Herrn‹) und schließlich, in meinen Augen ausreichend, um unsterblich zu werden, die *Einkehr*: ›Bei einem Wirte, wundermild, da war ich jüngst zu Gaste; ein goldner Apfel war sein Schild an einem langen Aste.‹«

Welch ein zugleich unterhaltliches und belehrendes Spiel kam damals – leider! – nicht zustande, ein Spiel, das sich – wir sind noch immer bei U – auf jene schwäbischen Gelehrten hätte beziehen können, die beim Nachsinnen über die zwölf der Tübinger Universitätsbibliothek zum Schmuck dienenden Köpfe anno 1912 nicht zögerten, ihren Ludwig Uhland als letzten und getreuesten einzureihen unter die Unsterblichen. Seit an Seit mit Homer, Platon, Leonardo, Dante und Shakespeare, in einer Linie mit Luther und Leibniz, Goethe und Schiller, Kant und – hommage an Preußen, Gruß vom Neckar an die Spree – Otto von Bismarck. Kein Milton und Swift, kein Pascal und Molière, kein Calderon oder Tolstoj, kein Hölderlin und kein Kleist ... doch dafür Uhland! Der Reigen seliger Geister, der von Homer angeführt wurde, hatte mit einem Sohn der Heimatstadt, einem Tübinger also, zu enden.

Eine Marotte, eine liebenswerte, eher rührende als peinlich anmutende Schrulle: Uhland, an Shakespeare und Goethe gelehnt; Tübingen, auf einer Stufe mit Rom und Athen? Nein, nicht *nur* eine Schrulle: Uhland, das sei nicht vergessen, war im 19. Jahrhundert in Paris fast so berühmt wie in Stuttgart, und was sein Echo in Deutschland anging, in Preußen, Bayern und Hessen, so war sein Werk in einem Maß verbreitet, von dem selbst Olympier nicht zu träumen wagten: 47 Auflagen von Uhlands Gedichten, ein Jahr nach seinem Tod ... was sind, daran gemessen, die vier- oder fünftausend Fontane-Romane oder gar ›Die Wahlverwandtschaften‹, deren erste Auflage noch zu Beginn unseres Jahrhunderts lieferbar war? Wie anders da Uhland! Uhland mit seinen überall bekannten vaterländischen Gesängen, in denen Württemberg als ein unmittelbar zu Gott stehendes Land erscheint! Uhland, dessen ›Sängers Fluch‹ Tausende von Gymnasiasten auswendig lernten. Uhland, den – immerhin – ein Joseph von Eichendorff als letzten Großmeister der romantischen Dichtung etikettierte. Uhland, der in der von ihm gelebten Dreieinigkeit *Poet – Gelehrter – Politiker* als Inbegriff eines bei aller Vielseitigkeit verläßlichen, aufrechten und wackeren Deutschen galt. Uhland, der, weit entfernt von Versatilität und genialischer Pose, als der große Handwerksmeister erschien: ein Hans Sachs aus Nürnberg, den es, Jahrhunderte später, nach Tübingen und Stuttgart unter die Schwaben verschlug. Uhland, geachtet als Poet und geliebt als Person, ein rechtschaffener Mann, den gleichwohl geheime Tragik umgab. Früh hatte er der Wissenschaft die Poesie, dem Volksvertreter-Dasein die Sonette, Oktaven und Glossen geopfert: Keine Zeile entstand in Uhlands letzten Lebensjahren, und das waren immerhin siebenundzwanzig. Doch eben dies: daß einer den Kärrnerdienst des Gelehrten der Flatterhaftigkeit des Poeten vorzog; daß einer Sachs war, nicht Stolzing (und schon gar nicht Beckmesser) ... eben dies trug Uhland die Zuneigung seiner Landsleute ein, die in ihm, dem Entsagenden, das eigene Philister-Dasein abgebildet sahen – ein Dasein, dessen jugendliche Blütenträume so wenig gereift waren wie die poetischen Geständnisse des aus der Menge emporgehobenen Einen, in dessen Figur man sich gleichwohl erkannte.

Biederkeit und Resignation als bürgerliche Mixtur. Ludwig Uhland als Archetypus, auf den sich die Philister von rechts und links einigen konnten. Huldigten die einen dem konservativen Bannerträger schwäbischer Ehrbarkeit, dem wackeren Streiter für das alte gute Recht, so schworen die anderen auf den entschlossenen Demokraten der Paulskirche, der konsequent mit der linken Fraktion stimmte.

Unser aller Uhland, Ludwig, der Bürger, dessen Bild in Bismarcks Schlafzimmer hing und dem zu gleicher Zeit die Glückwünsche von Arbeiterbildungsvereinen galten. Sobald es um den Sohn Tübingens ging, schlossen die politisch zerstrittenen Gruppen Waffenstillstand, feierten (so geschehen beim fünfundsiebzigsten Geburtstag)

Leipziger Buchdrucker, Münchener Barden (Emanuel Geibel an ihrer Spitze), Sänger, Turner und Handwerksleute aus Augsburg, Berlin oder Schweinfurt, deutsch gesinnte Schwaben, Koburger Wehrsportler und ›fröhliche Jünglinge des Fortbildungsvereins für junge Männer in Pforzheim‹ allesamt ihren Dichter – den Dortmunder Verein ›Fortschritt‹ und die namenlosen Poeten aus Kassel nicht zu vergessen, die Uhland ein Vers-Telegramm schickten: ›Aus dem Hessenland dringt zum Neckarstrand dieser Gruß ob Berg und Tal.‹

In der Tat, der Tübinger Sangesmeister war nicht nur eine Figur aus dem Großen Brockhaus, sondern eine Institution – *das* Exempel deutschen Bürgertums aus vorkapitalistischer Zeit, gekrönt von allen guten Geistern der Romantik und Repräsentant einer unverzichtbaren, in die Stauferzeit zurückreichenden Tradition. Deshalb – 1847 – die untertänigste Bitte eines Reeders aus Bremen, Uhland möge gestatten, daß man das größte deutsche Schiff nach ihm benenne, damit es bei freundlichen Winden dahinfahre auf der Jungfernreise von der Weser nach New Orleans. (Uhland stimmte übrigens zu, hütete sich aber sorgfältig, auf die versteckte Einladung zur Überfahrt einzugehen, sondern beantwortete die Offerte gleichnishaft-metaphorisch: ›Meine Fahrt‹, ließ er den Reeder, Hans Heinrich Meier, wissen, ›die freilich nicht auf dem großen Weltmeere gieng, hat sich wohl mitunter etwas stürmisch angelassen, dann ist aber auch wieder Friede geworden und es ist fortwährend mein Bestreben, nicht ohne einigen Lebensertrag für mich und Andere in den Hafen einzulaufen.‹ In diesem Sinne wünsche man herzlich, daß der gewählte Name ›dem stattlichen Fahrzeuge zur guten Vorbedeutung gereichen möge‹. (In Bremen wird man, ungeachtet des binnenländischen Ausdrucks ›stattliches Fahrzeug‹, hoch befriedigt über die Zustimmung aus Tübingen gewesen sein.)

Umworben von den Fremden und geehrt von der eigenen Zunft; auf den Thron gehoben von Jungfrauen-Vereinen und mit Reverenz begrüßt von Eichendorff,

Lenau und Friedrich Hebbel – Hebbel, dem Uhland zumindest auf Distanz geneigt blieb (näher hatte er nur mit einem einzigen Norddeutschen, Varnhagen von Ense, Umgang; sonst blieb er unter den Schwaben) … Hebbel, der, wie er schrieb, Uhland den poetischen Durchbruch verdankte – was ihn freilich nicht hinderte, sich postum nachdrücklich von seinem Meister zu distanzieren. Hieß es zunächst: ›Uhland führte mich zu einem Gipfel, dessen Höhe ich im ersten Augenblick nur dadurch erkannte, daß mir die Luft zum Atmen fehlte‹, so klang es, *nach* Tisch, ganz anders: ›Ludwig Uhland ist gestorben. Seine Freunde verlieren wenig an ihm; er hatte wenig zu geben und war fest in sein Talent eingesperrt … Die Literatur verliert gar nichts; (Uhland) hatte nur einen Frühling, keinen Sommer und keinen Herbst … und in allem, was er sonst trieb, konnte ihn der mittelmäßigste Fach-Gelehrte ersetzen. Das persönliche Verhältnis war unfruchtbar; jeder seiner Briefe trocken und dürftig.‹

Da rächt sich der Bittsteller von gestern an einem unzugänglichen Archipoeten; da zahlt man's einem Schriftsteller heim, daß er einen armen Petenten so höflich-nichtssagend abwies, wie es vor Uhland nur noch Goethe und nach ihm nur noch Thomas Mann verstanden. Da wird Revanche geübt – und doch, zwischen entschiedenen Absage-Sätzen, der Lehrherr von gestern (›Kein anderer hat in der Jugend auf mich gewirkt, wie er‹) als grandiose Figur in den Olymp versetzt: ›Der einzige Dichter, von dem ich ganz gewiß weiß, daß er auf die Nachwelt kommt, nicht als Name, sondern als fortwirkende, lebendige Persönlichkeit.‹

Und Hebbel hat recht gehabt mit seiner Behauptung: als *Persönlichkeit*, ein Mynheer Peeperkorn unter artigen Schwätzern, Causeuren und Luftblasen-Künstlern, wirkte Uhland weit über die Zeit seines Poeten-Ruhms hinaus. Geachtet, wenngleich nicht gekannt, bis zum heutigen Tag; respektvoll gewürdigt, aber auch, schon zu seinen Lebzeiten, gelegentlich etwas von oben herunter betrachtet: ehrenwert, noch einmal Hebbel, werde um das Bergterrassental Stuttgart, um bescheidene Landhäuser und die Ausläufe der großen kleinen Stadt geschrieben. Ehrenwert, jedoch ohne Entdeckungslust, Anspruch und Kühnheit: Das klingt wortwörtlich nach Goethes berühmtem, in einem Brief an Zelter formuliertem Diktum, Weimar, 4. Oktober 1831: ›Aus der Region, worin (Uhland) waltet, möchte wohl nichts Aufregendes, Tüchtiges, das Menschengeschick Bezwingendes hervorgehen.‹

Da wird landschaftsgebundene Poesie mit provinzialistischer Dichtung verwechselt; denn was man Uhland und seinesgleichen vorwirft, auf dem Richtstuhl von Weimar, träfe – wenn es stimmte! – auch auf Hölderlin zu. Doch Goethe irrt: Was dem Thüringer Wald recht ist, ist der Stuttgarter Weinsteige, dem Spitzberg und Neckar nur billig.

Das kleine Land: gut und schön; aber wieviel Tragik, schrille Widersprüchlichkeit und Melancholie bei seiner Beschreibung! Wieviel Witz, Komik und weltläufige Grazie, wenn Kerner seine Pfauenräder schlägt, Hauff den Satan im Tübinger Stift ausmacht oder eben Uhland, in traurig-spaßhafter Rede, für das Rezensententum plädiert. Recht betrachtet spricht Goethes Tadel mehr für Uhlands Talent als das Lob-Unisono über den biederen Deutschen und Volksdichter aus Schwaben.

Unumstritten war er gewiß nicht, der Tübinger Poet und Professor. Der berühmte Ausspruch Ernst Blochs, geäußert nach der Besichtigung eines Grabsteins, auf dem geschrieben stand ›Er war niemandes Feind‹ ... der Satz ›Mein Gott, muß das ein Langweiler gewesen sein‹ trifft Uhland zuallerletzt: Dafür zeugen schon die wütenden Ausfälle, Gehässigkeiten aller Art und ach so kollegialen Expektorationen, auf die sich zumal der Staatswissenschaftler Robert von Mohl verstand: ›Ich mäkle nicht an seinem Dichterruhm‹, heißt es in den ›Lebenserinnerungen‹, aber ›ich stimme auch nicht in den Panegyrikus ein, welchen einer dem andern gedankenlos nachschwätzt. Zunächst habe ich nie anständig gefunden, daß Uhland sich sein Leben lang aus dem Vermögen seiner Frau unterhalten ließ, ohne durch eigene Arbeit etwas beizutragen ... meinem Urteile nach war das Verhältnis (!) gegen die Mannesehre. Sodann behaupte ich, daß das Preisen seiner Einfachheit und Bescheidenheit Humbug ist ... Endlich ist er mir stets als Politiker ich weiß nicht ob mehr lächerlich oder verächtlich gewesen. Von einem selbständigen Urteile ... war niemals die Rede, ob er nun ... zu den bissigen Stimmführern der Krakeeler nach dem Jahre 1830 gehörte oder sich, eine Schande für einen gebildeten Mann, unter die äußerste Linke im Frankfurter Parlament setzte.‹

Man sieht, ein Langweiler, im Blochschen Sinne, war Uhland mitnichten, obwohl er nie viel Aufhebens machte von seinen Belangen, vor allem dort nicht, wo er die politische Pflicht über die Neigung zur Poesie siegen ließ. ›Der Politiker wird den Poeten aufzehren‹, hatte Goethe erklärt – ohne Verständnis für Uhlandsche Gründe (warum die Poesie, der Zeit entsprechend, in der Prosa aufzuheben sei) ... ohne das Verständnis, wie es die grandiose Analyse Heines bestimmt, wenn er im dritten Buch der ›Romantischen Schule‹ die Frage aufwirft, wie denn das hohe Ritterroß mitsamt seinen Wappendecken und Federhüten zu jenem bürgerlichen Reitersmann passe, der, statt des Helms, einen Tübinger Doktorhut trage. Mondlieder, Geistergesänge der Romantik und Ritterromanzen: Wie, fragte Heine, füge sich solcherart Melodie zu Freiheitskämpfen und Volksverbrüderungen, zu Bürgergleichheit und Geistesfreiheit? Die Antwort lautete: Sie fügt sich, wie der Fall Uhland beweist, überhaupt nicht. ›Da sein Pegasus ein Ritterroß war, das gern in die Vergangenheit zurücktrabte‹, so das berühmteste Zitat über den schwäbischen Schreiber und Schweiger, ›ist der wackere Uhland lächelnd abgestiegen, ließ ruhig absatteln und den unfügsamen Gaul nach dem Stall bringen. Dort befindet er sich noch bis auf den heutigen Tag und hat ... nur einen einzigen Fehler: er ist tot.‹

In der Tat, hier hat jemand Uhlands Nöte verstanden, ihren Grund benannt und Trauer bekundet; Trauer, wie sie auch Grillparzer empfand, als er das Goethe-Diktum vom Lande Uhlands, aus dem nie etwas Aufregendes käme, in seinem Tagebuch mit dem Zusatz versah: ›Doch ein wenig stark, um nicht zu sagen hart.‹

Hart zumindest angesichts der Scharen von Dichtern, die, weil Uhland dort lebte, in Stuttgart oder Tübingen Quartier bezogen, Jacob Grimm und Fouqué, Hebbel und – er vor allen anderen! – Nikolaus Lenau. (›Das Urteil eines solchen Mannes‹, schrieb er 1834 an seinen Schwager, ›wiegt Bibliotheken von Rezensionen auf.‹)

Ein geachteter, ein mit Kummer über die zu Anachronismen gewordenen Veilchendüfte und Glockengeläute angeschauter, ein mit Häme verfolgter Mann, unser Uhland. Einer aus jenem Geschlecht echter Schwaben, von dem es in Friedrich Theodor Vischers Essay über seinen Freund und Antipoden David Friedrich Strauß heißt: ›Der Schwabe weiß mehr als er sagt, der Norddeutsche sagt mehr als er weiß.‹

Ein ganzer Kerl, in Gedicht, Appell und Abhandlung, doch im Gespräch ein geradezu dämonischer Schweiger. Ein Bruttler, der selbst Demosthenes veranlaßt hätte, lieber den Part Moltkes zu spielen. Ein einziges Mal nur wird seine gesellige Suade gerühmt: Ein Freund berichtet, der im Tübinger Museum hockende Uhland habe einen Polizisten, einen ›Befehlerles‹, angebrüllt, als der wegen der Polizeistunde vorstellig wurde – zur Tür gejagt mit einem über ihm ausgeschütteten Sack schwäbischer Grobheiten.

Im übrigen aber: Das Schweigen im Walde. Ein stummes Mannsbild – Lenau hat die Szene beschrieben –, über dessen Tolpatschigkeit die Wiener Madln in eine Art von Kollektiv-Kichern gerieten. Ludwig, der Schweiger: Hebbel gerät in Rage, sobald er des maulfaulen Dichters am Neckar gedenkt, der ›unangenehm berührenden Schlichtheit‹, die am Ende gar zu simpel sei: ›Uhland führte über die unbedeutendsten Dinge die Konversation mit einer unbegreiflichen Schwierigkeit.‹

Ludwig Uhlands gesammeltes Schweigen: Das ergäbe eine ganze Anthologie, angefangen bei Hebbel und der

Droste (Uhland, ›das gute schüchterne Männchen‹), fortgesetzt von Achim von Arnim (›Uhland gehört zu den unglücklichen Seelen, die nur mit Schwierigkeit ihren Geist durch den Mund aussprechen können‹) und abgeschlossen, in einem ebenso witzigen wie gloriosen Finale, durch Friedrich Theodor Vischer: ›Ludwig Uhland gehört zu einem Geschlechte von Menschen, das wohl in keinem ... Stamme so häufig vorkommt wie im Schwäbischen: tiefe, gehaltvolle, reich gebildete Naturen, denen ein Dämon, ein Tick die Lippen schließt: so eben will der Gedanke heraus, aber die Schleuse ist zu, er kann nicht; sie sitzen in Gesellschaft, man wartet und wartet, daß sie ihr Scherflein zur Unterhaltung beitragen, sie möchten es auch, sie denken an tausend und tausend Dinge, von denen sie nun ganz füglich beginnen könnten, aber unter den tausenden welches wählen? Verzweifelt! Es ließe sich ja von jedem gleich füglich beginnen! Oder sie haben endlich gewählt; aber wie anfangen? Man könnte so anfangen, oder auch anders oder wiederum anders – was thun? wie dieß furchtbare Gebirge der gethürmten Möglichkeiten übersteigen? Endlich Muth gefaßt! – die Lippen öffnen, bewegen sich, ein Laut –, aber das Pulver brennt auf der Pfanne ab, der Schuß geht nicht los.‹

Kein Wunder, so betrachtet, daß Uhland selbst sich – ehrlich und nüchtern, wie er war – für einen ungefälligen Holzklotz hielt, einen Tiftler und Boßler, dem das Schreiben kaum geläufiger von der Hand ging als das Reden vom Mund: an einem Brief arbeite er ebensolange wie an einem Drama. Nimmt es, unter solchen Umständen, Wunder, daß ihn ein Offizier anherrschte – *Kerl, zieh er mir endlich die Rohrstiefel aus* –, weil er ihn für einen Hausburschen hielt? (Nicht anders erging es uns, den Autoren der Gruppe 47, anno 1951 in Dürkheim, als während einer Lesung, ungelenk und unberedt, ein Mann den Saal betrat: wir hielten ihn für den Heizer; in Wahrheit aber war es – Heinrich Böll.)

Trotzdem, wer glaubt, Ludwig Uhland habe darunter gelitten, daß ihm die Causerie nicht von der Zunge ging, sondern eher ein *Hm, hm, ja, ja* herauskam (wie bei Goethe, wenn er schlecht aufgelegt war); wer meint, Uhland habe den mangelnden Charme im Umgang kompensieren müssen, sieht sich getäuscht: Es machte ihm Spaß, Ludwig Uhland, wenn ihm, dem Anonymus, von einer Liedertafel die Tür gewiesen wurde ... während der Intonation eines Uhland-Gedichts, bei der er als einziger schwieg.

Grazie, Urbanität, Causerie – nicht seine Sache; am allerwenigsten Scharwenzelei und öffentliche Betriebsamkeit, das Sich-zur-Schau-Stellen, dem Publikum Schöntun und die Posiererei, auf die es, zu Uhlands Leidwesen, zumal die Journalisten abgesehen hatten. ›Schweigend zog er sich in sich zurück‹, schreibt Vischer, ›wo Naseweisheit, Zudringlichkeit sich lästig machte. Besuchte ihn eine Figur vom Schlage der neugierigen Literaten, denen schon der Bleistift in der Brieftasche juckt und zuckt zu einem Artikel in dem und dem Blatt, um mit dem interessanten Dichterbesuch sich selbst ein interessantes Relief zu geben: o, was machte der Mann für einen prächtigen, unbarmherzig stummen Holzbirnenkopf an die Kerle hin!‹ Recht gesagt, Vischer (und glänzend formuliert obendrein), genau getroffen, der Mann, den alles Zirzensisch-Geschäftige von Herzen verdroß. Pflicht hingegen, saurer Tagesdienst und Alltagsplackerei: da war er zur Stelle; da trieb er's sogar so weit, daß er wegen einer Landtagssitzung zu seiner Hochzeit zu spät kam.

Uhland war leise, beharrlich und zäh. Nur nichts überstürzen, hieß seine Devise, ein bißchen Fortschritt ist immer noch besser als gar kein Progreß. So betrachtet war es konsequent, daß er, die erste Sammlung seines Schützlings Hölderlin vorbereitend, die späten Hymnen unberücksichtigt ließ: ›Stücke wie Pathmos, Chiron etc. konnten nicht wohl aufgenommen werden‹ – so Uhland an Cotta –, ›wenn daran gelegen ist, daß Hölderlins Poesie, beim ersten Erscheinen seiner gesammelten Gedichte, in ihrer vollen und gesunden Kraft sich darstelle. Eher könnte vielleicht bei einer künftigen Auflage aus

Brot und Wein, Heimkunft etc. noch Einiges beigefügt werden, daher auch die Handschriften aufzubewahren seyn werden.‹

Ludwig Uhland, wie er im Buch steht: besonnen, aber hartnäckig, um des Endziels willen den Nachteil im Augenblick akzeptierend; die grandiosesten Hymnen preisgebend (aber die Manuskripte aufbewahren, bitte sehr!), um, eines Tags, *seinen* Poeten um so sicherer durchzusetzen: ›Wenn der Sinn für eine großartige Poesie in Deutschland nicht erstorben ist, so muß diese Sammlung Aufsehen machen.‹

Der schwäbische Schweiger war, wenn es um Schwache, Arme, Kranke und Benachteiligte ging, von überwältigender Humanität: einerlei, ob er Hölderlin, zu dessen Geburtstag, alljährlich einen Hyazinthenstrauß überreichte oder ob er auf der Gasse immer ein Notizbuch in der Rocktasche hatte, ein Merkbüchlein, in das er Namen und Adresse derjenigen eintrug, die ihm unterwegs begegneten und seiner Hilfe bedurften.

Mochte er, in romantischem Idealismus, das Volk gelegentlich zu einer mythischen Größe emporstilisieren, so hinderten ihn, der im Gegensatz zu seinem Landsmann Hegel immer von unten nach oben, vom Schreiber zum König, und nicht von der Krone in die Niederungen blickte ... so hinderten ihn idealistische Konstruktionen niemals, konkretes Leid und konkrete Beschädigung zur Sprache zu bringen. Uhland lebte unterm Volk; die Tübinger Romantik orakelte nicht unter den Himmeln, sondern hatte ihre Zentrale im Neuen Bau, Münzgasse 13: Dort lag, mit der Hand geschrieben, ›Das Sonntagsblatt für gebildete Stände‹ aus, die kecke Konkurrenz-Gazette zu Cottas opulentem ›Morgenblatt für gebildete Stände‹. (Noch schöner wäre es natürlich gewesen, wenn das Sonntagsblatt mit dem Untertitel ›für *un*gebildete Stände‹ publiziert worden wäre: So nennt es Josef Eberle, alias Sebastian Blau; doch hat er sich – leider! – geirrt und den Rebellen von der Münzgasse mehr Witz und Courage zugeschrieben, als sie tatsächlich besaßen.)

Trotzdem, es waren originelle Gesellen, die sich damals, gegenüber der Stiftskirche, trafen: Justinus Kerner allen voran – Kerner, den nicht so sehr die zahlreichen Moritaten über seinen Umgang mit Katzen, Eichhörnchen, zahmen Vögeln und wilden Somnambulen, sondern die Notate jenes Nikolaus Lenau charakterisieren, der, nach Weinsberg eingeladen, ein Zimmer nach dem anderen durcheilte, »Kerner, zum Teufel, wo sind Sie?«, bis er den Gesuchten schließlich im letzten Zimmer erblickte: mit Frau und Kindern am Boden liegend, geschlossenen Auges, aber bei Atem. »Wir stehen gleich auf«, sagte Kerner, ohne sich zu erheben, »wissen Sie, wir stellen uns gerade vor, wie wir nebeneinander im Grab liegen werden.«

Nein, leicht kann es für Uhland nicht gewesen sein, sich gegenüber einem Kauz wie Kerner, ihm und seinesgleichen, zu behaupten; doch gelang es ihm mit schwäbischem Witz, mit Wirklichkeitssinn und einer bodenständigen Lebensführung, die ihn weniger nach Himmelsspeise und poetischer Labung als nach Schweinsöhrlein, Mostfässern und Stützmauern für sein gefährdetes Gütle vorstellig werden ließ. In den Briefen präsentiert sich ein Handwerker, Schaffer und Wetterprophet, der, statt vag zu mystizieren, die Dinge beim Namen benennt: Einerlei, ob er nun an seinem Hans-Sachsischen Eichentisch Eingaben ans Bürgermeisteramt formulierte oder, mit Herrn von Cotta korrespondierend, die Auswahl seiner Gedichte bestimmte: im klaren Bewußtsein, welch ein Fuchs ihm gegenüberstand, in der Landeshauptstadt – ein Mann, der seinen Autor 1848 in enthusiastischer Rede zur Mission in Frankfurt beglückwünschte und feierlich die Erhebung Württembergs, ja ganz Deutschlands beschwor, um hernach, in einer Art von schwäbisch-knitzem Postscript, Uhland daran zu erinnern, daß bei einer Revolution am ärgsten die Schriftsetzer und Drucker litten, die Hersteller Uhlandscher Gedicht-Bände also: Dem Personal, so Cotta, stünde grenzenloses Unglück bevor, wenn Ruhe und Ordnung nicht bald wiederkehrten. Im Hauptteil ein jubelndes *pro* und im Nachsatz ein kaltes *contra*: Uhland wird sich, angesichts so zwiespältiger Revolutionsanalyse, Gedanken über den Unterschied zwischen vaterländischer Phrase und hartem Kommerz gemacht haben.

Von Geschäften verstand er viel, unser Uhland, von den verlegerischen so gut wie den Geschäften des Autors; Brechts Satz, daß keiner so gut zu lesen verstehe wie die Bankiers (weil sie allein wüßten, was ein falsch gesetztes Komma bedeutet), träfe auch auf Uhland zu: Ein Schwärmer, ein epigonaler Romantiker war er zuallerletzt; dafür wußte er zu gut, daß man, in prosaischer Zeit, die Welt nicht ›mit ewig wiederkehrenden Bildern, mit längst verdufteten Blumen‹ langweilen, ja anwidern dürfe. Zur Phantasie, der Fähigkeit zu zaubern, habe sich der Sinn fürs Hier und Heute zu fügen – exakte Beobachtung, die das romantische Arsenal, Liebe, Harfe, Tod und Nachtigall, Veilchen und Linde, lokalisiert.

Des Knaben Wunderhorn, geblasen in einer schwäbischen Beize; der Lorbeerkranz – aufgehängt an einer Eiche im Schönbuch. Nicht als ein rasender Poet, sondern als anatomisch genau formulierender Handwerker hat Uhland viele seiner besten Gedichte geschrieben, wie, ein beliebiges Beispiel, der Achtzeiler ›Hans und Grete‹ beweist.

Sie
Guckst du mir denn immer nach,
Wo du nur mich findest?
Nimm die Äuglein doch in acht!
Daß du nicht erblindest.

Er
Gucktest du nicht stets herum,
Würdest mich nicht sehen;
Nimm dein Hälschen doch in acht!
Wirst es noch verdrehen.

Das ist Dialektik in Hegelscher Weise; Konstruktion eines genau durchkalkulierten Gegensatzpaars, mit einer Fülle wörtlicher und gedanklicher Entsprechungen … eines Gegensatzpaars (Äuglein und Hälschen, erblinden und verdrehen), das der aufmerksame Leser zu einer freundlichen Synthese, einem Hohelied der Liebe, aufheben möge.

Uhland war, als Poet, ein Meister der Disposition – ein Schriftsteller, den Gedicht-Strukturen in gleicher Weise wie Geschäftsordnungen faszinierten. Hier kalauernd (aus Tübingen Trübingen, aus Lustnau Schmerzenau, aus Ammertal Jammertal machend), dort, wie in des ›Sängers Fluch‹, einen rhetorisch perfekten Vers-Traktat, mit Eröffnung, Erzählung und Resümee, vorexerzierend. Einmal lehrhafte Gedichte und ein anderes Mal lyrische Erörterungen schreibend (zum Beispiel den Titurel-›Hymnus‹ in der ›Geschichte der deutschen Poesie im Mittelalter‹), ist Uhland immer Prosaist und Lyriker, Beobachter und Zauberer *zugleich*. Ein Mann, hier wie dort, der, eher Finder als Erfinder, das Vorgegebene umfunktioniert, das Geschriebene anders und neu schreibt, das schon Gedachte aufgrund eigener Erfahrungen in Frage stellt und das Selbstverständliche, durch eine Technik phantasievoller Aneignung, verfremdet: ein Nachtwächter *in poeticis*, und zwar ein Uhlandscher. ›Das schönste Loos unter den Sterblichen fiel ohne Zweifel dem Nachtwächter (zu). Ein wunderbarer Mensch! oder eigentlich nicht Mensch, er ist eine heilige Stimme der Nacht, seine Gestalt aber kennt niemand. Wenn er so durch die stille, dunkle Stadt, die große, festtäglich ruhende Werkstätte hinwandelt, müssen ihm nicht jene Ideale der Philosophen von einer besseren Welt, vom ewigen Frieden, verwirklicht erscheinen? Er denkt sich in die verschlossenen Häuser hinein. Da ruhen sie alle in süßem Frieden. Das Schwert des Helden hängt am Nagel, die Streitperücke des Rabulisten sitzt auf dem Stocke. Es haben sich Alle der Kleider, dieser unbrüderlichen Unterscheidungszeichen der Stände, entledigt und sind zur Natur und reinen Menschheit zurückgekehrt. Man trägt nur noch die Schlafmütze, diese Jacobinerkappe der ächten Freiheit und Gleichheit, dieses Wünschhütlein, das uns im schnellsten, bequemsten Fluge auf seine Zauberinseln hinausträgt.‹

Geschrieben, als Brief an die Freunde und Nachtblatt eines von Zahnschmerz jämmerlich Gequälten und von aller Welt Verlassenen, im Februar 1808 – und, sehr früh schon, den ganzen Uhland in nuce enthüllend: nicht nur den Poeten, sondern auch den Professor, einen Lehrherrn, der sich in seinem berühmten Alternativ-Seminar, dem Tübinger Stylisticum, wie der Nachtwächter in die Denkungsart seiner Schutzbefohlenen versetzte, um seine Studenten mit Hilfe der rhetorischen Kategorien – technische Behandlung des Stoffes (inventio), Zweckmäßigkeit der Anordnung (dispositio), Angemessenheit der Darstellung für ihren Gegenstand (aptum), Stil (elocutio) und Ausdruck (actio) – die Kunst des Schreibens zu lehren, nie beckmesserhaft, nie magistral, sondern wie ein Handwerksmann im Kreis der Gesellen – immer, Fachwissen in Lebenswissen verwandelnd, bestrebt, Spezialkenntnisse zu popularisieren und wissenschaftliche Beobachtungen zu Allgemeingut zu machen. Vorexerziert, das alles, in einem Seminar, das bis in unsere Tage hinein schon deshalb beispiellos ist, weil es konsumierenden Studenten den Rang von Produzenten verlieh und in ihrem Fach Isolierte veranlaßte, die, so Uhland, ›dem allgemeinen menschlichen Verständnis zugewandte Seite ins Blickfeld zu rücken‹.

Studium generale im ersten Drittel des 19. Jahrhunderts; Anweisung für Spezialisten, die heute noch gültig sind – ja, heute erst recht: ›Es möchte Manchem selbst für den inneren Betrieb seiner Wissenschaft eine nicht unersprießliche Kontrolle sein, wenn er zuweilen den Versuch machte, wie dasjenige, was er sonst nur in bestimmten Formen und Terminologien, in welche der Geist nur all zu leicht sich einfängt, zu denken und auszudrücken gewohnt ist, nun auch in der gemeinfaßlichen Sprache des Lebens, des geistig geselligen Verkehrs sich ausnehme.‹

Geschrieben 1830; vier Jahre später wird der Lyriker Ludwig Uhland für immer verstummen: nicht aus Talentlosigkeit, sondern um jener Skrupel willen, die vor ihm Hegel in der ›Aesthetik‹ ausgeführt hatte – dort, wo er fragt, ob nach 1800 ein Zeitalter erreicht sei, in dem Gedanke und Reflexion die schönen Künste überflügelt hätten, so daß nun umfassende Gelehrsamkeit notwendiger sei als das Zufallstreiben der Belletristen.

Ein Hegel-, ein Uhland-Problem; eine Frage, die in Tübingen so gut wie in Berlin (dort ohnehin) mit einem entschiedenen Ja beantwortet wurde: Grund genug für Ludwig Uhland, der, wie sein Tagebuch zeigt, gelegentlich ein halbes Dutzend Gedichte pro Tag anfertigte (21. März 1812: ›Vormittags die Gedichte: Jägerlied, Frühlingsweihe, Frühlingsahnung, Frühlingstrost, Grabschrift eines Dichters, Bitte gemacht‹) ... Grund genug für Uhland, sich nach 1834 auf das Sammeln von Volksliedern, auf gelehrte Prosa und, wenn's denn sein mußte, politische Publizistik zu konzentrieren. Durch ganz Europa ließ er seine Rechercheure ziehen, korrespondierte, auf der Suche nach unbekannten, in Archiven und Registraturen verborgenen Liedersammlungen, mit Gott und der Welt und dem Freiherrn Joseph von Lassberg, zog Schätze ans Tageslicht, von deren Poesie er sich eine Erneuerung der tristen Restaurationsepoche erträumte, und versuchte, in einer Schreibart, die sich gelegentlich bis zu entzückter Rede steigerte, die Kluft zwischen Poesie und Prosa, Dichtung und Gelehrsamkeit zu überwinden. Auf vielen Feldern tätig, gewann der Dichter-Gelehrte Ruhm und Prestige – überall, nur nicht bei Hofe.

Ja, Uhland wußte, was er tat, als er mit Entschiedenheit gegen eine Verlegung der Universität Tübingen nach Stuttgart plädierte – einen Umzug, der, so glaubte er, binnen kurzem das Ende einer freien societas academica und die Domestizierung unbotmäßiger Geister durch die Hofkamarilla bedeute.

Er kannte sich aus, Ludwig Uhland, im höfischen Treiben; in zwölfjähriger Praxis als Volksvertreter (*Volksvertreter* und nicht *Abgeordneter*: auf diese Unterscheidung legte er Wert) hatte der Bürgersohn aus Tübingen, mit der Arroganz der Macht konfrontiert, Lehrgeld gezahlt und, als Anwalt, die drakonischen Praktiken der Klassenjustiz kennengelernt, bei der Verteidigung zweier armer Teufel zum Beispiel, die er, ein schwäbischer Star- und Lumpenanwalt, mit wahrhaft tollkühner Rabulistik von dem Verdacht zu befreien versuchte, sie hätten königliches Weißzeug gestohlen – ein Vergehen, das mit einer Zuchthausstrafe von zehn Jahren gesühnt werden mußte. (Angeklagt waren ein Mann namens Küstner, der unüberzogene Bettstücke stibitzt, und ein anderer Beschuldigter, Johann Adam Glück seines Namens, der aus einer königlichen Karosse einen Tuchstreifen herausgetrennt hatte. Beide durch Uhlands geniale Beweisführung am Ende begnadigt, da erwiesen worden war, daß, hier wie dort, das entwendete Gut nicht *sensu stricto* ›Weißzeug‹ gewesen sei: das unüberzogene Bettstück ohnehin nicht und der Tuchstreifen zumindest nicht in sachgerechter Interpretation.)

Ja, auch das ist Uhland: ein Advokat, der mit Hilfe von Phantasie und poetisch-phantastischer Imagination vor Gericht, im Landtag und in der Paulskirche gegen Adelsmacht und Erbkaisertum, gegen Todesstrafe und Zensur, gegen aufgeblähte Militärhaushalte und, statt dessen, für die Erhöhung des Volksschulbudgets plädierte: ein Anwalt der Vernunft, der, wie zumal die Paulskirchen-Reden beweisen, die Poesie nicht erledigte, sondern sie vielmehr, ihren aufklärerischen Nutzen erkennend, in den Dienst der politischen Unterweisung stellte, und das gelegentlich mit einer Brillanz, die Staunen erregt. Man muß schon Uhland heißen, um, als Vertreter des Wahlkreises Tübingen-Rottenburg, zugleich die Interessen des protestantischen Schwaben, ums Stift herum, *und* die Belange des vorderösterreichischen Vorpostens, mit dem katholischen Rottenburg als Zentrum, vertreten zu können. *Ihm* aber, Uhland, ist das Kunststück gelungen: ein Musterexempel für dichterisch-juristische Plädier-Fähigkeit.

Ob die Definition von Weißleinen oder die Begriffsbestimmung von Volks-Souveränität und Erbkaisertum anstand: Uhland, dieser scheinbar so biedere Schweiger, wurde, wenn es um Geschäftsordnungen und diffizile

Rechtsfälle ging, zu einer Art Zauberer, dessen Kunstfertigkeit sich in gediegener Beweisführung so gut wie im poetischen Plädoyer zeigt. Mochte er den Frondienst verfluchen, sich andernwärts bewerben und Umschau halten nach Sinecuren: im Letzten war er gewiß, daß er Politik und Wissenschaft brauchte, um die Jugendfreundin Poesie, indirekt, wieder in ihre Rechte zu setzen. Es hatte schon seinen Sinn, wenn er jedermann abriet, in ernsten Vorhaltungen, sein Glück als freier Autor zu suchen: wo doch selbst die ›Halb-Poesie‹ nur mit Mühe in einem Land zu verwirklichen war, das die angelsächsisch-romanische Unität von Politiker, Rechtsanwalt und Rhetor-Poet nie akzeptiert hat. (Nachzulesen noch in den ›Betrachtungen eines Umpolitischen‹.)

Nur *ansatzweise* konnte Uhland, einer der ganz wenigen Rechtsstreiter und Schön-Schreiber in Deutschland, diese Einheit realisieren – dann, wenn er *gegen* die dem preußischen Volk oktroyierte Verfassung und *für* die Gleichstellung aller Menschen – nicht zuletzt der Juden! –, *gegen* die politische Unmündigkeit der Geistlichen und *für* eine bessere Schulausbildung zumal der niedrig Geborenen, *gegen* die Beschränkung der Auswanderungsfreiheit für Ungediente, *gegen* die Verlegung von Soldaten in Studentenstädte (eine Maßnahme, so Uhland, die dem *Flor der Universitäten nicht zuträglich* sei) und *gegen* die Quartierlasten plädierte, die auf den armen Leuten, zum Beispiel den Tübinger Weingärtnern, ruhten. (Ein Appell, den die Zensur unterdrückte, worauf Uhland, gewitzt, listig und realitätsbezogen argumentierend, zu Protokoll gab: ›Jetzt können die bedürftigen Weingärtner lernen, daß die Censur auch materielle Interessen antasten kann.‹)

Sobald es ernst wurde, kannte der große Schweiger keine Hemmungen mehr; dann räsonierte er, wie in Stuttgart geschehen, unbekümmert unter den Bajonetten der Polizei (Vischer zu Uhland: »Gehst du nach Stuttgart?« Uhland zu Vischer: »Jetzt grad.«), dann hielt er, ›beredt‹ im Tun wie im knapp-treffenden Wort, gelassen stand: entschlossen und ruhig wie in der Verteidigung

Friedrich Lists – unfeierlich, souverän und bescheiden. Ein freier Mann, zwischen den Parteien, Ständen und Klassen, ein demokratischer Schriftsteller von überzeugender Moral, im Privaten und Politischen, und nicht zuletzt ein Schwabe, der, wenn's opportun war, hier hinreißend zu blödeln verstand (Sendschreiben an Kerner: ›Trägst du nimmer lange Unterhosen zu kurzen Beinkleidern? Verwahrst du nimmer deine weiße Wäsche unter dem Sesselpolster? Trägst du nimmer zweierlei Stiefel?‹) und dort seinen bizarren Witz, eine individuelle Spielart schwarzen Humors, zu inszenieren verstand: ›Auf der Reise (von Heilbronn nach Tübingen) entwarfen wir den Plan zu der Reisebeschreibung eines Kurzsichtigen, dem lauter Wunderdinge begegnen, indem er zum Beispiel eine Viehherde für eine Jagd, den Galgen für eine Ehrenpforte, und das gelbe Laub für Kanarienvögel ansieht.‹

Ludovicus est homo pro se, Uhland ist ein unvergleichbarer Mensch, könnte man, in Abwandlung einer auf Erasmus von Rotterdam gemünzten Charakteristik sagen: unvergleichlich, zum ersten, im Wechselspiel von dämonischem Schweigen und einer zögerlichen Beredsamkeit, die, in ihrer epigrammatischen Knappheit *und* poetischen Valenz, vorbild- und, leider auch, nachfolgelos blieb; unvergleichlich, zum zweiten, in seiner knorrigen Humanität; unvergleichlich schließlich dank der Unerschütterlichkeit und des konsequenten Beharrens bei dem einmal für richtig Erkannten. Als ihm Alexander von Humboldt die höchste Ehre antrug, die Preußen zu vergeben hatte, den Orden *pour le mérite*, da lehnte Uhland diese Ehrung – ebenso wie die Auszeichnung mit dem bayerischen Maximiliansorden – rundweg ab. In München wurde (was Zeitgenossen dem helvetischen Demokraten übel vermerkten) Gottfried Keller sein Nachfolger. Berlin aber ließ Uhland, für einen Augenblick ins Grandios-Zeichengebende wachsend, in einem Schreiben an Humboldt wissen, es stünde ihm nicht an, ›mit Ehrenzeichen geschmückt zu sein, während Solche, mit denen ich in Vielem und Wichtigem zusammen gegangen bin, weil sie in der letzten Zerrüttung weiter schritten, dem Verlust der Heimat, Freiheit und bürgerlichen Ehre, selbst dem Todesurteil verfallen sind.‹

Sätze, ›in Tränen gebeizt‹, wie Walter Benjamin sagte. Sätze eines Mannes, der, als einzelner, mit Courage und Gelassenheit ein Leben lang Solidarität mit den Erniedrigten und Beleidigten, Mühseligen und Beladenen praktizierte: ein Mann mit ›zerfetzter Fahne‹, aber unzerstörbarer Würde; einer, von dem zu lernen ist, gerade heute, daß moralische Integrität, in Grenzzeiten praktiziert, politisch nicht folgenlos bleibt. Nicht folgenlos, doch keineswegs nur in *einer* Weise beerbbar. Ludwig Uhland, allzulange zum Kult-Objekt deutscher Barden und Turner erniedrigt, wartet darauf, Leser zu finden, die seine ihm von Heinrich Heine zugedachten Attribute, ›Dichterlorbeer‹ und ›Eichenkranz der Bürgertugend‹, ihrer Philiströsität berauben und, statt dessen, den nüchternwitzigen, scharfsinnig-präzisen und noch im Schweigen hochberedten Demokraten wiederentdecken: *unseren* Uhland.

Natur und Kunst
Richard Wagner
und ›Die Meistersinger von Nürnberg‹

1982

»Verhüt' es Gott, was ich begehr',
daß das nicht nach den Gesetzen wär'.«

Das ist kein Satz des Stadtschreibers und Humanisten Sixtus Beckmesser, der in Wirklichkeit wahrscheinlich Sixt Beck geheißen hat und sich zur Zunft der Messerer zählte.[1] Es ist vielmehr ein Diktum jenes Wagnerschen Hans Sachs, dessen historisches Vorbild zu Nürnberg sechs Jahre lang, von 1555 bis 1561, das Amt des Merkers versah.

Sachs, das Idealbild eines auf Einhaltung von Reglement und Gesetz bedachten Merkers: Kein Zweifel, daß Wagner seinen Protagonisten als Meister unter den Meistern verstanden hat – einen Meister freilich, der dem *ingenium* den gleichen Rang wie dem *iudicium* gab, Talent und Urteilskraft auf eine Ebene stellte und es der Naturbegabung anheimstellte, den Gesang nach eigenen Regeln zu disponieren: vorausgesetzt, daß diese Regeln intellektuell begründbar und durchsichtig seien. In seinen beiden merkerlichen Lehrgesprächen, im zweiten Akt mit Beckmesser, im dritten mit Stolzing, weist Sachs einerseits den Versifikator in seine Schranken, der über *ars* verfügt und von *natura* stiefmütterlich behandelt worden ist, und macht andererseits dem Poeten Mut, das, was Einfall, Gabe und Spontaneität war, unter dem Aspekt der Kunstfertigkeit in kontrollierbare Leistung zu verwandeln. Während Beckmesser weder als Regelfuchs noch als *poeta insanus* auf der Festwiese zu einer Versöhnung von Kunst und Genie beitragen kann, weil er hier zu pedantisch, dort, und dies macht seine Größe und Tragik aus, zu chaotisch, wirrbesessen und blind ist ... während Beckmesser, wegen seiner Ambivalenz zweifellos die interessanteste Figur der ›Meistersinger‹, im Gemerk zuwenig Genie und auf der Festwiese zuwenig Kunst beweist, gelingt es Stolzing, *ars* und *natura* deshalb miteinander zu verschwistern, weil er, das vermeintliche Originalgenie, in Wahrheit ein prädestinierter Meister ist: Sein Lied in der Katharinenkirche ist sogar schulgerechter als der Festwiesengesang mit der kühnen Improvisation des in Sachsens Stube Erarbeiteten – nur, daß Stolzing, regelkundig, wie er nunmehr ist, das zweite Mal weiß, daß er kraft gewonnener Kunst-Autorität die Vorschriften getrost einmal verändern darf, während er das erste Mal, im selbst gesetzten Rahmen richtig singend, dieses Richtige nur unbewußt trifft – eine *neue*, aber *nicht verwirrte* Weise anstimmend. (Wohingegen Beckmesser am Ende ein neues *und* verwirrtes Lied singt und damit, ins Verwegene ausbrechend, meisterliche Pedanterie nachdrücklicher verhöhnt als Ritter Stolzing im Gemerk.)

Unter diesen Aspekten erweisen sich Richard Wagners ›Meistersinger von Nürnberg‹ als ein Traktat in drei Akten über das Verhältnis von Natur und Kunst, Genie und Technik, Begeisterung und handwerkliche Nüchten – nur, daß Stolzing, regelkundig, wie er nunmehr ist, dem Horizont jahrhundertelanger, zum ersten Mal von Platon thematisierter Erörterung der Frage gesehen sein will, welche Art von Mitgift ein Künstler benötige, um höherer Weihen teilhaftig zu werden.

Allein der *Enthusiasmus*, so Platon im ›Phaidros‹, die heilige Begeisterung, der Wahnsinn des Entzückten und von oben her Inspirierten sei es, dem die Dichtung ihre Würde verdanke. ›Wenn aber einer ohne diesen Musenwahnsinn zu den Pforten der Dichtkunst kommt, in der Überzeugung, er könne auch wohl durch Kunst ein guter Dichter werden, der wird teils selber als ein Ungeweihter erachtet, teils wird seine Dichtung als die des Besonnenen von der des Wahnsinnigen verdunkelt.‹[2]

Der Künstler als Genius, dessen Größe nicht Handwerksfähigkeit, sondern Inspiration verbürge: Diese von Platon – übrigens nicht ohne ironischen Nebensinn –

formulierte These (»Ich verstehe das nicht«, sagt Sokrates[3]), im Mittelalter immer dort wieder auftauchend, wo es galt, die göttliche Herkunft der Poesie zu legitimieren (der *furor poeticus* verweist auf himmlische Eingebung[4]) ... diese These erfuhr im Zeichen jenes bürgerlichen Genie-Kults ihre Renaissance, der, mit Schiller, den ›unsterblichen und unverlierbaren Geist‹ der Poesie mit der Natur als der ›einzigen Flamme, an der sich der Dichtergeist nähret‹, identifiziert.[5]

Poesie als gottgegebenes Tun: Unter dieser Firmierung wurde in Deutschland am Ende des achtzehnten Jahrhunderts die Frage der Römer, ob der Dichter geboren werde oder heranreife *(utrum poeta nascitur an fiat)*, zugunsten jenes Genies entschieden, das, naturwüchsig, nicht unter das Diktat des Lehr- und Lernbaren zu bringen sei – womit der Künstler als gottgleicher Schöpfer zum Gegenbild des ›mit Pumpen und Röhren‹ arbeitenden Schriftstellers à la Lessing, des *poeta doctus* so gut wie des politisierenden Literaten, avancierte und jener der europäischen Poetik inhärente Aspekt des ›Könnens‹ und ›Machens‹ aus dem Blick geriet, dem es zu verdanken war, daß die Beschwörung des Genies durch die gleichzeitige Rangerhebung des *kunstverständigen* Talents konterkariert wurde.

›Ob Natur, ob Kunst ruhmwürdige Lieder gebäre,
Fragt sich mancher: mich dünkt, nicht Fleiß
ohn göttlichen Funken,
Auch nicht das rohe Talent vollbringt's.
Das eine Vermögen
Fordert das andere heraus und verlangt
freundwilligen Beistand.‹

Diese Sentenz aus der *ars poetica* des Horaz[6] war von der Antike bis zum Zeitalter des Sturm und Drang Gemeingut aller Poetiken, denen es um den Ausgleich von *natura* und *ars* im Bereich der Dichtkunst zu tun war. Eins nicht ohne das andere, Kunst nicht ohne Natur, Natur nicht ohne Kunst: ›So gut und fett ein Feld sein mag‹, schreibt der Nürnberger Meister Georg Philipp Harsdörffer in seinem ›Poetischen Trichter‹, ›so muß es doch bepflüget und besäumet werden, wann es nicht veröden, sondern gute Früchte bringen soll‹[7] – will heißen, daß die üppigste Begabung wertlos bleibt ohne kunstgemäße Pflege, so wie, auf der anderen Seite, ›die Kunst sonder Behuf der Natur ohnmächtig ist und so wenig ausrichten kann als ein Ackermann sonder Samen und Feld.‹[8]

Kein Zweifel, da spricht im siebzehnten Jahrhundert ein fränkischer Sprach- und Kunstmeister in der Weise des Wagnerschen Sachs und zieht zugleich, in weisem Ausgleich, die Quintessenz von Überlegungen, die in weiterem und übertragenem Sinn als ›meistersängerlich‹ gelten können: Natur, lautet, zwei Jahrtausende lang unangefochten in Geltung, der salomonische Spruch, ist die *conditio sine qua non* jeder Kunst – ›Auf einem unfruchtbaren Boden‹, schreibt Quintilian,[9] ›kann auch der beste Bauer nichts ernten‹ –, aber das Naturtalent allein genügt nicht: Unterweisung, die zur Regelkenntnis und der Fähigkeit führt, Eigenes dem Erlernten abzugewinnen und Konventionen produktiv zu machen … Unterweisung, stufenweises Aneignen des Überkommenen, spielerisch-nachahmende Beherrschung der Tradition und freiwillige Selbstbeschränkung in der Anwendung erlernter Techniken müssen hinzukommen, ehe einer Meister wird und sich in die Lage versetzt sieht, Erfolg nicht durch den Zufallstreffer eines jungen Genies, sondern durch die Erfahrung des geschulten und damit der kunstreichen Abweichung von der Norm fähigen Meisters zu erzielen.

Genie und Handwerkskunst, gleichwertig einander bedingend, friedlich vereint: ›Was die Natur anfänget‹, schreibt Nürnbergs Harsdörffer, ›das kann die Kunst vollenden und zu Nutze bringen.‹[10] Ein Meister-Satz, der als Motto Richard Wagners Oper voranstehen könnte: *hommage à Nuremberg* und zugleich dezidiertes Bekenntnis zu einer Poetologie, die, gleich weit entfernt von Genie-Kult und Schulfuchserei, Kunst als Miteinander von Talent und Technik (*techne* in der Bedeutung von *ars*) versteht, wobei, da Talent die keiner Diskussion bedürftige Voraussetzung aller Kunsttätigkeit ist, der Hauptakzent auf der Analyse des handwerklichen Ausbildungsgangs liegt. Das alles ganz nach Wagners Sinn! Denn so gern der Meister im nachhinein von plötzlichen Eingebungen, jäher Erkenntnis und überwältigender Epiphanie zu reden liebte (dabei von Cosima nach Kräften unterstützt) – die Wirklichkeit sah anders aus: Da sichtete ein später Meistersinger, der gleiche Wagner, der in München eine Musikschule einrichten wollte, vielfältige Vorlagen, exzerpierte, schrieb ab, betrieb die hohe Kunst der Kompilation, verwob alt in neu, änderte die Konzeption von Jahrzehnt zu Jahrzehnt, amüsierte sich 1835 bei der Lektüre von Gervinus' ›Geschichte der deutschen Nationalliteratur‹ über die Figur des Merkers und betätigte sich zweiunddreißig Jahre später, mit der Endfassung der Oper beschäftigt, selbst als ein solcher: Richard Wagner im Gemerk, den Originalgenies und den Regel-Pedanten mit Hilfe seines *alter ego* Sachs den Marsch blasend. (Seines *alter ego*, jawohl: Es war kein Zufall, daß der Meister Briefe mit Hans Sachs unterzeichnete – und ein Zufall auch nicht, daß der Eingangschoral von Johannes aus auf einen anderen und größeren verweist, der nach ihm kommen wird: Wie Christus dem Täufer am Jordan, so folgt Wagner dem Täufer von der Pegnitz. Beide, der biblische Johannes und der nürnbergische Sachs, sind Täufer, die sich auf ›Vorläufer‹ reimen.)

Begonnen 1835, die ›Meistersinger‹, beendet 1867; im ersten Entwurf skizziert 1845, zur Uraufführung gebracht 1865 – in der Tat, der Ausruf der in der Singschule versammelten Kenner, ›Hei wie sich der Ritter da quält!‹, gilt nicht nur für Stolzing, sondern, variiert, auch für Wagner, und das aus begreiflichem Grund: Kam es für ihn doch darauf an, das alte horazische oder harsdörffersche Axiom, daß Natur und Handwerkskunst einander geschwisterlich verbunden seien, zwiefach unter Beweis zu stellen: auf der *Wort*ebene durch den Doppeltriumph des volkstümlichen Artisten Hans Sachs über den Junker, der glaubt, ›im Wald dort auf der Vogelweid‹ das

Singen erlernt zu haben, und über den Merker, der, sobald es ans Eigene geht, mit seiner Stahlharfe nicht zurechtkommt; auf der *musikalischen* Ebene durch eine Tonsprache, in der sich, wie in Stolzings erstem Lied, das Raffiniert-Kunstreiche als naturwüchsig ausgibt und das beinahe reißbrettartig Auskalkulierte – man denke an die Punkt-für-Punkt-Umkehr des ersten im zweiten Akt! – den Charakter vermeintlicher Frische gewinnt. Was Schiller mit dem Begriff ›Natur, die zu suchen ist‹ meint, neu gewonnene Ursprünglichkeit, die *nicht mehr*, wohl aber *wieder* volkstümlich ist – dies zu inthronisieren und mit einem Höchstmaß von Artistik der Spontaneität und Improvisation zum Recht zu verhelfen, war die – von Wagner erreichte – eigentliche Intention der ›Meistersinger‹. Kunst als Wegbereiterin einer zweiten Natur und neuen Naivität einzusetzen – darum war es dem Meister zu tun: deshalb das Doppelspiel mit dem Reglement, das er zugleich verwirft und in Kraft setzt, attackiert und auf höherer Ebene bestätigt, um derart eine Kantsche Kunstanweisung zu befolgen, die, enthalten in der ›Kritik der Urteilskraft‹, wie eine vorweggenommene Analyse der von Wagner in den ›Meistersingern‹ gehandhabten Technik anmutet: ›Also muß die Zweckmäßigkeit der Produkte der schönen Kunst, ob sie zwar absichtlich ist, doch nicht absichtlich scheinen; d.i. schöne Kunst muß als Natur *anzusehen* sein, ob man sich ihrer zwar als Kunst bewußt ist. Als Natur aber erscheint ein Produkt der Kunst dadurch, daß zwar alle *Pünktlichkeit* in der Übereinkunft mit Regeln, nach denen allein das Opus das werden kann, was es sein soll, angetroffen wird; aber ohne Peinlichkeit, ohne daß die Schulform durchblickt, d.i. ohne eine Spur zu zeigen, daß die Regel dem Künstler vor Augen geschwebt und seinen Gemütskräften Fesseln angelegt habe.‹[11]

In der Tat, das klingt, als ob Wagner seinem Hanslich alias Beckmesser alias Dr. Eduard Hanslick und Hans Sachs dem Junker Stolzing ein Privatissimum über das Trugspiel einer Kunst hielte, die für Natur angesehen sein möchte. (»Wie fang ich nach der Regel an?« fragt der Junker. »Ihr stellt sie selbst und folgt ihr dann«, antwortet Sachs: grad so, als hätte er Immanuel Kants Ästhetik studiert und zitiere den Satz: ›Genie ist das Talent, welches der Kunst die Regeln gibt.‹)

Zeigt sich bereits in solchen Meditationen über das Wechselverhältnis von Kunst und Natur und die mögliche Synthese beider Elemente die ungebrochene Kraft einer jahrtausendelang gültigen, um- und umgewendeten Rhetorik-Überlieferung,[12] so wird diese nachwirkende Tradition erst recht sichtbar, wenn man bedenkt, daß sich Erfolg oder Mißerfolg der Akteure in den ›Meistersingern‹ danach bemißt, ob sie jenes rhetorische Zentral-Gebot des ›Angemessenen‹ (prepon, aptum) erfüllen, das für bestimmte Situationen ganz bestimmte Worte und für die Erweckung bestimmter Affekte einen ganz bestimmten Tonfall verlangt.

Rhetorischer Schulunterricht, erteilt von Hans Sachs!

»Eu'r Lied«, belehrt Stolzing,
»das hat ihnen bang gemacht;
und das mit Recht; denn wohlbedacht,
mit solchem Dicht- und Liebesfeuer
verführt man wohl Töchter zum
Abenteuer; –
doch für liebseligen Ehestand
man andre Worte und Weisen fand.«

Das heißt: Einer, der heiraten möchte, gebe sich nicht als kraftstrotzendes, der Konvention und dem Maß abholdes Genie und verfalle damit, unangemessen: weil nicht situationsbezogen handelnd, in den gleichen Fehler wie Beckmesser, der ein Liebesständchen mit einer Kunstdarbietung im Kreis von Handwerksmeistern verwechselt. *Beide*, Beckmesser und Stolzing, ›versingen‹ also, weil sie gegen die Rhetoren-Regel verstoßen, die da besagt, daß ohne eine Berücksichtigung der Umstände – Wer ist der Adressat? Wessen Affekte sollen wie beeinflußt werden? – selbst die schönste Rede vergebens ist. Ein Mädchen wie Eva ist nun einmal nicht durch die Schreibpapier- und Schwarztintenweise, eine Versammlung von ausgepichten Regelkennern nicht durch ein Sturmlied zu gewinnen, das eher nach dem jungen Goethe als nach Walther von der Vogelweide, geschweige denn nach Hans Folz klingt. Um ans Ziel zu kommen, hat Stolzing in Sachsens Schule zu lernen, daß der Gesang, dessen Regeln undurchsichtig bleiben, nicht nur wider den Geist der Kunst als einer zweiten Natur, sondern auch wider die Ordnung der Welt ist: Wer sich, das zeigt Stolzings Verhalten, dem Kanon der Kunst widersetzt, widersetzt sich auch dem Kanon bürgerlicher Moral-Gesetzgebung[13] und handelt derart in doppelter Weise unangemessen, da er der Spontaneität des Augenblicks und rascher Eingebung, mit kühnem Lied und schnellem Griff zum Schwert, mehr als jenem Reglement vertraut, das künstlerische Konvention und bürgerliche Sozialität: Verläßlichkeit im Artistischen so gut wie im Gesellschaftlichen, garantiert.

Wieviel hat hier einer aufzugeben, ehe er schließlich das von vornherein Erstrebte erreicht: den Glauben an die Inspiration als alleinseligmachendes Kunstprinzip, das Pochen aufs Gelingen im Jetzt oder Nie, die Junker-Ideologie, der Mars viel und die Muse wenig gilt. Statt dessen: die Übernahme einer Altmänner-Weisheit, die den Alltag heiligt, auf Nüchternheit über die Jahre hinweg mehr als auf jugendliches Alles-oder-Nichts setzt und das bürgerliche Meister-Sein über die Exzentrizität eines asozialen Burgbesitzers, Dreinschlägers und Teufelskerls von ›So ist's mir nun mal ums Herz‹-Sängers stellt.

Ehe *ars* sich in die *natura secunda* verwandeln kann, zeigt Wagner-Sachs, muß die *natura prima*, Genie und Zufalls-Gabe, erst einmal *ars* werden, das heißt: Erträumtes, mehr Erahntes als Erkanntes sich in Bewußtsein, Leben, an der Grenze von Tag und Nacht, sich in *gedeutetes* Leben verwandeln.

Eingewiesen von Hans Sachs, dem bürgerlichen Mystagogen, stellt sich Stolzing einer Welt, die, um bestehen zu bleiben, nicht der Originalität, sondern der Originale vom Schlag der Meister bedarf, mit all ihrer ›ehrwürdigen Pedanterie‹,[14] die immerhin bewirkt, daß einer, der einmal gedichtet hat, wo's jedermann kann, im Lenz und in der Liebe, dies auch im Herbst, bei ›Kindstauf, Geschäften, Zwist und Streit‹ noch vermag.

Heimholung eines jungen Genies, das, unbelehrt, als Künstler schneller als ihm lieb ist, nichts zu beißen haben wird, wenn erst einmal der Rausch verflogen ist: Darum geht es in dieser Oper – und noch um mehr. Wer sich zur Kunst und deren Reglement bekennt, so die Überlegung Sachsens am Johannistag-Morgen nach dem Pogrom, bekennt sich zum Frieden, zum gesitteten Miteinander und funktioniert den Wahn, ihn kanalisierend, ins Heiter-Menschliche um – auf Kosten eines einzelnen, Beckmesser, freilich. (Über dessen Opferung Wagner sich allerdings nicht im klaren gewesen sein mag. Denn wie erklärt sich sonst der rätselhafte Satz im Brief an Mathilde Wesendonck vom 3. Februar 1862: ›Manchmal konnte ich vor Lachen, manchmal vor Weinen nicht weitermachen. Ich empfehle Ihnen Herrn Sixtus Beckmesser. Auch David wird Ihre Gunst gewinnen.‹)

Die Meistersinger-Kunst als Garantin eines Friedens, den alle, Zünfte, Volk und Junkerschaft, in gleicher Weise bedrohen: Das ist das Fazit der Oper – eine Quintessenz, die das Textbuch von 1862 weit unvermittelter als die endgültige Fassung verdeutlicht: Man höre Sachs, der nicht nur Stolzing die Leviten liest, sondern allen, die Begeisterung über Vernunft und kriegerischen Rausch über das Sich-Bescheiden einer dem Erinnern, Bewahren und Aufheben verpflichteten Bürgerkunst stellen:

»Verliebt und sangesvoll wie ihr
kommen nicht oft uns Junker hier
von ihren Burgen und Staufen
nach Nürenberg hergelaufen;
von ihrer Lieb' und Fang-Begier
das Volk oft mußten schaaren wir;
und findet sich das in Haufen,
gewöhnt sich's leicht ans Raufen.
Gewerke, Gilden und Zünfte

hatten oft üble Zusammenkünfte
(wie sich auf gewissen Gassen
noch neulich hat merken lassen).
In der Meistersinger trauter Zunft
kamen die Zünft' immer wieder zur Vernunft.
Dicht und fest
an ihr so leicht sich nicht rütteln läßt;
aufgespart
ist euren Enkeln,
was sie bewahrt.
Welkt manche Sitt' und mancher Brauch,
zerfällt in Schutt, vergeht in Rauch,
laßt ab vom Kampf!
Nicht Donnerbüchs' noch Pulverdampf
macht wieder dicht,
was nur noch Hauch!«

Kunst als Arkanum. Kunst als Lebens-Elixier, das dienlich ist, mit Hilfe der Bewußtseins-Erhellung dem allgemeinen und totalen Wahn zu steuern, von dem, vor Wagners Sachs, der andere große Nürnberger, Harsdörffer, gesagt hat, daß nichts wandelbarer, wetterwendischer, unbeständiger, zweifelhafter und verkehrter als geträumter Wahn sei.[15] Kunst als humane Gegenkraft des inhumanen Kriegs. Kunst als Bannkreis, der das Dämonische ausschließt. Kunst als sittliches Element, das, wie es in Wagners Vorlage, Johann Christoph Wagenseils ›Buch von der Meister-Singer Holdseligen Kunst‹, heißt, die Bürgerschaft ›gleichsam wie mit einem Band verknüpffet und überall Liebe, Freundschaft und gutes Vertrauen verursacht.‹[16] Kunst als Utopie einer Gesellschaft, in der es menschlich und vernünftig zugeht: *Sie* wird in den ›Meistersingern‹ aus der Taufe gehoben – und es ist deshalb konsequent und wohlüberlegt, wenn, im Hinblick auf solche Versöhnungs- und Vermittlungs-Rolle der Kunst, Beckmesser sich in Wolfgang Wagners Inszenierung am Ende nicht im Volk verliert, sondern in den Kreis der Meister zurückkehrt. Sachsens Lehrgespräch mit Stolzing hat bewiesen, daß ein wackerer Merker für die Existenz von Poesie und Musik wichtiger sein kann als ein stolzes Genie mit seinen ungetauften Visionen.

Ohne Beckmesser und seinesgleichen keine Kontinuität, kein Wechselspiel von Tradition und Produktion und, dies vor allem, keine Dialektik von *natura* und *ars*, Paradies und Parnaß, gläubigem Enthusiasmus und städtebürgerlicher Vernunft, von verlorener und mit Hilfe der Kunst wiedergefundener Ursprünglichkeit.

Kunst als Natur: Nicht nur die bescheidene Tätigkeit der von den Meistern unterwiesenen Schüler, Schulfreunde, Singer und Dichter ist eingebunden ins Auf und Ab naturgegebener bürgerlicher Existenz, hat viel mit Arbeit und wenig mit alltagsenthobener Feier zu tun (Wagenseil: ›Es ist auch der Meister-Singer-Kunst so ferne den *Rebuspublicis* nützlich, weil sie emsige fleißige Leute verursacht und die Laster, welche von dem Müßiggange entspringen, wenigstens bey einer guten Anzahl der Burger nicht aufkommen lässet‹)[17] ... nicht nur die Tätigkeit der nach vollbrachtem Tageswerk ›hart und fest‹ arbeitenden Sänger folgt dem Rhythmus bürgerlicher Leistungsprinzipien: auch auf den oberen Rängen wird – dem junkerlichen Singer zur Ehre! – geschafft und gewerkelt. (David, im ersten Akt, kann ein Lied davon singen.) Und wenn es dann gelingt, das wahre Meisterstück, der Kunst zur Ehre und dem Frieden unter den Bürgern zum Nutzen: wenn, in der Kooperation von Stolzing, dem Naturgenie, und dem Erzmerker und Über-Beckmesser Sachs, Davids gestrengem Lehrherrn, das christliche Paradies auf dem Parnaß der Nürnberger neu ersteht[18] – so wie, für Schiller, das antike Elysium im Parnaß der Kunst wiederkehrt –, dann wird – o Wunder! – zwar Religion zur Kunst, aber das in der selbstverständlichsten naturhaften Weise. Wo Johannes, David und Eva mit von der Partie sind, realiter und als Schattengeber aus dem Alten und Neuen Testament, wo Sachs den Merkhammer in der Hand und den Engel im Himmel hat, da ehrt sich bürgerliche Meisterschaft in der ihr eigenen Manier.

In einer Schusterstube ist ein Meisterwerk entstanden – ein Werk, das, wiewohl exakt auskalkuliert, dennoch, mit Kant zu reden, als Natur angesehen werden kann: Stollen-Stollen-Abgesang, das ist wie Mann und Frau und Kind.

Und was tut man, da das Werk vollendet ist? Das Selbstverständliche, der Meisterkunst Gemäße, höchst Natürliche.

Am Namenstag wird Kindstauf gehalten.

Anmerkungen

1 Vgl. H. *Rosenfeld*, Der historische Meistersinger Sixt Beckmesser und der Meistergesang, Euphorion XLVII, 1953, S. 271–280.

2 *Platon*, Phaidros, 245a, übersetzt von Friedrich Schleiermacher.

3 Zu Platons Einschätzung der Poesie und Beredsamkeit: Hermann *Gundert*, Enthusiasmos und Logos bei Platon, Lexis, Band II, 1, 1949, S. 25–46.

4 Zum furor poeticus: Ernst Robert *Curtius*, Der göttliche Wahnsinn der Dichter, in: Europäische Literatur und lateinisches Mittelalter, Bern 1948, S. 469f.

5 Friedrich *Schiller*, Sämtliche Werke, Band 5, hrsg. von Gerhard Fricke und Herbert G. Göpfert, München 1962, S. 716. Dazu, auf den Schillerschen Gegensatz von Dichter und Schriftsteller verweisend: Klaus *Schröter*, Der Dichter, der Schriftsteller Akzente 20, 1973, S. 168–188, und Karl Otto *Conrady*, Gegen die Mystifikation der Dichtung und des Dichters, in: Literatur und Germanistik als Herausforderung. Skizzen und Stellungnahmen, Frankfurt a. M. 1974, S. 97–124.

6 *Horaz*, Ep. II, 3, Vers 408–411, übersetzt von Rudolf Alexander Schröder.

7 *Harsdörffer*, Poetischer Trichter III, S. 27 (Nachdruck Darmstadt 1969).

8 *ebenda*, Vorrede, S. 1. – Dazu Joachim *Dyck*, Ticht-kunst. Deutsche Barockpoetik und rhetorische Tradition, Kapitel ›Naturgabe und Kunstlehre‹, Bad Homburg 1966, S. 116–122, und Ludwig *Fischer*, Gebundene

Rede. Dichtung und Rhetorik in der literarischen Theorie des Barock in Deutschland, Kapitel ›Der poetische Geist‹, Tübingen 1968, S. 37–52.

9 *Quintilian*, Institutiones oratoriae libri XII, II, 19,2, übersetzt von Helmut Rahn.

10 *Harsdörffer*, Poetischer Trichter III, S. 81.

11 Immanuel *Kant*, Kritik der aesthetischen Urteilskraft, § 45, ›Schöne Kunst ist eine Kunst, sofern sie zugleich Natur zu sein scheint‹, Werke in 12 Bänden, hrsg. von Wilhelm Weischedel, Band X, Frankfurt a. M. 1957, S. 405.

12 Zum Verhältnis von ars und ingenium in der Rhetorik vgl. Heinrich *Lausberg*, Handbuch der literarischen Rhetorik, §§ 37–41, München 1960, S. 45 f.

13 Zum Problem der verbürgerlichten Kunst in den ›Meistersingern‹: Peter *Wapnewski*, Richard Wagner. Die Szene und ihr Meister, München 1978, S. 68 ff., und Egon *Voss*, Wagners ›Meistersinger‹ als Oper des deutschen Bürgertums, in: Richard Wagner, Die Meistersinger von Nürnberg. Texte, Materialien, Kommentare, hrsg. von Attila Csampai und Dietmar Holland, Reinbek 1981, S. 9–31.

14 Vgl. Cosima *Wagner*, Die Tagebücher I, 1869–1877, ediert und kommentiert von Martin Gregor-Dellin und Dietrich Mack, München/Zürich 1976, S. 654 f.

15 *Harsdörffer*, Poetischer Trichter III, S. 473 f.

16 Johann Christoph *Wagenseil*, Buch von der Meister-Singer Holdseligen Kunst, Nachdruck, hrsg. von Horst Brunner, Göppingen 1975, S. 560.

17 *ebenda.*

18 Vgl. dazu Hans *Mayer*, Paradies und Parnaß. Gedanken zu den Meistersingern von Nürnberg, in: Die Meistersinger und Richard Wagner. Die Rezeptionsgeschichte einer Oper von 1868 bis heute, Nürnberg 1981, S. 53–63.

Der Rhetor Friedrich Nietzsche

1974

Friedrich Nietzsche, ein europäischer Schriftsteller, kam aus einer kleinen deutschen Stadt – einer Stadt, geprägt von Korrektheit, Sittenstrenge und kirchentreuer Gesinnung, von Rechtschaffenheit der Beamten und bürgerlicher Moral. Hier hat er gelebt, Nietzsche, als er ein Kind war. Hierhin ist er zurückgekehrt: ein Geisteskranker, fünfundvierzig Jahre alt, der für die Frauen, die ihn erzogen – für seine Mutter und für Lieschen, die Schwester –, immer das arme Herzenskind und der geliebte kleine Fritz geblieben war. Ein Bürgersohn aus Naumburg, der auf seiner Irrfahrt durch Europa nie den Bannkreis der verhaßten kleinen Stadt zerbrochen hat. Nietzsche, der Provinzler aus Sachsen, war brav.

Ein Pastorensohn, der selber ein Prediger wurde. Was er geschrieben hat, war für die Kanzel bestimmt. Für die Kanzel, für das Katheder. Für das Theater. Auch in der Maske des Narren: als Harlekin kostümiert, blieb Nietzsche der Pfarrer, der zu seiner Gemeinde spricht. Seine Schriften sind Angelhaken oder ausgeworfene Netze. Seine Sprache ist die Sprache des Menschenfischers. Seine Worte haben den Tonfall der Verkündigung. Friedrich Nietzsche: Das ist ein Mann, der nur von sich selbst spricht. Aber immer vom Podest herab. Und immer zu den Gläubigen.

Ein Priester, der, im Stil der Bibel, Gottes Tod verkündete. Ein Schriftsteller, der seine Bücher auf deutsch schrieb, aber Deutschland mit einer Leidenschaft gehaßt hat, die in der Literatur unseres Landes beispiellos ist. An Nietzsche gemessen, war Heinrich Heine ein patriotisch gesonnener Dichter: ›Denk ich an Deutschland in der Nacht ...‹, das wäre die letzte Frage gewesen, die den Propheten von Sils Maria um den Schlaf gebracht hätte. Deutschland: das war für ihn Wasser und Quark, Kleinstadtmist und Spießigkeit, Philistergehabe und Bier. Deutschland: das war das Reich, in dem nicht gedacht, sondern geahnt und gerungen wurde, das Reich der Spökenkieker und Tölpel. Ein zurückgebliebenes Land, unberührt von mediterraner Gesittung und französischem Geist, von Form, Esprit und Artistik. Ein Land der Sänger und Trinker, in dem sich das Dumpfe mit dem Schneidigen, das Kleinstädtisch-Rückständige mit dem Borussischen paarte – jener preußischen Dekadenz, die für Nietzsche die stupideste und verkommenste Form des deutschen Geistes repräsentierte.

›Ein guter Deutscher ist kein Deutscher mehr.‹ – ›In Deutschland fehlt es an Geist.‹ – ›Deutschland zeigt sich barbarisch.‹ – ›Deutschland hat keine Kultur‹: Dies sind Äußerungen eines Schriftstellers, der als Kleinstädter und Europäer – das Nationale überspringend – eine Existenzform vorgelebt hat, die in unseren Tagen Selbstverständlichkeit geworden ist. Wie der späte Thomas Mann ein Lübecker und Weltbürger war, wie Grass ein Danziger und Kosmopolit, Böll ein Kölner und Europäer ist, so hat auch Nietzsche ein Werk geschrieben, das zugleich auf Naumburg und Europa, auf die kleine Beamtenstadt mit ihrer bourgeoisen Gesittung und ihrem royalistischen Tick und auf das Reich über den Nationen verweist.

Für Deutschland aber ist er niemals ins Feld gezogen. Im Gegenteil, wenn einer der Machtentfaltung des Reiches mißtraut hat, dann ist es Nietzsche gewesen: der Feind Bismarcks und der Anwalt einer Kultur, die, von Eleganz und Urbanität bestimmt, mit preußischer Kommandosprache und mit Chauvinismus nichts zu schaffen hat. Die Einheit der Nation war ihm zu teuer erkauft. Erkauft mit Geistlosigkeit und Verdummung. Mit Vergröberung der Sitten und freiwilligem Ausschluß aus dem Kreis der gebildeten Völker. Mit dem Fremdenhaß einer riesengroßen Provinz, die, in igelartiger Abkapselung, im Nachbarn nur noch den Feind sehen kann, im Franzosen so gut wie im Juden. Das waffenstarrende

Reich, geprägt von der Intoleranz der Provinz. Die Totschläger, dies hat Nietzsche geahnt, die Rassisten und Antisemiten kommen aus Nürnberg: Er kannte die Kehrseite des teutonischen Tiefsinns. Tumbheit, die Schwester der Brutalität, war ihm verhaßt.

›Denke und arbeite‹ hieß die Devise, die Nietzsche – in Schulpforta nach dem gleichen gnadenlosen Reglement wie Lessing in St. Afra erzogen – in einer jener klösterlichen Kasernen zu beherzigen lernte, auf denen man jahrhundertelang die Pauls und Karlchen vom Lande in lateinisch sprechende Caroli et Pauli verwandelte. Hier hat der Alumnus Nietzsche über griechische Versmaße meditiert und Moses auf hebräisch gelesen. Um vier Uhr früh wurde der Schlafsaal geöffnet, um fünf gebetet, um halb sechs die Kanne mit warmer Milch, dazu eine Semmel, in die Zimmer gebracht, um sechs begann der Unterricht – und dann wurde bis zum Abend gelernt. Sommerferien gab es in Nietzsches Schulpforta lange Zeit nur alle zwei Jahre; die Erholung bestand aus Spaziergängen, Musik und ... Lektüre. Ein wenig Italienisch, nach des Tages Last und Müh'.

Seltsam zu denken: ein gesunder Nietzsche, nicht infiziert von einer geschlechtskranken Hure, hätte den Bezirk der Bücher und Pulte, der Hörsäle und Bibliotheken mit großer Wahrscheinlichkeit niemals verlassen. Wie Kant die *Kritik der praktischen Vernunft* in einer Königsberger Studierstube entwickelte, wie Marx eine Philosophie, die darauf abzielt, die Theorie in der Praxis aufzuheben, im Britischen Museum durchdachte, so hätte der dritte der drei großen philosophierenden Praktiker seine Philosophie von der Umwertung aller Werte mit einigem Glück im Hörsaal auslegen können. Im Gespräch mit Studenten, und nicht in Hotelzimmern, im Gespräch mit sich selbst.

Daß ihm der Dialog in einer Schule vorenthalten war – ihm, der doch so brav und bürgerlich und korrekt war –, daß er nur mittelbar, durch seine Schriften, wirken durfte, durch dürftige Ersatz-Kollegs, das ist Nietzsches eigentliche Tragik gewesen. Das ist der Grund, warum er Sokrates beneidete – und sogar Bismarck, der wenigstens einen Reichstag hatte, vor dem er seine Gedanken darlegen konnte. Nietzsche: ein Pastor ohne Kanzel. Ein Professor ohne Katheder.

Wie gern wäre er Professor geblieben – ein Widerpart Hegels auf einem philosophischen Lehrstuhl! Wie leidenschaftlich hätte er gezeigt, daß die Eule der Minerva ihren Flug am Morgen beginnt, ehe es tagt, und nicht erst am Abend, wenn schon alles getan ist. Wie viel angemessener wäre ihm die Rolle eines Lehrers als die eines Komödianten gewesen, der um so schriller spricht, je größer seine Einsamkeit ist: die Kirche leer und der Hörsaal verschlossen.

Ein Wahnsinnsbrief, am 5. Januar 1889 an Jacob Burckhardt gerichtet, bringt die Wahrheit ans Licht: ›Lieber Herr Professor, zuletzt wäre ich sehr viel lieber Basler Professor als Gott; aber ich habe es nicht gewagt, meinen Privat-Egoismus so weit zu treiben, um seinetwegen die Schaffung der Welt zu unterlassen.‹

Lieber Professor als Gott: Kein Wunder, daß Nietzsche die Mißachtung seiner Zunft so sehr getroffen hat – ihn, den der eigene Lehrer ›geistreicher Schwiemelei‹ bezichtigte! Daß Helfer einspringen mußten, um das ›Philologengezücht‹, wie er es nannte, in Schranken zu halten: die Kollegen, die er als ›Maulwürfe‹ apostrophierte, mit ihren vollen Backentaschen, den blinden Augen und der Freude über die erbeuteten Würmer. Kollegen, von denen Nietzsche für ›wissenschaftlich tot‹ erklärt worden war und die er doch beneidete, wenn er an seine Vorlesung dachte, in der sich, nach den Angriffen der Zunft, ganze vier Studenten einfanden – und von denen entpuppte sich einer noch als Tapezierer, der kaum Griechisch verstand.

Mit Ausnahme dreier Gelehrter – des Philologen Erwin Rohde, des Kirchenhistorikers Franz Overbeck und des großen Jacob Burckhardt – hatte Nietzsche keinen einzigen Partner … außer den Toten. Sie waren seine eigentlichen Gefährten. Nietzsches Gespräche waren Bücher-Gespräche. Ein Mann, der keinen Arbeiter, keinen Angestellten, keinen Arzt näher gekannt hat, nur Bücher und Büchermenschen, inszenierte eine Maskerade in der Bibliothek: Nietzsche als Sokrates. Nietzsche als Zarathustra. Nietzsche als Jesus. Nietzsche als Wagner.

Sieht man von einem Engländer ab – er heißt Samuel Johnson, lebte, ein Fürst im Reich des Geistes, um 1750 und wurde dank der minutiösen Beschreibung seines Biographen James Boswell unsterblich –, dann gibt es wahrscheinlich keinen Menschen (aus welchem Jahrhundert auch immer), den wir genauer kennen als Nietzsche. Wir kennen seine Krankheiten und seine Gedanken; seine Hoffnungen und seine Träume; wir kennen seine Stimmungen – aber auch die Temperatur, die an den Orten herrschte, wo er gelebt hat. Das Werk, das er im Januar 1889 hinterließ, als er wahnsinnig wurde, ist das umfassendste Seelen-Tagebuch, die offenherzigste Konfession, das unbarmherzigste Journal (unbarmherzig bis zur Schamlosigkeit), das jemals geführt worden ist.

Von der *Geburt der Tragödie* bis zu den Konvoluten der achtziger Jahre: eine Summe von Selbstauslegungen. Hier wird keine Philosophie entwickelt – hier spricht ein Mensch sich aus: als Ästhet zunächst, dann als Wissenschaftler, endlich als Prophet. Hier redet ein Mann, für den – er hat es selbst gesagt – Probleme der Ernährung, der richtigen Lebensweise, des angemessenen Klimas wichtiger waren als alle Metaphysik. Hier geht es um Krisen und Überwindungen, um Pläne und Enttäuschungen: um jene ›leidenschaftliche Seelengeschichte‹, einen ›Roman mit seinen Krisen und Katastrophen‹, den in der Form einer psychologischen Biographie zu formulieren Nietzsches eigentliches Ziel war. Eine vieltausendseitige Selbstanalyse, mit deren Hilfe Nietzsche Kant und Schopenhauer überwinden wollte: der Seelenkünstler die Denker.

Als ein Artist, der sich, nervös und sensibel, ständig verändert, hat Nietzsche kein System entwickelt, sondern ›Bruchstücke einer großen Konfession‹ wiedergegeben. Darum gibt es nichts Festes in diesem Werk, kein ›so und nicht anders‹; darum wird nur ausgelegt und gespiegelt, das Ausgelegte, kaum daß es gesagt ist, schon widerrufen, das Widerrufene abermals in Frage gestellt ... und so fort und so fort. Ein kleiner Diätfehler, ein Föhneinbruch, ein Ofen im Winter: und schon war alles ganz anders. Aber warum es anders war und mit welchen Sensorien hier Nerven auf Reize, Saugnäpfe der Seele auf Impulse von außen reagierten – das wollte dargestellt sein. Deshalb die Meditationen über das Bekömmliche (was tut mir gut, was schadet mir?), deshalb die Diätpläne – Thomas Mann hat sie im *Faustus* zitiert –, deshalb die gefälschten Rezepte: Der Syphilitiker, von rasendem Kopfschmerz gepeinigt, verschreibt sich Brechweinstein. Und dann die Klimatabellen, von einem Kranken geführt, dessen Philosophie die Stimmungen, die sie kompensieren sollte, in Wahrheit bestätigt: ›Ständige Anfälle. Montag schlecht. Dienstag den Anfall. Mittwoch schlecht. Donnerstag und Freitag neuer sehr heftiger, gar nicht enden wollender Anfall. Heute caputt und müde.‹

So ging das Jahr für Jahr: ein Kaffeelöffel Karlsbader Salz, zwei Zwiebäcke, ein wenig Milchkaffee, lange Spaziergänge, sieben bis acht Stunden am Tag, dann das Kauern in der Dämmerung, irgendwo in einem möblierten Zimmer, kein Ofen im Winter – keine Menschen. Nietzsche sah sie nicht: es gibt kein einziges Porträt in seinem Werk, das plastisch und glaubwürdig ist – es gibt nur Selbstporträts. Was er sah – hinter sich schnell bewegenden Schleiern –, ist die Landschaft gewesen ... und selbst die hatte für ihn nur Reiz- und Echo-Charakter. Nietzsches Leben: das ist Sils – trockene Luft und Vernunft, das Licht über der Hochebene und südlicher Wind. Sils und Nizza, Genua, Venedig, Turin. Nietzsches Leben: das sind kleine Zimmer, Bauernhäuser und Pensionen, die Berge, Schnee und Buchten am Meer. Ein einsamer Mann, der die Natur mit einer Leidenschaft beschrieben hat, als käme es darauf an, sie gewogen zu machen und sich ihrer Gunst zu versichern.

Keiner – auch Stifter nicht – kommt Nietzsche gleich, dort, wo es gilt, einen Nachsommertag zu skizzieren, einen Morgen im Herbst, den Mittag, sechstausend Fuß über dem Meer, oder den Abend im Winter. Wenn er es – Formkünstler und Artist, der er war – irgendwo zur Meisterschaft gebracht hat, dann in der Schilderung landschaftlicher Valeurs und Contrevaleurs, in der Beschreibung der Luft, des Klimas, der Lichtspiegelung und in der Übertragung der Atmosphäre von der Natur ins Spirituelle. ›Sublim‹ wird sie genannt, ›geistig‹, ›leidenschaftlich‹, aber auch ›gefährlich‹ und ›brutal‹. Sobald es um Landschaftsfarben ging, das Ocker eines Bauernhauses in Sils, das Braunrot der Turiner Avenuen oder Nizzas leuchtendes Silbergrau, wurde – erschütternd zu sehen – der blinde Mann plötzlich sehend, wurden dem Einsamen, den Kinder stützen mußten, die Augen geöffnet, die sonst nur die Leere gewahrten um ihn herum … ihn, der sich als ausgestoßen empfand, unfähig zu lieben, ständig auf der Flucht vor sich selbst und den Gedanken, die ihn verfolgten.

Ein Gelehrter auf Reisen, gezwungen, die lächerlichste Existenz zu führen, die es für einen Menschen gibt, der wirken, reden und lehren und predigen möchte – eine Literatenexistenz: ›Wo soll ich nur hin? Wo leben? Ich habe niemanden, der ‚ja‘ und ‚nein‘ mit mir gemeinsam hat. Wie alles davonläuft! Wie alles auseinanderläuft! Wie still das Leben wird! Kein Mensch, der mich kennte weit und breit! Und man ist noch nicht einmal alt! Nur Philosoph! Nur abseits! Nur kompromittierend abseits!‹

War es ein Wunder, bei alledem, daß er, um ein solches Leben ertragen zu können, am Ende, mit einer wahrhaft verwegenen Volte, angebetet hat, was ihm versagt war: ein Artist, den niemand beklatschte? Prophet in einer Zelle – diesen Gedanken zu Ende zu denken hätte Selbstmord bedeutet. Was tat also Nietzsche? Er folgte seiner Passion: Er spielte Theater. Theater vor einer fiktiven Gemeinde. Theater noch hinter Gittern. Von Schmerzen zermartert, sang er das Hohelied der

Gesundheit. Unfähig, auch nur einen Tag ohne Diät zu leben – ein Hypochonder, der ständig von seinen Hämorrhoiden, Ganzwaschungen und Karlsbader Wässerchen sprach –, entwarf er eine Ärzte-Moral, die in der Sentenz gipfelte: ›Kümmere dich um die Gesunden. Denk immer daran, daß du dem aufsteigenden Leben gegenüber verantwortlich bist. Der Kranke ist ohnehin nur ein Parasit der Gesellschaft.‹

Derselbe Nietzsche, der im Grunde ein geheimer Idylliker war – Adalbert Stifter verwandter als den Cäsaren –, derselbe Nietzsche, dessen letzte bewußte Geste die Umarmung eines zerpeitschten Tiernackens war, derselbe Nietzsche hat jenes große Glück gefeiert, das die Moral nur deshalb gelten läßt, weil auch sie, als ein heilsamer Zwang, der Steigerung des Lebens dient. Des Lebens, das wie die Natur sei, wie Berge, Wolken und Seen: sinnlos, folgenlos und ... schön.

In der Sprache der Philosophie nennt sich das: Zurücknahme der abendländischen Metaphysik, Negierung aller Transzendenz, Leugnung des Dualismus von Wirklichkeit und Idee. Man kann es auch einen Theatercoup nennen. Kaum hat Nietzsche die Welt für sinnfrei, blind und zufällig erklärt, da wird er auch schon wieder zum Schwärmer und Idealisten, setzt neue Werte an die Stelle der alten ... und Platonismus und Metaphysik nehmen ihren Platz wieder ein. Das ist Geisterbeschwörung: Ein Idealist kostet das Vergnügen, Hochverrat am Geist begangen zu haben, und bleibt doch, wer er ist. Zarathustra: das ist der Schrei eines ins Engadin verschlagenen Schwärmers.

Wie weit holt Nietzsche immer aus – *Umwertung aller Werte! Gott ist tot! Herrenmoral!* Und wie verräterisch ist dieses Pathos, das nicht leiser wird, wenn es um Abendfarben und Bergluft geht. Das Ecce fehlt nie. (Schaut her! Das Geheimnis! Die Welt!) Es fehlt nicht in der Literatur, nicht in der Musik ... in jenen Nietzsche-Kompositionen, die beweisen, wie leicht Artistik zur Schmierenkunst wird.

Man könnte auch von ›Geschmacklosigkeit‹ reden,

von ›Schwulst‹ und ›theatralischem Pathos‹ … von jener Deklamatorik, die Nietzsches Stilideal so wenig entsprach: Eine gute Diktion hat – sagte er – klar und körnig zu sein, knapp und präzis, von lateinischer Prägnanz. Und wenn nicht lateinisch, dann – dies ist die zweite Möglichkeit – amüsant und urban, plaudernd und beiläufig: so wie Voltaire geschrieben hat. (Oder Fontane, den Nietzsche nicht kannte.) Und wenn auch nicht französisch, dann – aber nur in Ausnahmefällen – herzbewegend und voll Leidenschaft … doch auch das Pathos muß leicht und tänzerisch wirken.

Kein Zweifel, daß Nietzsche sein Stilideal im Frühwerk zu realisieren verstand: Wenn er erzählt – das Vorbild hieß Laurence Sterne –, wenn er es einmal über sich bringt, witzig zu sein, wenn er sich als einen Stallknecht beschreibt oder von der Odyssee eines Ausgehanzugs berichtet, befolgt der Praktiker die Regeln, die ihm, über die Schulter hinweg, der Theoretiker gibt. Nietzsches Parabeln und Satiren, seine besten Aphorismen: synthetische Konzentrate, geschrieben im römischen Geist, pointiert und von verweisender Kraft, rükken ihn, als Prosaisten, an die Seite der Bismarck, Clausewitz und Fontane. Die Explorationen in den Bezirken der Seele – kalte Analysen von Depressionen, Rauschzuständen, jäher Erhellung und dauernder Angst – nehmen Anamnesen vorweg, wie Freud sie zu schreiben gelehrt hat. Nietzsches Sentenzen kommt, vor allem in der Philosophie des Vormittags, die Überzeugungskraft des Sprichworts zu: Hier wird Psychagogie mit Hilfe von Maximen getrieben.

Dieser Mann hatte die Gabe, in vielen Zungen reden zu können – reden, wohlgemerkt, nicht schreiben. Seine Prosa will gesprochen sein, sein Stil ist rhetorisch. Aber seine Gabe war auch seine Gefahr. Die Gefahr eines Virtuosen, der – einmal diesen, einmal jenen Stil wählend – am Ende, wenn die Form Selbstzweck wird, nur noch posiert: ›Ist das nicht schön gesagt?‹ – ›Wer kann das außer mir?‹ – ›Wie das klingt, was?‹

Dies ist das eine: Ein Stilkünstler wird zum Kopisten.

Das andere: Je älter Nietzsche wird, desto schriller tönt seine Rede. Die Worte hören auf, die Dinge zu decken, und das Unisono der Proklamation verweist am Ende nur noch auf sich selbst. Da wird geschrien und kommandiert; Bramarbas hält Hof, und Harlekin, ein Fratzenschneider im Hermelin, spielt ›Lieber Gott‹: ›Ich erweise hiermit dem Kaiser der Deutschen die höchste Ehre, die ihm widerfahren kann – ich überreiche ihm das erste Exemplar des Werks, in dem das Schicksal der Menschheit sich entscheidet. Ein Augenblick tiefster Selbstbesinnung hebt hiermit an – die Folgen werden ungeheuer ... sie werden furchtbar sein.‹ Geschrieben im Herbst 1888, spät also. Aber wenn das Wahnsinn ist, was sich hier in einem imperialen Stil artikuliert, mit rauschenden Floskeln – eine Parodie, die sich für Verkündigung hält –, dann ist auch der Zarathustra schon vom Wahnsinn gezeichnet: ›Der soll mir immer der beste Hirt heißen, der sein Schaf auf die grünste Au führt.‹ Der Versuch, den biblisch-schlichten Psalm durch Superlative zu übertreffen, spricht für sich selbst. Die Gegen-Bibel klingt nach Größenwahn und Ernst von Wildenbruch.

Im gleichen Augenblick, als Nietzsche aufhörte, den Spuren der Meister zu folgen, Lessing oder den französischen Moralisten: als ausgerechnet er, der immer die Wichtigkeit von Etikette, Schule und Konvention betont hatte, sich seinen eigenen Stil zusammenklitterte – grotesk und grimassierend hat Thomas Mann ihn genannt –, da hörte er auf, ein Künstler zu sein, und wurde zum Propheten und Polemiker; aber die Prophetie war sentimental, und die Polemik, eher laut als treffend, war eine Polemik des Knüppels, nicht des Floretts. In Ketten zu tanzen (ein Ausdruck von ihm): das hat er verstanden. Ohne Ketten aber ist er ein Possenreißer gewesen: grell und bombastisch ... wie seine Zeit, die Epoche der Décadence, deren Ausdruck er war. ›Vielleicht‹, so Nietzsche, ›bin ich ein Hanswurst, und trotzdem redet die Wahrheit aus mir.‹ Ja, das stimmt.

Ist es ein Zufall, daß Nietzsche, der Décadent, sich gerade mit jener Stadt identifizierte, die in der Literatur als Symbol der Dekadenz erscheint? Venedig – die einzige Stadt, von der er gesagt hat, daß er sie liebe! ›Venedig – ein geweihter Ort für mein Gefühl.‹

Venedig: die versteinerte Zweideutigkeit. Eine Stadt an der Grenze: halb Orient, halb Okzident, von Leben wimmelnd und museal, Kunststadt und Basar, großartig und kitschig zugleich, die Stadt Richard Wagners. ›Wenn ich ein anderes Wort für Musik suche‹, hat Nietzsche gesagt, ›so finde ich immer nur das Wort Venedig.‹ Die Stadt versinkt; aber man tut so als ob; verwechselt den Schein mit dem Sein, das Theater mit dem Leben; drapiert sich mit vergangenem Glanz; leugnet, den Blick auf eine Geschichte gerichtet, die groß und strahlend war, das klägliche Heute.

Venedig – Nietzsches Stadt: Hier fand er sich selbst. Diese Welt war seine Welt. Janusgesichtig. Flitterhaft. Schillernd. Majestätischer Pomp neben makabrem Spott.

Venedig – ein einziges großes Zitat. Das war es, was Nietzsche an dieser Stadt fasziniert hat: Ihre Künstlichkeit, die sie zum Inbegriff jenes Zeitalters der Dekadenz machte, deren Wesen die Vertauschbarkeit ist. Nur der Schein zählt, die lockende Oberfläche, der werbende Reiz. Was etwas ist, hat keine Bedeutung. Welche Rolle es spielt: darauf kommt's an. Welchen Eindruck es macht. Wie es sich präsentiert. Venedig: eine Maske aus Mörtel und Gold. Hier trafen sich die beiden großen ›Theatrokraten‹, Nietzsche und Wagner, die Nervenkünstler und Romantiker, die Rhetoren und Schauspieler. Hier war der geheime Ort ihrer Versöhnung. Was Nietzsche Wagner vorwarf: Histrionen-Gaukelei, Kitsch und sentimentale Seelenerregung: das alles traf auch auf ihn selber zu.

Er, Friedrich Nietzsche, war der Zauberer, der es fertigbrachte, sich als einen Propheten auszugeben, in dessen Händen das Schicksal kommender Jahrhunderte läge – und diese Prophetie in Räumen anzusiedeln, die, wie Venedig, einem Museum gleichen. Der Verkündiger des kommenden Menschen war in Wahrheit ein Schriftsteller, der in der Vergangenheit lebte. Seine scheinbar so jugendlichen Helden sind Greise – Zarathustra ist älter als Jesus, und der erste Mensch, dem er begegnet ist – ein Toter. Die Lokalitäten, in denen Nietzsche seine Träume ansiedelt, sind Zonen, bedeckt von der Patina der Geschichte; selbst seine Wüste ist mit Alexandrinern bevölkert. Tand und Flitter, Kulissenzauber eines Nihilisten, der von Palästen träumt. Häßliche Menschen, Leichen und Peitschen, Seiltänzer und Huren, dazwischen der einsame Träger des Nichts: die Scheinwelt eines Artisten, der – fern aller Realität – zu Recht von sich gesagt hat, er hätte über kein Problem so tief nachgedacht wie über das Problem der Schauspielerei.

Während Kant und Hegel, Goethe und Heine die Zeit kannten, in der sie lebten, und von der Französischen Revolution oder dem preußischen Hof, von Amerika oder dem republikanischen Geist Impulse erwarteten, die ihre Epoche bestimmten ... während sie Zeitgenossen waren, im Austausch mit Gleichgesinnten und Gegnern, hat Nietzsche, allein mit sich selbst, in einem Niemandsland gelebt, einem Schattenreich: blind nicht nur im physischen Sinne. Kein Marx ist ihm jemals begegnet. Die Art und Weise, wie er den Sozialismus beschreibt – ›Tyrannei der Dummen‹, ›Das Herdentier wird zum Herrn‹, ›Eine hoffnungslos säuerliche Sache‹ –, zeugt von purer Ignoranz. Nietzsche – dies muß gesagt sein – wußte nicht, wovon er sprach.

Der Fall scheint also einfach zu sein: Nietzsche, der in der Leitfigur der blonden Bestie dem kapitalistischen Totschläger in gleicher Weise ein Alibi schenkt wie dem imperialistischen Räuber, dieser Nietzsche ist ein Lakai der herrschenden Klasse: ein Mann, der die vom Geist der Vernunft getragene Philosophie bürgerlicher Aufklärung ins Irrationale verkehrt. Der Antichrist von einst scheint heute, unter marxistischen Zeichen, zum Antihumanisten geworden zu sein – einem Ideologen, dessen Lehre vom großen Einzelmenschen die auf Wahrung privater Vorrechte abzielende Ideologie der Bourgeoisie auf den Begriff bringt.

Aber so einfach ist das nicht. Man kann Nietzsche auch anders lesen. Man kann in ihm auch den großen Entzauberer des bürgerlichen Besitzglaubens sehen, den Kritiker der kapitalistischen Gesellschaft, für die Profit alles ist und allgemeiner Nutzen nicht das Geringste bedeutet: Nietzsche, der die Kultur gegen ihre Ausverkäufer verteidigt. Nein, so einfach ist das wahrlich nicht. Marxisten wie Ernst Bloch, Henri Lefèbvre und die Vertreter des Praxis-Kreises in Jugoslawien haben deshalb zu Recht auf die materialistischen Elemente im Werk Nietzsches verwiesen, auf die Beschwörung der Leiblichkeit, dieses ›Meine Brüder, bleibt der Erde treu‹, auf die Vision eines unverstellten, unverdinglichten Menschseins, das mit dem Namen des Dionysos verbunden ist, auf die Utopie eines Lebens, das diesen Namen verdient ... eines Lebens, in dem es keine Entfremdung mehr gibt – vor allem keine Distanz zwischen Denken und Tun.

Ein zweideutiger Mann. Das ist nicht negativ gemeint. Die Doppelschichtigkeit seines Denkens ist auch Ausdruck einer Gesellschaftsneurose; auch, aber nicht nur. An individueller Problematik bleibt, weiß Gott, genug bei diesem Beschwörer der Zukunft, der ein Anwalt des Ancien régime gewesen ist.

Wie bezeichnend: seine letzte Maske – und zugleich die älteste! Friedrich Nietzsche, ein vornehmer Herr aus Sachsen, spaziert durch eine aristokratische Stadt namens Turin, gibt sich als Herr von Welt und paßt sich einer Atmosphäre an, die exklusiv und feudal ist, sehr militärisch – wie Nietzsche betont –, Sitz des Generalstabs und zahlreicher Fürsten. Kurz, ›eine Sache ersten Ranges ...‹, gerade richtig für einen Mann, der, im allgemeinen korrekt bis zur Pedanterie, die Hochstapelei zu seiner zweiten Natur gemacht hatte. Als Verwandlungskünstler à la Felix Krull ist er nur zu gern der Legende gefolgt und hat die Nietzschesche Pastorensippe in ein polnisches Adelsgeschlecht umfiguriert: Dies, dachte er, stünde ihm zu, so gut wie der Diener, den er sich wünschte, als er noch jung war, er, der Chevalier aus dem großen Jahrhundert. Und so saß er dann in den Cafés, beobachtete Menschen, erkannte sie aber nicht, sah vielmehr nur die großen Schatten in ihrem Rücken, die Gesichter der Toten, die sich im Antlitz der Lebendigen spiegelten: uralte Formationen, Ablagerungen der Geschichte, von denen er sich faszinieren ließ, während das Treiben um ihn herum nur dazu dienlich war, Assoziationsketten in Bewegung zu setzen, die ihn fort aus der Gegenwart trugen zu neuen Ufern, wie er glaubte, doch in Wirklichkeit immer weiter zurück. Ein einsamer Mann, der sein Leben unter alten Damen, reisenden Engländern und pensionierten Beamten in Hotelhallen verbracht hatte. Ein Gelehrter aus Naumburg, der bei Gelegenheit den Wunsch äußerte, es wäre schön, wenn er eine Frau hätte: die könne dann den Pensionsgästen sagen, welche Zelebrität da am Nachbartisch speise.

1888. Es gab Dampflokomotiven und Wolkenkratzer, es gab die Krankenversicherungspflicht und eine Belegschaft von 21000 Menschen bei Krupp, es gab den Benzschen Benzinmotor, es gab Ibsen, Hauptmann und Cézanne. Nietzsche aber, der einst damit geprahlt hatte, in einer Welt zu leben, die weit von den Niederungen entfernt sei, in denen es um ›Politik, Bismarck, Sozialismus und Christentum‹ ging, merkte von alledem nichts mehr – er bezog noch nicht einmal eine bewußte Gegenposition. Er nahm es einfach nicht zur Kenntnis, daß es Großstädte und Revolutionen, Streiks und Klassenkämpfe gab. In seinem Hoftheater, in dem er zugleich der Regisseur und der Beleuchter, der Schauspieler und der Zuschauer war, war all das nicht existent. Es hatte draußen zu bleiben. Gewerkschaft: was ist das? Industrielle Kultur: die gemeinste Form, die es gibt! Deutschland: ein Land der Barbaren.

Dieser Mann, allein mit seinen Wänden, seinen Büchern und sich selbst, dieser seinen Herzschlag beobachtende, seine Gedanken zergliedernde und seine Träume notierende Psychologe hatte die Zeit, in der er lebte, schon lange verlassen, als er, im Januar 1889, auf einem Turiner Platz zusammenbrach. Der Wahnsinn traf einen

Mann, der nur noch mit sich, aber nicht mehr bei sich war. Nietzsche, ein Prophet, der Reden mit Tun verwechselte: *Parler c'est agir* hieß die Devise. Nietzsche, ein Pfarrer und Komödiant, ein Artist, der als Künstler tief gefallen ist – aber nur, weil er so hoch stand und ein Virtuose ohnegleichen war: schillernd, maskenreich und wirkungsträchtig, Erbe Montaignes und wilhelminischer Rhetor, Psychologe und Rhapsode in einer Person. Dieser Friedrich Nietzsche wurde durch den Wahnsinn bis zur Kenntlichkeit entstellt. Und mit ihm seine Zeit.

Rosa Luxemburgs Briefe

1987

›Gerade hatten fromme Gemüter das schöne alte Lied angestimmt: O du fröhliche, o du selige, gnadenbringende Weihnachtszeit! als sich die Nachricht verbreitete, daß im städtischen Asyl für Obdachlose eine Massenvergiftung vorgekommen war. Alte und Junge fielen ihr zum Opfer: Handlungsgehilfe Joseph Geihe, 21 Jahre alt, Arbeiter Karl Melchior, 47 Jahre alt, Lucian Szczyptierowski, 65 Jahre alt – jeden Tag kamen neue Listen der vergifteten Obdachlosen. Der Tod fand sie überall: im Asyl, im Gefängnis, in der Wärmehalle oder einfach auf der Straße, in einer Scheune verkrochen. Bevor das neue Jahr mit Glockengeläute eingezogen war, wanden sich anderthalbhundert Obdachlose in Todesschmerzen, hatten siebzig das Zeitliche gesegnet‹: Sätze aus einem Artikel Rosa Luxemburgs, publiziert am 1. Januar 1912 in der ›Gleichheit‹ ... Sätze, die vom Willen bestimmt sind, ein scheinbar singuläres Ereignis, das Massensterben von Personen aus dem ›Asylistenkreis‹ (wie die Polizei seinerzeit formulierte) sowie das Verrecken an stinkendem Bückling und giftigem Fusel, als eine exemplarische Begebenheit, herausgehoben nur durch Summierung und spektakuläre Umstände, zu erweisen.

Wie Friedrich Engels, bei der detaillierten Beschreibung britischer Proletenexistenzen; wie Gorki, die Gespensterwelt plebejischer Nachtasyle darstellend, wählte Rosa Luxemburg, mit Hilfe einer militanten Poesie, den grellen Einzelfall aus, um an ihm die Gesetzmäßigkeit und Banalität, das scheinbar ›Normale‹ des Beschriebenen zu illustrieren – und dies mit Hilfe des Paradoxes: Die Verachtung, die eine bürgerliche Gesellschaft, die Sozietät sogenannter ›besserer Kreise‹, den lebenden Plebejern, diesen Randständigen, Verachteten, Ausgespienen, entgegenbrachte ... diese Verachtung sieht sich durch den Respekt auf den Begriff gebracht, den die gleiche Gesellschaft, um eine Massenepidemie fürchtend, den Toten zollt: ›Ihr ganzes Leben lang hatten Joseph Geihe, Karl Melchior, Lucian Szczyptierowski (niemals) Aufmerksamkeit mit ihrem bescheidenen Dasein erregt. Jetzt (aber) plötzlich – welche Ehre! Wirkliche geheime Medizinalräte wühlen eigenhändig in ihren Gedärmen. Der Inhalt ihres Magens, der der Welt so durchaus gleichgültig gewesen war, wird jetzt peinlich geprüft und in der ganzen Presse besprochen. Lucian Szczyptierowski ist plötzlich zu einer gewichtigen Persönlichkeit geworden, und er würde sich sicher vor Eitelkeit blähen, läge er nicht als übelriechende Leiche auf dem Seziertisch. Ja, selbst der Kaiser – der gottlob durch die jüngste Teuerungszulage von drei Millionen Mark zu seiner Zivilliste als preußischer König wenigstens vor dem Ärgsten bewahrt ist – erkundigte sich angelegentlich nach dem Befinden der Vergifteten im städtischen Obdach. Und seine hohe Gattin ließ in echter Weiblichkeit durch den Kammerherrn von Winterfeld dem Oberbürgermeister Kirschner ihr Beileid ausdrücken. Der Oberbürgermeister Kirschner hat zwar von dem faulen Bückling trotz dessen Billigkeit nichts genossen und befindet sich nebst Familie in ausgezeichneter Gesundheit. Auch ist er unseres Wissens mit Joseph Geihe und Lucian Szczyptierowski weder verwandt noch verschwägert. Aber schließlich – wem sollte der Kammerherr von Winterfeld das Beileid der Kaiserin ausdrücken? Vor den Leichenteilen auf dem Seziertisch konnte er nicht gut die Grüße der Majestät ausrichten. Und die ‚trauernden Hinterbliebenen'? Wer kennt sie, wer findet sie in den Spelunken, Findelhäusern, den Prostituiertenvierteln oder auch in den Fabriken und Gruben heraus? So nahm der Oberbürgermeister Kirschner in ihrem Namen das Beileid der Kaiserin entgegen, und es gab ihm Kraft, den Schmerz der Szczyptierowskis mit Fassung zu ertragen.‹

›Im Asyl‹: eine Reportage, ein Essay, eine Satire (wie immer man will), die, in Verpflichtung gegenüber dem großen Jonathan Swift, Seit an Seit mit ausgewählten Artikeln Tucholskys in jedem republikanischen Lesebuch stehen sollte: des Themas, aber auch der glanzvoll-aggressiven Darbietung wegen. Punkt für Punkt, gnadenlos und präzise, wird der Massentod der Asylisten mit dem Leben der Reinen und Feinen droben unter dem Himmel verglichen, die selbst nach begangener Untat, nach Mord und Ausschweifung darauf zählen dürfen, das Ende ihrer Tage in seidenen Toiletten, von Dienerschaften (fürsorglichen Domestiken und exzellenten Köchen) umgeben verbringen zu dürfen.

Die einen im Keller: kaum erkennbar, von der bürgerlichen Gesellschaft getrennt, und die anderen in ihren Schlössern – so ist es immer gewesen, soll Rosa Luxemburgs Traktat beweisen; aber jetzt, auf einmal, kennen wir die Situation, durchschauen sie, weil etwas zutage getreten ist, die Ungeheuerlichkeit des Banalen, das, wortwörtlich, *zum Himmel stinkt.*

›Plötzlich passiert etwas, das so wirkt, wie wenn inmitten eines Kreises wohlerzogener, feiner und freundlicher Menschen jemand zufällig unter kostbaren Möbeln Spuren scheußlicher Verbrechen, schamloser Ausschweifungen aufdecken würde. Plötzlich wird unserer Gesellschaft durch ein grauenhaftes Gespenst des Elends die Maske der Wohlanständigkeit abgerissen, ihre Ehrbarkeit als die Schminke einer Dirne erwiesen. Plötzlich zeigt sich, daß unter dem äußeren... Tand der Zivilisation ein Abgrund der Barbarei, der Vertierung gähnt; Bilder der Hölle steigen auf, wo menschliche Geschöpfe im Kehricht nach Abfällen wühlen, in Todeszuckungen sich winden und verreckend ihren Pesthauch nach oben senden. Und die Mauer, die uns von diesem düsteren Reich der Schatten trennt, erweist sich plötzlich als eine bloße bemalte papierene Kulisse.‹

Nie – das ist entscheidend! – läßt's Rosa Luxemburg, in ihren Reden, Plädoyers, Streitschriften, bei der Analyse des Details bewenden (und sei es noch so malerisch, grell, nach poetisch-satirischer Benennung verlangend), nein, immer sieht sich die Beschreibung des Konkreten und Kleinen durch den Aufweis des Großen und Allgemeinen ergänzt, werden die Fakten im Licht der gesellschaftlichen Faktoren erhellt, die sie bestimmen, *verliert* Glanz und Misere den Charakter des Schicksalhaften und *gewinnt* Präzision durch den Begriff einer Klassengesellschaft, die sich in sozialen Gegensätzen von nahezu unvorstellbarer Schärfe präsentiert. (Nicht nur im Kaiserreich, übrigens: Wir dürfen gewiß sein, daß Rosa Luxemburg, lebte sie noch, sehr genau den Milliardengewinn des Hauses Flick mit der Summe vergliche, die den geschundenen, zu Tode gequälten, elendig verreckten Opfern und ihren Hinterbliebenen – vielleicht! – ausgezahlt worden wäre.)

›Für abnorm veranlagte Fürsten – die Schonung der Gerichte, die Pflege heroischer Gattinnen und der stille Trost eines guten Weinkellers ... Aber die alten, schwachen, unzurechnungsfähigen Proletarier verrecken wie die Hunde in Konstantinopel auf den Straßen, an Zäunen, in Asylen, in Gossen, und neben ihnen findet man als einzige Hinterlassenschaft – den Schwanz eines fauligen Bücklings. Die Klassenspaltung zieht sich schroff und grausam bis ins Verbrechen, bis in den Tod hinein. Für das besitzende Gesindel – Schonung und Lebensgenuß bis zum letzten Atemzug, für den proletarischen Lazarus – Skorpione des Hungers und den Giftbazillus des Todes auf dem Kehrichthaufen.‹ (Tempi passati? Ich fürchte nicht: setzte man anstelle von ›besitzendem Gesindel‹ – ›Aktionäre der Rüstungsindustrie‹ und statt ›proletarischer Lazarus‹ – ›Kind in der Sahel-Zone oder in Äthiopien‹ wäre die Asyl-Moritat so aktuell wie eh und je.)

Rosa Luxemburgs Agitationskunst – vorgetragen im Namen der Geihes, Melchiors und Szczyptierowskis in aller Welt – basiert auf der Einheit von Darstellung und Analyse, mimetischer Schärfe und hellsichtiger Problem-Erörterung, von Instinkt für das unmittelbar Erforderliche und der Fähigkeit, das politische Gebot des Augenblicks im Rahmen von Langzeit-Strategien zu entwikkeln.

Journalismus und Wissenschaft, Trachten nach Verständlichkeit und griffiger Formel hier und Erheben hohen philosophischen Anspruchs dort, Plastizität und Begrifflichkeit ergänzen einander: so wie sich, in Rosa Luxemburgs Schriften, strenge Bemühung um Akribie im Theoretischen mit dem Willen verbindet, das fragende Denken am Ende in den Imperativ der Praxis münden zu lassen: ›Gewöhnlich‹, schließt der Traktat (besser: die poetisch-praktische Streitschrift ›Im Asyl‹, veröffentlicht in einer Gazette, der ›Gleichheit‹, die den Untertitel trug *Zeitschrift für die Interessen der Arbeiterinnen*), ›gewöhnlich ist ein Leichnam ein stummes unansehnliches Ding. Es gibt aber Leichen, die lauter reden als Posaunen und heller leuchten als Fackeln. Nach dem Barrikadenkampf am 18. März 1848 hoben die Berliner Arbeiter die Leichen der Gefallenen in die Höhe, trugen sie vor das Königsschloß und zwangen den Despotismus, vor den Opfern das Haupt zu entblößen. Jetzt gilt es, die Leichen der vergifteten Obdachlosen in Berlin, die Fleisch von unserem Fleisch und Blut von unserem Blut sind, auf Millionen Proletarierhänden emporzuheben und ins neue Jahr des Kampfes zu tragen mit dem Rufe: ‚Nieder mit der infamen Gesellschaftsordnung, die solche Greuel gebärt!‘‹

Hüben das Mitleid mit dem armen Lazarus in aller Welt und drüben der Reveilleton einer Kampfansage an die Klasse der Unterdrücker, wie er schneidender nie formuliert worden ist; hüben das große Erbarmen mit den zum Verrecken bestimmten Opfern und drüben die Bereitschaft, dem Terror der Regierenden, wenn es denn sein müsse, mit dem Gegenterror, der Gewalt mit der Gegengewalt der armen Leute zu begegnen: eins nicht ohne das andere! Undenkbar, dies verdeutlichen, gesammelt jetzt in fünf Bänden, Rosa Luxemburgs Briefe, die Revolutionärin des Spartakus-Bundes von der Autorin der Gefangenen-Schreiben, die Rebellin des Januar 1919 von der Frau zu trennen, die ihre langlangen Kerker-Gespräche mit Amsel, Kohlmeise, Buchfink, Hummel, Rotkehlchen, Kröte und Raupe führte – den Gartenspötter nicht zu vergessen, dem Rosa Luxemburg, denke ich, ihre grandioseste laudatio geschrieben hat: einem Gesellen mit keckem Schnabel, der offenbar eher in Lassalles als in Marxens Manier zu singen verstand: so wie er, am 6. Juli 1917 im Gefängnis zu Wronke, in einem Brief an den Freund Hans Diefenbach beschrieben wird: ›Ein ... eigenartiger Kauz. Er singt nicht etwa ein Lied, eine Melodie, wie andere Vögel, sondern er ist ein Volksredner von Gottes Gnaden, er hält Ansprachen an den Garten ... voller dramatischer Aufregung, sprunghafter Übergänge, pathetischer Steigerungen ... Er stellt die gewagtesten Behauptungen auf, widerlegt hitzig Ansichten, die niemand geäußert hat, rennt offene Türen ein, triumphiert dann plötzlich: ‚Hab' ich's nicht immer gesagt? Hab' ich's nicht gesagt?' Gleich darauf warnt er feierlich alle, die es hören wollen oder nicht: ‚Ihr werdet schon sehen! Ihr werdet schon sehen!' (Er hat nämlich die gescheite Gewohnheit, jeden Witz zweimal zu wiederholen.) Es kommt ihm nicht darauf an, dazwischen plötzlich aufzupiepen wie eine Maus, die sich den Schwanz eingeklemmt hat, oder in ein satanisch sein sollendes Lachen auszubrechen, das sich in diesem winzigen Kehlchen unglaublich komisch ausnimmt. Kurz, er füllt den Garten unermüdlich mit blühendstem Unsinn, und man glaubt in der Stille, die während seiner Ansprachen herrscht, die anderen Vögel Blicke tauschen und die Achseln zucken zu sehen. Nur ich zucke nicht die Achseln, sondern ... rufe ihm zu: ‚Süßer Quatschkopf.' Ich weiß nämlich, daß sein törichtes Geschwätz die tiefste Weisheit ist: ein zweiter Erasmus von Rotterdam singt er das Lob der Torheit mit vollem Bewußtsein ... (und als ich ihm heute, er hatte mehrere Wochen geschwiegen) meinen üblichen Gruß ‚Süßer Quatschkopf' zurief, kreischte er mir etwas Impertinentes zur Antwort, das beinahe so gedeutet werden konnte: ‚Du bist ja selbst eine Törin.' Das gab ich ihm denn mit dankbarem Lachen sofort zu und war auf einmal geheilt von Bosheit, Unglück und Krankheit.‹

Wer, Hand aufs Herz, würde, kennte er die Texte

nicht, behaupten mögen, die agitatorische Schauerballade vom Massensterben im Asyl und die hommage an den ›kecken Gesellen mit der steilen Stirn und dem altklugen Auge‹ seien von einer und derselben Autorin geschrieben? Die rote Rosa – eine lyrisch sprechende Alternative? Die hochgebildete Naturwissenschaftlerin, die von der Wunderwelt der Steine, Pflanzen, Tiere nicht nur verzaubert war, sondern sich in den Bereichen der Geologie und Botanik dank harter Arbeit zur Kennerin ausbildete, sollte die Hohn- und Haßgesänge auf die ›infame‹ Gesellschaftsordnung des Kapitalismus angestimmt haben? In der Tat hat sie es – und eben diese Spannweite macht, nachzulesen in den Briefen und im einzelnen belegt durch die monumentale Biographie Peter Nettls, Rosa Luxemburgs Charakter aus. Ihr Haß gegen die einen war so groß wie ihre Liebe zu den anderen, den Schuldlosen, zu denen für sie ein Mensch im Asyl so gut gehören konnte wie ihre Katze Mimi, deren Wohl und Wehe sie – gewiß nicht nur, weil das Kätzchen, immerhin, sogar Lenin imponierte – mit wahrhaft unerschöpflicher Plauderlust kommentierte, so daß der Leser am Ende des fünften Briefbands in den Stoßseufzer ausbricht: Ach, wäre ich doch, zum Teufel, über Kautsky, Mehring und Bebel nur halb so genau informiert wie über Mimis Verstopfung!

Liebe zu aller Kreatur *und* Kampfansage an deren Peiniger – eins ergibt sich folgerichtig aus dem anderen, wobei Erbarmen das Primäre, Haß das Zweitrangige war – Haß auf die Minorität der herrschenden Klasse, Militär, Hochfinanz und Justiz an der Spitze, der gegenüber Rosa Luxemburg, auf der Seite der Depossidierten, alle feinsinnigen Unterscheidungen konsequent abgelehnt hat. Arm gegen reich; elend gegen mächtig; unschuldig gegen blutbefleckt: *Das* war der Zentralgegensatz, vor dem Differenzierungen unwichtig wurden. Die *Frauen*frage, die für eine Lily Braun, aber auch für Clara Zetkin im Mittelpunkt der Überlegungen stand, interessierte Rosa so wenig wie, herausgehoben unter andern Problemen, die *Juden*frage: ›Was willst Du mit den speziellen Judenschmerzen?‹ heißt es, Festung Wronke, 16. Februar 1917, an Mathilde Wurm. ›Mir sind die armen Opfer der Gummiplantagen in Putumayo, die Neger in Afrika, mit deren Körper die Europäer Fangball spielen, ebenso nahe. Weißt Du noch die Worte auf dem Werke des Großen Generalstabs über den Trothaschen Feldzug in der Kalahari: ‚Und das Röcheln der Sterbenden, der Wahnsinnsschrei der Verdurstenden verhallte in der erhabenen Stille der Unendlichkeit.' O diese ‚erhabene Stille der Unendlichkeit', in der so viele Schreie *ungehört* verhallen, sie klingt in mir so stark, daß ich keinen Sonderwinkel im Herzen für das Ghetto habe: Ich fühle mich in der ganzen Welt zu Hause, wo es Wolken und Vögel und Menschentränen gibt.‹

Wolken. Vögel. Menschentränen: Das ist die erste Welt der Rosa Luxemburg; ein Paradies, das, wie das Wort *Tränen* verdeutlicht, geplündert worden ist, aber als konkrete Utopie: als ungeschändete *natura* (›Vor allem die Wolken! Welcher unerschöpfliche Grund des Entzückens für ein Paar Menschenaugen!‹) die Zustandsbeschreibungen konterkariert: ein Möglichkeits-Reich, das die Welt, wie sie ist, transzendiert, indem sie ihr die Unschuld zurückgibt.

Rosa Luxemburg war eine Träumerin, die wußte, wie die Welt aussah, in der sie lebte – und eine Realistin, die, was Wirklichkeit war, einzig um der Utopie willen ertragen konnte, der sozialen Utopie des kommenden, von den Freien und Gleichen bestimmten Reichs – eines sehr irdischen Reichs, in das, gleichwohl, auch derjenige gehörte, Jesus von Nazareth, dessen Problematik Rosa Luxemburg an ihrer eigenen maß: ›Die Tragik des Menschen‹ (so ein Brief vom März 1917), ›der der Menge predigt und fühlt, wie jedes Wort in demselben Augenblick, wo es seinen Mund verläßt, vergröbert und erstarrt und in den Hirnen der Hörer zum Zerrbild wird; und auf dieses Zerrbild seiner selbst wird nun der Prediger festgenagelt‹: Die rote Rosa! Flintenweib und Petroleuse! Nein! Die rosane Träumerin aus dem Gefängnis, die Franziskus-Gestalt!

Beides, haben wir gesehen, ist falsch; richtig hingegen, daß Ausgangspunkt aller ihrer Überlegungen Rosa Luxemburgs einzigartige Fähigkeit ist, sich in andere Kreaturen hineinzuversetzen: daß sie, die vielfach Benachteiligte (klein, behindert, ›zu kurz geraten‹ in vielfacher Weise) durch ihr Leiden hellsichtig wurde; daß sie, mitten im großen Aufbruch der Nation vom August 1914, als auch die Linke den Kriegskrediten zustimmte, in den ausziehenden Kriegern nicht Helden, sondern Opfertiere erblickte, die sich auf dem Marsch zur Guillotine befänden: ›Die ganze Welt ist plötzlich ein Irrenhaus geworden.‹

Aber, so apokalyptisch die Luxemburgischen Schrekkensvisionen – Gegenbilder zu der Paradies-Welt der Wolken, Vögel und freundlichen Menschen – bisweilen gerieten: eine Schwärmerin war sie nie – wie wenig, das zeigen nicht zuletzt ihre Briefe, mitten im Rausch und Entsetzen der ersten Kriegstage geschrieben: damals, als, im Hinblick auf die plötzlich zu Chauvinisten gewordenen Sozialdemokraten, Kostja Zetkin (Claras Sohn und Rosas Freund) aus der Partei austreten wollte und ihm, mit magistraler Liebe, bedeutet wurde: ›Du großes Kind, willst du vielleicht aus der Menschheit auch ‚austreten'? Über geschichtliche Erscheinungen von diesem Maßstab vergeht einem jeder Ärger, und es bleibt nur Platz für kühle Überlegungen und hartnäckiges Handeln. In einigen Monaten, wenn Hunger kommt, wird sich das Blatt allmählich wenden.‹

Nun, es sollten Jahre werden; aber recht hat sie behalten, Rosa Luxemburg: eine Kassandra-Figur, die sich freilich von ihrem mythischen Vorbild in einem Punkt unterscheidet: Sie erkannte die Wahrheit, aber sie handelte, in ihren letzten Lebenstagen zumindest, dieser Wahrheit entgegen. Sie wußte genau, daß die Revolution von 1918 nicht zu dem ersehnten Erwachen der Deklassierten geführt hatte; sie wußte, daß es langer Aufklärungsarbeit, kluger politischer Bündnisse auf seiten der entschiedenen Linken und einer Beteiligung der Spartakisten an der Nationalversammlung bedürfe, um den Massen ihre Interessenslage einsichtig zu machen; aber als dann, im Januar 1919, putschende Aktionisten, Lumpenproleten und Heißsporne vom Schlage Karl Liebknechts die Bataille in Berlin eröffneten, ungeordnet, ohne klares Konzept, chancenlos von Anfang an: da stellte sich Kassandra, aus Solidarität mit den potentiellen Opfern, auf die Seite der Kämpfer, wurde verhaftet, niedergemacht, geprügelt, erschossen und schließlich von der im Hotel Eden einquartierten Soldateska der Garde-Kavallerie-Schützen-Division in den Landwehrkanal geworfen: fünf Monate später spülte das Wasser die Leiche an die Freiarchbrücke: verwest und entstellt – als Rosa Luxemburg, geboren 1871 im Gouvernement Lublin, nur noch an der Handtasche und einem Medaillon zu erkennen. (Die Täter, übrigens, wurden niemals ernsthaft bestraft: siehe die Dokumentation von Elisabeth und Heinrich Hannover, Der Mord an Rosa Luxemburg und Karl Liebknecht, edition suhrkamp, Band 233.)

Ein kurzes Leben; reich an Verfolgung – ständig bespitzelt, immer wieder in der Illegalität, inhaftiert, auf freien Fuß gesetzt, eingesperrt, am Rande der Gesellschaft lebend: um der Einbürgerung in Deutschland willen eine Scheinehe führend, und zum Schluß, in genauer Kenntnis des Kommenden, gezeichnet vom Martyrium: die ›auf ihrem Posten‹ sterben wollte, in offenem Kampf, fiel, ohne daß sie einer aus den eigenen Reihen hätte begleiten können, uniformierten Meuchelmördern zum Opfer: »Da kommt Röschen, die alte Hure«, riefen die Soldaten, als die Gefangene das Hotel Eden betrat, um mißhandelt und herumgeschleift zu werden: Einer der Beteiligten bot später einen Schuh aus, in der Küche des Eden-Hotels, den die Umhergezerrte verloren hatte – in einem Totentanz, wie er schauerlicher nicht erdacht werden kann.

Ein kurzes Leben, nochmals, reich an Verfolgung und durch eine Hinrichtung von seiten derer beendet, die sich am Abend des 15. Januar 1919 so zeigten, wie Rosa Luxemburg sie beschrieben hatte: unmenschlich und erbarmungslos.

Ein kurzes Leben, aber, wie die Briefe zeigen, auch

ein Leben, das geprägt war von Enthusiasmus und Inspiration, von großen Triumphen, gewonnenen Schlachten in der Phalanx der sozialdemokratischen Linken, von verwegenen Liebesgeschichten, die zwischen Ekstasen, Entzweiungen, neuen Aufschwüngen, bitteren Preisgaben, abermaligen Verknüpfungen, Liäsons mit jungen Männern und, wichtiger am Ende, Freundschaften mit älteren Frauen hin und her pendeln – *aventiuren* und Gratwanderungen an der Grenze von Politik und Persönlich-Privatem, von großer Liebe und der Sachbezogenheit kleiner Mitteilungen.

Da präsentiert sich, zum ersten, eine Frau, die, als Journalistin, Agitatorin, Parteitagsrednerin, Lehrerin an der Hochschule der Sozialdemokratie und wissenschaftliche Publizistin, den Männern den Schneid abkaufte, weil sie präziser – freilich auch extremer und pointierter (gelegentlich am Rand der kalkulierten Provokation) als die Funktionäre zu argumentieren verstand, Enthusiasmus und Logik, die Spontaneität der Taktikerin und die Vernunft der Strategin miteinander vereinend.

Man stelle sich vor: Eine junge Zürcher Doktorin, promoviert mit einer Arbeit über die industrielle Entwicklung Polens (erschienen, als Inaugural-Dissertation zur Erlangung der Doktorwürde der hohen Staatswissenschaftlichen Fakultät der Universität Zürich, im Jahre 1898 zu Leipzig), ein Fräulein Dr. Rosa Luxemburg, das, dank der Scheinehe, später auch Dr. Rosalie Lübeck hieß, eröffnet, 1898 von der Schweiz nach Berlin übersiedelnd, zielstrebig eine politische Karriere, die, im polnischsprachigen Oberschlesien begonnen, binnen kurzem in die Schaltzentralen des Parteivorstands führt ... und vor allem deshalb gelingt, weil das weiland Fräulein Rosa Luxemburg, Zürich, Universitätsstraße 77, sowohl vor dem Volk als in der Partei, in Wirtshäusern und vor Funktionären eine Rhetorik inszenierte, die, strikt adressatenbezogen, *intra* und *extra muros* in gleicher Weise überzeugte; wobei die Rednerin – das ist der springende Punkt! – sich selbst niemals verleugnete, sondern die intellektuelle – aber solidarische –, eigenwillige – aber um gemeinsame Verpflichtungen wissende – Parteigängerin ins rechte Licht zu rücken verstand. ›Den Doktortitel als Reklame‹ – 1899 an Leo Jogiches –, ›das imponiert den Arbeitern und gefällt ihnen.‹

Rosa Luxemburg war eine Frau, deren Existenz sich im Spannungsbezug zwischen *solitaire* und *solidaire* (gemeinsam und einsam) realisierte: Kumpanei und Funktionärsgeselligkeit, die Biertischstrategie der Genossen war ihr verächtlich; sie wahrte Abstand und, wenn's sein mußte, Reserve, die in Arroganz umschlagen konnte; aber sie konnte sich's leisten, weil, was von *oben* formuliert wurde, *unten* erlebt und bezeugt war, im Gefängnis und im Gerichtssaal ... und diese Doppeltheit war es, dieses Miteinander von Erfahrung und Wissen, das ihr Glaubwürdigkeit gab und ihre Triumphe auf den großen und kleinen Versammlungen der Sozialdemokraten verbürgte – Triumphe, während deren sie niemals allein zum Saal, sondern immer zugleich auch zum Fenster hinaussprach; stets bereit, den Westentaschen-Marxisten Paroli zu bieten, die Schülerin ihres geliebten Lassalles herauszukehren, witzig und ums Zugespitzt-Amüsante bemüht: die Gebote der Parteidisziplin respektierend; aber die Wahrheit, die sie, entgegen den Klüngeleien der Orts- und Bezirksvereine, an die große Glocke hängen wollte und nicht ans Schellchen im Nebenzimmer von ›Adler‹, ›Lamm‹ oder ›Hirsch‹ ... die Wahrheit, unter ihrer Devise *amicus Plato, amicus magis veritas*, auch dann verteidigend, wenn sie, die Wahrheit, in den eigenen Reihen als unbequem galt. (Kein Wunder, so betrachtet, daß Rosa Luxemburg in der Partei, nehmt alles in allem, Einzelgängerin blieb: bewundert, aber nicht geliebt; gerufen, wenn's brenzlig wurde, und hernach schnell wieder in die Ecke gestellt: ›Sobald die Sache gut stehen wird, (werden sie) sich bemühen, mich ‚von der Tafel' zu verdrängen ...‹ – ›Wir wollen das doch lieber in der Partei abmachen, d.h. in der Sippschaft. So ist es bei ihnen immer: Brennt die Bude, her der Jude, ist der Brand aus, Jude hinaus.‹)

Parteikader, Direktive, Organisation – das waren Worte,

die Rosa Luxemburg so fremd wie *Parlament* oder *bürgerliche Demokratie* klangen: Die Mehrheit sollte bestimmen, das Volk, nicht die Partei und nicht die Bourgeoisie; die Parolen von 1789 wollten erweitert und universalisiert, nicht verengt sein: die Partei hatte sich dem Volk zu öffnen und dergestalt die Maxime zu realisieren, daß es weder eine Demokratie ohne Sozialismus noch einen Sozialismus ohne Demokratie geben könne.

Rosa Luxemburgs Größe und Grenze (das machen nicht zuletzt die Briefe klar) liegt in der Kompromißlosigkeit, mit der sie, solche Thesen vertretend, unmittelbar vom Konkreten ins Allgemeine, vom Naheliegenden ins Abstrakt-Universale übersprang: unter weitgehender Ausschaltung aller Mittler-Instanzen, der straff organisierten Kader-Partei zum Beispiel, aber auch der Nation. Selbstbestimmungsrecht der Völker war für sie, dies unverwechselbare Individuum *und* diese Internationalistin, ein Begriff, der ins Perfekt gehörte. (Lenin, wie man weiß, hat sie nicht zuletzt deswegen der Irrlehre geziehen.)

Nein, Rosa Luxemburgs Heimat war weder die Partei noch ein Land, sondern jenes Stück Utopia, in dem, nach Ernst Bloch, noch niemand war, dessen Realisierung aber bevorstünde, sobald der sich in Massenaktionen bewährende und das Volk, in solchen Aktionen, zum Bewußtsein seiner historischen Sendung führende Internationalismus der Arbeiterbewegung der Klassenherrschaft der Bourgeoisie den Garaus gemacht hatte.

Große Worte, für die Rosa Luxemburg, Phrasen in Alltagsmünze verwandelnd, im Rahmen kleiner Erfahrungen einzustehen versuchte: als Privatperson, Vertraute, Geliebte, Freundin, Genossin, Wissenschaftlerin, die gleichwohl in jedem Augenblick reflektierte (und darin liegt der eigentliche Reiz ihrer Briefe!), unter welchen Mühen – und, oft, mit wieviel vergeblichem Aufwand! – eine Existenz zu leben sei, in der sich aus Privatperson und zoon politicon ein harmonisches, von Selbst-Identität und offenem Weltbezug geprägtes Wesen ergäbe.

Politik und Privat-Interesse: wie schwer das, in banaler Praxis, miteinander zu vereinen war, verdeutlicht Rosa Luxemburg mit Hilfe eines Berichts, der vordergründig Franz Mehring, hintergründig aber – vielleicht, wahrscheinlich – in gleicher Weise ihr selbst gilt: ›Jetzt erzähle ich Dir‹ – 12. Januar 1912 an Leo Jogiches – ›eine amüsante Geschichte. Am Donnerstag war ich zu Mehrings eingeladen, wobei ich mich auf keine Weise herauswinden konnte. Da ich jedoch unbedingt wenigstens ein bißchen vom Abend für die Arbeit am Referat retten wollte, erzählte ich, als ich um 5.30 bei ihnen eintrat, gleich an der Tür das Märchen, ich hätte die Nachricht erhalten, daß (der Genosse) Oppel aus dem 1. Bezirk um 8 zu mir kommt und ich deshalb sehr zeitig nach Haus zurückkehren müsse. Die Mehring geriet dadurch zwar aus der Fassung, hat es aber noch leidlich aufgenommen; aber er, stelle Dir vor, hatte es kaum in seinem Zimmer gehört, als er auch schon bleich, mit entstelltem Gesicht, herausgestürzt kommt und in voller Lautstärke zu schreien beginnt: ‚Das ist doch unerhört! Da soll die ganze Partei der Teufel holen. Sie verdirbt einem (wirklich) das ganze Leben, da hat man sich schon gefreut auf die paar Stunden, und nun kommt so ein Kerl, lassen Sie ihn doch laufen, was will der Kerl von Ihnen? Mag er doch zum Teufel gehen ... Dieser Kerl soll mir noch in die Hände laufen!'‹ (Resultat der Schimpfkanonade: Mehring ›taute vor Freude‹ langsam auf, und Rosa blieb ... bis nach neun.)

Da wird, in *komischer* Weise, ein Thema traktiert (Privatleben und Politik unter Ausnahmebedingungen), das dort Tragödien-Pathos gewinnt, wo die Liebe zwischen zwei Gleichrangigen, Rosa Luxemburg und dem vier Jahre älteren, im selben Jahr wie sie ermordeten Leo Jogiches, einem aus Wilna stammenden Revolutionär, zur Disposition steht. Nahezu tausend Briefe und Karten, lange Reisebeschreibungen und winzige Telegramme, geheime Memoranden und lakonische Mitteilungen (alle von Rosa stammend, die Gegenbriefe sind verschollen) stehen im Zeichen des – gescheiterten – Versuchs, über Jahre und Orte hinweg (und eine Zeitlang auch, via

Rohrpost, in einer und derselben Stadt) Privates und Überindividuelles kommunizieren zu lassen – vergeblich, wie gesagt: Aus dem ›Du‹ wird ein ›Sie‹, ein unpersönliches ›Es‹, das man anzureden vermeidet; ein Niemand, dessen Präsenz man fürchtet und vor dem man flieht; ein fremd gewordener Genosse, der sich nicht schäme, sein altes Zimmer in der gemeinsamen Wohnung von einst zu behalten und den Schlüssel dazu: ›Ich muß zum ich weiß nicht wievielten Mal bitten, das Geschäftliche schriftlich mit mir zu erledigen, damit ich in meinem Winkel Ruhe habe … Ich muß meine eigene Wohnung haben und kein Hotel, in dem man ohne meine Zustimmung ein- und ausgehen kann. Ich habe nicht die Kraft, dieses Hin- und Hergezerre länger zu ertragen, ich habe schon so viele Male gebeten, daß damit Schluß ist, und ich habe mich den ganzen Sommer außer Haus herumgetrieben, um diese Wirtschaft nicht zu sehen, jetzt habe ich schon wieder dasselbe.‹ Keine Anrede, im ganzen Brief, kein ›Sie‹ und kein ›Er‹ und kein ›Wir‹: Leo Jogiches – die Un-Person, ein politischer Gefährte, zu dem man steht: aber weitweit entfernt … und eben dies war für Rosa Luxemburg nicht zu ertragen: ›Die Sache und die Tradition früherer Gefühle‹ … zu wenig für sie; zu wenig für eine Frau, die sich zeitlebens weigerte, die ›Sache‹ von der Person zu lösen, den Sozialismus von dem Menschen, der ihn vertrat, dem alten Wilhelm Liebknecht oder dem ungestümen Karl, dem sie die Leviten las, wenn er sich – zum hundertsten Mal – um Kopf und Kragen redete, dem Vater Mehring oder, eben, dem Goldschatz und Schätzchen, dem teuersten Schoßkindchen und dem Träger der verwirrendsten, in Dutzenden von Variationen vorgetragenen polnischen Kosenamen, die ich zitieren würde, wenn ich sie aussprechen könnte –, Leo Jogiches eben, an den sie sich klammerte, auf den sie alles bezog, was sie erlebte, mit dem sie sich, mal hier und mal dort, ein gemeinsames Leben ausmalte – umsonst: ›Es regt mich auf, sobald ich irgendeinen Brief … von Dir in die Hand nehme, es ist die Nummer, es ist die Broschüre, da ist dieser Artikel, da ist jener. Das wäre alles gut, wenn wenigstens neben dem da, außer dem da ein wenig der Mensch, die Seele, das Individuum zu sehen wäre. (Aber) bei Dir gibt es nichts, nichts außer dem da. Hast Du (denn, seit ich in Paris bin) keine Eindrücke empfangen, keine Gedanken gehabt, hast Du nichts gelesen, was Du mir mitteilen könntest? ... Es ist nicht wahr, daß es eben jetzt heiß zugeht und die Arbeit drängt: Bei einer bestimmten Art von Beziehungen findet sich immer etwas, worüber man spricht – und ein Augenblick des Schreibens.‹

Man sieht: So wichtig das *Was* für Rosa Luxemburg war, die Sache, das gemeinsame Anliegen, die Revolution – gleichrangig stand daneben für sie das *Wie*: Die Art des Umgangs mit Politik, das unverwechselbare Drauflosstürmen, Zögern, Bedenken, Neuansetzen, Tasten, Versuchen ... und das Reden darüber, das exzessive Reden, das sie mit ihren Geliebten, dem Kostja Zetkin, dem Hans Diefenbach und dem Paul Levi, und ihren Freundinnen Clara Zetkin, Louise Kautsky oder Sonja Liebknecht bis zum Exzeß praktizierte, getrieben von Fontanescher Plauderlust, auf der Basis eines genuinen *talent épistolaire*, mit dessen Hilfe sie ihre Liebesbriefe in spontane Kunst-Stückchen verwandelte: beredt und witzig, magistral und stürmisch zugleich: *Schreib über China, Liebling! Essayist solltest du werden, mein Schatz! Und die Parteihochschule, Kindchen, wäre das nichts für dich?*

Da wird geträumt und geplant und geliebt und gedichtet, wird Botanik getrieben, gelesen, und dann, auf einmal, mitten unter all diesen Experimenten, die dem einen Ziel dienten, sich als eine Frau zu erfahren, die *da* ist, zwischen gewaltigen Hoffnungen und nervenzermürbenden Depressionen ... dann auf einmal das Weinen beim Gedanken an den Abschied Hans Diefenbachs, am 2. August 1914, auf dem Balkon: ›Als Hannes wie ein Kind mit Tränen versicherte, er wolle und er könne nicht in den Krieg, er vertrage das nicht, er habe auch das Gefühl, er werde nicht zurückkehren, und wie ich ihn wie einen kleinen Jungen trösten mußte.‹

Sich dem anderen mitzuteilen, ohne Rückhalt: auf den

ersten Blick, auf den zweiten jedoch: mit einem kleinen *peut-être* ins Irreale, ins Vieldeutig-Erklärungsbedürftige erhoben – das ist die Intention von Briefen, die den Rausch des großen Glücks in gleicher Weise benennen wie Einsamkeit, Krankheit und Melancholie: ›Eine Art tödlicher Apathie‹ (hat mich ergriffen), heißt es in der großen Seelen-Konfession an Jogiches vom 24. Juni 1894, ›(eine Apathie), bei der ich alle Handlungen, sogar die im Denken wie ein Automat ausführe, so, als ob es ein anderes wäre. Was ist das? Erkläre es mir. Eigentlich das *Leben*! Mir ist so, als wäre etwas in mir gestorben, ich empfinde weder Angst noch Schmerz, noch Einsamkeit, genau wie ein Leichnam.‹

Sprechen zu können, wo andere verstummen; geheimste Seelenregungen, Motionen der Gedanken, das Sich-Bilden von Gefühlen und die Entstehung von kaum wahrnehmbaren Sympathien mit Menschen, Dingen, Tieren dank einer Akribie dargestellt zu haben, wie sie sich sonst nur in der frühexpressionistischen Prosa, beim jungen Rilke und dem Musil des ›Törless‹ nachweisen läßt: dies, vor allem anderen, macht den Rang der Briefschreiberin aus: einerlei, ob sie Landschaft, eine Wohnungssuche, den Unfall einer Katze, einen Abend im bürgerlich-sozialdemokratischen Ambiente, bei den Mehrings, den Kautskys, den Bebels, das Straßenleben der Großstadt oder mittelmeerische Szenerien, Genua, Levanto, ob sie ihren Tageslauf, die Einkäufe, ihre Kleidung – am wichtigsten: Hüte – oder ihre Sommerfrische auf der anno 1901 noch unentdeckten Insel Sylt beschreibt – ein Kabinettstück von Selbstironie: ›Nordseebad Wenningstedt, den 8. August 1901. Wißt Ihr, was hier das Schönste ist? Die Kühle. Man vergißt förmlich, daß es Hochsommer ist, ich gehe stets im Überzieher. Mein Tag ist (rasch) beschrieben: Ich steh' auf, reiß' den Schnabel auf zum Frühstück, dann liege ich am Strand auf dem Bauch, bis Mittag. Nachmittags liege ich auf dem Rücken am Strand, bis zum Abendbrot, und nach dem Abendbrot liege ich, wie es mein Brauch ist, auf der rechten oder der linken Seite im Bett und schlafe. Daß man dabei so (ganz) allmählich kretinisiert wird – na, das merkt Ihr ja selbst an diesem Brief.‹

Ferien einer Schriftstellerin, die ansonsten – das will an dieser Stelle denn doch betont sein – trotz aller Flanierlust das Muster-Exemplar einer disziplinierten Arbeiterin war: jeden Morgen eine kalte Abreibung, jeden Vormittag eine Tiergarten-Promenade, jeden Tag ein Liter Milch und zum Abendessen drei weiche Eier – ansonsten die Bibliothek und der Schreibtisch; Studium bis Mitternacht: ›Gegen 12 Uhr ziehe ich den Wecker auf, singe etwas vor mich hin, dann bereite ich die Schüssel mit dem Wasser für die morgige Abreibung, kleide mich aus und schwupp ins Federbett.‹

Nein, sentimental ist sie gewiß nicht gewesen, Rosa Luxemburg: so lyrisch sie, gelegentlich schon in expressionistisch geprägter Diktion, über Sonnenuntergänge und Heiligabend-Stimmungen, über Gefängnisbesuche und die Pfiffe der Lokomotiven, die in die Kerkerzellen dringen, meditiert. Vorm Pathos ihrer, der wilhelminischen Zeit und vor Gefühlsseligkeit war sie zwiefach gefeit: durch Kenntnisreichtum, nicht zuletzt auf dem Gebiet der Naturwissenschaft und – durch ihre Neugier, die Fähigkeit, sich anderen im Akt des Staunens zu nähern und ihnen dabei, ganz unfeierlich und nüchternnaiv, auf die Schliche zu kommen, Mozart zum Beispiel, dem sie, als wäre er ihr Zeitgenosse, leidenschaftlich applaudiert, weil er, als Kind, so verrückte Texte komponiert habe, oder Johann Sebastian Bach, bei dessen Matthäus-Passion sie die Juden mit ›fliegenden Bärten und gestikulierenden Händen und Stöcken‹ durch den Kirchenraum stürmen sah.

Was immer diese Frau erlebte: was sie sah, las, erkannte und träumte – aus allem wurden vom Geist der Kom-passion, des Mit-Dabei-Seins, getragene Geschichten, in denen das Mögliche und das Wirkliche, der Vortraum und das Realitätsprinzip miteinander im Widerstreit lagen: die große Tristesse und die bescheidene, aber vorscheinartig auf ein geselliges Leben in Freundlichkeit verweisende Seligkeit, die sich so buchstabiert:

›Wenn ich an einem lauen Frühlingstag … auf den Straßen schlendre …, beide Hände in den Taschen des Jäckchens, ohne Ziel, nur um das Leben einzusaugen – aus den Häusern tönt österliches Matratzenklopfen, eine Henne gackert irgendwo laut, Schulbuben balgen sich auf dem Nachhauseweg mit hellem Geschrei, ein vorbeikeuchender Stadtbahnzug sendet einen kurzen grüßenden Pfiff in die Luft, ein schwerer Bierwagen rattert die Straße hinunter, irgendwo schilpen lärmend die Spatzen … gibt es ein höheres Glück als solch zielloses Herumstehen auf der Straße in der Frühlingssonne, die Hände in den Taschen und ein Sträußchen für 10 Pfg. im Knopfloch?‹

Da wird, wie in der Poesie der Moderne, die Seelenlage des Ich durch objektive Korrelate, vom Matratzenklopfen bis zum Blumenstrauß, verdeutlicht … bezeichnend für die Schreibweise einer Frau, die so viel wie keine zweite ihrer Generation preisgibt an Individualität und sich dennoch nie im Vag-Subjektiven verliert, sondern, auch und gerade im Zustand der entschiedensten Intro-Spektion, der Welt zugewandt bleibt: der österlichen Idylle so gut wie, in der gleichen Stadt, der Asylisten-Szene des Heiligen Abends.

Ich denke, es gibt wenige Briefschreiber in der Geschichte der Weltliteratur, bei denen wie im Falle Rosa Luxemburgs ein Maximum an Ich-Analyse identisch ist mit einem Höchstmaß an verläßlicher Erkundung jener äußeren Welt, deren soziale, durch die Herrschaft einer winzigen Minorität bedingte Misere die Gefangene der Strafanstalt Wronke auf den Begriff gebracht hat, als sie das Leiden eines rumänischen Büffels beschrieb, den ein Soldat mit dem dicken Ende seines Peitschenstiels malträtierte, um hernach, zur Rede gestellt, zu antworten: »Mit uns Menschen hat auch niemand Mitleid.«

Der Widerlegung dieses Diktums ›Mit uns Menschen hat auch niemand Mitleid‹ galten von der Studentenzeit in Zürich bis zum Tage ihrer Ermordung Rosa Luxemburgs Leben und Arbeit. Die Humanität in unserer Gesellschaft wird sich auch danach bemessen, inwieweit wir das Erbe Rosa Luxemburgs in Ehren halten.

Rhetorica contra rhetoricam
Hugo von Hofmannsthal

1968

›Um ein Olympier zu werden, wie Goethe und Victor Hugo, muß man lang leben; jedes Lebensalter der Nachgeborenen muß einen Anknüpfungspunkt im Leben des großen Mannes finden, er muß ganz Jüngling, ganz ein Mann, ganz ein Greis gewesen sein, ja, der Jüngling, der Mann, der Greis seines Volkes‹: so lautet, aufgezeichnet am 15. März 1891, das Notat eines siebzehnjährigen Schülers – die Maxime jenes Gymnasiasten Hofmannsthal, der nach seinem eigenen bitteren Wort schon am Ende des Jahrzehnts, nach der Vollendung des Dramas ›Der Abenteurer und die Sängerin‹, eine runde Biographie gehabt hätte. In der Tat, wäre er um 1900 gestorben ... er stünde heute in den Literaturgeschichten an der Seite von Trakl und Heym – ein früh Vollendeter, der mit dem Gedicht ›Südliche Mondnacht‹ das Zeitalter des Impressionismus begrenzt und mit dem Chandos-Brief und der Studie über Victor Hugo die expressionistische Ära, eine Epoche der Zweifler und Redner (nicht der verklärenden Dichter), inauguriert hätte. Wieviel freundlicher würden sich in unseren Tagen die Analysen des Hofmannsthalschen œuvre ausnehmen, wäre er nicht als Anwalt der konservativen Revolution, sondern, auf dem zweiten Lebens-Gipfel angelangt, als Komödienschreiber gestorben: Vom ›Rosenkavalier‹ zum ›Schwierigen‹ ... war das nicht das Präludium der deutschen comédie humaine? Setzte – wenn schon kein Molière, so doch einer aus seiner Umgebung hier nicht die Tradition der europäischen Charakter-Komödie in einer Weise fort, die Poquelins Esprit mit Nestroys realistischem Sinn und Lessings Witz zu vereinigen schien?

Er starb zu spät. Er starb zu früh: Könnte man sich nicht einen Hofmannsthal denken, der, als Emigrant unter Emigranten, Sigmund Freud im Londoner Nordwesten, Maresfield Garden Nr. 20, besuchte – einen Hofmannsthal auch, der, an der Stelle Franz Werfels, zusammen mit Reinhardt Dramatisierungs-Möglichkeiten des Alten Testaments erwöge und, inmitten eines Riesenzelts, im Grand-Central Park von New York Salzburgs Dom und Salzburgs Jedermann wieder auferstehen ließe? Oder Hofmannsthal in Kalifornien, mit der Korrektur des ›Andreas‹ beschäftigt, eines Exil-Romans vom Rang der anderen Abgesänge, des ›Faustus‹, des ›Mann ohne Eigenschaften‹ und des ›Tod des Vergil‹? Mögen wir dankbar sein, daß ihm ein Hitler erspart blieb, zu dem selbst Karl Kraus nichts einfallen wollte (und wieviel weniger dann ihm!) ... ganz anders stünde heute Hofmannsthal da, wenn auch er einen Brief wie Thomas Manns Schreiben an den Bonner Dekan, ein Sendschreiben wie Einsteins Antwort an die Preußische Akademie oder ein Testament im Stil Stefan Georges hätte aufsetzen können: ›Ich wünsche nicht, im Wien Seyss-Inquarts beerdigt zu werden.‹

Sein Tod kam zur Unzeit. Von alten Freunden abgesehen, Kessler, Borchardt und Schröder, wagten nur wenige, mit Thomas Mann von einem *Verlust* zu sprechen, *wie er die geistige Welt nicht schwerer hätte treffen können.* (Und selbst der Autor des ›Zauberbergs‹, sonst gewiß kein Freund von Klischees, sah in dem grauhaarigen Mann noch immer das genialische, schon lange gestorbene Kind und schloß seinen Epitaph mit den Worten: ›Ein Jüngling wieder, in ewiger Anmut, geht Hugo von Hofmannsthal ins Reich der Unsterblichen ein.‹) Nicht allein für die Berliner Rezensenten galt der ›Hausdichter eines imaginären Wiener Burgtheaters‹ damals als Monument aus jener Habsburger Zeit, die Ihering lapidar als ›Zeit‹ bezeichnete, ›in der man Hofmannsthal überschätzte‹. Selbst der ›Schwierige‹ – nach Siegfried Jacobsohn ein ›Totentanz wohl parfümierter Drohnen‹ – fiel jämmerlich durch; Brecht schwieg, Kafka notierte, bei Gelegenheit eines Vortrags, nur Physiognomisch-Beiläufiges – ›Hofmannsthal liest mit falschem Klang in der

Stimme. Gesammelte Gestalt, angefangen von den an den Kopf gelegten Ohren‹; Musil prophezeite, ›übrig bleiben‹ würden nur ›Stellen unwillkürlichen Gelingens‹; ansonsten bezeichnete er Hofmannsthals Bemühen, ein großes Glied der Tradition zu sein, schlichtweg als ›snobisch‹.

Kurzum, die Riesen murrten, und die Zwerge taten's ihnen nach: ›Die Frechheit der deutschen Nachrufe war widerwärtig‹ – diese Formulierung stand nicht in der ›Corona‹, sondern findet sich im Brief eines Marxisten, der, von Hofmannsthal gefördert und ihm in kritischer Anteilnahme verbunden, mit dem Verfasser der Studie über die Entwicklung des Dichters Victor Hugo nicht nur das Schicksal des gescheiterten Habilitanden teilte. Es ist ein Satz jenes Walter Benjamin, des Mitarbeiters der ›Bremer Beiträge‹ und Rezensenten des ›Turm‹, der, elf Jahre nach Hofmannsthals Tod, am 7. Mai 1940, auf Theodor W. Adornos Deutung des Briefwechsels zwischen Hofmannsthal und George einging und, in einem langen Schreiben an den Interpreten, eine These aufstellte, die man schon deshalb ernst nehmen sollte, weil es Benjamin unter dem Aspekt ›mögliche Berührungspunkte mit der Ideologie des Faschismus‹ nicht um die Vernichtung, sondern die Verteidigung des Angegriffenen ging: ›Ich glaube, Hofmannsthal hat zu seinen Gaben zeitlebens so gestanden wie Christus zu seiner Herrschaft gestanden hätte, wenn er sie seiner Verhandlung mit Satan zu danken gehabt hätte. Die ungewöhnliche Versatilität geht bei ihm, wie mir scheint, mit dem Bewußtsein zusammen, Verrat an dem Besten in sich geübt zu haben. Darum konnte ihn keine Vertrautheit mit dem Gelichter schrecken.‹

Verrat, das heißt für Benjamin: Abkehr von der im Chandos-Brief erkannten Notwendigkeit, sich gegenüber der Realität zu behaupten. Verrat bedeutet: ein Virtuose von d'Annunzios Schlag zu bleiben, ein Mann, dem die Kunst mehr als die Wirklichkeit, Nietzsche mehr als alle Abenteuer des Lebens bedeuten, so daß er (um es mit Hofmannsthals Worten zu sagen) an Begriffen festhielt, denen die lebendige Anschauung schon lange versagt war ... und das, obwohl er doch – nach einem letzten Entschluß, einem winzigen Sprung – um 1900 den Weg hätte einschlagen können, den, mit den ›Hochzeitsvorbereitungen auf dem Lande‹, um diese Zeit Franz Kafka beschritt (Musil ist ihm mit dem ›Törless‹ gefolgt); obwohl doch nur – so Benjamin – ›ein einziges Element der Hingabe fehlte‹ ... und die Tore hätten sich aufgetan, hinter denen das Allerheiligste liegt, das Kafkasche Schloß oder, nach anderer Version, das Kunstreich jenes Stefan George, der – Benjamin präludierend – Hofmannsthal schon 1902, im ›Teppich des Lebens‹, der Versatilität bezichtigt (›In alle Seelen einzuschlüpfen gierig / blieb deine eigne unbebaut und öd‹) und ihn gleichfalls des Umgangs mit dem Gelichter angeklagt hatte: ›Du fandest seltne farben schellen scherben / und warfest sie ins wirre blinde Volk / das überschwoll von preis der dich berauschte‹. Man sieht, hier wird im Namen der künstlerischen und der gesellschaftlichen Verantwortung ein Schriftsteller an den Pranger gestellt, der dort noch an Synthesen glaubt, das *theatrum mundi* oder die ästhetische Erziehung des Menschengeschlechts, wo rigorosere Geister eine Entscheidung verlangen: *mundus* oder *theatrum*, ästhetische Erziehung einer Elite oder gesellschaftliche Erziehung des Menschengeschlechts durch Veränderungen der ökonomischen Basis. Beschuldigt wird der Grenzgänger zwischen beiden Bereichen; ein Artist auf dem Markt und ein Sozialkritiker mit dem falschen Bewußtsein des Virtuosen. Fügt Hofmannsthal, lautet hüben wie drüben die Frage, nicht gar zu unverbindlich Heterogenes zusammen, stellt Rubempré und Rastignac auf eine Ebene mit Napoleon oder dem Prinzen Eugen, rückt mit Hilfe von Zitat und Montage, dem Anachronismus den Rang eines Stilprinzips gebend, getrennte Räume und Zeiten, das Fiktive und das Reale, nah aneinander, verwandelt die sophokleische Elektra in eine Patientin von Freud und plant eine Zeitschrift, einen neuen ›Spectator‹, in dem sich aus Pflanzen-Beschreibungen, Sinn-Sprüchen, Fetzen von table-talks und Erörterungen über das Wetter so etwas wie ein inspiriertes Pandämonium ergeben sollte? Reimt sich da nicht in der Tat alles auf alles, so daß das Pandämonium zum musealen Arrangement und Ariels Zauberreich zum Puppentheater eines jungen Herrn aus gutem Hause wird?

Nun, so sicher es ist, daß Hofmannsthal *(ein Erinnerungs-Künstler, der wenig von sich ablehnen konnte)* zumal in seiner Jugend häufig einem wahren Bezugs-Wahn verfiel (›Die Nausikaa-Geschichte hab ich wieder ganz trecentistisch im Kopf‹) und sich wie ein leibhaftiges Teufelchen Asmodi gerierte: Dächer abhebend, Schädel öffnend, Tote zum Leben erweckend – so unbezweifelbar erscheint es auf der anderen Seite, daß Legende und Mythos gerade mit Hilfe der radikalen Transformation an Anschaulichkeit und Frische gewannen und das Kulturgeschichtliche, übersetzt in die Gegenwart, die Patina des ›nur‹ Geschichtlichen verlor. Hofmannsthal war – weit vor Eliot, Pavese und Pound! – ein Meister der synoptischen Evokation ... ein Artist, dem es gelang, durch überraschende Figurationen den historischen Phänomenen unmittelbare Überzeugungskraft zu verleihen: ein Arrangeur aber auch, der sich der Gefahren – und Grenzen! – seiner kombinatorischen Schlüsse sehr wohl bewußt war. In der gleichen Weise, wie es ihn reizte, hinter dem Singulären das Exemplarische und hinter der Fläche die Schichten durchscheinen zu lassen, erkannte er doch auch, daß es Zeitläufte gibt, in denen die Forderungen des Tages es dem Menschen nicht mehr gestatten in Ahnenreihen zu denken, weil die Erhellung horizontaler, also sozialer Bezüge (wie es im ›Theater des Neuen‹ heißt) so vordringlich wird, daß demgegenüber der Synopsen-Zauber im vertikalen Bereich der Geschichte als Glasperlenspiel und Flucht vor den Geboten der Stunde erscheint. Zum Thema der Kontemporaneität gesellte sich für Hofmannsthal in den Jahren nach dem Ende des Weltkrieges das Problem der Simultaneität: Ist es möglich, lautet die Frage, sich über die Dissonanzen einer aus den Fugen geratenen Zeit in der gleichen Manier wie über diachronische Widersprüche, Volten und Brüche, zu verständigen? Ist eine Form ironischer Darstellung, eine Shawsche Methode verbindlicher Relativierung denkbar, der es gelingen könnte, das Disparate zusammenzufügen?

Nun, Hofmannsthal sah das Problem und erkannte die Dringlichkeit seiner Lösung; aber während er die ins Ästhetische transponierte *comédie* aus den disparatesten Bauelementen, den Poussinschen Wolken, der Lenauschen Heide oder den Schumannschen Seelenregungen herstellen konnte und mit Baudelaire, Clemens Brentano, der Kaiserin Maria Theresia oder dem Prinzen Eugen wie mit Zeitgenossen umging, wollte ihm die Beschreibung einer Welt, in der es neben Gobelins und Canalettos, schwarzen Schwänen und englischen Parks auch den Jazz, die Straßenbahnen, Förderhalden und Slums, dazu abrupte Übergänge und sekundenschnelle Veränderungen gibt, nicht gelingen ... und das, obgleich schon eine aus dem Jahr 1905 stammende Aufzeichnung zeigt, wie sehr gerade Hofmannsthal befähigt war, antithesenreiche Simultan-Vorgänge ins Blickfeld zu rücken: ›Während ich hier in Lueg am Rande des Waldes über dem leuchtenden See sitze und schreibe, ereignet sich in der Welt dieses: In Venezuela läßt der Diktator Castro in den überfüllten Gefängnissen erwürgen und zu Tode martern. In Baku schießen seit acht Tagen die Armenier und Tartaren aufeinander, werfen Frauen und Kinder in die Flammen der Häuser, das Ganze erleuchten auf Meilen die roten Riesenflammen der brennenden Petroleumlager ... Und die Gefängnisse! Die unschuldig Verurteilten! Und die sogenannten Schuldigen! Und die Armenviertel von London und New York!‹ Man stelle sich vor, Hofmannsthal hätte in der Weise von Joyce – und das wäre ihm möglich gewesen! – sein Kunstreich durch Adaptationen von Wirklichkeits-Blockstücken erweitert, hätte die Arabella, wie es die Entwürfe versprechen, tatsächlich als ein *nihilistisch gesonnenes Mädchen von zynischer Trockenheit* in der Gegenwart und nicht im Wien des letzten Jahrhunderts: nicht in einer imaginären Kontrast-Zeit zur Rosenkavalier-Epoche auftreten lassen ... welche Perspektiven hätten sich da ergeben und welche Beute hätte Asmodi, die Dächer der Gefängnisse lüftend und die Bretterzäune der Armenviertel durchbrechend, mit nach Hause gebracht! Wenn es erlaubt ist – wir zweifeln daran –, mit Benjamin zu erklären, Hofmannsthal habe Verrat geübt am Besten in sich, dann gewiß nicht wegen seiner virtuosen Versatilität – die Hölle wäre sonst, von Seneca über Hofmannswaldau bis Pound, mit lauter Dichter-Alchimisten, Kombinierern, Hermestisten und Rhetoren gefüllt! –, sondern allenfalls deshalb, weil er seine proteischen Gaben nur andeutungsweise, in Brief, Notiz und Entwurf, zur Darstellung von Bereichen verwandte, deren Ergiebigkeit er sehr wohl durchschaute.

Aber auch dieser Vorwurf erweist sich sogleich als problematisch, wenn man bedenkt, daß Hofmannsthals künstliche Welt ja weder das Georgesche Gegen-Reich, in dessen geweihten Hainen der Geist sich selber genügt, noch der angenehme Wohnbezirk ist, der sich dem höheren Menschen, nach den Geschäften des Tages, als *locus amoenus* der herrschenden Klasse anbietet. Wer so argumentiert, verkennt den *Surrogat*-Charakter jenes Puppenheims, in dem sich zitatreif sprechende Menschen zwischen Faunen und Fontänen bewegen und dabei den Publilius Syrus mit einer Emphase und Kennerschaft lesen, als gälte es, Huysmans Grafen des Esseintes zum Barbaren zu stempeln. Das oft apostrophierte Hofmannsthalsche Kindertheater, auf dem Marionetten agieren und maniriert gekleidete Puppen ihrer Überzeugung Ausdruck verleihen, ein Leben aus zweiter Hand führen zu müssen: dieses künstliche Etablissement bildet, mit Georg Lukacs zu sprechen, ›das wirkliche Objekt des Jammers, die unerkannte Struktur der Gesellschaft‹ deutlicher ab als die sozialkritische Empörung der Naturalisten. Die Klage des Ästheten wird zur Anklage einer verrotteten Sozietät, die den Menschen dazu verdammt, in die Traumgefilde eines Ersatz-Reichs flüchten zu müssen: nur dort allein gibt es noch Freiheit und humanen Verkehr.

Mag also das Arrangement des *theatrum mundi* auch auf ein Wohlgefallen an der Preziosität des Dekors schließen lassen; mag sich der junge Herr aus reichem Hause nicht verleugnen (*ganz* so reich war Hofmannsthal übrigens nicht. Jedenfalls hatte er es, zu Georges Entsetzen, sehr wohl nötig, von Honoraren zu sprechen); mag die Attitude des frühreifen Dichters bisweilen Befremden erregen: dieses Parlieren in vielerlei Sprachen, das Gerede von Erbprinzen, Reichsrittern, Edlen und bürgerlichen Canaillen, an deren Seite man Buttersemmeln und Sardinen verzehre; dieses Ausstaffieren von Romanfiguren (zur Praterfahrt werden weißer Spitzenschirm mit Schildkrötengriff, zur Soiree Boutons und schwedische Handschuhe empfohlen – ohne Stepper natürlich) ... mag Hofmannsthal also, nicht allein in Sachen des Meublements und der Kleidung, oft mehr auf Gothas als auf Goethes Spuren wandeln: an der Tatsache, daß die von ihm – in seiner Jugend – gezeichnete Welt immer als eine zweite, eine Rückzugs- und Ersatz-Welt angesehen sein will, ist nicht zu rütteln. Die bare Verzweiflung – und keine selbstgewisse Ideologie – hat hier die Potemkinschen Häuser erbaut. Die Menschen, Abgesperrte zumeist, sind ihrer Umwelt entfremdet. Verlorenheit spiegelt gesellschaftliche Antagonismen, Elegie und Klage herrschen vor. Statt des Lebens: die Bilder, Gemälde in tiefschwarzen Rahmen, Fenster, hinter denen die Melancholiker Schattenspiele betrachten. Wie Musil, Joseph Roth und Bruno Schulz beschrieb Hofmannsthal mit dem Topos ›Betrachtungen des Saturniers: Ansichten aus einem Kunstreich‹ die Lage von Menschen, die, angekettet an die Vergangenheit und die Zukunft antizipierend, kein Verhältnis zur Gegenwart haben. Einsamkeit hält sie gefangen, Schwermut als Symptom der Entfremdung ... auch das, über die subjektive Klage hinaus, ein Symbol jener gesellschaftlichen Heillosigkeit, in deren Zeichen sich die Menschen in Beherrschte und Herrscher, in Beuteobjekte und Jäger zerteilen. (Ein ergiebiges Thema für die noch ausstehende marxistische Hofmannsthal-Deutung: Die beiden Casanova-Nachfahren Weidenstamm und Florindo als feudalistisch gesonnene Zudringlinge; Kari Bühl als ihr Widerpart: ein österreichisch-juveniler Nachfahr des Dubslav Stechlin – die Symbolfigur des Adels, wie er nicht mehr ist, aber sein sollte; ein Diener als Verfechter einer humaneren Welt: Nein, hier wird keine Ideologie für die *society* entwickelt, sondern im Gegenteil mit Hilfe des traditionellen, aus Herren und Dienern bestehenden Typen-Arsenals eine *Zurücknahme* inauguriert. Die liebenswürdigen Herrscher-Züge sehen sich eliminiert, die Praktiken munteren Zugreifens entlarvt; das ›Alles-zur-Ware-Machen‹ – Arabella! – erweist sich als zentrales Problem.)

Es ist hohe Zeit, die durch Hermann Broch eingeleitete gesellschaftskritische Interpretation des Hofmannsthalschen œuvres und der Kultur, die es geprägt hat, energisch weiterzuführen und dabei endlich die Inhalts- durch Funktions-Kategorien zu ersetzen: Mag der ›Schwierige‹ – nicht anders übrigens als der ›Stechlin‹! – äußerlich eine heile, wohl gegliederte Welt evozieren ... es gilt doch die Frage zu stellen, ob nicht das höchst fiktive *ancien régime* (mit treuen Dienern und einem Grillparzerschen Herrenhaus-Schweiger im Zentrum) statt regressiver, in Wahrheit utopischer Art ist, so daß der Rückgriff sich als Antizipation: als ein vorweggenommenes Symbol im Sinne Hermann Brochs erweist! Das Klischee vom erzkonservativen Ästheten, der sich bei der herrschenden Klasse anbiederte, will ebenso auf seinen Wahrheitsgehalt reduziert sein wie das Schlagwort vom genialischen Jüngling und weltfernen Dichter. Hofmannsthal war kein *Erzpriester und Medizinmann* (so Kommerell in einer Notiz über Stefan George), er liebte vielmehr das Kalkül, die mathematisch exakte Szenenstruktur und das Rechnerische der Kunst, sprach lieber von ›Winkeln, Brillen und Zirkeln‹, haßte alles feierliche Zelebrieren und gab sich – man lese die ›Meerfahrt mit Don Quichote‹ – zumindest Thomas Mann gegenüber eher als ein legerer Handwerksmeister aus Wien denn als Prophet: ›Hugo von Hofmannsthal ... sprach mir einmal sehr drollig-geistvoll von den pathetischen Veränderungen, wie sie im Lebensgefühl des Musikers vor sich gegangen seien. Besuchte man, meinte er, damals (gemeint ist das achtzehnte Jahrhundert) so einen Meister, so redete er etwa: ‚Setzen's Ihnen! Mögen's einen Kaffee? Soll ich Ihnen eins aufspielen?' So war das damals. Heute sehen sie alle aus wie kranke Adler.‹ Kein Zweifel, auf wessen Seite Hofmannsthal steht: er, der das Aufspielen liebte, hier lyrisch-pathetisch, dort zart und elegisch, einmal den Umgangs-Jargon, ein anderes Mal die hochrhetorische Suade verwendend, da feierlich und dort derb ... ein kranker Adler war er gewiß nicht. ›Euch verbietet feige Arschleckerei das Maulaufreißen. Dazu muß man das Maul zuhaben und die Zunge nur herumfahren lassen‹ ... klingt dieser Satz nicht eher nach der Augsburger Dult als nach Wiens fröhlicher Apokalypse, paßt auf den Plärrer besser als in die Salons des Ersten oder Dritten Bezirks?

Wenn irgendwo, dann war Hofmannsthal auf stilistischem Feld von einer wahrhaft proteischen Vielseitigkeit: Das beweisen (Richard Alewyn hat es gezeigt) die nahezu kopistenhaft im Adressaten-Stil gehaltenen Briefe, wahre Schlupfwespenschreiben; das zeigt das Wechselspiel von tropischer Rede und unmetaphorisch-kargem Jargon, ein Miteinander von rhetorischem Stil – Trikola, Antithesen, raffende Abbreviaturen – und sentenziöser, plaudernd-legerer Beiläufigkeit. ›Im Herbst 1888 starb, in freudiger Gottergebenheit, die Worte eines Quäkerlieds auf den Lippen, Laurence Oliphant, einer der außerordentlichsten Engländer des Victorian Age, das nun zu Ende gehen will, ein Gentleman und ein Fanatiker, ein furchtloser Abenteurer und ein verwegener Satiriker, Journalist und Religionsstifter, Gesandtschafts-Attaché, Prophet, Politiker‹: dieser Introitus klingt, als ob Thomas Mann zu einem funebren Furioso ansetzte, da werden die Trommeln gerührt, und paarweise – am Ende, wie sich's gehört, von einer dreigliedrigen Schar eskortiert – ziehen die Sätze ins Feld. Doch es geht auch ganz anders, und ein Essay kann mit den Worten beginnen: ›Wir sind nun einmal miteinander da‹ – frei nach Ernst Bloch, möchte man sagen. Aber *wenn* etwas die Eigenart des Rhetoren ausmacht – und Hofmannsthal war ein Schriftsteller, dessen Begabung und dessen Gefahr im Rhetorischen lag –, so ist es eben die Fähigkeit, das Wort, die Figur und die Trope, den Tonfall und die Satzstruktur jener Adressaten-Situation anzupassen, die der Verfasser der Studie über die Entwicklung des Dichters Victor Hugo am Beispiel republikanischer und restaurativer Beredsamkeit analysierte: Hier die Rede der Herrscher und dort die Rebellen-Diktion, die allein im treffenden Wort den höchsten Machthaber sieht.

Victor Hugo und, in späterer Zeit, Schiller – Hugo, der selbst dem Unbelebten, Flüssen und Wolken, die Macht seiner Beredsamkeit lieh, und Schiller: als Rousseaus und Euripides' Schüler ein Meister der philosophischen Rede – sind Hofmannsthals Lehrer gewesen ... große und gefährliche Lehrer. *Wie* gefährlich, das erweist sich vor allem im Spätwerk, wenn Schillersches Pathos selbst bescheidene Aussagen in barocke Phrasen verwandelt, oder wenn das von Loris analysierte Grundelement der Syntax Hugos, Symmetrie und Antithetik, in den Dramen nicht mehr von Konversations-Arabesken und individuellem Jargon überdeckt wird, sondern, gehandhabt als starres Prinzip, den Arien, Rezitativen und Stichomythien etwas Ausgeklügelt-Regeltreues und Pedantisch-Steifes gibt. Hier zeichnet sich eine Beredsamkeit ab, die, gelehrt von Hugo und erbeten von Strauss, auf nichts als auf sich selber verweist. Ein Vergleich zwischen dem ›Rosenkavalier‹ und der ›Ägyptischen Helena‹ macht das Routinierte der Librettisten-Wohlredenheit deutlich, zeigt die Gefahren an, die in der Verpflichtung liegen, ständig Entsprechungen oder Kontraste, ständig symmetrische Kola schaffen zu müssen, und veranschaulicht die Ersetzung des Konversations-Elements durch den Tonfall der Proklamation: Wie meisterlich verstehen im ›Rosenkavalier‹ die rhetorischen Trikola – ›ein Grasaff, appetitlich, keine fünfzehn Jahr‹ – sich im volkstümlichen Bummeljargon zu verbergen und wie isoliert, auf den ersten Blick als Mechanismus erkennbar, sind die Figuren und Tropen im Spätwerk! Da fehlt der Kontext; es gibt keine Tarn-Möglichkeit für die *colores rhetorici* mehr; der ›journalistische Hamlet‹, ein Artist, der die Versteck-Spiele liebte – Andeutungen, Abbreviaturen, rasche Verweise – hat sich in einen Propheten verwandelt, dem es auf Eindeutigkeit ankommt, auf direkte Beschreibung und feierlich-affirmative Verkündung. Im Zeichen einer angestrebten Renaissance des barocken Theaters versuchte Hofmannsthal mit dem Weltbild des siebzehnten Jahrhunderts auch Thematik und Stil dieses rhetorischen Säkulums für die eigene Zeit nutzbar zu machen. Aber es blieb bei der Absicht, Salzburg wurde nicht Breslau; der ›Turm‹ zeigt sehr deutlich, daß die Neubelebung der barocken Märtyrer-Tragödie eine Unmöglichkeit ist; und was Syntax und Wortwahl angeht, so mutet Hofmannsthals letzte Tragödie wie eine Verdeutlichung des alten Rhetoren-Axioms an, daß dem hohen der geschwollene Stil in gleicher Weise verwandt sei wie der flatterhafte dem niedern. ›Seine Sprache ist Zutagetreten des inwärts Quellenden – wie beim angehauenen Baum, der durch seine Wunde einen balsamischen Saft entläßt‹: der Satz Julians denunziert einen Schriftsteller, dem alle Feierlichkeit zeitlebens verhaßt war – deshalb die Absage an die Blätter für die Kunst Stefan Georges und die Weigerung der *costümierten philiströsen Vereinigung* des Kreises Ehrfurcht zu zollen – und der doch am Ende seines Lebens mehr und mehr zum Verkündiger wurde.

Verrat am Besten in sich? Gewiß nicht in Benjamins Sinn! Die Versatilität, das Alles-Vermögen, die Fähigkeit einmal wie Bossuet, ein anderes Mal wie Voltaire, einmal wie Sheridan und einmal wie Gentz, einmal wie de Maistre und einmal wie Hugo: aufgeklärt-republikanisch so gut wie konservativ schreiben zu können ... gerade das gab der späte Hofmannsthal auf, weil er der Ansicht war, nicht ›Konversation‹, sondern ›Publikation‹, strenge, zielgerichtete Eindeutigkeit, sei das Gebot der Zeit. Der Politiker kämpfte gegen den Künstler; der –

tief verzweifelte – Verfasser des ›Turm‹ stritt mit dem Artisten, der sich sehr wohl bewußt war, daß unmittelbare Darstellungen nur die eine Seite der Dinge erhellen und, als satirische Überzeichnungen, mit der Dialektik die Wahrheit verfehlen. Versatilität oder freiwillige Beschränkung der Mittel, artistisch-ergiebiges Spiel im Elfenbeinturm oder verbindlich-sozialer Appell: das war die Frage, vor die der Autor der späten Sendschreiben sich in seinen letzten Lebensjahren gestellt sah. (Es sollte später auch Hermann Brochs Frage werden.) Da eine Synthese unmöglich war, entschied Hofmannsthal sich gegen die Versuchung, als Künstler ›so weiterzumachen‹, und für den Appell. Der Artist wurde zum Redner, und damit schloß sich der Kreis. Loris war Rhetor mit gutem Gewissen, Magier und Wortkünstler gewesen; der Verfasser der Rede vom ›Schrifttum als dem geistigen Raum der Nation‹, ein Interpret des unberedten Landes und damit ein Nachfahr jenes Adam Müller, der schon hundert Jahre zuvor – in Wien über den Verfall der Redekunst sprechend – den Unterschied zwischen dem geselligen Frankreich und dem ungeselligen Deutschland veranschaulicht hatte ... dieser späte Hofmannsthal war ein Rhetor mit schlechtem Gewissen.

Ars rhetorica im fin de *siècle, rhetorica contra rhetoricam* in den zwanziger Jahren, dazwischen die Kampfansage an die Beredsamkeit: so stellt sich, unter oratorischen Aspekten, Hofmannsthals Entwicklung dar. Der Chandos-Brief, die Attacke gegen die Rhetorik, die nur noch für Frauen und Gemeine nutzbringend sei, markiert den entscheidenden Einschnitt. Was ist das Schreiben an Philip Bacon, mit seiner Absage an die überschätzten Machtmittel der Redekunst anderes als ein feierlicher Widerruf der Studie über Victor Hugo und darüber hinaus ein Ausdruck der Entschlossenheit, mit einer zweieinhalbtausendjährigen Tradition zu brechen, die sich zwischen griechischer Sophistik und dem Spätbarock von dem Glauben bestimmt sah, daß es für jede Sache ein passendes Wort gäbe und daß die *verba* zureichend seien, um die *res* in signifikanter Weise zu kleiden?

Nicht ein Theorem zweiten Ranges also, sondern die Zentral-Maxime der europäischen Rhetorik wurde von Hofmannsthal im Chandos-Brief in Frage gestellt: von nun an galt es, eine neue Ausdrucksweise, die Rhetorik am Rande des Schweigens, zu suchen. Deshalb die Hinwendung zu Pantomime und Stummfilm; deshalb die Wichtigkeit von körperlicher Beredsamkeit und gestischer Schau, das Tischdecken, Kartenspielen und Kerzenanzünden; deshalb die Antithese von stummer Wahrheit und wortreicher Lüge: Furlanis Triumph über Neuhoff; deshalb der Sieg der Leisen über die Lauten, die selbstgewissen Rhetoren und Schwadroneure Ibsenscher Art. Vom ›Mitterwurzer-Essay‹ bis hin zum ›Schwierigen‹ variiert Hofmannsthal die Sentenz: ›Je besser einer reden kann, desto weiter ist er von den Anfängen des Lebens entfernt‹; der ›Timon‹ rekapituliert nicht zufällig die Chandos-Brief-Thesen; Rhetorentum – das Wort bezeichnet den Versuch, einen längst nicht mehr brauchbaren Betrieb mechanisch weiterzuführen, *strengste Urzeitformeln* als Gegenwarts-Gebote zu deklarieren und einen Kultur-Jargon zu entwickeln, mit dessen Hilfe man eine Übereinkunft fingiert und sich zu verständigen vorgibt, obwohl in Wahrheit die Worte schon längst nicht mehr den Sachen entsprechen, die sie benennen. Unter solchen Aspekten sah es vor allem der Komödienschreiber als Aufgabe an, mit der Dreistigkeit der maîtres grandparleurs von Weidenstamms, Florindos, Ochsens (eines travestierten Bakchos') oder Neuhoffs Schlag auch die Praktiken jener Rhetorik an den Pranger zu stellen, die noch immer daran glaubt, sie könne in der selbstverständlichsten Weise über die Dinge verfügen.

Über die Dinge, über die Menschen: Hofmannsthals Sprachkritik ist, recht betrachtet, immer Gesellschaftskritik; die Rede bringt es an den Tag: Wer im Stil der drei Arabella-Grafen drauflosschwadroniert, beweist damit auch, daß er über Personen so leicht hinweggehen wird wie über die Sachen. Es ist die Zwingherrn-Manier, die leichtfertige Entschlossenheit, alles Begegnende zum

Beuteobjekt und zur Ware zu machen, die Hofmannsthal am Beispiel der allzu forschen Rhetoren entlarvt. ›Eure Worte sind hurenhaft‹, heißt es im ›Timon‹, ›sie sagen alles und nichts. Man kann sie heute zu dem brauchen und morgen zu jenem. Das Leben aber, von dem ihr schwatzt … ist in Wahrheit ein Mimus … Ihr habt eine Gaunersprache, eine schwindelhafte Übereinkunft – die nennt ihr den Ruhm, das Gedächtnis der Welt! Schwätzer verleihen Schwätzern Ruhm – aus Worten, für Worte, das ist alles! O ihr Wortkünstler!‹

Kein Zweifel, hier wird nicht nur jenen Rhetoren ein Valet zugerufen, die – mit Kafka zu sprechen – sich noch immer als Kuriere aufführen, obwohl die Könige, denen sie Botschaften zutragen sollen, schon längst nicht mehr leben: hier, im ›Timon‹, einem bösartig radikalen Scherbengericht über entleerte Konventionen, rechnet – zum zweitenmal nach dem Chandos-Brief – ein Rhetor mit seiner stärksten und gefährlichsten Begabung ab. *Rhetorica contra rhetoricam*, das heißt: Laß deine Figuren nicht reden, sondern andeuten, was sie verschweigen; mache sie lächerlich, die Monologe haltenden kleinen und großen Herrscher mitsamt ihrem Advokaten-Geschwätz, entlarve ihre Redensartlichkeit und fade Konvention; laß sie durch Kleinbürger, Clowns und Schweiger durch komische oder zynische Redner besiegen; schaffe Konstellationen, mimetische Korrespondenzen, Ballett-Arrangements; stelle Entsprechungen her zwischen deinen Akteuren, Entsprechungen, die wichtiger sind als die Handelnden selbst: Pierre *und* Jaffier, Ochs *und* Faninal; decouvriere die Hauptpersonen durch Nebenpersonen, beleuchte von der Peripherie aus das Zentrum; hüte dich vor dem allzu Direkten; häufe Beiläufigkeiten, die sich am Ende als unabdingbar erweisen; folge Lessings und Shakespeares Rezept: spare aus, gib Ketten von Reizen und Andeutungen, laß ›das Letzte halluzinieren‹. Der Aufsatz über die dramatische Technik Eugen O'Neills – einer der wenigen kritischen (und darum doppelt aufschlußreichen) Bemühungen Hofmannsthals –, verteidigt folgerichtig die These, daß es für den wahren Theatraliker nicht auf Mitteilungen ankäme, mit deren Hilfe die *dramatis personae* das jeweils Szenenwichtige sagten, sondern auf Anspielungen: eine niedrige rhetorische Form also, die, auf Logik, Vollständigkeit und Tiefsinn verzichtend, gerade dadurch – im Mutmaßungs-Stil – jene Nuancen und Zwischentöne einfangen könne, die im Tonfall des *genus grande* nicht darstellbar seien. Wieder und wieder hat der Dramatiker Hofmannsthal, dem es, im Unterschied zum Propheten, auf das *docere* weniger als auf das *delectare* ankam, seine Überzeugung verdeutlicht, daß der Künstler, um die Phantasie des Zuschauers zu entzünden, indirekt vorgehen und die Sauce höher als den Braten schätzen müsse: von der Bande her habe er das Spiel durchzuführen – so Theodor im ›Unbestechlichen‹ – und statt der Phänomene selbst die objektiven Korrelate zu zeigen, an deren Beispiel sich der Vorgang gleichnishaft abbilden ließe: ›Schildern willst du den Mord? So zeig mir den Hund auf dem Hofe: Zeig mir im Aug von dem Hund gleichfalls den Schatten der Tat.‹ Hofmannsthal wußte sehr wohl, wie nötig es für den Dramatiker sei, nicht alles auszusprechen, sondern freie Stellen zu lassen und Hohlformen zu finden, die erst durch den Akteur auf der Bühne ausgefüllt werden. Freiwillige Selbstbeschränkung hieß die Devise: Versage dir die Gabe der Omnipotenz; bedenke – es gibt Zeiten, in denen das Vollkommene lügenhaft und epigonal ist und nur das Fragmentarische die Wahrheit zu spiegeln versteht; erkenne, daß niemand *so sehr mit Eigenschaften überlastet ist, die er alle durch das Wort castriert hat* (ein Zitat aus dem ›Timon‹) wie gerade der Rhetor.

Das Problem der Kaiserin aus der ›Frau ohne Schatten‹ – Preisgabe einer allzu großen Macht – war auch das Problem des Schriftstellers Hugo von Hofmannsthal. Er wollte seine Teufels-Gaben nicht und erkannte die Gefahren der Versatilität nicht minder deutlich als Benjamin und George. So souverän er die Spielarten der Rhetorik, die Plauderei auf den unteren Rängen und den Tenor der Edikte beherrschte und so sehr er darunter litt, in einer Zeit leben zu müssen, der die beiden Voraussetzungen einer blühenden Beredsamkeit fehlten: der Habsburger Sinn für die Valeurs der Geschichte und die französische Komponente des geselligen, Geist und Macht vereinenden Austauschs ... so klar erkannte er auf der anderen Seite, daß, wie die Dinge nun standen, ein Bruch mit der rhetorischen Tradition erforderlich sei. ›Der Schwierige‹ mit seinem Helden, *dessen Schwächen sich in Vorzüge verwandeln*, diesem Kari Bühl, *dessen schönster Zug die von Herzen kommende Humanität* ist, die sich mit einer *Verachtung von Überheblichkeit und Dünkel* paart (wie genau treffen die Charakteristika des preußischen Pendants eines Adelsherrn, die Eigenschaften Dubslavs von Stechlin, jenen österreichischen Nachfahren, der auch *hinter alles ein Fragezeichen zu machen beliebt*!) ... ›Der Schwierige‹ also, dazu der ›Rosenkavalier‹, der ›Timon‹, die Briefe, und eine Reihe von Fragmenten, Notizen und Skizzen zeigen aufs Schönste die Möglichkeiten der Hofmannsthalschen *rhetorica nova*, dieser Plauder-, Andeutungs- und Anspielungs-Beredsamkeit, dieser Rhetorik des Mimetischen – man denke an die Telephon-Szenerien! Hier, im Indirekt-Beiläufigen, sieht sich jene Versatilität ›aufgehoben‹ – überwunden und bewahrt zugleich –, die der späte Hofmannsthal so verzweifelt niederzukämpfen versuchte. Man vergleiche Graf Karis Beschreibung seines Zirkus-Besuchs mit Herrn Mandrykas Preislied aufs einfache Leben: der Unterschied zwischen Konversations-Rhetorik und befremdlich-direkter Proklamation bietet sich geradezu an! (Wie frech und graziös, wie plapperhaft-spaßig wirken die Parallelismen am Schluß des ersten ›Rosenkavalier‹-Aktes, wenn die Lakaien durch kurze Sätzchen ihre Atemlosigkeit zeigen: »Gleich beim Tor sind aufgesessen.« – »Gleich beim Tor sind aufgesessen wie der Wind.« – »Waren um die Ecken wie der Wind.« – »Sind wir nachgelaufen.« – »War umsonst.« Und wie ausgeklügelt und mechanisch präsentieren sich auf der anderen Seite, mit diesem mimetischen Kabinettstück verglichen, die Entsprechungen der ›Arabella‹ – Libretto-Symmetrien ohne gestische

Funktion: ›Kommen meine Verwalter: Was ist mit unserem Herrn? Kommen die von den Meierhöfen: Was ist mit unserem Herrn? Kommen die von den Fohlenhöfen: Freut unsern Herrn kein Pferd mehr? Kommen meine Förster: Freut unsern Herrn kein Jagen?‹)

Verrat, nochmals, am Besten in sich? Wiederum nicht in Benjamins Sinn! *Wenn* Hofmannsthal ›sich selber verriet‹, dann allein deshalb, weil er von jener mimetischen Rhetorik, der Beredsamkeit am Rande des Schweigens abließ, deren Notwendigkeit er theoretisch so exakt demonstriert hatte und deren Fruchtbarkeit er als Komödienschreiber *in praxi* vorexerzierte. Nicht der ›Turm‹ und die ›Ägyptische Helena‹, sondern der Chandos-Brief und die Auseinandersetzung mit Harry Graf Kessler über die dem Ochs von Lerchenau angemessene Suade, nicht der Salzburger ›Jedermann‹, dessen vom Erzbischof genehmigte Inszenierung Karl Kraus zum Austritt aus der katholischen Kirche bewegte, sondern die frühen Essays – welch ein gewaltiger Rhetor war doch der Mann, der am Beispiel der Chiffren Sebastian Melmoth, Oscar Wilde und C 33 die Stadien eines Menschenlebens beschrieb! –, die Balzac-Studien, die Shakespeare-Deutungen und die erzählende Prosa zeigen, neben den großen Komödien, Hofmannsthal in seinem wahren Metier. Als Lustspiel-Schreiber, Prosaist und Epistolograph wird er dauern: ein unfeierlicher Poet, der die Stilisierung durch die Gemeinde so wenig verdient hat wie die Pauschal-Verdammung durch Gegner, die ihre Kafkas, Musils und Brechts schwingen, um dem konservativ-katholischen Popanz Nadlerscher Prägung für alle Zeiten den Garaus zu machen. Man schaue sie getrost mit Kafkas Augen an, die Hofmannsthalschen Prosa-Fragmente! Erscheint nicht auch in der ›Reitergeschichte‹ das Exorbitante als das einzig Normale, die Groteske als Realität, das Paradox als wichtigstes Stilmittel der Pathographie? ›Zum letzten Mal Psychologie‹ … gilt dieser Kafkasche Satz nicht auch für das ›Märchen der 672. Nacht‹ und den ›Andreas‹? Ist es nicht an der Zeit, endlich einmal die *Unheimlichkeit* dieser Prosa-Skizzen zu zeigen und eine

Szenerie zu analysieren, die, eher an Büchners ›Lenz‹ als an Schnitzlers Etuden erinnernd, von Doppelgängern, von Gliedermännern und von Seiltänzern erfüllt ist, die auf Dächern spazieren?

Eine Rattenwelt tut sich da auf, ungeheuer und ohne feste Konturen; der Mensch hat die Verfügungsgewalt über die Dinge verloren; das Büchnersche *so* (*so* leer, *so* unheimlich, *so* still) markiert die Ortlosigkeit. Der Schrecken wird sichtbar, und mit dem Schrecken ein Terror, der sich – Motiv des Jahrhunderts! – dem Ästhetizismus verschwistert. Die Kehrseite der Kunst zeigt Entsetzen und Brutalität; plötzlich wird das Sinnentleert-Ornamentale des höheren Lebens erkennbar, und der Schein-Charakter einer zum Untergang verdammten Epoche gewinnt Anschaulichkeit. Wie lächerlich, dieses Drapieren mit Möbeln und Bildern, wie fratzenhaft das gesellschaftliche Arrangement im Zeichen einer sich absurd gebärdenden, auf keine festen Normen mehr reduzierbaren Welt! Übereinstimmungen mit dem ›Törless‹ oder den ›Vereinigungen‹ ergeben sich ganz wie von selbst: der Prosaist Hofmannsthal – ich spreche nicht von der ›Frau ohne Schatten‹ – hat es verdient, einer würdigeren Phalanx zugeordnet zu werden als den fin-de-siècle-Impressionisten; und auch – verzeiht, Rodauner Getreue! – der Journalist und der Meister des Mimus, der charakterisierenden Pointe und des blitzartig erhellenden Porträts will endlich den ihm gebührenden Ehrenplatz haben. Die Beschreibung Diltheys oder – zwei Beispiele, die für hundert andere stehen – die Porträts aus den ›Vienna Letters‹ zeigen einen Artisten am Werk, der, im Essay ›Der Schatten der Lebenden‹, nicht zufällig – im Zeichen der Rhetorik! – die enge Verwandtschaft zwischen der physiognomisch-biographischen und der theatralischen Schule betonte: ›Das mimische Theater des Altertums war die Schule des Rhetors; unser Theater, Burg und Vorstadt, das Theater Lessings und das Theater Nestroys … mußte die Schule unserer mimischen Biographen werden. Ums Theater herum, je näher dem Theater je besser, sind sie gewachsen.‹

Hören wir auf, Hofmannsthal immer nur am Maßstab Grillparzers oder Goethes zu messen und ihn dann einen Epigonen zu schimpfen, sprechen wir vielmehr, auf der einen Seite, von Kürnberger und Speidel, von Nestroy mit Lessings Verstand (oder auch von jenem Lessing, der in Rom dem Papst seine Aufwartung machte) und erinnern wir uns auf der anderen Seite der *poetae docti* Musil und Broch, wenn wir über Hugo von Hofmannsthal reden. Nur so werden wir einem Künstler gerecht, dessen Schicksal es war, in zwei Zeitaltern leben zu müssen – in einer Epoche, die nach seinen Worten von der Gegenwart so weit entfernt ist wie die Märchenzeit, in der es einen Nimrod gab, und zugleich in der Ära jenes Bert Brecht, dessen Wiener ›Baal‹-Aufführung er mit einem Vorspiel bedachte. Die Schiffe in seinem Rücken waren verbrannt; eine verbindliche Tradition gab es nicht mehr; das Bild des Verschütteten, der sich in einer fremden Welt mühsam zurechtfinden muß, beweist deutlich, daß Hofmannsthal sich über seine Lage nicht im unklaren war, ja, daß er sie, wie der Plan einer ›Amor und Psyche‹-Oper verdeutlicht, vorausgeahnt hat: ›Nicht sich abspielend während die Götter noch im Olymp residieren, sondern während sie schon im Exil leben, im dritten und vierten Jahrhundert nach Christi – sie leben als herabgekommene Grandseigneurs in einem einsamen Dorf im armenischen Hochland, Schatten ihrer selbst, während aus allen Thälern die Kirchenglokken heraufklingen und die schwarzen Mönche des Hosios Loukas ihren Schlupfwinkel umschleichen –, eine zauberhafte Atmosphäre wie von verwelkenden nie mehr wiederkehrenden Blumen.‹

Hofmannsthal konnte ohne Götter nicht leben – und sah doch ein, daß die Götter zu seiner Zeit tatsächlich nichts anderes mehr waren als die Schatten ihrer selbst; er erkannte, daß der alte Adel, an den er einmal geglaubt hatte, verrottet, dekadent und untauglich sei. (›Ich erwarte nichts mehr von ihm‹, heißt es schon 1913, in einem Brief an Andrian.) Da er es aber nicht ertrug, ohne die Herrscher nur mit den Kurieren zu leben, machte er schließlich die Diener zu Göttern, wiederholte die Phantasmagorie des alten Fontane und stellte, als ein Symbol antizipatorischer Art, dem Adel wie er war, den Adel wie er sein sollte, entgegen.

Ein Reaktionär also? Hofmannsthal, der in ein Europa fliehen wollte, das es nie gegeben hat: ein Europa ohne Reformation und Renaissance – ein Reaktionär? Man sagt es gern heutzutage, und die Rede vom ›Schrifttum als dem geistigen Raum der Nation‹ spricht, so scheint es, in der Tat für sich selbst. Aber hätte ein Reaktionär die ergreifende Szene entwerfen können, in der Defoes Armesünderkarren von den Proleten mit Blumen bekränzt wird – im Stil von Rosa Luxemburgs ersten Spartakus-Briefs geradezu? Hätte ein Erzkonservativer geschrieben, er wünsche sein Drama, ›Das gerettete Venedig‹ nicht in der Renaissance, sondern in einer *konservativ-reaktionären Epoche* angesiedelt, der Atmosphäre des vormärzlichen Wien? Hätte ein Reaktionär so unbarmherzig, wie es Hofmannsthal – aus welcher Perspektive auch immer – im ›Timon‹ tat, mit einer erlauchten europäischen Tradition abgerechnet und sich dabei – das ist entscheidend – für Bakchis ein Zitat von Rudolf Pannwitz notiert: ›Konservativ sein hilft nicht mehr, weil es nichts mehr zu erhalten gibt, was nicht schon sich selber preisgegeben hätte‹?

Ein Unentschiedener war er, ein Österreicher, der erklärte, daß er zwar eine Heimat, aber kein Vaterland hätte. Ein Aristokrat, der im Konfusionsmacher das Ideal eines Adligen sah. Ein vornehmer Redner, der die eigene Position relativierte, indem er Standespersonen die Sätze eingab: ›Reden ist die Teufelskunst des Gesindels‹ und ›Man degradiert sich mit Reden‹. Ein Sohn aus gutem Hause, der in Ahnenreihen dachte und doch – im öffentlichen Streitgespräch der beiden Hofmannsthal-Seelen, in dem Prolog ›Das Theater des Neuen‹ – den Gedanken des geschichtslosen Menschen durchdachte. Ein Schriftsteller, der den Diener Theodor, den Schankwirt Timon – ihn, der das Unterste nach oben kehrt! – und den Schauspieler Waldau zu euripideischen *dei ex machine* machte und derart zu verstehen gab, daß er an gar keine Götter mehr glaubte. Ein Dramatiker, der eine Konversations-Beredsamkeit höchsten Ranges erfand – und sie preisgab. (Vielleicht weil er in den zwanziger Jahren an einer möglichen Übereinkunft der Gebildeten, einem *sensus communis* in Geschmacksfragen – als der Voraussetzung einer solchen Rhetorik – zu zweifeln begann.) Ein Schriftsteller, der von Rätsellösern, Propheten und Antwort-Gebern, von lauter Georges, Straussens und Borchardts umgeben war und selber mit den Achseln zuckte und keine Antwort wußte, und wenn er sie doch einmal wußte, sie alsbald wieder verwarf.

... Und hätte es so leicht gehabt, als Epigone seiner selbst, ein alter Loris zu werden: ›Das Theater des Neuen‹ beweist, daß auch der Fünfzigjährige noch die Grazie des Gymnasiasten besaß. Aber er wollte nicht, sondern riskierte es lieber, immer aufs neue zu scheitern. Er hat versucht, was vor ihm keinem Schriftsteller gelang: die Vergangenheit so nah an die Gegenwart zu rücken, daß legendäre Ereignisse jene Anschaulichkeit wiedergewinnen, die der Nachricht von Christi Kreuzes-Tod zukommt ... der Nachricht, die in dieser Sekunde – so, als ob die Wunde noch blute – einen unendlich weit entfernten Stern erreicht. Er hat versucht, eine Sprache an der Grenze des Schweigens zu sprechen – mit Timon wünschte er der Zunge leichtfertiger Redner Geschwüre –, um so die Rhetorik des Niemandslands zu entdecken. Aber er ist gescheitert. Er, dem so vieles gelang und dessen Werk den nach uns Kommenden immer neue Aspekte darbieten wird, hat dort versagt, wo er am weitesten ging – aber gerade das macht ihn groß, hebt ihn heraus über die Antwortgeber und Proklamatoren, die ihm ihren Willen aufzwingen wollten, gibt seinen Versuchen Gewicht und Glaubwürdigkeit und läßt ihn heute lebendiger sein als zur Zeit seines Todes.

Sein Leben zeigt: wenn er die Satansgaben je nahm – benutzt hat er sie nie. Er wußte nämlich und hat es geschrieben – und wenn man es liest, klingt es, bei aller subjektiven Beiläufigkeit, wie ein Vermächtnis, *daß das Chaos sich nicht frisiert.*

Dies ist kein Satz eines genialischen Jünglings, kein Satz eines konservativen Ästheten.

Der letzte Bürger: Thomas Mann

1975

Am 18. März 1932, wenige Tage vor Goethes hundertstem Todestag, lauschte in der Preußischen Akademie der Künste eine illustre Festversammlung den Worten eines Redners, der, nach knapper Skizzierung eines *intimen* und eines *großartigen* Goethe-Porträts, seinem Publikum vorschlug, weder das eine noch das andere Bild zu akzeptieren, sondern, eine dritte Möglichkeit wählend, den zu feiernden Dichter als Repräsentanten einer Epoche zu begreifen, der bürgerlichen, die vom fünfzehnten Jahrhundert bis zur Wende des neunzehnten reiche und in Goethe ihren Höhepunkt fände: ›Den dicht vor der Mitte des achtzehnten Jahrhunderts Geborenen‹ – so der Redner – ›trug sein vitaler Antrieb noch ein Menschenalter ins neunzehnte hinein, und obgleich die Wurzeln seiner Kultur noch im achtzehnten liegen, hat er geistig und seelisch vom neunzehnten vieles mitumfaßt, nicht nur auf eine seherisch ankündigende Weise … sondern auch unmittelbar dichterisch, etwa in den ‚Wahlverwandtschaften', deren innere Menschlichkeit … in neue Seelenlagen, dunklere und tiefere Gedanken- und Gefühlswelten hinüberleitet.‹ Der Leser stockt. Wie? Goethe: Ein Repräsentant der bürgerlichen Epoche? Ausgerechnet er, der doch in Wirklichkeit eher ein Anwalt des Ancien régime als ein Advokat des Bürgertums war: im Gestern, der Duodezwelt von Weimar, und im Morgen, dem amerikanischen Zukunftsreich, beheimatet, das Heute hingegen, die bürgerliche Epoche, mißachtend: Ein Sozial-Aristokrat, aber kein Citoyen? Wird hier, fragt sich der Leser, tatsächlich von Goethe gesprochen, der sehr realen Exzellenz mit seinen verwegen-utopischen Träumen, oder schlüpft nicht der Redner – ein Schriftsteller mit Namen Thomas Mann – in

Goethes Rolle, um von sich selbst als einem Repräsentanten des bürgerlichen Zeitalters zu sprechen? Muß man nicht nur die Jahrhunderte vertauschen, aus dem achtzehnten ein neunzehntes und aus dem neunzehnten ein zwanzigstes machen, um zu erfahren, wer hier zumindest *mit*gemeint ist? Mitgemeint, wenn von der Fähigkeit zum Wirtschaften und von der Lebensbürgerlichkeit, von Ordnungsliebe und Pädagogik, der Verbindung zwischen Realismus und Antizipation die Rede ist?

Kein Zweifel, das Bild ist ein Selbstbild; der Laudator spricht von seiner eigenen Person ... und das nicht nur während der Feierstunde vom 18. März 1932. Einerlei, ob Thomas Mann nun Schopenhauers oder Wagners, Freuds oder Nietzsches Manen beschwor: Immer sind ›Er‹ und ›Ich‹, Objekt und Subjekt vertauschbar – das gilt für die großen Essays und rednerischen Evokationen, und das gilt erst recht für das poetische Werk. Mag Gustav von Aschenbach, im ›Tod in Venedig‹, Vornamen und äußeren Habitus mit Mahler teilen, dem Komponisten: seine Werke sind von Thomas Mann – *geplant* wie der ›Maja‹-Roman oder die Novelle ›Ein Elender‹; *ausgeführt* wie jene Bücher, von denen es heißt: ›Blickte man hinein in diese erzählte Welt, sah man: Die elegante Selbstbeherrschung, die bis zum letzten Augenblick eine innere Unterhöhlung, den biologischen Verfall vor den Augen der Welt verbirgt ... die liebenswürdige Haltung im leeren und strengen Dienst der Form; das falsche gefährliche Leben, die rasch entnervende Sehnsucht und Kunst des geborenen Betrügers.‹ Wieder, wie in der Goethe-Ansprache, wird, was ureigen ist, einem anderen untergeschoben: Gustav von Aschenbach, und nicht Thomas Mann, hat die ›Buddenbrooks‹ geschrieben (mit dem selbstbeherrschten Elegant ist natürlich Thomas Mann gemeint); Gustav von Aschenbach, nicht Thomas Mann, hat das Märchen von der ›Königlichen Hoheit‹ verfaßt (der Prinz, der sich im leeren Dienst der Form verzehrt, heißt Klaus Heinrich), Gustav von Aschenbach schließlich hat auch die Hochstapler-Geschichte erfunden: der Betrüger, mit seiner entnervenden Sehnsucht, ist der Sohn eines Sektfabrikanten namens Engelbert Krull.

Fast scheint es, als sei hier Proteus selber am Werk. Thomas Mann ist Goethe – ›Lotte in Weimar‹ sollte, nach den Worten des Autors, ein Element von ›Selbstzüchtigung und Selbstverspottung‹ enthalten – und er ist, als ›Künstler par excellence‹, auch Richard Wagner. Er ist Nietzsche: ein Artist, der sich auf vexatorische Künste, Imitationen und Parodien versteht, und er ist, als Entdeckungskünstler und Psychologe, Freuds alter ego. Er ist Aschenbach, und er ist Zeitblom: Serenus Zeitblom, der, nach eigenem Bekenntnis, anno 14 den ›Rhetor-Bourgeois‹ und politisierenden Literaten westlicher Prägung mit Hohn und Spott übergoß – genau wie Thomas Mann in den ›Betrachtungen eines Unpolitischen‹.

Aber das Spiel geht noch weiter. Nicht nur der Zauberkünstler selbst, auch seine Familie, seine Freunde, die Orte, die er bewohnt hat, ja selbst Gebrauchsgegenstände, vom Meublement bis zum Kücheninventar, werden literarisiert. Leben verwandelt sich in Kunst. Realien gewinnen, im Gleichnis der Poesie, den Charakter eines Zitats. Der Walnußbaum vorm väterlichen Haus, ein Springbrunnen, ein Pudding-Rezept, die Briefe an die Braut, ein Krankheitsbericht, der Selbstmord der Schwester: Nichts gibt es, das nicht in der einen oder anderen Form zitiert und – manchmal direkt, manchmal kunstvoll verfremdet – ins Werk einmontiert worden wäre.

Und nun stelle man sich vor, ein anderer hätte dergleichen versucht: stelle sich vor, Ibsen hätte das berühmte Manuskript, das in ›Hedda Gabler‹ eine so verhängnisvolle Rolle spielt, mit apokryphen Ibsenschen Sätzen versehen – Thesen womöglich, die den trunkenen Eilert Lövsborg in einen Milchbruder seines Autors verwandeln. Oder man male sich aus, Wilhelm Meister würde in der ›Theatralischen Sendung‹ Sätze des jungen Goethe zitieren: Den ›Clavigo‹ zum Beispiel und ›Die Mitschuldigen‹. Oder Hofmannsthal! Ein Hofmannsthal, der in seinem Essay über den Prinzen Eugen Österreichs großen Feldherrn mit Attributen aus der Welt jener jüdischen Familie Hofmann versieht, deren Mitglieder später die Edlen von Hofmannsthal wurden? Läßt sich Peinlicheres denken, als das Private auf eine so prätentiöse Weise zu historisieren? *Prätentiös:* darauf kommt's an. Die Autobiographie, die sich als solche zu erkennen gibt – von E.T.A. Hoffmanns ›Kreisleriana‹ bis hin zu Mörikes ›Maler Nolten‹ –, hat nichts Degoutantes. Auch die auf *perfekte* Verschlüsselung zu geschriebene Konfession – so wie sie Proust gelungen ist – entbehrt des Makabren. Die *halbe* Verfremdung dagegen, dies: zugleich Goethe und Thomas Mann; zugleich Serenus Zeitblom und der Autor der ›Betrachtungen‹, zugleich Imma Spoelmann aus der ›Königlichen Hoheit‹ und Katia Pringsheim aus München – dieses Verbergen, das ineins damit Enthüllen ist: ein solches Spiel, dessen Ziel es ist, den Leser das Versteckte finden zu lassen … ein solches Vexierspiel muß, sollte man denken, schon dank seiner Augenblinzelei notwendig etwas Zweideutiges haben: Na, wie ist's? Habt ihr's erkannt? Das Wort ›Rhetor-Bourgeois‹ in seinem Zitatcharakter begriffen? Das Wechselspiel zwischen Gustav und Thomas, die Montage von Serenus Mann und Thomas Zeitblom richtig verstanden? Habt ihr durchschaut, Kenner der Genealogie des Hauses Mann, was der Name Klaus Heinrich bedeutet?

In der Tat, heißt ein solches Spiel zu treiben nicht die eigene Position, mit ihren Privatissima, für ungeheuer wichtig, jede andere dagegen für beliebig zu halten? Es gab einen Schriftsteller, der diese Frage bejaht hat – und das war Heinrich Mann. Er hat in einem großen und bewegenden Dokument, dem gewaltigen Briefentwurf vom 17. Januar 1918, dem Bruder vorgeworfen, er, Thomas, beziehe alles und jedes nur auf sich selbst, verhalte sich respektlos gegenüber dem Fremden und sei unfähig, ein anderes Leben in seiner Eigenart zu begreifen: ›Aber die Stunde kommt‹, schließt der Brief, ›ich will es hoffen, in der Du Menschen erblickst, nicht Schatten, und dann auch mich.‹ Nun, der Brief wurde nicht abgeschickt; es ist zu vermuten, daß Thomas Mann niemals erfuhr, mit welcher Schärfe ihm hier ausgerechnet der nächste Vertraute das Recht absprach, usurpatorisch über Lebensbereiche verfügen zu wollen, die ihm nicht gehörten, und wie apodiktisch der Bruder sich dagegen verwahrte, auf Kosten anderer Aneignungspolitik zu betreiben, intime Erfahrungen Objektivationen zu nennen und dem privaten Erlebnis den Charakter eines Ereignisses zu geben, das angeblich verbindlich und gleichnishaft sei: exemplarisch wie der Bruderkrieg im eigenen Haus, den Thomas Mann so weit stilisierte, daß er schließlich zum Symbol wurde – zum Spiegelbild einer zerstrittenen Nation. Ein Brief an Ernst Bertram, geschrieben am 25. November 1916, beweist, wie konsequent der Autor der ›Betrachtungen‹ Widersprüche der Zeit am Beispiel privater Querelen zu erhellen versuchte: ›Es ist nicht Größenwahn, wenn ich das Verhängnis längst in meinem Bruder und mir personifiziert sehe.‹

Und Thomas Mann hatte recht. Es *war* nicht Größenwahn, wenn er Privates zum Exempel erhob. Es *war* nicht Anmaßung, die eigene Problematik mit der Problematik einer Epoche zu identifizieren. Es *war* nicht Hybris, die Seelengeschichte des Bürgertums in der Familiengeschichte der Buddenbrooks widerzuspiegeln und darauf zu vertrauen, daß das Kleine mit dem Großen deckungsgleich sei. Es *war* nicht Dreistigkeit, sich selbst, in allen Verwandlungen, immer als den Einen zu sehen – den großen Repräsentanten, den Vorsteller und Vergegenwärtiger, den Darbieter und Wiederholer einer Zeit, von der man zu wissen glaubte, sie habe sich erfüllt: kurz vor ihrem Ende von einem Kronzeugen auf den Begriff gebracht, der es als seine höchste Pflicht ansah, ihr, in Hegels Sinn, bei ihrer Aufhebung, ihrem Ende, ihrem ›kleinen Übertritt‹ und ihrer Metamorphose behilflich zu sein – behilflich, wie es in der Goethe-Ansprache von 1932 heißt, ›in Nöten und Krisen des Übergangs den Weg in neue

Welten, neue Ordnungen des Innen und Außen zu finden‹.

Dieser Mann war eins mit seiner Zeit. Darum – nur darum! – entbehrt seine Entschlossenheit, das Eigene für bedeutsam, spiegeltreu und repräsentativ zu erklären, der Überheblichkeit. Darum konnte er sich die Weigerung leisten, zwischen ›privat‹ und ›öffentlich‹, ›peripher‹ und ›bedeutsam‹ zu unterscheiden – eine Weigerung, die jeden anderen lächerlich gemacht haben würde. Darum hatte es nichts von Keckheit, als er, fünfzig Jahre nach der Beendigung der ›Buddenbrooks‹ den Satz des kleinen Hanno rekapitulierte: ›Ich dachte, es käme nichts mehr.‹ Er hat recht behalten – auch darin. In einer Welt der Beckett-, Kafka- und Brecht-Epigonen gibt es heute keinen Schriftsteller, der sich, unter thematischen oder stilistischen Aspekten, in die Nachfolge des ›Zauberberg‹-Autors einreihen ließe. Die Gründe dafür liegen auf der Hand: Es läßt sich beweisen, warum es bei Thomas Mann nicht nur einen, sondern zwei große Schlußstriche gibt – den einen, den der kleine Hanno ins Familienbuch zieht, und den anderen, den sein Erfinder in der Literaturgeschichte markiert hat. Zu allererst in der *deutschen*: das Adjektiv will betont sein. Ungeachtet aller Weltbürgerlichkeit war Thomas Mann einer der wenigen großen Autoren in unserem Land, für die das Thema ›Deutschland und die Deutschen‹ wirklich ein Problem gewesen ist … und diese wenigen sind, paradox genug, teils in wörtlichem, teils in übertragenem Sinn Emigranten gewesen: Marx, Heine, Nietzsche, Thomas Mann. Die exaktesten Aussagen über Deutschland, seine Ideologie, sein Wesen und seine Misere wurden in London, Paris, Basel und Kalifornien formuliert – von außen, von Positionen aus, die es, ökonomisch und sozial entwickelter, ermöglichten, die eigentümliche Dialektik zwischen politischer Ohnmacht und verwegenen Konzeptionen im Reich des Geistes ins Blickfeld zu rücken, in deren Zeichen sich die bürgerliche Kultur in Deutschland entfaltete – eine Kultur, die in Thomas Mann ihren Abschluß und Höhepunkt fand. Er war der letzte Poet, den man als einen *deutschen Schriftsteller* bezeichnen kann … so deutsch, daß er die Endzeit der Kunst mit der Endzeit Deutschlands identifizierte und, nach Serenus Zeitblom, *häusliche nationale Erfahrungen im Weltmaßstab verallgemeinerte.* Und eben das macht seine Fremdheit aus und erklärt, warum er in der jungen und mittleren Generation echolos blieb. Unter all den Kölnern, Danzigern und Wasserburgern, die sich einerseits als Regionalisten und andererseits als Weltbürger verstehen, nimmt sich der deutsche Poet, mit seiner deutschen Thematik und seiner deutschen Geschichtsschreibung fast wie ein Denkmal einer längst vergangenen Epoche aus. (*And my ending is despair:* ›Ich wünsche mir oft unseren Kegelabend in Tegernsee bei Bruno Frank zurück‹, heißt es in einem Brief, November 1945, an Fritz Strich, ›der ist nun tot, und Werfel ist tot … und es wird einsam. Geselligkeit gibt es genug, aber kaum noch einen, mit dem man recht reden kann, wenigstens auf deutsch.‹)

Ein großer fremder Mann: nah noch – denjenigen zugewandt, die die Literatur der fünfziger Jahre bestimmten, Ilse Aichinger zum Beispiel oder Hans Werner Richter (›man muß doch sehen, was die grünen Nachkommenden so anstellen‹), aber mit den ›Wurzeln seiner Kultur‹ dem Jahrhundert Goethes verhaftet. Ein Artist, dessen Lehrmeister ausschließlich deutsche Schriftsteller gewesen sind. Auch das macht ihn, im Zeichen der Oneworld-Kommunikation, den Jungen fremd. Heute lernen die deutschen Dramatiker bei Harold Pinter. Romanciers gehen in Hemingways oder Salingers Schule. Lyriker profitieren von Neruda und Ungaretti. Anders Thomas Mann mit seinen Magistern: den Meistern aus Deutschland. Mochte der ›Buddenbrooks‹-Autor seinem Freund Grautoff noch so entschieden den Satz in die Feder diktieren: ›Seine Meister habe der Verfasser, wenn schon von Meistern die Rede sein müsse, freilich nicht in Deutschland‹: Die Lehrmeister kamen dennoch aus seiner Heimat, hießen nicht Turgenjew und Dickens, ja, noch nicht einmal Kielland, Hamsun und Lie, sondern Schopenhauer, Wagner, Nietzsche, Fontane.

Schopenhauer zunächst. Von ihm hat er gelernt, die Realität einem Grundprinzip zu unterwerfen, der philosophischen Fragestellung – Wille und Vorstellung –, die jenes Zwei-Ebenen-Spiel ermöglicht, auf das sich Thomas Mann wie kaum ein zweiter verstand. Seine Ostsee – Reinhard Baumgart hat recht – riecht nach Algen und Pessimismus zugleich.

Und dann Richard Wagner: der zweite Magister. Er hat Thomas Mann die Kunst gelehrt, wie man Materialien, den Riesenstoff einer Tetralogie vom Range der ›Buddenbrooks‹ oder des ›Rings‹, organisiert und ihnen mit Hilfe von Ordnungs-Elementen Transparenz verleiht: wie man Beziehungen herstellt, Durchblicke ermöglicht und, durch Wiederholung der Topen, in knappen Formeln auf Entsprechungen verweist. (Die Leitmotive haben bei Thomas Mann den Charakter von *synthetischen Konzentraten.* Wenn Hermes auftritt, weiß der Leser sogleich: Hier geht es um Handel und Wandel, um freundliche Vermittlung, schalkhaften Abtausch, erotisches Spiel, doch auch um Wechsel von Tag und Nacht. Hermes geleitet die Toten.) Für uns eine geläufige Technik – das wiederholende, Konnexionen schaffende Zitat ... befremdlich aber zu der Zeit, als Thomas Mann Wagners Technik literaturfähig machte: ›Dieser mißtrauische Intellektuelle‹, schrieb, kaum war die ›Königliche Hoheit‹ erschienen, ein Kritiker, ›sucht sich den Leser in Distanz zu halten, indem er ihm scheinbar Eselsbrücken bietet. Dazu gehört die boshafte, übrigens leider häßliche Manier, jede Figur bei jedem Wiederauftreten ihre stereotypen Attribute vorzeigen zu lassen, damit der Leser sagt: Aha, das ist er! Mit solchen schlechten Scherzen weiß Mann den Leser bald zu lokken, bald zu dupieren, ja, er geht so weit, ein überaus kindliches, ja kindisches Spiel mit Masken und Namen zu treiben, von der Art ältester und übelster Lustspiele ... Wenn man eine von Manns unglaublich liebevollen Naturbeobachtungen gelesen hat, begreift man vorübergehend nicht, wie der selbe Mann seine Kunst so mißbrauchen kann.‹ Geschrieben 1910. Verfasser: Hermann Hesse. (Und dieser Kritiker war noch einer der wohlwollendsten. Andere haben weit Gehässigeres formuliert. Unter den ersten Schriftstellern des Landes hatte Thomas Mann kaum einen Freund – aber Feinde in Hülle und Fülle: Kerr, Musil und Brecht allen voran. Der eine ›Thomas Bodenbruch‹ parodierend, der zweite den Großschriftsteller verhöhnend, am schärfsten der dritte: ›Als Thomas Mann vorigen Sonntag‹ – eine Tagebucheintragung Bert Brechts – ›die Hände im Schoß zurückgelehnt, sagte: ‚Ja, eine halbe Million muß getötet werden in Deutschland', da klang das ganz und gar bestialisch. Der Stehkragen sprach.‹) So betrachtet waren Thomas Manns eigentliche Freunde, genau wie für Nietzsche – die Toten. Sie, die Meister aus Deutschland, sind seine engsten Vertrauten gewesen: Schopenhauer, Kleist, Wagner und dann Friedrich Nietzsche – Nietzsche, von dem er die Kunst lernte, Begriffliches in plastischer Form wiederzugeben und dem Abstrakten und Prinzipiellen mit den Mitteln einer anschaulichen Beschreibungstechnik beizukommen, die weder die Komik des Epigrammatischen noch lyrische Emphase verschmähte. (Ich wage zu behaupten, Thomas Mann hätte ohne Nietzsche die Streitgespräche zwischen Naphta und Settembrini nicht zu schreiben vermocht.)

Und schließlich Fontane: ›Unser aller Vater‹, wie sein Nachfahr ihn etikettierte. Er war, unter den vier Lehrern, der bedeutsamste. Er hat Thomas Mann jene Stilmittel übergeben, die unter der Kategorie ›Ironie‹ zu subsumieren sind: Das ›Paradoxe‹ in Dubslavs Manier, aber auch die Technik des scheinbar naturalistischen, in Wahrheit stilisierten Dialogs, der Mündlichkeit vortäuscht, aber sich tatsächlich weit von Umgangssprachlichkeit entfernt – ein Dialog, der Realität zitiert und sie gleichsam mit Anführungszeichen umgibt. (Es wäre eine lohnende Aufgabe, die Dialogführung Thomas Manns – das gestische Sprechen – mit der Gesprächsanordnung Fontanes zu vergleichen und das Mannsche Dialog-Arrangement der Fontaneschen Inszenierung von Gesprächseinheiten gegenüberzustellen, um derart, am Detail, zu beweisen, wie viel der Junge vom Alten gelernt hat – in welcher Weise er zum Beispiel in den ›Buddenbrooks‹ das in ›Frau Jenny Treibel‹ vorgegebene Modell variiert: Die Gastgeber in Erwartung der Gäste. Das Ankunfts-Zeremoniell. Wie man eintrifft. Wie die Begrüßung verläuft. Dann das Hauptgespräch bei der Tafel. Die Toasts, das Parlando im Zentrum und an der Peripherie. Dann das Hinübergehen in den Nebenraum: die Herren unter sich. Schließlich das Nachgespräch. Die Gäste sind aufgebrochen. Die Gastgeber ziehen Bilanz. Und dann die Landpartien – Treibels im Grünen; Herr Permaneder kehrt in Lübeck ein. Die Übereinstimmungen bieten sich an. Das Thema ›Fontane und Thomas Mann‹ wartet noch auf seinen Bearbeiter.)

Ehret eure deutschen Meister, heißt die Devise: Die großen essayistischen Bemühungen Thomas Manns beweisen, wie konsequent sich der Autor bei seinen Studien auf jenen Kulturraum beschränkt hat, der ihm vertraut war. Kaum ein Wort über Balzac, über Thackeray und Flaubert. Immer nur Goethe und Schiller, Lessing, Schopenhauer, Wagner und Nietzsche. Und dann Tolstoi, gewiß ... aber wenn man genauer hinschaut, dann zeigt sich sehr schnell, daß ›Tolstoi‹ nur eine Chiffre für Goethe ist und ›Dostojewski‹ als Pseudonym für Schiller fungiert und daß die am Beispiel der großen Russen entwikkelte Antithese zwischen dem Plastiker und dem Analytiker, dem Naturkind und dem kritischen Geist nichts weiter als eine späte, in die Gegenwart übertragene Wiederholung des Schillerschen Gegensatzes von naiver und sentimentalischer Dichtung ist. So betrachtet, erweist sich Thomas Mann – er selbst hat es immer wieder betont – als ein Fährtenleser, der, im Akt der Wiederholung und Transposition, einen vorgebahnten Weg verfolgt ... wobei es bezeichnend ist, daß diejenigen, deren Spur er da folgt, sich ihrerseits aufs Fährtenlesen verstehen: Wagner auf Schopenhauers, Nietzsche auf Goethes Spur. Die Unzeitgemäßen dagegen – diejenigen also, die, gleichsam aus dem Nichts kommend: Beginner, ihrer Zeit voraus, auf Möglichkeiten verwiesen, die erst später eingelöst wurden, hat Thomas Mann im Dunkel gelassen. Kein Wort über Büchner ... auch über Heine übrigens nur Beiläufiges. Aber das hat einen anderen Grund: Der Parodist läßt sich nicht parodieren. Das gilt für Heine – und das gilt, selbstverständlich, auch für Thomas Mann selbst. Das erklärt abermals, warum er erbenlos geblieben ist: Man kann die bürgerliche Autobiographie zwar in eine Hochstaplergeschichte umfunktionieren, Goethe in Felix verwandeln, Wilhelm in Castorp, aber eine Parodie der Parodie würde zum puren Aberwitz führen. Kein Zufall also, daß Grass in der ›Blechtrommel‹ an eine noch nicht erledigte Tradition angeknüpft hat – den pikarischen Schelmenroman, wie er am Anfang war.

Thomas Mann: Das ist ein deutscher Schriftsteller – ein *Ausbund von Deutschheit* (so hat er Goethe genannt), ›ein Kind und Urenkelkind deutsch-bürgerlicher Kultur‹, dessen Werk mit der Beschreibung einer sehr realen kleinen deutschen Stadt begann und mit der Evokation einer kleinen deutschen Stadt zu Ende ging, die eine Kunststadt war: ›Nach einer langen Irrfahrt im Raum und in der Zeit ist sein Verfasser auf anderem Weg in einer Spirale zu seinem Ausgangspunkt zurückgekehrt‹, heißt es 1950, in einer Rede vor den Studierenden der Sorbonne, ›zur altdeutschen Stadt und zum musikalischen Pessimismus der ‚Buddenbrooks'. Aber während jenes Jugendwerk das Produkt eines bürgerlichen Zeitalters war, das sich noch in das Gewand der Sicherheit von vor fünfzig Jahren kleidete, ist der ‚Doktor Faustus' aus den Wirren und Leiden geboren, die hinfort das Geschick Europas waren.‹ Von Lübeck nach Kaisersaschern: das ist ein Weg, der in einem Deutschland begann, das, als ein präsentes, realistisch dargestellt werden konnte, und in einem Deutschland endete, das, vergangen, nur noch mit Hilfe des historischen Zitats beschreibbar war: im Spiegel des Nietzscheschen Naumburgs und des Goetheschen Weimar.

Die Tradition war zerrissen. Nach 1930, nach ›Mario und der Zauberer‹, gab es für Thomas Mann lediglich ein Deutschland, das Geschichte war ... ein Land, das, da es keine Realität mehr besaß, nur noch auf symbolische Weise: gleichnisartig zu erfassen war. Man denke an die ›Betrogene‹: Da ist zwar von Düsseldorf und Schloß Benrath die Rede, aber in Wahrheit spielt das Stück in einem Niemandsland, in dem allein die Symbole, ein ausgedörrter Eichenbaum, der plötzlich wieder blüht, und ein schwarzer Schwan Realitätscharakter besitzen. Die Realität selbst dagegen hat sich verflüchtigt und wird durch keine noch so exakte Benennung zurückgeholt: Wie bezeichnend, daß Thomas Mann in der ›Betrogenen‹ den Stadtnamen nennt (aber die Topographie bleibt imaginär), während er in den ›Buddenbrooks‹ kein einziges Mal von Lübeck spricht (auch im ›Tod in Venedig‹ heißt Gustav Aschenbachs Geburtsort lediglich: L., eine schlesische Kreisstadt) ... und dennoch strotzt die Szenerie von Realität. Damals, nach 1900, war der bürgerliche Realist deutscher Herkunft wortwörtlich auf der Höhe der Zeit ... und auch in der Republik von Weimar blieb er seinen ›geliebten Ebenbildern‹ allenfalls um eine Nasenlänge voraus – die Geschichte ›Zauberberg‹, 1924 ediert, endet mit dem Beginn des ersten großen Krieges: eine Realität, die realistisch dargestellt werden konnte. Anno 50 hingegen, als die ›Betrogene‹ erschien, war für den nach Kalifornien emigrierten Schriftsteller das Düsseldorf der zwanziger Jahre in eine nahezu biblische Ferne gerückt. Darum der Wechsel des Tonfalls.

›Ich dachte, es käme nichts mehr‹: Das ist, so betrachtet, das Bekenntnis eines Schriftstellers, der sehr genau wußte, daß es nach ihm nie mehr möglich sein werde, von ›Deutschland‹ im Präsens zu sprechen. Er war der letzte. Der letzte Deutsche und – dies ist der zweite Punkt – der letzte, der stolz darauf war, ein Bürger zu sein, ja, für den ›Leben‹ und ›Bürgersein‹ Synonyma waren. Der Essay über Adelbert Chamisso macht deutlich, daß nach der Interpretation Thomas Manns nicht nur die

Adjektive *realistisch* und *bürgerlich* austauschbar sind – deutsch, bürgerlich, realistisch: Der Ring hat sich geschlossen –, sondern daß es der im Schatten symbolisierten bürgerlichen Mitgift bedarf, um den Menschen seßhaft zu machen: ›Der Schatten‹, so Thomas Mann, ›ist im ‚Peter Schlemihl' zum Symbol aller bürgerlichen Solidität und menschlichen Zugehörigkeit geworden. Er ist mit dem Gelde zusammengenannt, als das, was man zu verehren habe, wenn man unter Menschen leben wolle, und dessen man sich nur zu entschlagen vermöge, wenn man ausschließlich sich und seinem besseren Selbst zu leben gewillt sei.‹

In der Tat, das klingt eher nach dem alten Johann M. Buddenbrook mit seinem von keiner Denkerstörung getrübten Kaufmannsbewußtsein als nach dem musizierenden Hanno ... aber es ist ein Ton, der, 1911 angeschlagen, im Werk Thomas Manns niemals verklingt: Einerlei, ob er nun Goethes Lebensbürgerlichkeit preist und, gut lutherisch, den Weimarer Minister als Hausvater und Geschäftsmann apostrophiert, ob er über ein von Unangefochtenheit und bürgerlichem Selbstbewußtsein zeugendes Wort wie ›Freihandel der Begriffe und Gefühle‹ meditiert, in Schiller den großen Organisator und Berechner hochfahrender Kalkulationen beschwört oder Joseph, den Ernährer, in einen Vorfahren des Präsidenten Roosevelt verwandelt – einen biblischen Bankier, der seinen Ägyptern beweist, daß der New Deal segensreich sei. Von den ›Buddenbrooks‹ bis hin zu den letzten Essays ist Thomas Mann nicht müde geworden, bürgerliche, sich in Meistertum und Citoyen-Stolz manifestierende Haltung von jener bourgeoisen Skrupellosigkeit abzuheben, die sich für ihn – ungeachtet aller Bewunderung – schon früh mit dem Namen des Sozial-Renegaten Richard Wagner verband.

Hier bürgerliches Meistertum, dort bourgeoise Niedertracht; hier die Buddenbrooks und dort die Hageströms; hier solider Wohlstand, dort Geschäftemacherei: Der Binnen-Unterschied blieb in diesem großen Kompendium der bürgerlichen Gesellschaft auch dann noch erhalten – der Schiller-Essay beweist es –, als der eigentliche, die Epoche bestimmende Gegensatz für Thomas Mann schon längst die Kontroverse zwischen Kapitalismus und Sozialismus geworden war.

›Kapitalismus‹, ›Sozialismus‹: Jawohl, hier werden die Dinge beim Namen genannt. Thomas Mann, es wird Zeit das zu realisieren, hat nicht nur die bürgerliche Gesellschaft in exemplarischer Weise beschrieben – in Werken, die, von heute aus gesehen, den Charakter von Fallstudien haben –, er hat sie auch auf den Begriff gebracht. Hermes, der Gott von Handel und Wandel, ist nicht ohne Grund sein Hausgott gewesen. Dieser Schriftsteller hat mehr als alle anderen deutschen Autoren in unserem Jahrhundert – Brecht eingeschlossen – von den Sozialwissenschaften und jener Nationalökonomie verstanden, die er bereits zur ›Buddenbrooks‹-Zeit eine ›moralische Wissenschaft‹ nannte, weil sie, von Armut und Reichtum handelnd, die soziale Frage aufrolle. Wie kenntnisreich er auf dem Gebiet der politischen Ökonomie war, zeigen schon die Nachschriften der Kollegs, die der Volontär Thomas Mann bei Haushofer in München besuchte; das zeigen die hellsichtigen Analysen am Ende der Weimarer Zeit, über das Entsprechungsspiel zwischen einer imperialistischen, den Interessen der regierenden Schicht dienenden Politik und einer von Luthertum und Romantik geprägten bürgerlichen Kompensations-Ideologie: dem Junker das *hic et nunc* überlassen und dafür die schönsten Träume im Himmel geträumt; und das zeigen erst recht die Auseinandersetzungen mit dem Nationalsozialismus, der, als Faschismus, für Thomas Mann ein Instrument des Bürgertums war – dazu bestimmt, die drohende soziale Revolution zu verhindern. Je älter der Schriftsteller wurde, desto entschiedener formulierte er seine radikal-demokratischen Thesen, sprach von der ›schuldbeladenen Machtkombination zwischen Junkern, Militär und Großindustrie‹, verwahrte sich gegen die Identifikation von Faschismus und Kommunismus – eine Identifikation unter dem Oberbegriff ›totalitär‹, die über der Erscheinungsform die inhaltlichen Unterschiede vergäße, und erklärte wieder und wieder, daß er sich eine Zukunftswelt ohne kommunistische Züge nicht vorstellen könne – nur in der Form des Sozialismus, so sein Diktum, habe die Demokratie noch eine moralische Berechtigung, und er wisse, was es bedeute, so etwas zu sagen: ›Kommunistische – was sage ich, irgendwelche sozialistischen Sympathien auch nur durchschimmern zu lassen, das bedeutet heute in Europa schlechthin das Martyrium; es bedeutet die Entfesselung eines Hasses, einer Totschlagelust und Verfolgungswut, von der Sie sich schwerlich eine Vorstellung machen.‹

Der Kreis ist ausgemessen. Angesichts der Kooperation von Besitzbürgertum und Faschismus beginnt der Citoyen Thomas Mann immer deutlicher zu erkennen, daß die Forderungen der bürgerlichen Epoche: die Verheißungen der Französischen Revolution noch immer darauf warteten, verwirklicht zu werden, daß es also darauf ankäme, endlich von Robespierre zu Babeuf weiterzugehen, um derart den bürgerlichen Aspekt der Freiheit (einer Freiheit, die, unter dem Regime der Bourgeoisie, nur die Freiheit der Besitzbürger gewesen sei) mit dem sozialen Aspekt der Gleichheit zu vereinigen und, eine Konnexion zwischen Paris und Petersburg herstellend, westlichen Humanismus und östlichen Sozialismus miteinander kommunizieren zu lassen. ›Ich äußere erschreckend linke Dinge‹, schreibt Thomas Mann im Exil – und in der Tat, dieser Altersradikalismus läßt sich nur mit jener revolutionären Entschiedenheit vergleichen, die Theodor Fontane an den Tag legte, als er sich, 1896, in einem Brief an William Morris, zumindest in Gedanken mit den Arbeitern solidarisierte, denen allein die Zukunft gehöre: ›Alles ist viel echter, wahrer, lebensvoller.‹ Fontane-Nachfolge aber, Altersradikalität, bedeutet – Thomas Mann hat darauf, höchst indirekt freilich, in seinem Werther-Essay verwiesen – Fontane-Nachfolge bedeutet zugleich, sich, in paradoxer Weise, auf Goethe zurückzubeziehen. Während der jugendliche Revolutionär, der Verfasser des ›Werther‹ und der Gretchen-Tragödie, zum konservativen Olympier wurde, wandelte sich der Apologet des sozialen deutschen Kaisertums, Thomas Mann, zum Radikaldemokraten ... bürgerlicher Provenienz, wohlgemerkt, denn der Traum vom kommenden Reich, in dem die Freiheit sich in der Gleichheit, die Gleichheit in der Freiheit aufhöbe, dem Reich jenseits des bürgerlichen Individualismus, in dem auch der Kunst eine neue Rolle zukommen werde: Er blieb ein Goethe-Traum, den hier einer den Wanderjahren nachträumte – und was die Aufhebung der Partialinteressen in der Unität des Allgemeinen angeht, so läßt sich nachweisen, daß bei diesen Gedanken eher ›Die Welt als Wille und Vorstellung‹ denn das ›Kapital‹ den Taufpaten spielte: Das ›überbürgerliche Erlebnis‹ stammt von Schopenhauer, nicht von Marx. Und dennoch ist nicht zu bezweifeln, daß es im deutschen Sprachraum keinen Schriftsteller gibt, der, in Essay und poetischem Werk, die bürgerliche Gesellschaft, ihre Genese, ihre Antagonismen, ihren Entbürgerlichungs-Prozeß und ihre Transposition ins Soziale so exemplarisch dargestellt hat wie Thomas Mann – wobei, was die Erkenntnisfähigkeit betrifft, im Frühwerk der Romancier dem Essayisten, im Alterswerk der Kritiker dem Poeten voraus war. Aber wie immer das Verhältnis auch sein mag, eins ist gewiß: Es wird nie wieder einen Schriftsteller geben, der Leiden und Größe des Bürgertums so ins Bild setzen, so auf den Begriff bringen wird wie Thomas Mann.

›Ich dachte, es käme nichts mehr‹: Ja, das stimmt. ›Ich bin historisch‹, hat Thomas Mann schon früh von sich gesagt. Der letzte Patriot ist auch der letzte Bürger gewesen. Ein Bürger vom Schlag Heinrich Heines ... an die Zukunft des Sozialismus glaubend und doch von Angst erfüllt, diese Zukunft könne identisch sein mit der Vernichtung der Kunst – besorgt, daß Marxens Diktum, es werde eine Zeit kommen, in der der Mensch nach dem Gesetz der Schönheit formiere, sich als Ideologie herausstellen könnte. (Die Beziehungen liegen wiederum auf der Hand. Ich bitte Sie, Thomas Manns kritische Auseinandersetzung mit dem Kommunismus – *das Gewissen ist beim Politbüro abzugeben* – der Vorrede an die Seite zu stellen, die Heine der ›Lutetia‹ gewidmet hat: Die Angst vor dem Proletariat, mit seiner vermeintlichen Mißachtung der Romantik und Poesie! Und trotzdem: Der Zauber des Kommunismus!)

Der letzte Patriot: Das ist das erste. Der letzte Bürger: Das ist das andere. Der letzte Universalschriftsteller: Das ist das dritte. Jawohl, Thomas Mann war der letzte, dem es mit jenem stilistischen Mittel, das, wie kein zweites, Universalität garantiert, mit dem Mittel der Ironie gelang – ›Ironie‹, heißt es bei Friedrich Schlegel, ›ist die Stimmung, welche alles übersieht und sich über alles Bedingte unendlich erhebt‹ … der letzte Universalschriftsteller, sage ich, dem es gelang – gelang, weil er, wie sein Geschöpf Felix Krull, *universell von Veranlagung war und alle Möglichkeiten der Welt in sich hegte* –, die Epoche, die er repräsentierte, derart zu erhellen, daß die geschilderten Details in ihrem Bezugsverhältnis und ihrer Funktion im Rahmen des Allgemeinen anschaulich wurden.

Thomas Mann ist der letzte gewesen, der – mit Beda Allemann zu sprechen, dem ich hier folge – darauf vertraut hat, daß es auch in unserer Epoche noch immer so viele unbezweifelbare Gemeinsamkeiten, so viele unangetastete Konventionen gäbe, so viele verbindliche Erfahrungen, Kenntnisse, praktische und spirituelle Übereinstimmungen und so viele Normen, auf die – wenn nicht jedermann: so doch die Majorität jederzeit zu rekurrieren in der Lage sei … so viele Gesetze und Tabus, daß es möglich sein müsse, Anspielungen als Anspielungen und Parodien als Parodien erkennbar zu machen. Das heißt, daß für ihn zumindest jenes Minimum an allgemeiner Bildung noch garantiert war, ohne das es keine Ironie geben kann: Wenn der Tod seinen Schrecken verloren hat, ist es sinnlos, ihn komisch zu schildern. Unangemessenheit setzt, um als Stilprinzip wirksam zu werden, eine gesellschaftliche Verständigung darüber voraus, was ›angemessen‹ bedeutet. Konkret: Sobald der

Leser nicht mehr weiß, daß es einmal eine Höllenfahrt gegeben hat, verliert das Thomas Mannsche Zentralmotiv der Katabasis, des Abstiegs ins Totenreich, schon deshalb seine Funktion, weil es nicht mehr als verfremdende Wiederholung erkannt wird. Dann fällt der Schatten fort, der das Meisterchen Castorp in eine ›gewichtige Rückbeziehung‹ zu Wilhelm, seinem Vorbild, setzt. Oder noch konkreter: Wenn die Stilkonventionen aufgehört haben, Konventionen zu sein, und es jedermann gestattet ist, gerade so zu schreiben und zu reden, wie er will, dann hört die Manier auf, witzig zu sein, mit der Felix Krull, höchst altvorderlich, in bestem Bismarck-Stil, seine Memoiren artikuliert. Dann ist die Reflexion nicht mehr komisch, die der weinende Hans Castorp, den chemischen Gehalt seiner Tränen betreffend, vor Joachim Ziemssens Totenbett anstellt: ›Er wußte, es sei auch etwas Muzin und Eiweiß darin.‹

In einer Welt, wo Kreons Sekretäre den Fall Antigone erledigen, einer Welt ohne normative Struktur und damit ohne Fallhöhe, gibt es keine Ironie. Wo alles wesensgleich ist und damit auf nichts als auf sich selber verweist, ist jenem Bezugs-, Verweis- und Kontrastspiel der Boden entzogen, das den poetischen und essayistischen Versuchen Thomas Manns ihren eigentlichen Reiz verleiht ... jenen dialektischen Künsten, die Franz Kafka meinte, als er von dem *nutzbringenden Verliebtsein in das Gegensätzliche* sprach, das den ›Tonio Kröger‹ charakterisiere.

Und in der Tat, *wenn man bedenkt*, daß es nur die Ironie war, die Thomas Mann davor bewahrte, jenem Tonfall Theodor Storms zu verfallen, der, zum Beispiel, das eher sentimentale Abschiedsgespräch zwischen Thomas Buddenbrook und seiner herzlieben Anna bestimmt – ›Er küßte sie auf die Lippen und die Augen. ‚Adieu, meine liebe gute kleine Anna'‹: Fontane, in ›Irrungen, Wirrungen‹, war da nüchterner ... *wenn man, weiter, bedenkt*, wie turmhoch, dem Niveau nach, die ironischen Debatten im ›Zauberberg‹ über den allzu direkten, unvermittelt schrillen Bekenntnissen in den ›Betrachtungen‹ stehen – von den Radioreden an die deutschen Hörer zu schweigen: Sobald Thomas Mann auf Ironie und Vermittlung verzichtet und, statt in biblischer Sprache oder im Lutherdeutsch, auf Thomas Mannisch zu schelten anfängt, wird er gar zu leicht plump – versteigt sich am Ende dazu, diejenigen, die dreizehn Jahre lang von ihrer Führung geduzt wurden, seinerseits mit ›ihr‹ und ›euch‹ anzureden: als wäre damals nicht alles darauf angekommen, den Adressaten zunächst einmal die Würde eines Partners wiederzugeben ... *wenn man drittens bedenkt*, daß Thomas Mann nur ein einziges Mal einen polemischen Essay über einen ›Gegner‹ geschrieben hat (und auch der war indirekt), weil er nämlich sehr genau wußte, daß seine Ironie ihn beim Agitieren verließ – eine Ironie, die, auf Verständnis angelegt, auch noch im schlimmsten Feind den ›Bruder‹ sah ... *wenn man zum vierten bedenkt*, daß für Thomas Mann, diesen Beziehungskünstler, der es fertigbrachte, zugleich Lenin und Hofmannsthal, Brüning und Gorki zu loben und einen Jesuiten mit einem Kommunisten zu paaren, Ironie deshalb das einzige, Kunst verbürgende Lebenselixier war, weil sein Werk auf Vermittlung hin angelegt war, auf erasmianische Dialektik und nicht auf Einseitigkeit und eine Rhetorik, die den Kontrahenten zermalmt: darum sein Bekenntnis zu Deutschland als dem Land des Ausgleichs und der versöhnenden Mitte; darum seine Liebe für Hermes, den Verbinder der Sphären; darum seine Empörung, als sich ein Kritiker, Hans Mayer, erkühnte, ihn den Ungeliebten zu nennen: ausgerechnet ihn; darum aber auch seine Entschlossenheit, selbst die abscheulichsten Thesen, die Beschwörung des Krieges als des großen Reinigers etwa, unter der Optik einer am Ende denn doch noch erreichten Synthese zu sehen: nichts wird zurückgenommen, alles ist sinnvoll: ›Die Betrachtungen stehen ganz richtig in meinem Werk‹; darum das hochgemute Vertrauen, es müsse doch, zum Teufel, möglich sein, das frühe Axiom: *Die Politikferne der deutschen Kultur macht ihre Größe aus: Wagner hatte ganz recht, als er den politischen Menschen widerlich nannte* – mit der späteren Maxime in Übereinklang zu bringen: *Das deutsche Verhängnis beruht auf der Trennung von Marx und Hölderlin, von Politik und Metaphysik*; darum, um der coincidentia oppositorum willen, der Ausfall der Worte: ›Ich widerrufe‹, darum aber auch die mangelnde definitorische Schärfe in diesem Werk und die Fülle schwankender Begriffe; darum die Vorliebe für den kombinatorischen Witz und die verwegenen Synopsen in einer überschaubaren Welt ... *wenn man all das bedenkt*, dann wird man sagen müssen: Es war gut, daß ihm erspart geblieben ist, in einer Welt leben zu müssen, die mit Ironie, der großen Mittlerin, nicht mehr erschließbar ist. (Er hat es übrigens geahnt, daß er – da die Ironie ihr Substrat verloren hatte – im Alter ohne Werkzeug war: mittel-los geradezu. Die Lustlosigkeit, die ihn bei dem Gedanken befiel, den ›Krull‹ eines Tages vielleicht doch noch beenden zu müssen, liegt, wir können dessen sicher sein, nicht zuletzt in der Erfahrung begründet – sie akzentuiert schon den ›Faustus‹ –, daß mit Auschwitz auch jene letzten Konventionen ad absurdum geführt wurden, deren Existenz die *conditio sine qua non* für die Entfaltungsmöglichkeit der Ironie dieses Universalkünstlers war.

›Ich dachte, es käme nichts mehr‹: Jawohl, der Satz trifft zu – auf den Patrioten, den Bürger und den Stilisten Thomas Mann. (Ich kenne in der deutschen Literatur der Gegenwart kein einziges Buch, von dem sich sagen ließe – dies ist, was den Stil betrifft, Geist vom Geiste Thomas Manns.)

Ein Abschied also? Abschied von einem Schriftsteller, dessen Kunst mit der Epoche vergangen ist, die er repräsentierte – ein Klassiker, ein Unzeitgemäßer? Ich glaube nicht.

Stellen wir uns am Ende eine Sekunde lang vor: Es hätte Thomas Mann nicht gegeben. ›Buddenbrooks‹ und ›Faustus‹ seien ungeschriebene Bücher. Was wäre dann? Die deutsche Literatur: um einen großen Schriftsteller ärmer. Gewiß. Doch das ist nicht alles. Wichtiger scheint mir zu sein: Hätten Thomas Mann und die Kompatrioten aus den Tagen der Emigration nicht gelebt … unser historisches Bewußtsein wäre ein anderes. Nach der Usurpation durch die Nationalsozialisten hätte Deutschlands bürgerliche Kultur nur ihre bourgeois-präfaschistische und nicht ihre freiheitlich-citoyenhafte Seite gezeigt. Der rote Schimmer wäre verborgen geblieben. Es gäbe keine Kontinuität. Das Vermächtnis der Aufklärung bliebe uneingelöst. Der Auftrag bürgerlicher Rebellen: vergessen. Marx würde in Lessings, Lessing in Luthers Jahrhundert gehören: alles gleich gestrig, alles gleich fern.

Es ist nicht zuletzt das Verdienst Thomas Manns – das Verdienst des Patrioten, Bürgers und Universalkünstlers, der die Vergangenheit der Gegenwart wortwörtlich angetragen hat, daß die Jüngeren in unserem Lande gegen die Gefahr gefeit sind, der Geschichtslosigkeit zu verfallen. Er hat den Schlemihlen gezeigt: Es ist nützlich, um einer Zukunft willen, daß ihr euch umdreht.

Kann man Größeres von einem Schriftsteller sagen? Ich denke, nein.

Herakles als Nothelfer
Peter Weiss

1982

›Fremdlinge sind wir im eignen Haus und sitzen gleich Ulyss mit dem Bettler Stab am Thor indessen die unverschämten Freyer drinnen im Saale lärmen und fragen wer hat uns den Land-Läufer gebracht‹: Die Sätze aus dem Drama ›Hölderlin‹, der Hauptfigur in den Mund gelegt, könnten als Leitmotiv über den *opera omnia* des Schriftstellers, Publizisten und Malers Peter Weiss stehen. Der König mit dem Bettelstab; der Fremde im eigenen Haus; der von den Herrschenden verachtete Landläufer; der Weise, den die Unverschämten verhöhnen; der Plebejer mit der roten Mandorla, die – zu ihrem Unheil – die lärmende Clique nicht wahrnimmt: Wieder und wieder hat Peter Weiss jene Männer beschrieben, die Künstler voran, deren Existenz-Bedingung ist, als Ausgeschlossene leben zu müssen – verlacht, gefürchtet und verbannt.

Turm und *Verlies*, *Kerker* und *Zelle*, *Einöde* und *Exil*: Die Schlüsselworte des Weiss'schen Werks sprechen für sich. Das Inferno, im Sinne von Drunten – als Draußensein, ist der Aufenthaltsort jener, die, anders als die auf Gegenwart eingeschworenen Vertreter der Macht, in der Vergangenheit und Zukunft leben – Ort der Visionäre (Marat in der Wanne!), der Vorträumer (Hölderlin: der ›Gefangenschaft nur fand anstatt ein Paradies‹), Ort der ins Weite und Offene Aufbrechenden, die in Kammern und Verstecken ihre Pläne machen: ›Der Küchenraum, der sich langsam verschattete‹, heißt es in der ›Ästhetik des Widerstands‹ von der Wohnung des Revolutionärs Coppi, ›stellte eine Eingeschlossenheit dar, die uns, die wir um den Tisch saßen, das Gefühl einer überwältigenden Niederlage aufzwingen wollte. Außerhalb dieser Zelle, hinter den bröckelnden Mauern, dem Treppengebälk, dem Hofschacht, war nur Feindlichkeit, hier und da durchsetzt von ähnlich kleinen verriegelten Räumen, die immer seltener wurden, immer schwerer aufzuspüren oder schon nicht mehr zu finden waren.‹

Einerlei, ob Peter Weiss den exilierten Trotzki, den in Charenton eingekerkerten Marat, den Jakobiner Johann Christoph Friedrich Hölderlin in seinem Verlies beschreibt oder ob er den Erzähler der ›Ästhetik‹ die Höfe einer Stockholmer Fabrik wie eine von Dante oder Breughel erfundene Zone erleben läßt (›Das Klaustrophobische in den Höfen des Separatorwerks‹ – eine Notizbuch-Eintragung von 1976 –, ›die geschwärzten Wände der Werkstattgebäude, labyrinthisch verzweigt – der ungeheure Schornstein ... burgähnliche Tore‹) – immer geht es um die Variation einer Inferno-Szenerie, und immer sind die Bewohner solcher Lokalitäten *Gezeichnete*: Wahnwitzige, zum Tod Bestimmte, auf Vernichtungslisten Gesetzte und Preisgegebene. Und doch sind eben sie, wie immer sie heißen mögen: einerlei, ob hochberühmt oder namenlos, die einzigen, die, im Dunkel befindlich, Erinnerung, Eingedenkens-Kraft und Überlieferung verbürgen!

Der Weiss'sche Hades ist nicht nur ein Höllenpfuhl – er ist auch das Reich, in dem Mnemosyne regiert: das Reich, wo der Künstler seinen Pakt mit dem Tod schließt und sich bereit erklärt, um der Erinnerung an die Toten willen, selbst die Todesnähe zu suchen: ›Mit der Annäherung an die Kunst‹, heißt es in der ›Ästhetik‹, auf Dante bezogen, ›war der Gedanke des Todes verbunden. Der Schreiber des Gedichts befand sich in der Mitte des Lebens, doch überließ er sich bei der Arbeit sowohl der Führung eines Toten als auch nur Begegnungen mit Toten.‹

Und abermals, wie sehr gilt dieser Satz – einer der vielen geheimen Selbstverweise und Selbstbezüge im Werk Peter Weiss'! – auch für den Autor des ›Marat‹, des ›Hölderlin‹, der ›Notizbücher‹ und der ›Ästhetik‹: Immer wieder die *Katabasis* zu den Toten, der Abstieg in Verliese der Erinnerung; immer wieder die Beschwörung äußerster Qual an der Schwelle von Leben und

›Ästhetik‹ dem Verfasser des ›Hölderlin‹ auf, läßt eben nicht ›Fantasie und Handlung seyn im gleichen Raum‹, sondern befördert Diskongruenzen, vertraut dem Möglichen mehr als dem Wirklichen, setzt also kein Pünktchen aufs i – und sei's durch eine noch so spektakuläre Aktion –, sondern entwickelt im eigenen Bereich jene auf die Beendigung festlicher Selbst-Zelebration abzielende Revolte, für die es im Formalen keinerlei Beschränkungen gibt: Wer eine Doppel-Revolution erstrebt, kann weder auf schreibende Leniniculi setzen noch Lenin à la Piloty verherrlichen.

Doppel-Revolution, politische Umwälzung also, die in der Kultur-Revolution mündet, heißt für Weiss, daß Hugo Ball Arm in Arm mit Willi Münzenberg geht, daß Kafkas ›Prozeß‹, im Lesbuch, neben dem ›Kommunistischen Manifest‹ steht und daß Picassos ›Guernica‹ als Inbegriff von politischer Kunst erscheint: *politisch* im Sinne einer radikalen, die Kluft zwischen Schein und Sein blitzartig aufhebenden Ausdrucksweise, die Selbst- und Welt-Darstellung in eins ist.

Kurzum: Weder Selbstaufgabe der Poesie im Aktionismus noch der Glaube, es ließe sich, mit Hilfe des Geschriebenen, unmittelbar und direkt Politik machen, konstituieren eine sich als universal verstehende Dichtung: ›Meine Dichtung ist revolutionär‹, läßt Peter Weiss, als Tagebuchschreiber dem Dramatiker ideologisch voraus, seinen Hölderlin sagen, ›indem sie sich jeder revolutionären Action entzieht. Indem sie jedem politischen Aufruf, jedem directen Eingriff in die Tagessituation entsagt, erhält sie ihre eigentliche Bedeutung: über den Situationen stehend, bedacht auf die große *Schau.*‹

Große Schau, Kulturrevolution: Die ›Ästhetik des Widerstands‹ zeigt, daß einer abseits stehen muß, abseits und unten: im Turm, inmitten der Leidenden und dennoch allein mit sich selbst und seinen Ängsten, um als Artist wirken zu können, daß einer, wie Brecht, am Tag des Kriegsausbruchs, zur Sache, sprich: zu Versmaßen, zu kommen hat, wenn er ernst genommen werden möchte, daß einer, der auf die bewußtseinsverändernde, mittelbar wirkende Kraft der Kunst vertraut, getrost mit Ilja Ehrenburg sagen mag (Weiss zitiert ihn, als *advocatum diaboli* freilich, im 1. Band der ›Ästhetik‹): ›Tief im Zentrum, umlagert, doch unbehelligt von Aktualitäten‹ seien ›poetische Versionen möglich, die mehr über ihre Zeit auszusagen vermochten als die informativsten Reporte. Nehme der Autor mit ganzem Wesen teil am Lebendigen und reagiere darauf mit den Mitteln, die ihm eigen seien, so sei dies als eine der wesentlichsten Handlungen in der Politik, der Politeia, dem Bürgerrecht und als solche in der Gemeinschaft vorrangig zu beurteilen.‹

Solitaire – solidaire, das heißt in der Nomenklatur der ›Ästhetik des Widerstands‹, jenes Spannungsverhältnis zwischen Sich-Öffnen und Sich-Verschließen zu leben und zu beschreiben, das in der Bereitschaft des Künstlers besteht, sich an jenem äußersten Punkt – und nicht früher! –, wo das drohende ›Versinken im Unbenennbaren‹ durch die heilsame, einen neuen Sozialbezug verbürgende Öffnung verhindert wird, wieder der Welt zuzuwenden: errettet aus einem Schattenbezirk, den Weiss mit der Dürer-Chiffre ›Melancolia‹ bezeichnet, und zurückgegeben jenem Bereich, wo Pädagogik, Sinnstiftung und Verwertung von Erfahrungen aus der Zeit erzwungener oder selbst auferlegter Isolation in ihre Rechte treten; wo es um Aufklärung geht, um öffentliche, das Verhältnis der Kunst zur bestehenden Gesellschaftsordnung betreffende Debatten – jene gewaltigen, von Kritiklust, Zweifel, Engagement und Perspektivenweite bestimmten Gespräche, die Peter Weiss in der ›Ästhetik‹, bei ständig wechselnden Frontstellungen, antizipiert: Diskussionen, die das Elend der realen binnensozialistischen Kunst-Diskussionen, dieser Schein- und Schau-Kämpfe, bei denen das Ergebnis von vornherein feststeht, doppelt sichtbar machen: Erst wenn Bucharin und Trotzki, Münzenberg und Rosa Luxemburg zurückkehren, wird, mit Bloch zu sprechen, wieder Schach gespielt und nicht nur ein Mühlestein neben den andern gesetzt.

›Bedenkt, Genossen, was Ihr verloren habt; wie reich Ihr einmal wart und wie verkommen jetzt, im Gestrüpp roter Zwergschul-Scholastik!‹ ruft Peter Weiss den Eigenen zu und läßt sie reden, die Verfemten, in gewaltigen Totengesprächen, läßt sie evozieren von Debattanten, die, wie die als Nothelfer Herbeizitierten, Außenseiter sind – Außenseiter wie die Frauen in der despotischen Männergesellschaft (auch der sich sozialistisch nennenden), Außenseiter wie die großartigste: die Führfigur der Trilogie, der Arzt Dr. Max Hodann, Außenseiter, wie es der Erzähler selbst ist – er, der nicht Lehr-, sondern Lern-Dialoge entwickelte, offene Gespräche mit unsicherem Ausgang, Diskussionen über Revolution und Reformismus, Parteiherrschaft und Basisdemokratie, über den vorgedachten und den real existierenden Sozialismus – Gespräche voller Verweise, Allusionen und geheimer Bezüge, die in gleichem Augenblick anschaulich werden, wo der Leser die Struktur dieser *comédie humaine*, einer Apokalypse aus sozialistischer Perspektive, zu durchschauen beginnt: wo er Kongruenzen zwischen den großen Bild-Beschreibungen gewahrt (sie sollten, mitsamt den Vorlagen, einmal gesondert publiziert werden), wo er die Thesen der beiden einander ablösenden Sokratiker, des Vaters und des Arztes Hodann, als Elemente einer und dergleichen Hebammenkunst versteht: ›Wage zu zweifeln, du, der du dich als Sozialist verstehst.‹

Nicht dreimal, fünf- und sechsmal muß einer dieses große, dem ›Ulysses‹ ranggleiche Buch lesen, ehe er das Bezugsspiel durchschaut und versteht, welche Häresie es ist, daß Weiss Bucharin wie Lenin aussehen läßt: Lenin, der – und jetzt die zweite Häresie! – in der Sekunde, da Willi Münzenberg von einer Schnur erwürgt wird, zum andern Mal stirbt.

Wir sagten: ›Ulysses‹ – und das nicht allein, um den Rang der Weiss'schen Epopöe zu bezeichnen, sondern weil wir glauben, daß es sich bei der ›Ästhetik des Widerstands‹ um einen ebenso listigen wie gelungenen Gegen-Entwurf zum Joyceschen Kompendium handelt –

Herakles tritt auf den Plan und fordert Odysseus in die Schranken der Poesie!

Herakles, der eigentliche Protagonist des Weiss'schen Romans: ihm gilt die erste und – da die Trilogie ringkompositorisch gebaut ist – die letzte *hommage*! Herakles, der Schatten-Geber und Symbol-Verdeutlicher des Buchs: Vermittler zwischen Göttern und Menschen (Vor-Bild des Künstlers, der den Plebejern die Schätze bürgerlicher Kultur und Bildung eröffnet), Freund der Musen, parteiisch, aber nicht unangefochten, imposant noch in seiner Zwielichtigkeit und bewegend durch seinen Tod: ein Mann, der eine Frau nicht opferte, sondern ihr Opfer wurde. Herakles, die Ausnahme, Herakles, der Gleichnis-Schaffer: *Er*, der auf den Öta ging, um sich zu verbrennen, *er* ist es, der Empedokles und mit ihm Hölderlin Konturen gibt, ja, sein klägliches Ende verleiht noch Lenins Sterben gleichnishafte Signifikanz: ›Lenin, steif vor Schmerzen, denn er trug damals diesen Gürtel von dickem rotem Ausschlag um den Leib, dieses glühende Rosenbeet. Vom Brustbein an, links an der unteren Rippe, um die Seite bis übers Rückgrat, zog es sich hin, diese von entzündeten Nerven hervorgerufene Glut ... Herakles muß es so ergangen sein, als das Nessosgift ihn bedeckte, hatte Lenin gesagt, nur ein schmaler Rand, rechts am Brustkorb, blieb ihm, drauf zu liegen, eine halbe Stunde, länger hielt er nicht aus.‹

Lenin mit dem Blutmal, Münzenberg in der Sekunde, da ihm das Gehirn zerplatzt und die ›Engramme aus der Spiegelgasse‹ auseinanderfliegen: wie nah – und wie überzeugend: wie glaubhaft! – rückt in der Weiss'schen Synopse zusammen, was die aufs Dogma eingeschworene Geschichtsschreibung rigide getrennt hat (die Guten ins Töpfchen, die Schlechten ins Kröpfchen); wie freundlich und gutnachbarlich stellt sich, in diesem Möglichkeitsentwurf, das Verhältnis von Kunst und Politik vor, da ein Parteieintritt gleichbedeutend mit der Aufnahme in den Orden der Géricault, Courbet und Millet ist.

Wie's hätte sein können im Zeichen Rosas, Münzenbergs und der Einheitsfront der solidarisch handelnden Linken und wie es tatsächlich wurde, unter Stalins Herrschaft: Um dieses Wechselspiel von Wirklichkeit und Möglichkeit zu inszenieren, erfindet Weiss durch die Zusammenfügung von lauter kleinen Ichs, Auch-Ichs, Nicht-Ichs, ein Kontemporanitäts- und Simultanitäts-Spiel, das, wiederum von Joyce abgesehen, in der Literatur des zwanzigsten Jahrhunderts beispiellos ist: Da begegnen Büchner und Hülsenbeck, Lavater, Lenin und Hölderlin einander in Zürich; Balzac und die Corday, Marat und Géricault flanieren durch Paris; in Prager Kaschemmen hockt Kafka hinter dem Vorhang, Bucharin und Goya kämpfen, mit unterschiedlichen Devisen, im spanischen Bürgerkrieg mit; der Vater des Erzählers diskutiert auf dem Boulevard Raspail mit Herbert Wehner, Piscator, soeben aus Moskau gekommen, gesellt sich dazu: erfundene und reale Gestalten, Menschen, die einander nie begegnet sind, und andere, die sich sehr genau kannten, führen Geistergespräche: alle vom erzählten Ich, diesem lernbesessenen, Kontroversen entfachenden, Widersprüche – um seines und des Sozialismus Seelenheils willen – befördernden Ego herbeizitiert ... und siehe, diese romaneske Vision mit dem Titel ›Glanz und Elend der deutschen Arbeiterbewegung‹, der aber – und darauf kommt's an! – genausogut heißen könnte ›Warum wir Herakles brauchen‹ ... diese romaneske Vision bestätigt die aristotelische These aufs schönste, die da besagt, daß – da der Dichter das, was geschehen könnte, der Geschichtsschreiber aber nur das beschriebe, was tatsächlich geschah – die Dichtung philosophischer und bedeutender als die Geschichtsschreibung sei.

›Denn die Dichtung‹, so das neunte Kapitel der ›Poetik‹, ›redet eher vom Allgemeinen, die Geschichtsschreibung vom Besonderen. Das Allgemeine (aber) besteht darin, darzustellen, was für Dinge Menschen von bestimmter Qualität reden oder tun nach Angemessenheit oder Notwendigkeit; darum bemüht sich die Dichtung und gibt dann die Eigennamen bei.‹

Läßt sich eine exaktere Beschreibung der ›Ästhetik des Widerstands‹, ja, des Weiss'schen Gesamtwerks denken? Eines Werks, in dem es, spätestens seit dem ›Marat‹, darum geht, gesellschaftliche Antagonismen durch Individuen brechen zu lassen, die, dank ihrer je eigenen Denkfähigkeit und Artikulationskunst, in der Lage sein könnten, die überindividuellen Antithesen als Probleme ihrer höchst privaten Existenz zu konkretisieren – und zwar in angemessener und überzeugender Weise?

Angemessen und überzeugend, das heißt – nun nicht mehr auf die Personen, sondern auf den Autor bezogen: Es ist Peter Weiss gelungen, Innenwelt und Außenwelt, Traum und Faktum, Potentialität und Aktualität derart überzeugend zu verschmelzen, daß sich die auf das Nacherzählen äußerer Vorgänge beschränkte Historiographie dagegen wie Sekundär-Literatur ausnimmt – und dies nicht zuletzt deshalb, weil ihr jene Perspektiven-Weite und Perspektiven-Stringenz fehlt, die der ›Ästhetik‹ ihre Unabweislichkeit gibt.

Jede Zeile zeigt an: Hier schreibt ein Sozialist. Jede Zeile zeigt aber auch: Hier schreibt einer, dessen Ideale von keiner Macht der Welt mehr vertreten, wohl aber von den Opfern dieser Mächte verteidigt werden. Hier schreibt einer, der Partei bezogen hat: und zwar für das Volk – und nicht für die Kader zu Häupten des Volks: ›Mein Bild des Sozialismus-Kommunismus kann nie geprägt werden von denen, die von ihren Machtpositionen aus die Richtlinien geben, sondern nur aus der Perspektive derer, die sich ganz unten befinden und dort, Entbehrung und Leiden auf sich nehmend, ihre Überzeugung gewinnen.‹

Ja, hier schreibt ein Mann, für den Sozialismus und solidarische Kritik am Sozialismus identisch sind, und der deshalb hier als Sozialist und dort als dessen die Verheißungen der Außenseiter einklagender Kritiker zeitlebens für einen Schriftsteller galt, dem gegenüber Distanz opportun sei. Geliebt haben ihn wenige, gefürchtet manche, respektiert alle – respektiert wegen seiner Parteinahme für Woyzecks Nachfahren in aller Welt, die toten und die lebenden; respektiert – *und* gefürchtet! – wegen seines Eintretens für eine Volksfront, die, als Organisation der Freien und Gleichen, auf die Verteidigung der Menschenrechte eingeschworen ist, respektiert schließlich als einer, dessen Weltsicht deckungsgleich mit seiner Moral war. Die Sätze, die Herbert Wehner – für mich, so knapp er benannt wird, die ergreifendste Figur der ›Ästhetik‹ neben Max Hodann! – ans Ende seiner bis heute unveröffentlichten Erinnerungen gesetzt hat, seine Emigrations-Zeit als Funktionär der KP betreffend –, diese Sätze gelten auch für Peter Weiss: ›Ein Leben, in dem das Streben bestimmend ist, nicht Kluft noch Widerspruch zwischen dem als Wahrheit Erkannten und dem eigenen Tun entstehen zu lassen. Diese Maxime ist gewiß nicht allmächtig, aber sie ist unerläßlich gerade für einen Sozialisten.‹

Seltsam zu denken: Eine in die Realität zurückversetzte Romanfigur des Peter Weiss, halb Typus, halb Individualität und Charakter, ›der Beauftragte des Zentralkomitees, der sich in Stockholm bescheiden als Svensson ausgab … zuweilen auch zum Pseudonym Wegner griff und der unter den Tarnungsgeschichten den Namen Wehner trug‹: dieser Herbert Wehner hat einen Rechenschaftsbericht publiziert, der sich, trotz unterschiedlicher Wertungen vieler Ereignisse, blockartig in die ›Ästhetik des Widerstands‹, diese poetisch-politische ›Summe‹ der deutschen Linken, einfügen ließe – ein Beweis, wie wirklichkeitsprall die Epopöe des Peter Weiss ungeachtet ihrer fiktiven – und eben deshalb Authentizität verbürgenden – Grundstruktur ist … und als solche nun freilich vergleichslos, weil einzigartig in der Literatur unseres Jahrhunderts: Geschichtsbuch und Traumbuch zugleich, ein poetischer Rechenschaftsbericht, der die im Namen des Sozialismus begangenen Verbrechen mit einer Gnadenlosigkeit erzählt, die mit ›Tränen gebeizt‹ ist, aber zugleich auch ein von Metaphern, Bildern und Bilderketten, von panoramaschaffenden Assoziationen, über Seiten hinweg, und von rhetorischer Force berstender Traktat, der die Vision einer

Partei entwirft, deren Mitglieder nicht den *ex cathedra* erlassenen Dogmen eines Zentralkomitees, sondern den im Namen der Unterdrückten verkündeten Parolen Büchners oder Rimbauds folgen. (›Ich zog diejenigen vor‹, wird in den Tagebüchern Max Hodann zitiert, ›die eine Ungewißheit nicht verleugneten, die das Vielseitige jedes Problems sahen, das Vorhandensein undeutlicher Übergänge anerkannten, im Gegensatz zu denen, die immer scharfe Trennungslinien zogen, den Soliden, den Betrauten.‹)

Peter Weiss: ein Mann auf der richtigen Seite und eben deshalb, da gerade für ihn, den Sozialisten, die Morde in der Sowjetunion nicht leichter wogen als die Morde in Auschwitz, ein Mann zwischen den Fronten – in welchem Ausmaß, das verdeutlichen die ›Notizbücher‹, mit ihrer sich steigernden Verdüsterung (›Warum überhaupt schreiben ... angesichts des bevorstehenden Todes, des gesamten Untergangs?‹) und dem besessenen Insistieren auf einem allerletzten – und wahrhaft entsetzlichen! – Werk: der Zurücknahme der Danteschen Komödie durch ein Welttheater, eine Art von planetarischem Charenton, wo es kein Paradies, keine Revolution, keine gerechte Gesellschaft mehr gibt: nur eine winzige Hoffnung, so windgebeutelt wie das Segel auf dem Floß der Medusa. (Peter Weiss' opus postumum: endend mit der schauerlichen Vision der zu Henkern avancierten Opfer, die sich als Herren gebärden und neue Abhängigkeitsverhältnisse schaffen – und trotzdem von einem – nahezu paradoxen, da durch keine Erfahrung gestützten – Vertrauen auf eine Durchbrechung des Kreislaufs irgendwann einmal getragen? Das ›Paradies‹ – ein Inferno, in dem es keinen Erlösungswürdigen mehr gibt: Sollte dieses, nun endgültig, das letzte Wort sein?)

Fragen ohne Hoffnung auf Antwort: Im Mai dieses Jahres ist ein Schriftsteller gestorben, der für uns, seine Kollegen, Kombattanten und Freunde – und die Widersacher erst recht! – so unersetzlich bleibt wie der Grenzgänger, Partisan und Märtyrer Herakles in der ›Ästhetik des Widerstands‹ für Coppi, Heilmann und den Erzähler.

»O Herakles«, sagte Heilmann, »wie sollen wir uns behaupten können, ohne deinen Beistand.«

Inhalt

Von deutscher Rede 5

Geist und Macht
Literatur und Politik in Deutschland 29

Nathan der Weise aus der Sicht von Auschwitz
Juden und Christen in Deutschland 51

Die christliche Predigt
Manipulation oder Verkündigung? 70

Hippokrates und Holocaust
Von der Verantwortung des Wissenschaftlers in finsterer Zeit 93

Rhetorik und Propaganda 117

Antiquierte Antike?
Perspektiven eines neuen Humanismus 127

Martin Luther
Prediger, Poet und Publizist 148

Feldzüge eines Redners
Gotthold Ephraim Lessing 176

Rahel Varnhagen in ihren Briefen 195

Schwermut und Revolte
Georg Büchner 214

Ein deutscher Jude
Heinrich Heine 233

Das Vorratshaus der Deutschen
Zur Geschichte und Bedeutung des Grimmschen Wörterbuchs 244

Unser Uhland
Nachdenken über einen vergessenen Klassiker 264

Natur und Kunst
Richard Wagner und ›Die Meistersinger von Nürnberg‹ 284

Der Rhetor Friedrich Nietzsche 297

Rosa Luxemburgs Briefe 312

Rhetorica contra rhetoricam
Hugo von Hofmannsthal 331

Der letzte Bürger: Thomas Mann 354

Herakles als Nothelfer
Peter Weiss 375

Die Texte wurden, ausgenommen noch ungedruckte Manuskripte, mit Dank folgenden Ausgaben entnommen:
Walter Jens, Kanzel und Katheder, Kindler Verlag München 1984
Walter Jens, Republikanische Reden, Kindler Verlag München, 4. Aufl. 1976
Walter Jens, Von deutscher Rede, R. Piper & Co. Verlag, 3. erw. Aufl. 1983
Walter Jens, Das Vorratshaus der Deutschen. Zur Geschichte und Bedeutung des Grimmschen Wörterbuchs. Deutscher Taschenbuch Verlag München 1984

ISSN 0433-0153
ISBN 3-378-00318-9

1. Auflage
Lizenz Nr. 396/265/43/89 LSV 7302
Gesamtherstellung: Offizin Andersen Nexö,
Graphischer Großbetrieb, Leipzig III/18/38
Schrift: Garamond
Buchgestaltung: Lothar Reher/Marlies Hawemann
Printed in the German Democratic Republic
Bestell-Nr. 812 287 5
01160